KB115110

세 번의 혁명과 이승만

이 책은 **방일영문화재단**의 지원을 받아 저술·출판되었습니다.

건국의 아버지
이승만 대통령 일대기

세 번의 혁명과 이승만

오정환

속표지 인물 / 이승만을 중심으로 시계 반대 방향으로 김구, 신익희, 박용만, 김성수,
조소앙, 김규식, 조병옥 , 안창호

세 번의 혁명과 이승만

초판 1쇄 2022년 4월 29일
초판 2쇄 2023년 4월 28일

지은이 / 오정환

펴낸이 / 길도형
편집 / 이현수
펴낸곳 / 타임라인
출판등록 제406-2016-000076호
주소 / 경기도 고양시 일산서구 덕산로 250
전화 / 031-923-8668 팩스 / 031-923-8669
E-mail / jhanulso@hanmail.net

ⓒ 오정환, 2022

ISBN 979-11-92267-01-2 03900

책값은 뒤표지에 표기되어 있습니다.
파손된 책은 구입한 서점에서 바꾸어 드립니다.
이 책의 무단 전재 및 복제를 금합니다.

머리말

대학에 들어가자마자 선배들의 권유로 종속이론 책을 읽었다. 대한민국은 미제 식민지이고 대기업은 매판자본이라고 믿어야 했다. 야만적인 문화대혁명을 찬양하는 교수가 학생들의 존경을 받고 있었다.

삶의 가치관을 세워야 할 시기에 허위의식들이 소나기처럼 퍼부어졌다. 그것이 얼마나 거셌던지, 눈 앞에 펼쳐지는 현실을 지켜보면서도 진실을 인정하기까지 오랜 지적 몸부림을 거쳐야 했다.

아직도 구시대의 유산은 친일파의 나라라는 신화로 남아 있다. 그런 나라가 어떻게 자유와 번영을 이루었는지 묻는 것은 금기이다. 기득권에 안주하는 지식인들은 낡은 이념에 대한 회의를 이단시한다.

그러나 거짓을 영원히 믿게 할 수는 없는 것 같다. 한국 근대사에서 왜곡의 덧칠을 벗겨내는 노력이 이어지고 있다. 나의 이번 책 역시 역사를 보는 젊은이들의 시행착오를 조금이라도 줄였으면 하는 바람에서 시작되었다.

근대 한국은 전제왕정의 타파, 식민지배에 항거, 공산주의와의 투쟁이라는 과정을 거쳐 왔다. 지난했던 세 번의 혁명을 이끈 주역들이 대한민국을 만든 것이다. 그리고 이승만은 예외 없이 그 중심에 있었다. 그를 제외하고 한국의 근대사를 논하는 것은 무의미하다.

이승만에 관한 책들은 많다. 그러나 대부분 부분을 다루거나 너무 학술적이다. 혹자들은 역사와 선동을 구분 못 하고 그를 악인으로 묘사하는 데 몰두한다. 반대로 그를 사사로운 감정조차 없는 초인으로 우러르는 경우도 공감하기 쉽지 않다.

이 책은 숱한 시대적 역경에 맞서 나갔던 이승만의 삶 속에 들어가 그가 무엇을 기뻐하고 아파했는지 함께 느끼려 노력했다. 그것이 이승만의 생애 나아가 한국 근대사의 진면목에 훨씬 더 다가가는 길이라 생각했다. 이승만의 가장 가까운 동지이고 경쟁자였던 김구 박용만 등의 이야기도 지면에 허용하는 한 자세히 담으려 했다.

이승만의 일대기는 감동을 위해 소재를 더할 필요가 없다. 역사의 격랑을 헤쳐간 위인의 삶은 소설보다 더 극적이다. 이 책을 읽고 감동을 얻는다면, 그것은 저자의 문재가 아니라 이승만 등 우리 선대의 삶이 위대한 희생과 의지로 가득 차 있었기 때문일 것이다.

저자 역시 정규 학위에 기대어 지식인 연하며 살면서 이승만에 대해 잘 아는 것처럼 오해했다. 그것이 잘못된 상식임을 깨닫기 위해 별도의 노력이 필요했다. 뒤틀린 편견을 바로잡는데 손세일 유영익 인보길 이한우 김용삼 선생 등의 책이 큰 힘이 되었다. 또한 근대사에 대한 사고의

틀을 재정립하게 해준 이승만학당의 이영훈 교수 등 여러 교직원들께 감사드린다. 어려운 출판 여건 속에서도 선뜻 발간을 허락하신 길도형 대표 등 타임라인 구성원 여러분께도 감사드리고 싶다.

그리고 무엇보다 수년간의 집필 기간에 응원과 조언을 아끼지 않았던 사랑하는 아내 김은정과 나의 영원한 기쁨인 세훈 세연 두 아들에게도 고마움을 전한다.

2022년 4월

오정환

목차

제1편
왕정국가의 공화주의자

제2편
식민시대 독립운동가

제3편
공산주의에 맞선 자유주의자

프롤로그; 1895년 4월 2일

봄바람이 아직 차가웠다. 한양 성벽을 타고 오르는 담쟁이 넝쿨의 가는 줄기는 붙잡을 흠을 찾는 듯 하늘거렸다. 공들여 쌓았던 성벽의 크고 작은 바위들이 500년 세월에 눌리어 이제는 곳곳이 어긋나고 무너질 형세였다. 숭례문에서 남산으로 이어지는 성곽은 그 위로 민가들이 들어서 마치 언덕을 받친 축대처럼 초라해 보였다. 가난한 선비들이 모여 사는 남촌이었다. 도성 밖 마을에는 작은 초가들이 미로 같은 골목길을 사이로 산 중턱까지 뒤덮고 있었다. 지붕 위 낮은 굴뚝으로 아침 끼니를 챙긴 연기가 흩어지면 사람들이 딱히 갈 곳도 없는 이곳은 다시 한산해졌다.

젊은 선비 셋이 두런두런 이야기를 나누며 골목을 내려오고 있었다. 이승만과 신긍우·신흥우 형제였다. 넓은 갓과 밤새 풀을 먹여 광택을 낸 두루마기로 양반 신분임을 나타냈지만, 짚신이 아니더라도 이승만의 차림에서 빈곤을 가릴 수는 없었다. 마냥 신이 난 두 사람과 달리 이승만의 표정은 그리 밝지 않았다. 친구의 강권에 못 이기는 척 따라나서기는 했지만, 평생 성리학을 공부한 유생이 이렇게 영락해도 되는 것인지 자괴감이 들었다. 그렇다고 달리 방법도 없었다. 한 해 전 갑오개혁으로 그가 10년 이상 준비해온 과거 시험이 폐지됐다. 관리가 되는 것 외에 다른 직업을 가지면 안 되는 것으로 알아온 양반으로서 그 밖의 진로는 상상해본 적도 없었다.

반년 이상 집에서 일없이 책장을 뒤지거나 텅 빈 서당을 오가며 지낸 이승만에게 학우였던 신긍우가 찾아와 배재학당에 함께 다니자고 제의했다. 그곳에서 개화된 시대에 필요한 영어와 새로운 학문들을 배우자는 것이었다. 서학은 금수의 사상인데 어찌 서양 선교사들의 학교에 다닐 수 있느냐고 거절했지만, 거듭되는 설득에 고집을 꺾지 않을 수 없었다.

이승만의 집은 남산 자락에 있었다. 100여 미터 언덕길을 내려오면 지금의 서울역 앞이 된다. 거기서 숭례문으로 가는 도중의 칠패시장은 아침 거래가 한고비를 넘은 다음이었다. 한강의 어부와 근교 농민들이 물고기며 채소며 소출들을 지게에 지고 어스름을 이용해 찾아와 시장 상인들에게 넘기고 이미 돌아갔다. 이제는 행상들이 나누어 도성 곳곳으로 팔러 나갈 차례였다. 칠패시장은 금위영 병사들의 생계를 위해 난전을 허용한 곳인데, 이제 시장은 남고 금위영은 폐지되어 사라졌다. 갑오개혁은 구식군대를 모두 없애고 훈련대와 시위대로 재편했다.

이승만은 숭례문을 통과할 때 문 옆에 서 있는 병사들의 복장이 무척 낯설었다. 머리에는 여전히 가는 대나무로 짜고 옻칠을 한 흑립을 쓰고 있었지만, 옷은 검은 서양식 군복이었다. 그리고 창과 활 대신 장총을 들고 있었다. 이들 훈련대는 일본군 교관, 궁궐을 지키는 시위대는 미국인 교관의 자문을 받고 있었는데, 몇 달 뒤 을미사변 때 서로 총부리를 겨누게 되었다.

이승만 일행은 30분쯤 걸어 지금의 덕수궁 부근인 정동에 도착했다.

정동은 같은 한양 안에 이런 곳이 있을까 싶을 정도로 별천지 같았다. 조선 전기부터 왕족이나 명문가들의 고급 주택가였던 동네이다. 지금은 미국 등 각국 공사관이 들어오고 선교사들이 학교와 병원을 지어 양인촌이 되었다.

이승만은 언덕길을 오르며 정동은 공기부터 다르다고 생각했다. 높은 담으로 둘러싸인 저택들은 정원에서 새들이 지저귀고 거리에는 오물 하나 버려져 있지 않았다. 멀리 러시아 공사관 부근에서 시작해 덕수궁 담장 옆을 흐르는 금천은 가뭄에 말라 있었지만, 쓰레기로 채워진 다른 주택가 수로와는 달리 깨끗했다.

배재학당은 정동 언덕 중턱에 있었다. 지대가 높은 것은 아니었지만 앞이 탁 트여 있어 한양 시내가 한눈에 내려다보였다. 이승만은 몇 년 전 배재학당이 건축되는 과정을 남산의 집에서 줄곧 지켜보았다. 기와집들 사이에 우뚝 선 희고 붉은 빛깔의 서양식 벽돌 건물은 그에게 신비로움과 새로운 세계에 대한 두려움을 함께 느끼게 했다. 도성 안 나들이를 할 때나 과거 시험을 보러 경복궁에 갈 때 정동 옆을 여러 번 지나다녔지만, 배재학당을 이렇게 가까이에서 본 것은 처음이었다.

막상 앞에 서니 단층인데도 건물 높이가 사람 키의 대여섯 배는 되어 목이 젖혀질 정도였다. 구운 적벽돌로 쌓은 벽에서는 새큼한 참나무 숯 냄새가 나는 것 같았다. 앞면에 6개, 양 측면에 4개씩 세로로 길게 뚫린 창문들은 쇠창틀로 받혀져 있었다. 무엇보다 건물 중앙에서 몇 미터 앞으로 돌출돼 3면에 돌계단이 내려진 현관이 아름다웠다. 지붕 아래에는 커다란 시계가 붙어 있어 서양문명의 힘을 과시하는 듯했다.

이승만이 가슴 두근거리며 건물을 구경하고 있는데, 신긍우가 앞장서 문을 열고 안내했다. 이승만도 돌계단을 올라 배재학당 안으로 들어갔다. 이 순간이 한민족의 역사에 얼마나 중요했는지 이승만은 상상도 하지 못했다. 건물 안 넓은 복도에는 스무 개의 창문을 통해 쏟아져 들어온 햇살이 밝게 빛나고 있었다.

제 1 편

왕정국가의 공화주의자

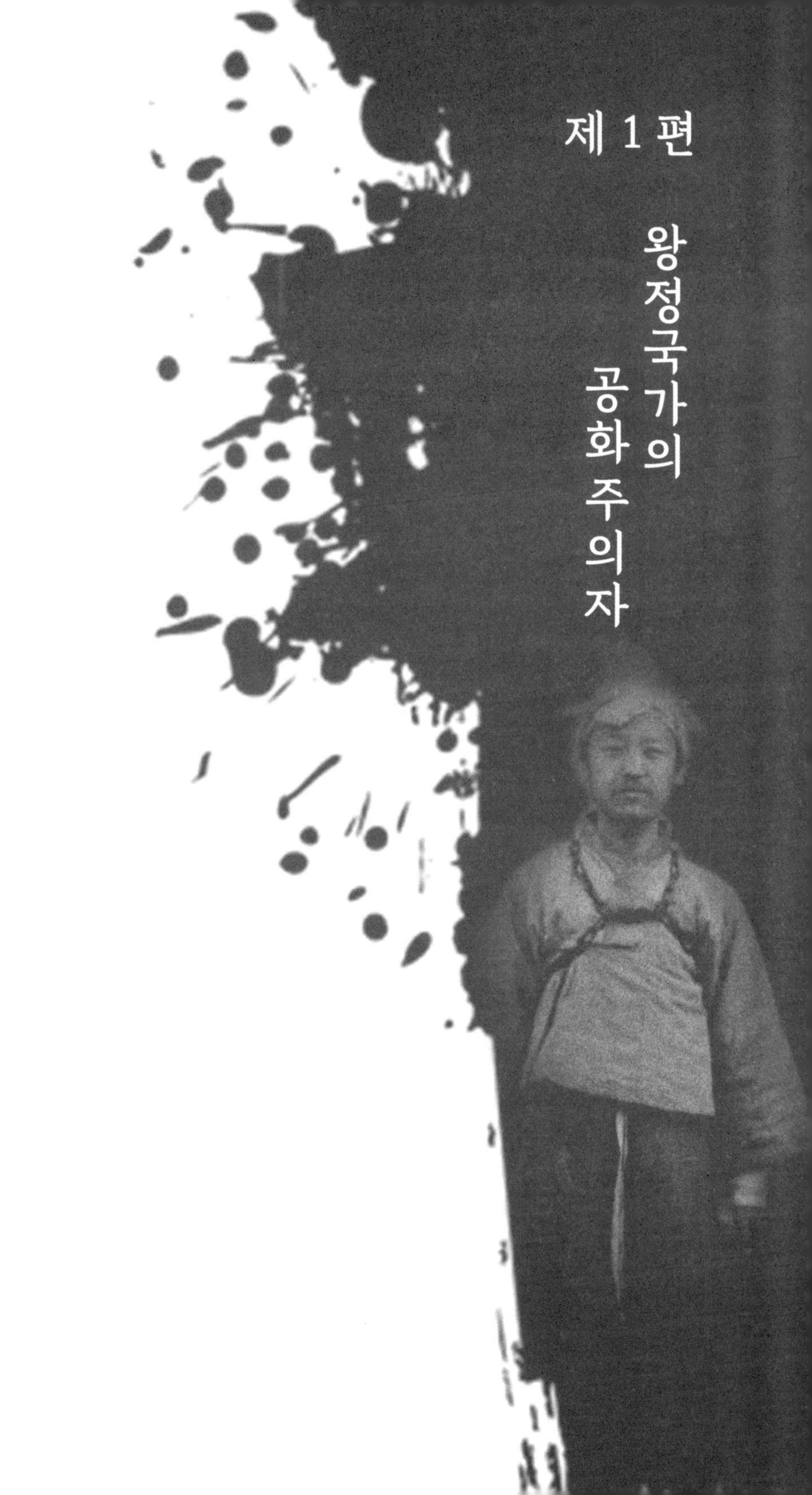

제1장 절망의 나라

1. 패배한 전쟁

미국 아시아함대가 1871년 5월 16일 일본 나가사키 항을 출발했다. 기함 콜로라도를 비롯한 군함 5척에는 1,230명의 병사들이 타고 있었다. 미국 정부는 그동안 제너럴셔먼 호 사건의 진상 규명과 통상 개방을 조선에 여러 차례 요구했지만 아무 성과가 없었다. 미국은 페리 제독의 무력 시위로 일본에 개항을 강제했듯이 조선의 문호도 군사력으로 열 수 있다고 생각했다.

그러나 두 나라는 상황이 전혀 달랐다. 일본은 쇄국이라 해도 200여 년간 나가사키의 네덜란드 상관을 통해 세계의 흐름을 이해하던 나라였고, 조선은 서구 문물에 어두운 양반 지도층이 나라 문을 걸어 잠근 채 고대 중국의 질서에 맞추어 살 수 있다고 믿던 나라였다.

미국 함대는 북상해서 지금의 인천 월미도 앞 작약도에 정박했다. 조선 조정이 관리들을 파견해 입국 목적을 물었다. 미국 측 대표인 로우 중국 주재 공사는 이들의 직급이 너무 낮아 서기관을 대신 내보냈다. 미국 서기관은 조선의 고위 관리와 만나고 싶으며, 협상이 시작될 때까지 한양으로 가는 뱃길인 강화해협의 수심을 측량하게 해달라고 말했다. 조선 관리들이 아무 대답도 하지 않자 미국 측은 묵시적 동의로 받아들였다. 문화 차이가 빚은 오해였다. 조선 관리들은 터무니없는 요구인데다 조정에 보고할 경우 대처를 잘했느니 못 했느니 말이 나올 것 같아 못 들은 척 무시했던 것이다. 강화해협은 서해에서 한강으로 이어지는 군사 요충이어서 외국 선박의 통행을 금지하고 수백 문의 대포까지 배치해 지키고 있었다.

미국 함대는 하루 뒤 군함 두 척을 강화해협으로 들여보냈다. 군함들이 손돌목에 이르렀을 때 조선군이 사전 경고 없이 포격을 가했다. 강화도 광성보에서 첫 포성을 울린 것을 신호로 해안 양쪽에서 수백 발의 포탄이 날아들었다. 기습을 당한 미군 병사들은 이제 다 죽었구나 하는 생각에 정신이 아득해졌다. 포격이 얼마나 격렬했던지 폭 1킬로미터 남짓한 해협이 포연과 화약 냄새로 가득 찰 정도였다.

그런데 미국 군함들은 멀쩡했다. 포탄들이 군함 위로 날아가고 단 한 발도 명중하지 않았던 것이다. 화승총을 대형으로 개량한 징겔포에서 쏜 산탄에 미군 병사 한 명이 부상을 당했을 뿐이었다. 조선군 대포들

미국 아시아함대 기함인 콜로라도 호 (강화전쟁박물관)

이 모두 묶여 있어 사격 방향을 바꿀 수 없었기 때문이다. 조선군 포병들은 대포를 쏘면서 표적이 조준점 안으로 들어와 주기를 바라는 수밖에 없었다.

미군이 함포로 반격하자 조선군 포대들은 곧 조용해졌다. 미국 군함들은 북쪽으로 계속 항해하다 한 척이 암초에 부딪혀 배 밑에 구멍이 나는 바람에 함대 정박지인 작약도로 돌아갔다.

미군은 조선군에 사건을 조정에 보고하고 사죄 사절을 보내라고 요구했다. 그러나 조선 조정은 손돌목의 첫 교전에서 미국 군함들이 겁을 먹고 도망쳤다는 보고를 받고 승전 분위기에 젖어 있었다. 침략해온 적을 물리쳤는데 무슨 사죄를 하겠는가.

미군은 무력으로 사태를 해결하려 했다. 로저스 아시아함대 사령관은 블레이크 중령에게 "미군을 포격한 조선군 진지들을 파괴하고 미군의 보복 역량을 과시하라"고 명령했다. 6월 10일 아침 미 해병대와 해군 육전대 병사들이 강화도 초지진 남쪽 해안에 상륙했다. 미국 군함들이 나타나자 조선군이 대포를 쐈지만 이번에도 모두 빗나갔다. 미군은 함포 사격으로 초지진 성벽을 파괴했다. 이어 미군 병사들이 돌격해 들어갔는데, 이미 조선군은 진지를 버리고 북쪽으로 후퇴한 뒤였다.

다음날 미군은 4열 종대로 북쪽 덕진진을 향해 행군했다. 미군이 접근해 오자 조선군은 신속하게 퇴각했다. 미군 해병대원들이 별 저항 없이 덕진진에 입성했을 때 장전된 화포와 군량미, 병장기들이 그대로 남아 있어 조선군이 얼마나 다급하게 퇴각했는지 알 수 있었다.

초지진, 덕진진에서 퇴각한 조선군 병사들과 강화도 서부 일대에서 급하게 모아 온 병력이 미군 진격로 서쪽에 집결했다. 이들의 임무는 미군 이동을 저지하고 부득이하면 광성보 방어에 합류하는 것이었다. 광성보에는 강화도 방어 사령관인 순무중군巡撫中軍 어재연 장군이 있었다. 그러나 겁먹은 지휘관들은 좀처럼 미군을 공격하지 못했다. 미군이 해안을 오른쪽에 끼고 북진하고 그 왼쪽에 조선군이 어정쩡한 모습으로 따라가는 형국이었다.

몇몇 용감한 병사들이 미군에게 접근해 사격했지만 아무런 피해를 입히지 못했다. 총의 성능 차이가 너무 컸기 때문이다. 조선군 화승총의 유효사거리는 100m 이하였던데 비해, 미군의 롤링블럭 소총은 유효사거리가 400미터였다. 총소리가 날 때마다 조선군 병사들만 쓰러져 갔다.

미군은 먼저 광성보로 향하는 길목의 대모산을 점령하고 야포를 설치했다. 조선군 지원부대의 합류를 막고 광성보의 손돌목돈대에 포격을 가할 수 있는 위치였다. 추격해 오던 조선군 병사들은 길이 막히자 근처 야산에 올라가 모였다. 바다에는 미군 모노카시 호가 손돌목까지 북상해 대기하고 있었다. 육로로 이동한 미군 선봉대가 광성보를 공격할 자리를 잡자, 바다에서도 십여 척의 보트를 이용해 미군 병력이 추가 상륙했다.

광성보의 요새들 중 가장 높은 언덕에 둥글게 성벽을 쌓은 곳이 손돌목돈대였다. 이곳에 어재연 장군이 평안도 사냥꾼 300명을 데리고 와 결전을 준비하고 있었다. 그는 벼슬을 마친 뒤 낙향해 있다 조정에 호출되어 강화도 방어 책임을 부여받았다. 병인양요 때도 참전했던 어재연은 이번 전투에서 자신이 살기를 바랄 수 없음을 잘 알고 있었다. 그는 병사들의 이름을 하나하나 물어 부채에 적는 등 부하들에게도 결사항전의 의지를 북돋웠다. 평생 차별을 받고 살아온 서북의 상민들이었지만, 병사들은 대장이 앞장서 싸우겠다니 죽음의 공포를 억누르며 각오를 다지고 또 다졌다.

추가 상륙으로 병력이 보강된 미군은 신속히 이동해 손돌목돈대 150

미터 서쪽 언덕을 점령했다. 그곳에 진을 쳤던 조선군 병사들은 몰려오는 미군을 보고 총을 몇 방 쏘고는 그대로 달아났다. 바로 눈앞의 언덕에 미군들이 나타나자 손돌목돈대 조선군 병사들은 맹렬히 사격을 가했다. 그러나 화승총의 유효사거리 밖이었고 총신이 2미터나 되는 징겔포는 장전해 발사하는 데 너무 시간이 걸렸다. 더 큰 문제는 손돌목돈대 성벽이 두터워서 사격을 하려면 상반신을 거의 드러내야 한다는 점이었다. 조선군 병사들이 상체를 노출할 때마다 마치 저격을 하듯 총알이 날아왔다. 순식간에 40여 명의 병사들이 쓰러졌다. 게다가 대모산에 자리 잡은 해병대가 야포로 돈대 안에 여러 발의 포탄을 쏘아 넣었다. 이 포격으로 조선군 사격이 멈추자 미 해군 육전대 병사들이 언덕을 내려와 돈대로 달려갔다.

이에 맞서 조선군의 화승총 사격이 다시 시작됐고, 미군 병사 한 명이 쓰러지자 나머지 병사들도 놀라 돈대 아래 계곡으로 몸을 숨겼다. 잠시 후 돈대 안에서 이상한 소리가 들려왔다. "아이고 아이고" 하며 전사자를 애도하는 조선의 곡소리였다. 이를 처음 듣는 미군 병사들은 기괴하고 음산한 노래였다고 기록했다.

계곡 안에서 머리를 숙이고 있는 미군 병사들에게 맥키 해군 중위가 큰 소리로 돌격을 명령했다. 그리고 선두에 서서 언덕 위로 뛰어 올라갔다. 조선군이 다시 사격했지만 한 발 쏘고 나서 장전에 30초 가량 걸리는 화승총으로는 카빈 소총을 난사하며 달려오는 미군을 저지할 수 없었다. 당시 미군 돌격부대에는 스펜서 카빈이라는 최신 연발총이 지급되어 있었다. 이 총은 실탄 7발이 든 탄창을 개머리판 안에 넣고 방아쇠울을 내렸다 올리면 다음 실탄이 장전되는 방식으로 연속 사격이 가능했다. 선두에 선 맥키 중위는 손돌목돈대 성벽을 넘자마자 조선군의 화승총에 맞고 창에 찔려 쓰러졌다. 그러나 미군 병사들이 밀물처럼 몰려

들어 조선군과 백병전을 벌였다.

성벽에서 밀려난 조선군 병사들은 어재연 장군 주변으로 뭉쳤다. 어재연은 칼이 부러지자 포탄을 들어 던지며 끝까지 싸우다 미군의 총검에 찔려 전사했다. 손돌목돈대를 지키던 조선군 병사들 대부분도 그와 운명을 함께 했다. 이들은 무기를 잃으면 모래라도 집어 뿌리며 저항했다. 힘이 다해 포로가 된 병사들은 20명에 불과했다.

손돌목돈대를 점령한 미군 병사들은 그 외곽 초소에 해당하는 용두돈대로 몰려갔다. 용두돈대는 바다로 돌출되어 있어 출입로가 막히면 퇴각할 길이 없었다. 이곳을 지키던 조선군 병사 100명은 모두 바다로 몸을 던져 순국했다.

전투에서는 승리했지만 조선군 병사들의 놀라운 용기와 애국심에 미군은 경외심을 보였다. 슐레이 소령은 "조선군은 결사적으로 싸우면서 아무런 두려움 없이 그들의 진지를 사수하다가 전사하였다. 가족과 국가를 위하여 이보다 더 장렬하게 싸운 군인을 다시 찾아볼 수 없을 것이다"라고 보고서에 적었다.

신미양요 때 미군에 노획된
어재연 장군 수자기 (강화전쟁박물관)

손돌목돈대를 점령한 미군은 다음날인 6월 12일 전원 모노케시 호에 탑승해 함대가 있는 작약도로 철수했다. 미군은 포로 송환을 조건으로 대화를 시도했다. 그러나 조선 조정은 '우리는 전쟁에서 살아남아 포로가 된 불충한 자들은 받지 않으니 너희들이 알아서 처리하라'며 냉담한 반응을 보였다. 아시아함대는 작약도에서 20일 넘게 기다렸지만 조선 조정이 끝내 대화에 응하지 않자 포로들을 내려주고 철수했다.

이렇게 조선과 미국의 짧은 전쟁은 끝났다. 미군 기록에 따르면 이 전쟁으로 미국은 3명이 전사하고 10명이 부상했으며, 조선은 350명이 전사하고 20명이 부상했다. 조선의 참담한 패배였다. 조선이 패전을 되풀이하지 않으려면 그 원인을 분석하고 서양과의 과학기술 격차를 줄여나갈 방법을 찾았어야 했다.

그러나 미군이 배를 타고 광성보를 떠난 뒤 난데없는 명장들이 나타났다. 이들은 광성보는 물론이고 파괴된 채 비어 있던 초지진과 덕진진까지 모두 격전을 치르고 탈환한 것처럼 조정에 보고했다. 어재연이 왜 처절하게 고립되어 절망적인 전투를 벌여야 했는지는 아무도 되돌아보지 않았다. 그리고 전쟁에 이겼는데 정책을 바꿀 필요도 없었다.

대원군은 고종에게 진언해 전국 곳곳에 척화비를 세웠다. 척화비에는 '서양 오랑캐가 쳐들어오는데 싸우지 않으면 화친하자는 것이고, 화친을 주장하는 것은 나라를 파는 것이다(洋夷侵犯 非戰則和 主和賣國)'라고 씌어 있었다.

2. 고종과 민비의 시대

대궐 안이 술렁거렸다. 최익현의 상소 때문이었다. 대원군의 경복궁 중건을 비판했다 낙향해 있던 최익현을 고종이 동부승지에 임명했다. 최익현은 즉시 사직 상소를 올렸다. 1873년 12월 14일의 일이다. 그런데 상소문 내용이 대단히 불온했다. 최익현은 "정치가 문란하고 정론 직언이 없으며, 가혹한 세금으로 백성들이 어육이 되고, 관리들은 사리에 어긋난 짓을 서슴없이 자행하고 있다"고 주장했다. 대원군을 지칭하지는 않았지만, 그의 정치를 맹비난한 것이다.

고종은 기다렸다는 듯이 "이 상소는 진심에서 우러나왔고 또 나를 위해 경계한 말도 참으로 가상하다"고 치하하며 최익현을 호조참판에 제수했다. 또한 "만일 이렇게 정직한 말에 다른 의견을 내는 사람이 있다면 소인이 됨을 면치 못할 것"이라고 못 박았다.

대원군 측도 가만히 당하고 있지는 않았다. 최익현을 '부자 사이를 이간질하는 흉악한 사람' 또는 '사건을 날조하는 사람'으로 공격했다. 좌의정 우의정과 사간원 사헌부 승정원 관리 등이 연이어 최익현을 규탄하는 상소를 올리고, 성균관 유생들이 동맹휴학을 했다. 고종은 물러서지 않았다. 최익현을 규탄하는 대신들을 모두 파직하고, 성균관 유생들의 과거 응시 자격을 정지시켰다.

사태가 심각해지자 대원군이 직접 나섰다. 섭정 업무를 중단하고 고종의 문안인사를 받지 않았다. 일종의 파업을 한 것이다. 나랏일이 중단되면 고종에 대한 비판 여론이 커질 것이고, 생부에 대한 문안인사를 하지 못하면 고종이 불효자로 지탄 받을 것이라 계산했다. 성리학에 장악돼 있던 조선시대에는 왕이라 해도 불효를 저지르면 광해군처럼 정변이 일어나 쫓겨날 수 있었다. 그런데 왕도 선비의 한 사람이라며 예법으로 얽어매던 노론의 유림들이 조용했다.

다급해진 대원군은 고종을 찾아가 자신의 지난 업적을 설명하며 아직은 섭정이 더 필요하다고 설득했다. 고종은 아무 대답 없이 듣기만 했다. 대원군은 벽을 보고 이야기하는 느낌이었다. 그는 효심 깊고 마음 약했던 아들이 완전히 변해 버린 것을 보고 똑똑한 며느리가 무슨 일을 꾸몄는지 그제야 깨달았다.

대원군이 모르는 사이에 민비는 착한 며느리처럼 행동하며 대비와 대왕대비의 마음을 얻어 옛 세도가인 안동 김씨·풍양 조씨 세력 모두와 연합했다. 남편 고종을 통해 자신의 일족인 여흥 민씨들을 조정 곳곳에 포진시켰다. 그리고 대원군의 서원 철폐에 분노한 유림 세력을 포섭해 대원군을 고립시켰다. 그러니 뒤늦게 대원군이 여론전을 펼쳐 봐야 아무 소용 없었다.

12월 22일 최익현은 다시 호조참판을 사직한다며 상소문을 올렸다. 여기서 그는 대원군을 직접 겨냥해 '임금이 재위하는 동안 종친은 국정 관여를 금지해야 한다'고 주장했다. 고종은 일단 상소문 내용이 과격하다며 최익현을 제주도로 유배 보냈다.

그러나 다음날인 1873년 12월 23일 밤 고종은 전격적으로 친정親政을 선언했다. 날이 밝자 이 소식을 실은 조보朝報가 파발들 손에 들려 전국으로 퍼져나갔다. 창덕궁의 대원군 전용 출입문이었던 공근문도 예고 없이 폐쇄됐다. 대원군의 10년 섭정이 이렇게 끝났다. 당시 고종의 나이 만 21세였다.

3. 영리하고 이기적인 여인

고종과 민비는 대원군과 달리 나라의 개방을 원했다. 그들도 신세대였던 만큼 낡은 정책을 개혁하겠다는 의지에 차 있었다. 사실 당시 위정자들이라면 국제 정세가 급변해 이대로 있다가는 큰일 난다는 걸 어렴풋이나마 느꼈다. 그래서 대원군도 프랑스의 힘을 빌려 러시아 남하를 막으려고 가톨릭 신부들과 접촉했던 적이 있었다. 그러나 화이사상華夷思想에 기초해 명분과 의리를 앞세우는 성리학이 조선 사회를 짓누르고 있었다. 그에 거슬렸다가는 사문난적斯文亂賊으로 몰릴 수 있어 대원군도 결국 외국의 통상 요구를 강력히 배척할 수밖에 없었다.

고종은 겉으로는 대원군의 쇄국정책을 지지하면서도 나라 밖 소식에 목말라 했다. 고종은 1872년 자신의 측근인 개화파 거두 박규수가 청나라에 연행사로 다녀오자 국제 정세를 추궁하듯 물었던 것으로 기록돼 있다. "대국의 민심은 이전에 비해 어떠한가?", "장차 왜와 중국이 교역을 한다는데, 그게 사실인가?" 종래 외교사절에 대한 왕의 의례적인 질문과는 완전히 달랐다.

고종의 가장 강력한 정치적 동지는 아내인 민비였다. 1894년 조선을 방문했던 이사벨라 비숍은 영국 왕족이었던 덕분에 고종 부부를 직접 알현할 수 있었다. 그녀의 여행기에는 고종과 민비의 꾸밈없는 모습과 그들이 절실히 알고 싶어 했던 것이 무엇이었는지 잘 드러나 있다.

> 왕비는 우아한 자태에 늘씬한 여성이었다. 머리카락은 반짝반짝 윤이 나는 칠흑 같은 흑발이었고 피부는 너무도 투명하여 꼭 진줏빛 가루를 뿌린 듯했다. 눈빛은 차갑고 날카로우며 예지가 빛나는 표정이었다.
>
> 대화가 시작되면, 특히 대화 내용에 흥미를 갖게 되면 그녀의 얼굴은 눈부신 지성미로 빛났다.

그러나 민비는 외아들인 세자에 대해서는 애정이 지나쳐 집착에 가까운 모습을 보였다. 비숍과 대화하는 내내 민비는 세자의 손을 꼭 잡고 있었다. 그때 세자 나이가 스무 살이 넘었다. 비숍은 세자에 대한 지나친 걱정이 민비의 몇 가지 부적절한 행동을 만든 것 같다고 생각했다. 민비는 점쟁이에게 계속 의지했으며, 세자의 건강을 비는 시주도 자꾸 늘려 갔다.

비숍은 또 민비가 알현 도중에 고종에게 자주 잔소리를 했다고 적었다. 전제 군주에게서 좀처럼 떠올리기 힘든 평범한 중년 부부의 모습이었다. 비숍은 고종을 온화하고 위엄도 있었지만 난세를 헤쳐가기에는 너무 심약한 군주로 보았다.

비숍은 고종 부부를 네 차례 알현했다. 세 번째 만남부터 국제 정세에 관한 질문이 쏟아졌다. 묻는 내용도 러시아와 일본의 철도 건설비, 서구의 관리 등용 제도, 영국의 왕과 내각 관계 등 상당히 구체적이었다. 특히 왕비의 개인 비용을 국고에서 부담하는지 꼭 알고 싶어 했다.

비숍이 하직을 아뢰던 날, 민비는 큰절 대신 악수를 하자며 손을 내밀었다. 비숍은 깜짝 놀랐다. 다시 만나자고 약속했지만 아홉 달 뒤 그녀가 조선에 돌아왔을 때 왕비는 시해된 뒤였다.

비숍은 고종과 민비에 대해 호의적으로 평가했지만, 지방 유학자였던 황현이 『매천야록』에 남긴 기록은 매우 혹독하다. 황현은 고종을 향락에 빠져 국사를 돌보지 않는 사람으로 묘사했다. 또한 민비를 '대원군이 10년간 쌓은 국부를 순식간에 탕진한 여자'로 규정했다. 민씨들이 중앙 요직은 물론 지방의 방백 수령까지도 좋은 자리는 모두 차지할 정도로 극심한 세도를 부렸는데 그 정점에 민비가 있었다고 적었다.

유림과 정반대 입장에 섰던 개화파 유길준도 민비에 대한 평가는 같았다. 유길준은 민비를 이렇게 표현했다.

"우리 왕비는 세계 역사상 가장 나쁜 여자입니다. 그녀는 프랑스의 왕비 마리 앙투아네트보다 더 나쁩니다."

일반 백성들 사이에서 민비는 존경보다는 원망의 대상이었다. 민씨 척족 세력이 가렴주구를 일삼자 그 책임을 민비에게 돌렸다. 을미사변 뒤 민비 국상 기간에 모든 백성에게 흰 베로 만든 갓을 쓰라고 하자 '무슨 은혜가 있었다고 백립을 쓰게 하느냐'는 반발이 많았다.

역사의 진실은 두 극단적인 평가 사이의 어딘가에 있을 것이다. 다만, 당대의 부정적 평가는 고종과 민비가 자초한 측면이 크다. 고종과 민비의 무속신앙은 조선말의 관습에 비추어도 지나쳤다. 그들은 국가 중대사마저 굿과 점에 의존해 결정했다. 진령군이라는 무당을 총애해 권세를 휘두르게 만들었다. 독립협회 회장이었던 윤치호는 "그 영리하고 이기적인 여인이 미신 섬기는 것의 반만큼이나마 백성을 열심히 섬겼더라면 그녀의 왕실은 오늘 안전했을 것"이라고 안타까워했다.

그리고 무엇보다 고종과 민비가 원했던 개혁 개방에는 한계가 있었다. 그들은 전제 왕권을 보전하고 일족의 세도를 유지하면서도 근대화를 이루기 바랐다. 어쩌면 그에 도움이 되는 근대화를 원했다고 할 수도 있다. 개혁 세력에 체제를 바꿀 힘을 부여하거나, 자유 인권 민주주의로의 변혁은 꿈에도 생각하지 않았다. 오히려 왕권을 제약하려는 개혁파들을 수차례에 걸쳐 무자비하게 제거했다.

4. 준비 안 된 개항

일본의 군함 운요호가 연안 측량을 구실로 조선의 동·남해를 휘젓고 다닌 뒤 서해 강화도 부근까지 올라왔다. 1875년 9월 20일 강화도 초지진에 접근하는 일본군을 향해 조선군이 발포하자 운요호는 함포로 포대를 파괴했다. 그리고 일본군 수병 22명이 영종도에 상륙해 조선군 400여 명을 패퇴시킨 뒤 관청에 불을 지르고 살인, 약탈 등 갖은 만행을 저지르고 돌아갔다.

이듬해 2월 일본은 군함 3척을 강화도로 보내 무력시위를 하며 운요호 사건에 대한 문책과 수교를 요구했다. 조선 조정에서 격론이 벌어졌는데, 이유원 박규수 오경석 등 개화파의 주장과 고종의 적극적인 개항 의사에 따라 협상을 하기로 결정했다. 사실 일본은 미리 청나라에 조선 수교에 대한 동의를 구했었다. 당시 국경 각지에서 영국, 프랑스, 러시아와 분쟁 중이던 청나라는 조선에서 전쟁이 벌어지는 것을 피하기 위해 이에 동의했다. 그리고 청나라 실권자 이홍장이 고종에게 밀서를 보내 일본과의 수교를 권유했다.

일본은 회담장인 강화부 연무당 앞에 병사 400명을 도열시키고 대포 4문까지 배치해 위압적인 분위기를 만들었다. 조선의 전권대신 신헌은 위축되지 않고 일본 대표 구로다의 협박에 당당하게 맞섰다.

그러나 체결된 조약 내용은 일방적이었다. 조약이라는 게 무엇이냐고 되물을 정도로 국제법규에 어두웠던 조선의 관리들로서는 일본의 부당한 요구를 막아낼 방도가 없었다. '조일수호조규' 일명 강화도조약은 일

일본의 군함 운요호 (독립기념관)

본인들이 마음대로 조선의 해안을 측량하도록 허용했으며, 양국 국민이 죄를 범하였을 때 자국 법정에서 재판을 받도록 하는 치외법권을 규정해 조선에 독소 조항으로 작용했다.

강화도조약은 불평등 조약이었지만, 타국의 함포로 개항하는 나라로서는 불가피했다고 할 수도 있다. 어쨌든 나라의 문은 열렸고, 이제부터라도 부지런히 근대화에 힘써 부국강병을 이루는 일이 조선 백성들의 손에 달려 있었다.

조선은 가난했다. 대원군이 집권 내내 양반에게 군포를 걷고 면세지인 서원을 철폐하고 은광산 개발을 허용하는 등 재정 확충에 노력했지만, 그렇게 모은 나라 예산으로도 경복궁 하나를 짓지 못하고 당백전을 찍어 경제 혼란을 불렀다.

친정에 들어간 고종은 백성의 신망을 얻기 위해 대원군이 만든 각종 잡세들을 폐지했다. 그리고 대원군이 화폐 부족을 메우려고 허용한 청전淸錢(청나라 동전)을 물가 폭등의 원인이라 하여 사용 금지했다. 그런

강화부 연무당 (독립기념관)

데 아뿔싸, 대궐 금고를 열어보니 3분의 2가 청전이었다. 조정이 파산 위기에 몰린 것이다. 여기에 개항 이후 외국사절 접대와 해외공관 주재, 무기 수입 비용 등이 기하급수적으로 늘었다. 재정 부족이 고종의 목을 조여 왔다.

고종이 선택한 해결책은 매관매직, 왕이 벼슬을 파는 것이었다. 그러나 벼슬을 팔아 나라의 재정을 채울 수는 없었고, 탐관오리들의 공금 횡령까지 만연하면서 국가 운영이 점점 더 어려워졌다.

산업 기반이 취약한 상태로 맞은 무역개방은 백성들의 고초를 불렀다. 외국 제품이 밀려 들어와 면직업 등이 큰 타격을 받았다. 일본 상인들이 값싼 조선의 쌀을 대량 수입해 가면서 쌀값도 폭등했다. 게다가 민씨 일족이 요직이란 요직은 다 차지하고 가렴주구를 일삼자 백성들의 원망은 민비에게 집중되었다. 이는 권토중래를 노리던 대원군에게 기회가 되었다.

1882년 차별받던 구식 군인들이 반란을 일으켰다. 13개월이나 밀린 봉급 중 한 달 분을 지급하면서 관리들이 쌀을 빼돌리고 겨와 모래를 채워 넣은 게 발단이었다. 폭동을 일으킨 군인들은 대원군의 은밀한 지시를 받고 대오와 무장을 갖춘 뒤 대궐로 쳐들어갔다. 민비를 찾아 죽이려 했지만, 그녀는 궁녀 옷으로 갈아입고 가까스로 탈출했다. 고종은 사태 수습을 위해 대원군을 불러 정권을 맡겼다.

민비는 반격을 노렸다. 충북 충주에 숨어 있으면서 고종에게 사람을 보내 청나라에 도움을 구하라고 조언했다. 구원 요청을 받은 청나라 이홍장은 조선에서 영향력을 회복할 기회라 생각하고 마건충과 군사 4,500명을 파견했다. 한양에 온 마건충은 대원군을 납치해 끌고 갔다. 그리고 민비가 청나라 병사들의 호위를 받으며 돌아왔다.

난을 진압한 뒤에도 청나라 군대는 철수하지 않았다. 원세개가 군사

3,000명과 함께 계속 주둔하면서 조선의 내정에 간섭했다. 청의 조선 지배는 1894년 청일전쟁이 터질 때까지 10년 넘게 계속됐다. 이때가 아직 한반도 주변 열강이 세력균형을 이뤄 조선이 근대화를 통해 독립을 지킬 수 있는 소중한 기회였다. 그러나 청나라 자체가 근대화에 실패해 멸망한 나라였는데, 그 지배를 받은 조선이 무엇을 할 수 있었겠는가.

민씨 정권에 대한 저항은 개화파 쪽에서도 일어났다. 외국 문물을 경험한 젊은 정치인들은 개혁의 정체에 질식할 것 같았다. 그들 중 김옥균, 박영효, 홍영식 등 급진 개화당은 정변을 통해서라도 조선의 근대화를 앞당기겠다고 결의했다. 박영효가 모은 장정 몇 명과 서재필 등 사관생도 14명이 이들의 무력이었다. 다케조에 일본 공사도 공사관 병력 150명을 지원하겠다고 약속했다.

개화당은 1884년 12월 4일 거사를 감행했다. 우정국 개국 축하연 도중 옆 건물에 불을 질러 소동을 일으켰다. 그리고 재빨리 창덕궁으로 달려가 변고가 일어났다며 고종과 민비를 경우궁으로 옮겼다. 개화당은

임오군란 당시 일본공사관 습격 장면 (독립기념관)

왕명을 위조해 민씨 척족과 수구파 인사들을 불러 살해했다. 고종이 눈물을 흘리며 죽이지 말라고 명령했지만 아무 소용 없었다.

정권을 장악한 개화당은 정책 목표인 '정강 14조'를 발표했다. 인권과 평등, 상업 자유의 보호, 사실상의 입헌군주제 등 조선을 한꺼번에 근대화시킬 혁명적인 내용이었다. 그러나 이를 실행할 힘이 있느냐가 문제였다.

민비가 치밀하게 반격을 준비했다. 정변 다음날 민비는 청나라 원세개가 군대를 동원할 계획이라는 비밀 보고를 받았다. 고종 부부가 창덕궁으로 옮기면 공격이 용이하겠다고 민영환이 알려오자, 민비는 대비의 건강을 핑계로 환궁을 추진했다. 김옥균은 강력히 반대했지만 다케조에 일본 공사가 별생각 없이 이를 수용했다.

당초 개화당은 청나라군이 함부로 움직이지 못할 것으로 예상했다. 조선 궁궐을 공격할지 여부를 본국에 보고해 협의하려면 상당한 시간이 걸릴 것이기 때문이었다. 그러나 예상과 달리 원세개는 본국과의 논의도 없이 전격적으로 공격을 감행했다.

더구나 개화당의 전투력도 당초 계획에 훨씬 못 미치는 수준이었다. 개화당은 궁궐 수비대인 친영군 병력 1,000명으로 외곽을 방어하고, 그 안쪽에 일본군 150명, 고종 경호에는 사관생도와 장사 50여 명을 배치하고 있었다. 그런데 김옥균은 창덕궁의 친영군 무기고를 열어 보고 경악했다. 고종이 비싼 돈을 들여 수입해온 소총들이 모두 녹슬어 있었다. 얼마나 정비를 안 했던지 탄환을 장전할 수도 없을 정도였다. 김옥균은 부랴부랴 소총들을 꺼내 분해 소제하라고 지시했다. 그러나 채 정비가 끝나기 전에 청나라군 1,500명이 창덕궁으로 쳐들어왔다.

친영군 병사들은 변변한 무기도 없이 격렬하게 저항했지만 결국 수십 명의 전사자를 내고 패퇴했다. 그러자 다케조에 일본 공사가 싸워 보지도 않고 철수를 선언했다. 결국 개화당의 집권은 '3일 천하'로 끝났다. 김옥균 박영효 서재필 등 9명은 일본으로 망명했고, 홍영식 박영교 등 7명은 고종을 호위하다 청나라 병사들에게 살해됐다.

갑신정변 가담자와 가족들에 대한 잔인한 보복이 이어졌다. 급진 개화파는 고종에 의해 씨가 마를 정도로 도륙됐다. 이와 함께 조선의 근대화를 위한 가장 강력한 추진력도 소멸되었다.

일본은 정변 과정에서 피해를 입었다며 조선에 군대를 보내 위협하고 피해 배상 내용 등을 담은 한성조약을 체결했다. 그리고 이토 히로부미가 청나라 천진으로 가서 이홍장을 만나 두 나라 모두 조선에서 철군하자고 제안했다. 청나라는 자신들이 보호국으로 생각하는 조선에 일본군이 주둔하는 것을 방치할 수 없었기 때문에 이토의 제안을 받아들였다.

그래서 체결된 천진조약에 '앞으로 조선에 변란이 일어나 청이나 일본 어느 한쪽이 파병할 경우 그 사실을 상대방에게 알린다'라는 규정이 있었다. 이것이 몇 년 뒤 청일전쟁이 일어나는 도화선이 되었다.

5. 거꾸로 가는 조선 경제

조선의 백성들은 양반과 상놈이라는 신분의 굴레에 매여 살았다. 공적으로는 상민常民, 일상생활에서는 상놈으로 불리는 사람들이 전 인구의 2/3 가량을 차지했다. 양반은 농사를 짓거나 상공업에 종사하는 상놈들을 무시하고 차별했다.

유교는 신분차별을 정당화해 주었다. 예를 들어 논어는 '군자는 의義에 밝고 소인은 이利에 밝다'고 하였다. 또 '곧은 군자를 굽은 소인

위에 두면 곧게 된다'고 하였다. 그래서 양반들은 소인배 상놈들을 다스리고 가르칠 자격과 의무가 있다고 생각했다. 그들은 '군자가 다스리는 나라'를 내세웠다. 그러나 현실은 일하지 않는 양반 관리들이 법과 윤리의 이름으로 일하는 백성들을 수탈하는 나라였다.

조선을 찾았던 많은 외국인들은 이 땅의 지배자들에 대해 분노에 찬 기록을 남겼다.

> 관리들은 조세 수취로 백성을 쥐어 짜낸다. 정부는 하나의 거대한 강도가 됐다. (미국인 조지 포크)

> 조선의 관리는 이 나라의 심장부를 차지한 채 나라의 생피를 빨아 마시는 흡혈귀이다. (영국인 어니스트 해치)

관리들의 가렴주구는 고종이 매관매직을 하면서 더욱 심해졌다. 임금에게 돈을 주고 지방관이 된 자들은 벼슬을 사기 위해 빌렸던 돈을 갚고, 다음 벼슬 값을 마련하느라 온갖 세금을 부과했다. 원래 지방관 임기가 2년 정도였는데 고종이 돈을 더 많이 벌기 위해 임기를 1년으로 줄이면서 벼슬을 산 관리들을 바쁘게 만들었다. 힘없는 백성들은 두 배로 죽을 노릇이었다.

고종의 매관매직 행태는 민영환의 사례에서 잘 드러난다. 민영환은 고종의 총애를 받았는데 어느 날 외삼촌에게 군수 자리를 하나 달라고 고종에게 아뢰었다. 고종은 "너의 외숙이 아직 고을살이 하나 하지 못했단 말이냐?"며 곧 벼슬을 내릴 것처럼 이야기했다. 그러나 아무리 기다려도 소식이 없자 민영환이 다시 고종에게 청했다. 고종은 깜빡 잊었다는 듯 광양군수를 제수했다. 민영환은 신이 나 집으로 돌아와 어머니에게 이야기했다.

"오늘 임금께서 외숙에게 군수 자리를 허락하셨으니, 천은이 감격스럽습니다."

그랬더니 어머니가 씁쓸한 웃음을 지으며 말했다.

"네가 이처럼 어리석고도 척리戚里(임금과 친척)란 말이냐? 임금이 한 자리도 은택으로 제수한 적이 있더냐? 내가 이미 5만 냥을 바쳤다."

고종과 민비는 이렇게 모은 돈을 제대로 사용하지 못했다. 서양의 무기를 사들였지만 각국 무기가 뒤섞이고 관리도 제대로 하지 않았다. 서구 열강의 도움을 기대하고 주한 외교관들에게 호의를 베풀었지만 이권 탈취로 돌아왔다. 고종은 연회를 아주 좋아했고 민비는 허약한 세자를 위해 수시로 고사를 지냈는데, 가난한 조선으로서는 버거운 비용이었다. 고종과 민비가 쓴 돈 가운데 과학과 산업 발전을 위한 투자는 찾아보기 힘들었다.

고종의 실정과 민씨 세도정치가 아니었더라도 19세기 조선 백성들의 삶은 궁핍할 수밖에 없었다. 임진왜란과 병자호란이 끝난 17세기 중반부터 약 100년간은 조선 경제의 부흥기였다. 인구도 대략 1,200만 명에서 1,800만 명으로 50퍼센트나 증가했다. 그런데 조선과 같은 폐쇄 경제에서 성장은 축복이 아니라 재앙을 가져온다. 인구가 늘자 18세기 중엽부터 산림이 황폐해지기 시작했다. 조선 정부는 공유림 벌채를 엄한 형벌로 다스렸지만, 당장 장작을 때 밥을 짓고 추위를 피해야 하는데 형벌이 무섭다고 굶거나 얼어 죽을 수는 없었다. 더구나 조선의 제도는 끝까지 '산림과 천택川澤은 백성과 공유한다'는 유교 이념에 충실했다. 아무도 공유림에 나무를 심거나 가꾸지 않는 가운데 먼저 베어가는 사람이 임자인 전형적인 '공유지의 비극'이 일어났다.

19세기 말이 되면 사람의 발길이 미치는 곳에는 모든 산이 벌거숭이

가 되었다. 나무가 없는 산에 비가 내리면 토사가 밀려 내려와 둑을 부수고 저수지를 메웠다. 그리고 조금만 비가 안 와도 가뭄 피해가 닥쳤다. 조선 후기 기록을 보면 같은 면적에서의 벼 수확량이 1750년대보다 1880년대에 3분의 2나 줄어든 것으로 나타났다.

거래할 쌀이 적어지고 도적 떼가 출몰하면서 상인들의 행렬이 끊겼고 전국의 장시가 연이어 문을 닫았다. 상업거래가 위축되어 경제는 더욱 침체하고 사회는 폭력적으로 변하였다. 백성들의 원망과 울분이 한계에 달하면서 곳곳에서 민란으로 폭발했다.

6. 강요된 개혁의 의미

고부군수 조병갑의 가렴주구는 유난했다. 견디다 못한 농민들이 1894년 1월 죽창과 괭이를 들고 관아로 쳐들어갔다. 사태를 진정시키러 온 안핵사 이용태가 소요 가담자 중 동학교도들을 학살하면서 민란

개항기 한양의 초가집들 (고궁박물관)

은 동학농민운동으로 확대됐다. 동학 접주 전봉준이 이끄는 농민군은 고부, 백산, 부안을 거쳐 전라도 서해안 일대를 휩쓸었다. 농민군은 홍계훈이 이끄는 경군京軍마저 장성에서 패퇴시키고 전주성을 점령했다.

당황한 고종은 청나라에 파병을 요청했다. 뒤늦게 이 사실을 안 조정 대신들이 격렬히 반대했지만, 고종은 딴소리를 하며 넘어갔다. 청나라군이 6월 8일 충청도 아산에 상륙하자, 예의주시하던 일본도 천진조약을 빌미로 다음날 인천에 군대를 상륙시켰다. 이때는 이미 외국 군대가 필요 없었다. 동학농민군이 조정과 화약을 맺고 해산한 뒤 전라도 각 군현에 집강소를 설치해 행정권을 행사하고 있었다.

조선 조정은 일본에 철군을 요구했다. 그러나 일본은 '조선을 개혁하기 전에는 분란이 끝났다고 볼 수 없다'고 억지를 부렸다. 그리고 청나라에 공동 철군 대신 조선을 함께 개혁하자고 제안했다. 예상대로 청나라가 거절하자 일본은 절교서를 보냈다. 그리고 단독으로 조선의 정치에 개입했다.

일본군 1개 대대가 7월 23일 밤 경복궁을 공격했다. 일본군은 서쪽 영추문을 부수고 들어가 조선군 수비대와 치열한 총격전을 벌였다. 동이 트기 전 경복궁은 끝내 일본군에 장악됐고, 고종과 민비는 사실상 포로가 되었다. 일본은 고종을 위협해 대원군에게 정권을 넘기도록 했다. 대원군이 다시 섭정으로 추대됐지만, 실질적인 권력은 김홍집 김윤식 등 온건 개화파에게 있었다.

일본의 도발은 청나라와의 전쟁으로 이어졌다. 어떻게든 충돌을 피하려던 이홍장은 경복궁 점령 소식을 듣자 탄식하며 조선 주둔군에 전투 준비를 명령했다. 풍도 해전으로 시작한 양국의 전쟁은 청나라 백성들의 경악 속에 일본의 연승으로 진행됐다.

동학농민군도 사태를 좌시할 수 없었다. 9월 중순 전봉준이 척왜를 부르짖으며 다시 거병했다. 공주로 북상하던 농민군은 11월 9일 우금치에서 결전을 벌였다. 농민군 병력은 1만 명, 관군과 일본군은 2,000명에 불과했다. 그러나 관군은 유효사거리 550미터인 영국제 스나이더 소총으로 무장했고 개틀링 기관총과 야포까지 보유했다. 이에 반해 농민군의 화승총은 유효사거리 100미터에 불과했으며 그나마 총이 부족해 상당수는 죽창을 들고 있었다.

당시 동학농민군은 부적을 붙이고 주문을 외우면 총알이 피해간다고 믿었다. 앞에서 총알이 농민군의 몸을 꿰뚫어도 지휘관들은 믿음이 부족해서 그렇다며 병사들을 다시 포화 속으로 몰아넣었다. 무려 40여 차례나 돌격 시도가 반복되었다. 나중에 전봉준은 우금치 전투에서 1만 명 중 500명 만 살아남았다고 말했다. 이 전투로 동학농민운동은 사실상 끝이 났다.

그사이 조선의 개혁은 차근차근 진행되고 있었다. 김홍집 등 온건 개화파는 군국기무처를 통해 1차 갑오개혁을 실시했다. 청나라 연호 대신 개국 기원을 사용했으며, 의정부와 궁내부를 나누어 왕권을 제약하고, 과거제를 폐지했다. 그 밖에 반상제도 폐지, 노비 매매 금지, 연좌제 폐지, 조혼 금지, 과부 재가 허용 등 조선 사회의 악습들을 대거 철폐했다.

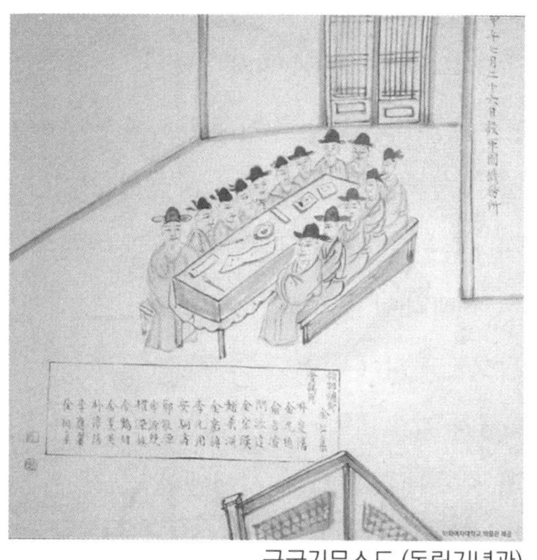
군국기무소도 (독립기념관)

백성들은 환영했다. 황현의 『매천야록』을 보면 '개정

된 신법이 반포되자 백성들은 모두 발을 구르고 손뼉을 치고 기뻐하면서, 서양법을 따르든 일본법을 따르든 다시 태어난 것처럼 희색을 감추지 못했다'고 한다. 황현은 한일합방이 되자 '이승에서 지식인 노릇하기 정말 어렵구나'라는 절명시를 쓰고 자결한 우국지사였다. 그런 황현이 '(일본의 개혁 권유가) 반드시 우리를 진정으로 위한 것도 아니지만 병에 쓰는 약이 아니라고 말할 수도 없다'고 갑오개혁을 평가했다.

초기 김홍집 내각은 비교적 일본의 간섭 없이 개혁을 추진할 수 있었다. 일본이 청나라와 전쟁 중에 조선인의 반발을 사지 않으려 조심했기 때문이다. 그러나 일본은 평양전투를 고비로 승기를 굳히자 태도를 바꿨다.

일본은 갑신정변 실패 뒤 망명했던 박영효를 귀국시켰다. 그가 김홍집과 연립 내각을 구성하고 2차 갑오개혁을 주도했다. 우리나라 최초의 헌법인 홍범 14조를 선포하고, 재판소를 설치해 사법을 행정에서 분리했다. 그런데 박영효는 고분고분한 성격이 아니어서 곧 일본과 사이가 벌어졌다. 여기에 민비 암살모의 혐의까지 받게 되자 그는 다시 망명하지 않을 수 없었다.

일본은 청일전쟁에서 승리해 잠시 기고만장해 있다가 러시아, 프랑스, 독일의 간섭으로 요동반도를 청나라에 돌려주는 굴욕을 겪었다. 이를 지켜본 고종과 민비가 빠르게 러시아 쪽으로 기울자 일본이 민비를 시해하는 만행을 저질렀다. 이 을미사변 뒤 다시 김홍집을 중심으로 한 친일 내각이 구성되어 개혁 작업을 재개했다. 이를 을미개혁 또는 3차 갑오개혁이라 부른다.

3차 갑오개혁에서는 태양력 사용과 종두법 시행, 소학교 설치 등 여러 중요한 조치들이 시행됐다. 그러나 무리한 단발령으로 백성들의 큰 저항을 자초했다. 김홍집 내각은 고종이 러시아 공사관으로 피신하는 아관파천으로 붕괴되었다.

갑오개혁은 주역들의 죽음과 함께 비극으로 끝났다. 그것은 일본의 영향력 아래 진행된 타율적인 개혁이었다. 그러나 조선이 근대사회로 나아가는 데 반드시 필요한 조치들을 마침내 실천에 옮겼다는 중요한 의미가 있었다. 그 뒤 신분제 철폐 등 상당수 개혁 조치들은 돌이킬 수 없는 현실이 되어 정착되어 갔다.

제2장 유학자에서 개화 청년으로

1. 가난한 양반의 아들

이승만은 1875년 3월 26일 황해도 평산군에서 한 가난한 양반 집안의 6대 독자로 태어났다. 위로 형이 둘 있었는데 어려서 사망했다. 이승만 집안은 태종의 장남인 양녕대군 후손이었지만, 그 뒤 조상들이 변변한 벼슬을 얻지 못해 가세가 기울었다.

아버지 이경선은 젊은 시절 여러 차례 과거에 도전했다 실패한 뒤 한량 같은 삶을 살았다. 이경선은 풍수지리를 연구하겠다며 걸핏하면 집 밖으로 떠돌았다. '아버지는 불시에 나귀 등에 올라 방울소리를 울리며 집을 나서면 두 달 석 달 때로는 한 해가 다 기울어도 소식이 없다가, 문득 어느 눈 내리는 날 밤 다시 말방울 소리를 울리며 돌아오기 일쑤였다'고 훗날 이승만은 회고했다. 이경선이 정말 풍수지리에 심취했는지는 모르지만, 벼슬길이 막힌 양반이 답답한 현실에서 벗어날 방법은 그 길밖에는 없었을 것이다. 집안의 모든 살림은 오로지 어머니 김해 김씨의 몫이었다. 이승만은 그런 어머니에게 항상 고마움과 애틋한 그리움을 안고 살았다.

이승만 가족은 형편이 더 어려워져 그가 세 살 때 한양으로 올라왔다. 처음 자리 잡은 곳은 청계천 부근 염동이었다. 어머니는 친척들의 도움을 받아 삯바느질로 가계를 이었다. 집안이 비록 종친부에 기록된 왕족은 아니었지만 양녕대군의 후손이라는 점이 유형무형으로 큰 힘이 되었다. 조선시대 양반이란 것은 권력, 경제력과는 조금 다른 일종의 문화적 위세 신분이었다. 그래서 이승만 가족도 비록 가난했지만 조선 최고의 양반 가문들과 생활권을 공유할 수 있었다. 이것이 청소년기 이승만이 고급 교육을 받고 인적 네트워크를 형성하는 데 많은 도움을 주었다.

다만 이승만은 어릴 적부터 조선 양반들의 고답적인 문화에는 왠지 모를 거부감을 보였다. 아버지 이경선은 집에 있을 때면 친구들을 불러 족보를 펴고 집안의 옛 영화에 대해 끝없이 되풀이해 이야기하는 것이 큰 기쁨이고 취미였다. 조선 양반에게 본인과 남의 족보를 공부하는 보학은 필수 학문이기도 했다. 심지어 나의 몇 대조 할아버지가 누구의 몇 대조 할아버지와 동문수학했다는 따위를 외우고 다니면 유능하다는 평가를 받았다. 그런데 이경선이 집안의 희망인 6대 독자를 앉혀 놓고 족보를 가르치려니 영 생각이 다른 데 가 있는 것이었다. 기회를 보아 뛰어나가 친구들과 연을 날릴 궁리만 하는 것 같았다. 낙담한 아버지는 하는 수 없이 작은 책자에 직계 선조들의 계보를 써서 주며 잘 간직하라고 당부했다. 그렇다고 이승만이 공부 자체를 싫어한 것은 아니었다. 어머니가 틈나는 대로 한 글자씩 가르쳐주는 한문은 또박또박 잘 따라 했다.

이승만은 다섯 살 때 큰 병을 앓아 시력을 잃을 뻔했다. 두 눈을 불에 달군 쇠붙이로 지지는 듯 아프고 아무것도 보이지 않았다. 이승만 부모는 백방으로 뛰어다니며 용하다는 약을 구해 먹였지만 아무 소용이 없었다. 그러다 누가 진고개에 있는 양의사를 찾아가 보라고 권했다. 진고개, 즉 지금의 서울 명동에 있던 양의사는 일본인이었을 가능성이 크다.

당시 조선 백성들 사이에는 양의사에 대한 온갖 흉흉한 소문이 돌고 있었다. 그러나 워낙 사정이 다급해 이승만 부모는 용기를 냈다. 이승만의 눈을 헝겊으로 칭칭 감고 가마를 불러 태워 나가는데 어머니는 아이를 땅에 묻으러 보내는 것마냥 통곡했다.

이승만을 진찰한 의사는 물약을 주면서 하루 세 번씩 눈에 넣고 사흘 정도 효과를 지켜보라고 말했다. 사흘째 되던 날 아침 어머니는 이승만에게 밥상을 차려 주고 손에 숟가락을 쥐어준 뒤 잠깐 밖으로 나왔다. 그런데 이승만이 갑자기 앞이 보인다고 소리를 지르는 것이었다. 부모는 아이를 안고 기쁨에 겨워 엉엉 울었다.

며칠 뒤 아버지 이경선은 달걀 열 개를 짚 꾸러미에 싸서 양의사를 찾아갔다. 가난한 살림에 애써 장만한 고마움의 표시였다. 양의사는 웃으면서 "고맙지만 당신 아들이 나보다 더 이 달걀을 먹어야 하오"라며 사양했다. 양의사 덕분에 실명 위기를 넘긴 일은 이승만의 기억 속에 깊이 각인되었다. 그가 오랫동안 한학을 공부하고도 개화 운동에 투신할 수 있었던 것은 서양문명의 효용성에 대한 이 경험과 무관치 않았을 것이다.

이승만이 일곱 살이 되었을 때 어머니는 서당을 알아봤다. 관직에서 물러난 이건하 대감이 과부가 된 형수의 외아들을 가르치기 위해 낙동에 서당을 열었다는 소식을 듣고 그곳에 이승만을 넣었다. 내친김에 집까지 서당 부근으로 옮겼다. 이승만은 뛰어난 학습 능력을 보였다. 『천자문』과 『동몽선습』을 금방 떼고 중국 고대 역사인 『자치통감』을 공부했다. 우연히 서당에 들렀다 이 모습을 본 아버지 이경선은 대단히 흡족해했다.

이승만 가족은 3년 뒤 다시 이사를 했다. 이번에는 성 밖으로 나와 남산 자락의 도동, 지금의 힐튼호텔 주차장 자리에 있는 집이었다. 양녕대군 사당인 지덕사가 있는 곳으로, 일가친척들이 많이 모여 살았다. 이승만은 양녕대군 종손인 이근수 대감의 서당에 다니게 됐다. 비록 찢어지게 가난한 친척 아이였지만 남달리 총명한 이승만을 이근수 대감과 정경부인 권씨는 매우 아끼고 귀여워했다. 정경부인 권씨가 맛있는 음식이 생기면 자기를 위해 따로 챙겨주고 어머니에게 마치 동기로 보일 만큼 가깝게 대했던 것을 이승만은 수십 년이 지난 뒤에도 글로 남길 만큼 고마워했다. 이승만은 사서삼경과 당송시문을 공부하며 본격적으로 과거 응시를 준비했다.

도동서당에서 한학을 공부하던 시절이 이승만에게는 평생 가장 평화롭고 행복했던 시기였다. 그림 그리기와 중국 소설 읽기, 가사 부르기 등 여러 취미에 돌아가며 빠지기도 했지만, 이승만은 서당에서 실력을 겨루는 도강이 열리면 언제나 장원을 독차지했다. 아버지 이경선은 영특한 아들이 가문의 영광을 재현해줄 것이라 믿어 의심치 않았다. 하루라도 빨리 그날을 보고 싶은 조바심에 아버지는 이승만이 열세 살 때 벌써 과거 시험을 보도록 했다.

1887년 고종이 왕세자빈의 성인식을 기념해 과거를 열었다. 훗날 순종이 된 왕세자와 같은 나이인 열네 살부터 응시하도록 했지만, 아버지 이경선이 아들의 나이까지 한 살 속이며 과거장으로 보낸 것이다. 어린 이승만은 가슴에 큰 야심을 품고 대궐로 시험으로 보러 갔

오른쪽이 이승만 가운데가 아버지 이경선, 1893년 촬영했다. (이승만기념관.com)

다가 현실의 쓰디쓴 맛을 보고 돌아왔다. 아직 학문의 수준이 무르익지 않았기도 했지만, 이미 조선의 과거제도는 실력만으로는 합격하기 어려운 지경이 된 지 오래였다.

2. 과거에 떨어지다

한양의 과거는 경복궁 북쪽 후원이었던 경무대, 즉 지금의 청와대 자리에서 치러졌다. 과거시험 날 새벽이면 전국에서 올라온 수많은 선비들이 경복궁 북서쪽 추성문 앞에 모여 북적였다. 한양에서만 소과 1차 시험인 초시에 10만 명 넘게 응시할 만큼 과거를 보는 사람들이 많았다. 한양 도성 안 인구가 30만 명이 채 안 되던 시대였다.

날이 밝아 군졸이 대궐 문을 열면 맨 앞에 서 있던 험상궂은 사내들 사이에 난투극부터 벌어졌다. 선접꾼들이었다. 이들은 부잣집 노비 중 힘깨나 쓰는 자이거나 지방에서 상경해 일당을 받고 고용된 왈짜들로 큰 우산을 들고 기다리다 문이 열리면 과거장 앞자리를 향해 돌진했다. 그 과정에서 충돌이 빚어지고 주먹질이 난무했다. 심한 경우 막대기로 찌르거나 망치로 때려 죽는 사람까지 나왔다. 허약한 선비들은 이들의 기세에 눌려 대궐 담장 옆에 쭈그려 앉아 있다 들어와야 했다.

선접꾼들이 몸싸움 끝에 좋은 자리를 잡으면 지름이 3미터나 되는 대형 우산을 펴고 자기 팀, 즉 접接을 기다린다. 접은 문장을 잘 짓는 거벽巨擘, 글씨를 잘 쓰는 사수寫手, 시험을 치르는 당사자인 거자擧子 그리고 이들을 시중드는 노비들로 구성됐다.

선접꾼이 고용되는 이유는 과거에 합격하려면 앉는 자리가 매우 중요했기 때문이다. 과거장에 선비들이 다 들어와 정리되면 내관이 들어와 현제판에 문제를 내건다. 선비들은 그것을 적어 자기 자리로 돌아와 답안을 작성하기 시작한다. 그런데 수험생이 10만 명이다. 뒤에 앉은 선비들은 수많은 인파를 뚫고 나가서 문제를 보고 돌아온 뒤 다시 앞으로 나가 답안지를 제출하는 데만도 적지 않은 시간이 걸렸다. 알성시, 정시, 춘당대시처럼 당일 합격자를 발표하는 특별시험의 경우 시험 시간이 세 시간에 불과했다. 정기시험인 식년시나 증광시, 별시에서는 밤 10시까지 시험을 보고 5일 이상 채점을 하였지만, 수만 장의 답안지를 일일이 검토할 수는 없었다. 그래서 채점관들이 그나마 제대로 읽어보는 처음 제출된 답안지 수백 장 안에서 대부분의 합격자가 나왔다.

본래 과거장에는 책을 가지고 들어갈 수 없었지만 조선 중기에 선비들의 몸수색이 금지된 뒤에는 유야무야되었다. 행담이라는 휴대용 나무상자에 넣어온 책들을 보며 여러 명의 거벽들이 문장을 짓고, 그 중 가장 좋은 글을 골라 사수가 정서한 뒤 답안으로 제출했다. 수험생들은 점심으로 닭고기나 과일을 주로 싸갔는데 귀하신 도령에게 찬 음식을 먹일 수 없어 노비들이 과거장 안에서 닭을 잡았고 술을 파는 상인들까지 돌아다녔다. 이처럼 극도로 혼잡스러운 과거 시험장의 모습에서 '난장판'이라는 말이 유래됐을 정도였다.

게다가 세도가들은 미리 문제를 빼내 답안을 써오거나, 채점관에게 답안지 번호를 알려줘 참고하게 하거나, 합격자 이름을 바꿔치기하는 등의 수법도 사용하였다. 그래서 권력자 아들이 과거에 낙방하면 인품이 훌륭하다는 칭송을 듣는 지경이었다. 온갖 부정이 난무하는 속에도 과거제도의 정당성 유지를 위해 남겨놓은 작은 틈을 통과하기 위해 전국의 모든 양반들이 인생을 걸었다. 이승만과 아버지 이경선도 그러했다.

이승만은 8년간 열 한 번의 과거에 응시했다. 그 중에는 남의 답안을 대신 써주어 부잣집 자제를 진사로 만들어준 경우도 있었다. 극심한 생활고가 자존심 강한 선비를 그렇게 내몰았다. 또한 과거시험 부정행위가 너무 만연해 범죄로도 인식되지 않았던 시대이기도 했다.

밤 10시 반 인정人定이 되면 성문이 닫히고 도성 내 통행금지가 실시됐지만, 과거 응시자들은 표를 보여주면 붙잡지 않았다. 이승만은 매번 마지막까지 답안을 고민하다 밤 깊은 시간에 성벽을 넘어 겨우 집에 돌아오곤 했다. 귀갓길의 고생보다는 조선 말기의 썩은 부조리가 젊은 선비 이승만을 더욱 힘겹게 했다. 그나마 1894년 7월 갑오개혁으로 과거제도가 폐지되면서 20년간 입신양명만을 목표로 달려온 이승만은 일순간 진공상태에 놓인 듯 삶의 방향을 잃었다.

3. 배재학당 우등생

아버지 이경선이 더 낙담했다. 이경선은 손바닥으로 무릎과 책상 방바닥을 치며 한탄했다.

“미친놈들! 조상이 천 년을 하루같이 지켜오던 성현의 길을 폐지하고, 그러고도 그놈들이 벌을 받지 않을까. 인재를 골라서 쓰지 않는다면 어느 개새끼라도 마구 갖다 쓸 작정인가.”

이승만은 아버지의 넋두리를 묵묵히 듣고 있을 수밖에 없었다.

갑오개혁으로 새로운 관리 임용 제도가 발표되기는 했다. 국문, 한문, 산술, 외국 사정 등으로 평가해 하급 관리를 선발하는 시험과 현직 관리들이 추천해 국왕이 재가하는 고급 관리 선발 제도가 실시되었다. 둘 다 이승만과는 무관한 일이었다. 이승만은 집에서 뒹굴다 하릴없이 사서삼경을 뒤적이고 이따금 자신이 다니던 도동서당에 들렀다. 학동들의 책 읽는 소리로 가득했던 서당은 적막에 쌓여 있어 마음만 더 스산해졌다.

그렇게 몇 달이 흐르고 이듬해 봄 서당 친구인 신긍우가 이승만을 찾아왔다. 신긍우는 개화당이었던 전 탁지부 주사 신면휴의 아들이다. 신긍우는 배재학당에 다니면서 이승만에게도 입학을 권유하러 온 것이다.

"때는 벌써 바뀌어 가고 있네. 주저하지 말고 자네도 우리하고 같이 개화를 배우세. 일본말도 배우고, 영어도 배우고, 산학算學도 배우고, 세상 돌아가는 도리도 알아보잔 말이야."

이승만은 반발했다.

"과거야 하든 안 하든 십 년을 학문을 닦았으면 그만한 건 가질 줄 알아야지. 자넨 대체 언제부터 그렇게 유자儒者가 아니고 천주학쟁이고 또 왜놈의 사환인가? 그런 소릴 하려면 아예 두 번 다시 우리 집에 오지 말게!"

그러나 신긍우가 거듭 방문해 배재학당 입학을 권하자 이승만의 마음이 흔들리지 않을 수 없었다. 당장 미래를 위해 할 수 있는 일이 아무것도 없었기 때문이다. 이승만은 영어라도 배우면 나라에 쓰임새가 있을지 모르겠다는 생각에 마지못한 듯 따라나섰다.

1895년 4월 2일 이승만은 신긍우·신흥우 형제와 함께 배재학당을 찾아갔다. 정동 언덕 중턱에 지상 1층과 반지하로 지어진 르네상스식 건물이었다. 이승만이 수년 전 기초공사 때부터 멀리 남산 동네에서 지켜보았던 곳이지만 가까이서 보니 생각보다 훨씬 더 크고 웅장했다. 벽돌과 돌로 참 기묘하게 집을 지었다며 감탄하고 있는데 신긍우가 어서 들어가자고 재촉했다.

배재학당 안에는 긴 복도를 사이로 교실 네 칸과 예배실, 도서실, 당장실, 사무실이 있었다. 양쪽 끝 출입구 창문에서 빛이 들어와 복도가 그리 어둡지 않았다. 이승만이 사무실 안으로 들어가자 곱슬머리에 날렵하고 유쾌한 인상의 서양인 남자가 일어나 반갑게 맞았다. 윌리엄 노블 선교사였다. 배재학당에서 영어를 가르치는 노블은 이승만에게 의자에 앉으라고 권한 뒤 서툰 조선말로 배재학당 입학을 환영하고 교육 내용에 대해 설명했다. 그리고 학당에서 여러 가지 일을 해 돈도 벌 수 있다는 말을 하자, 애써 담담한 표정을 짓고 있던 이승만의 눈이 살짝 커졌다. 이미 결혼한 성인으로서 가계에 아무런 보탬을 못 줘 늘 마음이 무거웠던 그였다.

배재학당은 미국 감리교단에서 후원했기 때문에 모든 경비를 무료로 할 수도 있었지만, 학생들의 자립정신을 키우기 위해 수업료를 받았다. 그리고 대부분 가난한 가정 출신인 학생들에게 여러 가지 아르바이트 기회를 주어 수업료를 마련하고 용돈까지 벌 수 있게 했다. 교사들을 돕는 조교와 학교 경비 및 청소 등의 일이 있었고, 부설 삼문출판사에서 교재와 잡지 발간을 거드는 일도 중요한 일거리였다. 한글학의 태두

1885년에 문을 연 배재학당은 2년 뒤 서양식 학교 건물을 세웠다
(배재학당역사박물관)

인 주시경도 배재학당 시절 삼문출판사에서 일하며 학비를 벌었는데, 훗날 한글 연구에 매진하는 중요한 계기가 되었다.

이승만은 다음날부터 배재학당 영문과에 입학해 공부하기 시작했다. 처음 얼마 동안은 집에다 비밀로 하고 외출하는 척 학당에 다녔는데 오래 갈 수는 없었다. 마침 아버지가 과거제도 폐지에 낙담해 황해도 딸 집에 가 있던 게 다행이었다. 어머니는 걱정하면서도 이승만의 결심을 응원해 주었다.

배재학당에는 영문과와 한문국문과, 신학과가 있었다. 각각 영어, 한문고전, 기독교를 가르치는 과정이었지만 그밖에 광범위한 교양과목들이 개설되어 있었다. 영문과에서도 역사 지리 수학 화학 물리 수업을 들어야 했다. 매일 아침 예배실에서 열리는 채플 참석도 의무적이었다. 또한 체육과 군사훈련이 실시되었고 노래 부르기 수업도 있었다.

배재학당은 영어를 공부하기에 최적의 조건이었다. 한문 등 일부 과목을 제외하고 모든 수업이 영어로 이루어졌다. 미국인 교사들과 일상대화도 영어로 했다. 그런데도 대부분의 학생들은 몇 달간 학당에 다니며 영어를 좀 익히면 곧바로 하급 관리나 통역원으로 취업해 나가 버렸다. 배재학당에 등록해 일 년 이상 꾸준히 출석한 학생은 5분의 1이 채 되지 않았다. 그래서 이승만이 입학한 1895년에도 매월 두 번씩 학생들을 모집해야 했다.

이승만은 달랐다. 기왕 영어를 배우기로 했으니 학당, 나아가 조선 내에서 가장 잘하고 싶었다. 추상적인 사변으로 가득한 사서삼경보다 영어가 훨씬 재미있기도 했다. 단어 하나를 외우면 그만큼 안 들리던 말이 들리는 것이다. 이승만은 영어로 된 교재들을 보는 족족 통째로 외우고 하루종일 영어로 중얼거렸다. 어떻게든 질문을 만들어 미국인 교사들과 대화하려고 했다. 자존감이 강한 이승만은 조선인이 외국어에

서툰 것을 당연하게 여기고 전혀 부끄러워하지 않았다. 그렇게 6개월이 지나자 학당에서 그를 후배들에게 알파벳과 기초 회화를 가르치는 조교로 임명했다. 주변에서는 이승만이 영어선생이 되었다 하여 칭찬이 자자했다.

이승만은 또 배재학당 교사들의 소개로 제중원에 근무하는 미국인 여성 의료 선교사 화이팅과 제콥슨에게 조선어를 가르치는 가정교사 자리를 얻었다. 영어 회화를 집중 연마할 수 있는 좋은 기회이기도 했다. 첫 달 수업이 끝나고 급료로 20달러를 받았다. 당시 쌀 열다섯 말을 살 수 있는 엄청난 액수였다. 이승만이 집에 돌아와 가족들 앞에 자랑스럽게 돈을 내놓자 어머니는 너무 큰 금액에 놀라 울음을 터뜨렸다. 울고 웃다가 어머니가 걱정스레 당부했다.

“아가, 굶어 죽어도 좋으니 행여 천주학은 하지 마라.”

4. 춘생문 사건과 단발령

처음에는 영어를 배우겠다는 생각뿐이었던 이승만은 점차 성리학의 세계 너머에서 벌어지고 있는 놀라운 사실들을 깨닫기 시작했다. 배재학당의 교양과목 수업을 통해 까마득히 앞선 서양의 과학문명과 자유를 향한 투쟁의 역사를 배웠다. 이충구, 윤창렬, 이익채 등 학당에서 새로 사귄 친구들은 모두 개화를 열렬히 지지하는 청년들이었다.

1895년 10월 8일 일본 낭인들이 대궐에 침입해 민비를 시해하는 을미사변이 일어났다. 배재학당 학생들은 일본의 만행에 치를 떨며 분노했다. 그리고 한 달여 뒤인 11월 28일 친미·친러파 관리들과 친위대 장교 수십 명이 가담해 고종을 대궐에서 탈출시키려고 한 ‘춘생문 사건’이 발생했다. 여기에 배재학당 학생 이충구가 적극 가담했다. 그는 러시아 외교관들과의 친분을 이용해 탄환 80발을 구해 오는 역할을 맡았다. 무려 800여 명이 동원된 거사는 춘생문을 열어주기로 약속했던 친위대 대대장 이진호가 배신해 대궐 안에서 총격을 가해 오면서 실패로 끝났다. 그리고 대대적인 검거 선풍이 불었다. 이충구도 끌려가 모진 고문을 받고 종신유배형에 처해졌다.

이승만은 이충구를 통해 사전에 계획을 알고 있었다. 그러나 이충구가 만류하고 그가 마땅히 맡을 역할도 없어 거사에 직접 가담하지는 않았다. 그래서 안전하리라 믿고 평소처럼 제중원의 화이팅에게 조선말을 가르치러 갔다. 그런데 하녀 복녀가 울면서 뛰어와 집에 순검들이 서방님을 잡으러 왔다고 알리는 게 아닌가. 당황해 어쩔 줄 몰라 하는 이승만을 화이팅이 머리에 붕대를 감아 여자 환자로 위장하고 남대문 밖에 있는 자기 친구 집으로 피신시켜 줬다. 거기서 이승만은 황해도 누나 집까지 걸어가 숨어 있었다. 두 달여가 지나 다음해 2월에 관련 재판이 모두 끝나자 화이팅이 이승만에게 안심하고 서울로 올라오라는 전갈을 보냈다. 이승만이 본인의 의사와 무관하게 정치와 연루된 최초의 사건이었다.

이승만이 겪은 또 다른 충격적인 사건은 1895년 12월 30일 단발령 선포였다. 다음날부터 음력을 양력으로 바꾸고, 위생과 편의를 위해 머리를 짧게 깎으라는 명령이 고종의 조칙으로 내려졌다. 고종과 태자도 유길준 등 대신들의 강요에 못 이겨 상투를 잘랐다. 고종은 마침 대궐에 들어온 주치의 올리버 에비슨에게 "보시오. 저들이 우리 모두를 중으로 만들어 놓았소"라고 말하며 분해했다. 캐나다 출신인 에비슨은 제중원 원장으로 와 40년간 이 땅에서 봉사하며 세브란스 병원과 세브란스 의학교를 세운 인물이다. 당시 제중원에 드나들던 이승만과도 가까운 사이였다.

단발령이 내려지자 이승만은 자발적으로 상투를 잘랐다. 그는 오래 전부터 상투를 '조선이 결별해야 할 낡은 과거의 상징'으로 생각해 왔다. 그리고 순검의 손이 아닌 스스로 단발을 하고 싶었다. 그는 에비슨에게 찾아가 이발을 부탁했다. 머리카락을 자른 뒤 이승만은 집에 돌아가지 못하고 이틀 밤을 제중원에서 보냈다. 그리고 마침내 집에 나타나자 어머니는 무척 놀라고 자식이 죽기나 한 것처럼 통곡했다고 훗날 이승만은 회고했다.

이승만은 긍정적으로 단발령을 받아들였지만, 대부분의 조선 백성들은 그렇지 못했다. 김홍집 정권이 잘못 판단했던 것이다. 사람 몸은 부모에게서 받은 것이니 머리카락 한 올까지도 잘 보존하는 것이 효도의 출발이라는 게 유교의 가르침이었다. 이 관념이 조선의 문화 속에 너무 깊이 뿌리박혀 있었다. 단발령에 대한 반발은 유생뿐 아니라 일반 백성들에게도 크게 확산되었다. 을미사변과 함께 단발령에 대한 저항이 기폭제가 되어 각지에서 의병이 일어났다.

단발한 고종 (독립기념관)

의병을 진압하기 위해 친위대 병력을 지방으로 파견하면서 대궐 경비가 소홀해졌다. 이 틈을 타 이범진, 이완용 등 친러파 관리들이 베베르 러시아 공사와 짜고 고종을 탈출시킬 계획을 세웠다. 그리고 1896년 2월 11일 고종과 태자가 궁녀인 것처럼 가마에 타고 경복궁을 빠져나와 러시아 공사관으로 거처를 옮기는 아관파천이 일어났다.

러시아 공사관에 도착하자마자 고종은 경무청 부관 안환을 불러 김홍집 등 대신 다섯 명을 죽이라고 명령했다. 총리대신 김홍집은 대궐에서 고종에게 알현을 청하며 기다리다 안환이 이끌고 온 순검들에게 잔인하게 살해됐다. 농상공부대신 정병하와 탁지부대신 어윤중도 피살되고 유길준 등 살아남은 개화파 인사들은 조선을 탈출했다. 이승만의 본격적인 정치활동은 이 같은 고종의 아관파천과 일 년 뒤 환궁을 시대적 배경으로 출발했다.

5. 불온한 혁명의 꿈

배재학당의 교양과목은 언어 장벽 때문에 아무리 노력해도 학생들

러시아 공사관 (고궁박물관)

이 이해하는 데 한계가 있었다. 그래서 수업 내용이 초보적인 수준에 머물 수밖에 없었다. 만약 서양의 고등교육을 받은 조선인이 있다면 훨씬 효과적인 강의가 가능하겠다는 판단에 배재학당에서 서재필과 윤치호를 강사로 초빙했다.

서재필은 갑신정변에 가담했다 일본을 거쳐 미국으로 망명했다. 낮에 노동하고 밤에 공부하는 각고의 노력 끝에 컬럼비아대 의과대학을 졸업한 입지전적인 인물이었다. 윤치호도 갑신정변 직후 중국 상해로 망명해 고등학교 교육을 받았고, 미국으로 가서 밴더빌트대 신학과를 졸업하고 에모리대에서 인문사회과학과 자연과학을 수강하였다. 배재학당의 요청으로 서재필은 서양의 지리 역사 정치에 대해, 윤치호는 과학에 대해 일주일에 한 번씩 특강을 했다.

이승만은 특히 서재필로부터 많은 영향을 받았다. 이승만이 서재필을 처음 만난 것은 춘생문 사건으로 도피했다 한양에 돌아온 직후였다. 배재학당에서 서재필 박사 환영회가 열렸는데 거기서 연설을 들은 것이다. 이승만은 서재필 연설 중 미국의 정치제도 설명에 큰 감명을 받았다.

"미국에서는 인민의 권리라는 것을 대단히 존중합니다. 각 도와 고을에서 백성이 각기 자기네 마음에 맞는 훌륭한 인물을 선거해서 정부로 보내면 정부에서는 이들로써 국회를 조직하고 그들의 정하는 대로 온갖 정치를 운영하게 됩니다."

이승만은 정말 미국이 부러웠고, 전제군주제 아래 신음하는 조선도 그렇게 만들고 싶었다. 석 달 뒤부터 서재필은 매주 목요일 배재학당에 와서 특강을 했다. 그때마다 강의 장소인 예배실은 학생들로 초만원을 이뤘다. 이승만도 빠지지 않고 참석해 서재필의 말 하나하나에 귀를 기울였다.

서재필은 학생들에게 토론 모임을 만들자고 권했다. 그는 미국 고등학교에 다닐 때 문학 토론회에 가입해 활동했던 경험이 있었다. 배재학당 학생들도 민주적 토론을 통해 자발적으로 개화 의식을 고취할 수 있게 하려는 것이었다.

모임 이름을 협성회라고 정하고 1896년 11월 첫 모임을 가졌다. 그때까지만 해도 학생들 반응은 소극적이었다. 재학생 160명 가운데 13명만 협성회에 가입했다. 이는 여러 사람 앞에서 자기 주장을 펴는 경험이 없었기 때문이다. 이승만은 달랐다. 협성회 창립에 적극적으로 나서, 양홍묵 교사가 회장을 맡고 그 아래 서기로 임명됐다. 이승만이 조선 최초의 학생회 간부가 된 것이다.

협성회의 토론은 매주 토요일 오후에 개최됐다. 서재필은 서구 사회의 회의 절차를 정리한 '만국회의 통상규칙'을 써서 나누어 주고, 동의할 때 박수하는 법까지 가르쳤다. 매주 다른 주제를 정해 찬성과 반대 그룹으로 나뉘어 토론했다. 토론 주제는 국한문 혼용 등 일상생활 문제에서 시작해 의회제도 도입 등 정치개혁으로 점차 확산되었다.

협성회 토론은 누구나 참관할 수 있도록 공개됐는데, 조선 최초로 사회 현안에 대한 뜨거운 공방이 벌어지는 것을 보고 방청객들이 열광했다. 토론이 거듭될수록 협성회 회원 수가 급증했다. 일반인들의 가입도 허용해 1년 뒤에는 회원 수가 200명을 헤아리게 되었다. 협성회가 학생회를 넘어 개화운동을 위한 사회단체로 발전해간 것이다. 협성회 회원들은 4개월 먼저 결성된 독립협회 활동에도 적극 참여했다.

협성회가 성공하자 서재필과 윤치호는 독립협회에도 토론을 도입했다. 1897년 8월부터 매주 일요일에 독립관에서 토론회를 개최했는데, 민중들의 적극적인 호응을 얻었다. 이를 계기로 독립협회는 고위 관료들의 사교모임에서 벗어나 사회운동 조직으로 변화하였다.

이승만의 정치의식도 빠르게 각성되어 갔다. 겉으로는 입헌군주제를 지지했지만, 언젠가는 조선이 자유민주공화국이 되어야 한다고 생각하기 시작했다. 이는 당시로서는 매우 위험한 사상이었다. 전제왕조 국가에서 왕정 폐지를 주장하다가는 자칫 목숨까지 위태로울 수 있었다.

이승만은 제중원 원장인 에비슨을 자주 방문해 깊은 속마음을 털어놓고는 했다. 평생 조선에서 의료봉사 활동을 하면서 정치적 성향을 드러내지 않았던 에비슨도 이때 이승만과는 대단히 솔직한 대화를 나누었다. 훗날 에비슨은 대한민국 대통령이 된 이승만에게 편지를 보내 '우리는 자주 불온한 혁명을 꿈꾸었다'며 다음과 같이 말했다.

> 당신이 그때 걷던 그 길이 얼마나 위험한 것인가에 대해 내가 경고했던 것을 기억하시는지 모르겠습니다. 내가 하는 말을 조용히 듣고 한참 있다가 '그래도 나는 그대로 하겠습니다'라고 하던 당신을 나는 잘 기억합니다. 나는 내가 처해 있던 거북한 입장을 생각하면 지금도 웃을 수밖에 없습니다. 왕이 편찮으실 때에 그분을 진찰하러 갔다 와서는 군주제 폐지에 대해서 당신과 토론하곤 했으니까요. 분명히 우리 둘은 반역자들이었지요.

6. 전설의 시작

1897년 7월 8일 배재학당의 첫 졸업식이 성대하게 열렸다. 이승만도 졸업생 명단에 있었다. 친구의 강권에 이끌려 머뭇거리며 학당에 들어온 지 2년여 만이었다. 그 짧은 사이 이승만은 고루한 유학자에서 신문명의 선구자로 변모해 있었다.

그날 배재학당 졸업식은 사실상 국가 행사로 진행됐다. 조선 정부가 육영공원을 폐쇄한 뒤 배재학당에 영어 교육을 위탁한 점도 있었고, 나라를 위기에서 구할 개화된 인재들에 대한 기대도 컸다. 왕실 원로, 정부 장관, 주요국 외교관들이 모두 참석했다. 그날 행사에 초대받지 않고는 조선에서 행세를 한다고 말할 수 없을 정도였다.

행사장 주변은 장관을 이루었다. 내외국 귀빈 중 남자는 대부분 수트 정장을 입었고, 서양 외교관 부인들은 화려한 드레스 차림이었다. 한양 백성들에게 이런 대규모 서양식 행사는 진귀한 볼거리였다. 서재필 박사가 양복을 입고 미국인 부인과 산책을 하면 수십 명이 뒤따라가며 구경했다는 촌스러운 시대였다.

행사장인 정동교회 벧엘예배당 또한 한양의 새로운 명소였다. 조선 최초의 서양식 교회 건물이었는데, 길이 22미터 높이 8미터인 장대한 규모에 함석 지붕과 사방의 유리창 그리고 남쪽 모서리의 종탑까지 조선인의 눈에 대단히 이색적이었다. 그 예배당을 가득 메운 600여 명의 내

정동교회 (배재학당역사박물관)

빈과 졸업생 가족들은 행사장 분위기만으로도 감명을 받았다.

당시 졸업식에서는 공과도강工課都講을 치렀다. 도강이란 종합시험을 뜻하는 말로, 일종의 학예회를 연 것이다. 그해 졸업식 1부에서는 한문도강으로 세 사람이 한문 문헌 일부를 암송하고, 영어도강으로 두 사람이 영어 수필과 논설문을 암송했다. 그리고 마지막 순서로 이승만 학생이 나와 '조선의 독립'이라는 제목으로 영어 연설을 했다.

이승만은 과거 조선, 중국의 관계와 청일전쟁을 통한 독립의 확보 과정을 짧게 설명한 뒤 조선의 당면한 어려움과 극복 방안에 대해 열변을 토했다. 관객들은 기립박수를 치며 환호했다. 그의 담대한 주장도 인상적이었지만, 수려한 영어 실력에 크게 놀란 것이다. '어디에 저런 똑똑한 젊은이가 있었는가'라며 찬사가 쏟아졌다. 졸업식은 2부 협성회 토론과 식후 행사인 다과 및 체조 관람으로 이어졌는데, 그날의 스타는 누구보다 이승만이었다.

신문들도 이승만의 연설을 비중 있게 보도했다.

> 이승만이 영어로 조선 독립 문제를 연설하는데, 뜻이 훌륭하고 영어도 알아듣게 하여 외국 사람들이 매우 칭찬들 하더라. (독립신문)

> 조선에서 거행된 첫 대학 졸업식 연설 제목으로서 적절한 것이었다. 이승만 씨의 어법은 훌륭했고, 감정이 대담하게 표현되었으며, 발음도 깨끗하고 명확했다. (코리안 리포지터리)

그날 모인 하객들은 조선 사회 지도층이었다. 이들이 귀가해 배재학당 졸업식에서 보고 들은 것을 이야기할 때 단연 화제는 이승만이었다. 혜성처럼 등장한 천재 청년 이승만에 대한 소문은 온 한양도성에 퍼져

나갔다. 이승만은 말 그대로 아침에 일어나니 스타가 되어 있었다.

이승만의 졸업식 연설은 기록에 남아 있는 한국인의 첫 영어 연설이다. 그에 대한 평판은 이승만의 자긍심을 높였을 뿐 아니라 장차 현실 정치에 투신하는 디딤돌 역할을 했다.

제3장 뭉치면 살고 흩어지면 죽는다

1. 최초의 기자 이승만

이승만은 졸업한 뒤에도 계속 배재학당에 나가 협성회 토론에 참여했다. 협성회 회원들은 사회적 관심에 부응하도록 토론회 내용을 회보를 통해 널리 알릴 필요가 있다고 결정했다. 그래서 1898년 1월 1일 주간지인 '협성회회보'를 창간했다.

편집진은 모두 9명이었는데, 이승만 등 7명이 논설위원이고 배재학당 교사 양홍묵이 회보장 그리고 당시 협성회 회장 이익채가 회보 총책임자를 맡았다. 이미 인기리에 발간 중이던 독립신문처럼 협성회 회보도 한문 없이 한글만 사용했다.

협성회 회보는 협성회 기관지였지만 내용은 일반 종합지와 다르지 않았다. 국내외 소식을 전할 뿐 아니라 정부에 대한 비판도 서슴지 않았다. 예를 들어, 1898년 3월 19일 자에 실린 이승만의 첫 기명 논설은 부산 절영도 조차를 요구한 러시아와 이를 허용하려는 대한제국 정부를 신랄하게 공격했다. 결국 한국인들의 반대에 밀려 러시아는 조차 요구를 철회했다.

이승만은 훗날 협성회 회보에 대해 이렇게 회고했다.

> 작은 신문이기는 했으나 나는 그 지면을 통하여 자유와 평등이라

는 위험한 사상을 나의 힘을 다하여 역설했다. 아펜젤러 씨나 그 밖의 사람들이 내가 급진적 행동을 계속하다가는 목이 잘리게 될 것이라고 여러 번 충고해 주었으나, 그 신문은 친러파 정부와 러시아 공사관의 위협으로 생겨난 여러 가지 재난과 위험을 겪으면서도 계속 발간되었다.

당시 고종이 러시아 공사관에서 일 년 만에 경운궁으로 돌아온 뒤 자신을 황제라 칭하고 국호를 대한大韓으로 바꾸었지만 러시아의 영향력은 여전했다. 대한제국 정부는 배재학당에 반정부 신문을 만들지 못하게 하라고 압력을 가했다. 아펜젤러 교장으로서는 그에 맞서기가 쉽지 않았다. 아펜젤러는 학교 신문을 발행하려면 논설에 대한 검열을 받으라고 통보했고, 협성회 간부들은 이를 단호히 거부했다.

이들은 학교 밖으로 나가 새로운 신문을 만들기로 했다. 모험심에 충일했던 젊은이들은 가진 것도 없으면서 일간 신문에 도전했다. 이제는 배재학당 삼문출판사의 기계를 쓸 수 없었기 때문에 먼저 인쇄기를 구해야 했다. 협성회 회장인 유영석이 인쇄소 이문사 측과 접촉했다. 1년 전 일본 활판인쇄기를 수입해 사업을 시작했던 이문사는 인쇄기 대여뿐 아니라 300원의 운영자금도 투자했다. 그렇게 개화파 지식인과 신흥 상공인들의 협력으로 1898년 4월 9일 우리나라 최초의 일간지 '매일신문'이 창간됐다. 매일신문 창간은 한국 언론의 태동과 근대사회 형성에 큰 획을 긋는 사건이었다.

매일신문은 한 달 뒤 러시아와 프랑스가 한국 정부에 이권을 요구한 외교문서 내용을 폭로해 큰 파장을 일으켰다. 러시아가 목포와 진남포 조계지 사방 10리의 육지와 섬들을 모두 사겠다고 요구했고, 프랑스는 평양의 석탄 광산을 채굴해 경의선 철도 부설공사에 사용하겠다고 요구했다는 것이다. 이승만 기자가 쓴 특종기사였다. 이승만은 우리나라 최초로 자신의 직업을 '기자', 즉 당시 용어로 기자 겸 논설위원인 '기재원'이라고 밝힌 사람이었다.

이승만의 기사가 보도되자 우리 국토와 자원을 또 외국에 넘기려 하느냐는 반대 여론이 들끓었다. 반면에 러시아와 프랑스는 한국 정부에 외교기밀이 누설된 데 강력히 항의했다. 외부外部에서 이승만을 소환해 기사 작성 경위를 조사했는데, 그는 당당한 모습을 보였다.

"우리가 신문을 나라를 위하지 말고 외국을 도와 말을 해야 옳단 말이오?"

벌써 100여 년 전에 국가기밀과 언론자유에 대한 논쟁을 벌였다는 게 흥미롭다.

그러나 매일신문은 경영과 제작의 주도권을 둘러싸고 심한 내부 갈등에 시달렸다. 먼저 과격한 민주주의자인 최정식이 쫓겨났고 이승만, 양홍묵, 유영석 그리고 이문사 관계자들까지 모두 매일신문을 나와야 했다. 주객이 바뀐 것처럼 매일신문을 창간했던 주역들이 대거 밀려난 것이다. 매일신문이 창간되고 100일 정도 지난 시점이었다. 밀려난 이들은 새로운 신문을 준비했다.

유영석, 최정식은 소송까지 벌여가며 매일신문에서 인쇄기를 가지고 왔다. 그리고 이문사 등 신흥 상공업자들이 4,000원이 넘는 자본금을 투자해 8월 10일 '제국신문'을 창간했다. 이때는 독립신문도 일간으로 전환해서 어느덧 세 개의 일간지가 경쟁하는 체제가 되었다.

제국신문은 창간호에서 경쟁지인 독립신문과 매일신문도 많이 사보라는 광고를 실었지만, 매일신문 측은 다투며 헤어진 감정의 앙금을 감추지 못했다. 매일신문은 '제국신문을 매일신문으로 그릇 아실 듯하기로 자에 광고하노이다'라는 사고社告를 10여 차례나 게재했다.

얼마 뒤 역시 한글 신문인 한성신보도 일간지가 되었다. 한성신보는 일본인이 발행하는 신문으로 제국신문과 적대적인 관계여서 지면을 통한 격렬한 공방전을 벌였다.

제국신문 사장은 이문사에서 파견된 이종일이 맡고 이승만은 주필이 되어 논설을 썼다. 예리한 논리와 풍자를 갖춘 그의 글은 독자들에게 큰 인기를 끌었다. 이승만의 논설이 실린 날과 실리지 않은 날 신문 판매부수가 크게 차이 날 정도였다. 이승만은 제국신문을 창간하고 얼마 뒤 대중 정치인으로 또 한 번 거듭나게 된다.

2. 뜨거웠던 만민공동회

한양성 서대문 밖에 중국 사신을 맞던 영은문이 있었다. 조선 임금이 직접 마중을 나가 사신이 들고 온 황제 칙서에 네 번 절을 하던 굴욕의 장소였다. 서재필은 이를 헐고 독립문을 짓자는 운동을 벌였다. 중국과의 종속 관계가 단절됐음을 알리는 기념물을 세우자는 뜻이었다.

아관파천 기간에 권력을 잡고 있던 친러파 및 친미파 관료들이 적극 호응했다. 독립문 건립을 위해 1896년 7월 독립협회를 결성했는데 중추원 1등 의관인 안경수가 회장, 외부대신 이완용이 위원장으로 뽑혔다. 서재필은 고문을 맡았다. 비용 모금에도 정부 고관들이 적극 나서 이완용 형제가 200원을 냈으며, 왕세자는 무려 1,000원을 희사했다. 독립문 건립비가 약 4,000원이었으니 굉장한 거액이었다.

독립신문 보도를 통해 모금 운동이 알려지면서 일반인들도 동참했다. 그해 11월 독립문이 완공되고 독립협회는 창설 목적을 달성했다. 이때까지 독립협회는 고위 관료들의 사교모임 성격이 강했다.

독립문 (전쟁기념관)

그러나 독립협회를 만든 서재필 등 개화파의 의도는 문 하나 세우려는 게 아니었다. 고위 관료부터 지식인, 일반 대중까지 참여하는 자주독립 자유민권운동 조직을 꿈꿨다. 독립협회는 먼저 러시아 공사관에 머물던 고종에게 환궁을 요청했다. 이완용 등 친미파 관료들의 설득으로 고종은 1897년 2월 경운궁으로 돌아왔다. 격분한 러시아 공사관 측은 내부대신이었던 이완용을 학부대신으로 물러나게 하는 등 친미파 제거에 부심했다.

독립협회는 1897년 8월부터 정기적인 토론회를 개최했는데 처음에는 민중 계몽에 주력하다 점차 정치문제로 관심을 넓혀갔다. 독립협회 토론회와 독립신문은 러시아 등 외세에 의존하는 정부 정책을 강력히 비판했다. 이에 일부 수구 성향 관료들이 독립협회를 탈퇴했다.

적극적인 팽창 정책을 주장해온 스페이에르가 새 주한 러시아 공사로 왔다. 그는 대한제국에 대한 간섭을 더욱 강화했다. 황실 시위대 교관과 정부 재정고문에 러시아 인들을 임명하도록 했다. 숙원인 부동항 확보의 전 단계로 부산 절영도 석탄 창고 부지 조차를 다시 요구했다. 이를 강요하기 위해 러시아 군함이 부산에 들어와 수병들을 절영도에 상륙시켰다. 다른 열강들은 러시아를 말리기는커녕 이에 편승해 각자 이권을 챙기려고 혈안이었다. 친러 수구파 정부가 이에 야합하려고 해 대한

제국은 껍데기만 남은 반식민지가 될 위기에 놓였다.

독립협회는 1898년 2월 21일 회원 135명이 독립관에 모여 구국운동을 결의하였다. 그리고 고종에게 상소문을 올려 외국의 군사 및 재정 간섭을 규탄하고, 밖으로는 완전한 자주독립, 안으로는 입헌정치와 내정개혁을 요구했다.

3월 10일 종로에서 최초의 대중집회를 열었다. 새로 독립협회 회장이 된 이완용과 고문 서재필이 계획한 것인데, 윤치호 부회장 등은 부작용을 우려해 반대했다. 그래서 독립협회 간부들이 직접 나서지 않고 젊은 연사들을 내세우기로 했다. 배재학당 출신인 이승만, 홍정후와 경성학당 학생 현공렴이 연설하기로 결정했다.

집회를 널리 알린 것도 아니다. 그날 아침 독립신문에 '오늘 오후 두 시에 종로에서 유명한 유지각한 이들이 좋은 연설을 한다고 뜻있는 군자들을 청하였다더라'는 기사 한 줄이 실렸을 뿐이었다. 그런데도 사람들은 서로 권하고 청하며 모여들어 넓은 시전 거리를 가득 메웠다.

만민공동회

집회 현장에서 시전의 쌀장수 현덕호를 의장으로 선출해 질서를 유지하도록 했다. 그리고 이승만 등 연사들이 무명천을 파는 백목전 2층에 올라가 창문을 열고 연설했다. 러시아 등 외세의 이권 탈취를 막자는 내용이었다.

참가자 대부분이 이승만의 이름을 알고 있었지만 연설을 듣는 것은 처음이었다. 이승만의 연설은 동시대 지식인들과 달리 현학적인 허세가 없이 쉬우면서도 핵심을 찔렀다.

> 만일 남이 나와 정이 있다고 내 물건을 달라는 사람은 내 친구가 아니라 나를 꾀어 물건을 탈취하자는 도적이다. 내 것이 다 없어져서 더 가져갈 것이 없기까지만 정다운 친구이니, 그런 친구는 없느니만 못하다.

청중들은 함께 분개하고 박수를 치며 “옳소”라고 목이 쉬어라 외쳤다. 집회에서는 참가자들의 뜻을 편지에 담아 외부대신에게 보내기로 했는데, 이승만이 편지를 전달할 세 명의 총대위원 중 한 명으로 선출되었다.

집회는 대성공이었다. 주최 측의 예상을 훨씬 뛰어넘어 1만여 명의 군중이 모였다. 그만큼 일반 백성들의 시대 인식도 절박했다. 독립신문은 이날 집회에 ‘만민공동회’라는 이름을 붙였다. 독립협회는 이제 만민공동회를 통해 자유민주주의를 위한 본격적인 투쟁에 들어갔다.

이승만 등 만민공동회 총대위원으로부터 편지를 접수한 외부대신 민종묵은 3월 12일 정부의 결정을 기다리라는 답장을 보내왔다. 그리고 바로 그날 고종은 독립협회 회장이었던 이완용을 전라북도 관찰사로 전보 조치했다. 더이상 독립협회가 정치세력화 하는 것을 용인하지 않겠다는 뜻으로 받아들여졌다. 이완용과 모든 정부 관료들이 즉시 독립협회에서 탈퇴했다. 새 회장에 윤치호가 선출됐고, 관료들이 떠난 자리에 이상재, 남궁억, 이승만 같은 청년들이 들어가 독립협회의 중심이 되었다.

정부는 만민공동회의 요구는 받아들였다. 러시아에 군사교관과 재정고문의 철수를 요구했다. 러시아는 순순히 이를 받아들였다. 그뿐 아니라 절영도 조차 요구를 철회하고 한러은행도 폐쇄했다. 스페이에르 주한 공사는 책임을 물어 해임했다. 독립협회의 저항 때문만은 아니고, 러시아의 극동정책이 한반도에서 만주로 중심이 옮겨간 탓도 있었다. 그러나 독립협회가 없어 러시아가 한반도 이권을 힘 안 들이고 얻을 수 있었다면 그때도 스스로 포기하지는 않았을 것이다.

3. 치떨리는 고종의 배신

만민공동회 이후 독립협회 회원 수가 급증하고 전국에 지회들이 생겨났다. 고종은 사태를 방관하지 않았다. 특명을 내려 1898년 3월 15일 지석영 등 독립협회 회원 4명을 갑자기 구속했다. '마음가짐이 음험하고 멋대로 유언비어를 퍼뜨려 인심을 현혹시킨다'는 이유였다. 독립협회가 격렬히 항의하자 몇 달 뒤 풀어주었지만, 그해 8월 과격파 민주주의자인 최

1897년 대한제국을 선포한 고종 황제
(중앙박물관)

정식을 어핍지존語逼至尊(말로 임금을 핍박함) 불경죄로 체포했다.

그러나 자신감을 얻은 민중을 몇 사람의 구속으로 억누를 수 없었다. 독립협회 활동으로 민권 의식을 갖게 된 한양 시민들이 자발적으로 만민공동회를 열기 시작했다. 첫 만민공동회에서 강렬한 인상을 남긴 이승만이 점차 이들의 지도자로 부상했다. 한양 시민들은 이승만의 주도로 4월 30일 숭례문 앞에서 서재필 추방에 반대하는 만민공동회를 열었는데, 윤치호 독립협회 회장의 동의를 받지 않은 것이었다.

9월 11일 김홍륙 독다사건毒茶事件이 발생했다. 러시아 공사관 통역이었던 김홍륙이 아관파천 기간에 고종의 신임을 얻더니 온갖 부정과 전횡을 일삼다 귀양을 갔다. 김홍륙은 이에 앙심을 품고 심복을 시켜 고종과 황태자의 커피에 아편을 탔다. 다행히 고종은 구토에 그쳤으나 황태자는 의식을 잃는 변을 당했다. 그런데 이 사건을 조사하면서 경무청에서 용의자들을 심하게 고문했고, 중추원이 나륙법과 연좌법을 부활시키자고 정부에 요구했다. 나륙법이란 대역죄인을 참수하고 시체를 나누어서 각 지방에 보내 전시하며 죄인 가족을 노비로 만들던 악법이었다.

독립협회는 반역사건을 규탄하면서도, 죄인을 고문한 사실과 나륙법 및 연좌법 부활 기도는 국민의 생명과 자유를 침해하는 개악이라고 규정하고 반대운동을 벌였다. 독립협회는 계속 집회를 열고 고종에게 악법 부활에 반대하는 상소를 올렸다. 그러나 고종과 수구파 각료들이 반응을 보이지 않자 10월 8일부터 경운궁 인화문 앞에서 철야농성을 벌이며 수구파 대신 7인의 파면을 요구했다. 고종이 일곱 대신에게 경고하겠다고 타협안을 제시했지만 거부했다. 인화문 앞 농성장에는 각 학교 학생들이 모여들고 시전 상인들도 동조 파업에 들어갔다. 결국 고종이 굴복해 10월 12일 일곱 대신을 파면하고 박정양, 민영환을 중심으로 새 내각을 구성했다. 독립협회 회원들은 만세를 부르고 해산했다.

그러나 고종은 약속을 지키는 사람이 아니었다. 닷새 뒤 수구파 일곱 대신 가운데 2명을 다시 기용했다. 독립협회에도 정치 문제에 대해 토론하지 말며 집회도 독립관 안에서만 하라는 조칙을 내렸다. 독립협회는 경무청 앞으로 몰려가 집회를 열고 황제의 칙명을 어겼으니 처벌받겠다고 외쳤다. 고종은 '언로를 열고 개선할 것을 다 생각하고 있으니 물러가 기다리라'는 비지批旨(상소에 대한 임금의 하답)를 내렸다.

고종의 비지를 듣고 독립협회 회원들이 해산하려는데, 한 청년이 막아섰다. 이승만이었다.

"지금까지 황제의 조칙이 한두 번으로 그친 것이 아닌데, 그 봉행하는 것을 보지 않고 물러나는 것이 어찌 죄가 없다 할 수 있겠소이까!"

이승만의 주장에 독립협회는 철야 대죄 농성을 계속하기로 했다. 다음날 고종은 언론의 자유를 허용한다고 비지를 내렸다. 중추원을 개편할 것이라는 뜻이었다. 그제야 독립협회 회원들은 농성을 마쳤다.

독립협회는 관과 민이 함께 국정개혁을 결의하는 대중집회를 열기로 했다. 10월 29일 종로에서 집회가 열렸다. 우여곡절 끝에 고종의 허락을 얻어 내각 최고위직인 의정부 참정 박정양 등 여러 대신들이 참석했다. 그리고 황국협회, 황국중앙총상회 등 각종 사회단체와 학생, 상인, 승려 등 다양한 계층의 사람들이 모였다.

행사를 시작하면서 발언하고 싶은 사람은 나오라고 하자 백정 박성춘이 가장 먼저 손을 들고 나갔다. 장내는 술렁였다. 갑오개혁 때 신분제도가 타파되었다고는 하나 아직도 천민에 대한 차별이 여전하던 때였다. 그런데 백정이 정1품 의정부 참정 앞에서 발언을 하겠다고 나선 것이다. 박성춘은 "관민 합심하여 폐하의 성덕에 보답하고 국조로 하여금 만만대를 누리게 합시다"라고 연설했다. 청중들은 우레와 같은 박수갈

채를 보냈다. 주최 측이 사전에 계획했던 이벤트였는지는 모르겠으나 시대의 변화를 보여준 상징적인 사건이었다.

관민공동회 참석자들은 '헌의 6조'를 만장일치로 의결했다. 외국에 대한 이권 양여나 조약 체결에는 각부 대신과 중추원 의장이 합동으로 날인해야 하고, 황제가 칙임관을 임명할 때 정부의 과반수 동의를 얻어야 한다는 등의 내용이었다. 이틀 뒤 고종은 헌의 6조를 공포하고 동시에 '조칙 5조'까지 내렸다. 중추원이 권면경려勸勉警勵 기능을 하도록 할 것이며, 헌의 6조의 다른 내용들도 실천하겠다고 씌어 있었다. 군중들은 크게 환영했다.

드디어 대한제국이 입헌군주국가로 일신할 수 있을 것 같았다. 정부는 11월 4일 중추원 신관제를 공포하고, 독립협회에 25명의 의관을 선출해 명단을 보내달라고 요청했다. 독립협회는 다음날 독립관에서 중추원 의관 선거를 실시한다고 공고했다.

그러나 대한제국이 의회를 설립할 수 있었던 기회는 수구파의 반격으로 실현 직전에 무산되고 말았다. 중추원 신관제가 공포되던 날 밤에 의정부 찬정 조병식이 부하들을 시켜 한양 곳곳에 독립협회가 쓴 것처럼 꾸민 벽서를 내다 붙였다. 조선왕조는 이미 쇠퇴했으므로 윤치호를 대통령으로 선출하자는 내용이었다. 벽서가 적발돼 보고되자, 조병식 등은 고종에게 달려가 독립협회가 날이 밝으면 독립관에서 대회를 열어 대통령과 대신들을 선출하고 국체를 공화정으로 바꾸려 한다고 무고했다.

고종은 진위를 따져보지도 않고 분노해 독립협회 간부 20명에 대한 체포령을 내렸다. 집이 포위된 것을 알고 뒷문으로 달아난 윤치호 회장 등 3명만 간신히 체포를 면했다. 고종은 또 박정양 등 관민공동회에 참여해 헌의 6조에 서명한 대신들을 모조리 파면했다. 아펜젤러 집으로 간신히 몸을 피한 윤치호는 배신감에 치를 떨었다. 그는 일기에 이렇게 적었다.

> 이것이 국왕이라니! 거짓말을 능사로 하는 배신적인 어떤 비겁자라도 대한의 대황제보다 더 천박한 일을 하지 못할 것이다. 이제 정부는 친일 노예 유기환과 친러 노비 조병식의 수중에 있다.

4. 거리의 시민들을 이끌다

이승만은 윤치호를 찾아가 향후 대책을 논의했다. 그리고 양홍묵과 함께 학생 40여 명을 이끌고 독립협회 간부들이 감금된 경무청 앞으로 몰려갔다. 그러자 배재학당 등 여러 학교 학생들과 상인, 부인회 회원 등 시민들이 속속 모여들었다. 무기한 만민공동회가 시작된 것이다.

인권이라는 개념조차 없었던 전제왕국에서 국왕에 도전하는 정치집회에 참가한다는 것은 목숨을 거는 일이었다. 이승만은 집회 참가자들이 공포에 흔들릴 때마다 "뭉치면 살고 흩어지면 죽는다"고 부르짖으며 단결을 호소했다. 이 말은 이후 평생토록 이승만의 좌우명이자 상징이 되었다.

만민공동회 참가자들은 경찰의 위협에 굴하지 않고 시간이 갈수록 오히려 늘어났다. 한양 시민들은 농성장 주변에 화톳불을 피워주고 음식과 금품을 보내왔다. 날은 차가웠지만 군중의 열기는 그보다 훨씬 더 뜨거웠다.

예기치 않은 민중의 반발에 고종과 수구파는 당황했다. 법부에서 경무청에 농성 가담자 전원을 체포하라고 지시했지만, 경무청이 수습할 수 있는 상황이 아니었다. 조병식 등 수구파는 군대를 동원하려고 했다. 외부대신 민종묵이 각국 공사관들을 돌며 군대 동원에 대한 양해를 구했다. 그러나 영국과 미국 공사가 강력히 반대했다. 농성 나흘째에는 비까지 내렸다. 초겨울비에 흠뻑 젖고도 군중은 철야농성을 계속했다.

수구파는 군대 동원에 대한 미련을 버리지 못했다. 군부대신 서리 유기환이 2개 중대를 농성장으로 보내 우발적인 충돌을 유도하려 했다. 병사들의 행렬을 농성장 한가운데로 지나가게 한 것이다. 이를 본 이승만이 달려들어 맨 앞의 북치는 병사를 걷어찼다. 그러자 다른 병사들이 방향을 틀어 농성장을 돌아 이동했다. 병사들도 마음속으로는 만민공동회를 응원했던 것이다. 이승만의 용감한 행동은 신문에 보도됐다.

고종은 또 마음을 바꿨다. 법부대신 겸 고등재판소장 한규설에게 독립협회 간부들의 재판을 조속히 끝내라고 지시했다. 17명 전원에게 곤장 40대를 선고했다고 보고하자 즉석에서 사면령을 내렸다. 그리고 조병식, 민종묵을 파면하고 유기환은 주일공사로 보냈다. 11월 12일, 구속됐던 독립협회 간부들이 무사히 석방되자 만민공동회 군중들은 서로 붙잡고 울며 만세를 불렀다.

그러나 군중들은 해산하지 않고 종로로 자리를 옮겨 철야농성을 계속했다. 만민공동회는 고종에게 상소를 올려 헌의 6조의 즉각 실시와 독립협회 부활 등을 요구했다. 이에 수구파는 또 다른 반격을 준비했다. 보부상들을 동원한 것이다.

이기동 황국협회 회장이 통문을 돌려 전국의 보부상들을 한양성 동대문 밖에 집결시켰다. 이들은 패랭이에 목화송이를 꽂고 몽둥이를 들고 있었다. 고종의 비밀 지시로 탁지부에서 경비가 지급되었다. 보부상들의 수상한 움직임을 눈치챈 만민공동회 측은 집회 장소를 종로에서 경운궁 인화문 앞으로 옮겼다.

보부상들은 과천군수 길영수를 도반수로, 김옥균의 암살자 홍종우를 두목으로 추대해 조직을 갖췄다. 고종은 보부상들에게 상무규칙 인가장을 발부해 폐지했던 특권을 부활시켜 주었다. 사기가 오른 이들은 동대문 밖에서 종로로 이동해 대기했다.

만민공동회 철야농성 17일째인 11월 21일 아침, 종로에 있던 보부상 2천여 명이 홍종우의 일장연설을 들은 뒤 두 패로 나뉘어 경운궁 앞의 만민공동회를 습격했다. 경운궁을 지키던 병사들은 보부상 패를 제지하는 척하다 짐짓 밀리고 말았다. 무방비인 만민공동회 참가자들은 보부상 패의 몽둥이에 맞아 3명이 즉사하고 부상자가 속출했다. 이승만은 몰려드는 보부상들에게 발길질을 가하며 저항했지만 누군가 뒤에서 "이승만 씨 진정하고 빨리 달아나시오"라고 외쳤다. 그 말을 듣고 정신을 차려 정색하며 농성장을 빠져나가려는데, 이승만의 얼굴을 모르는 보부상들이 얼른 나가라고 재촉하며 길을 열어주었다.

이승만은 정동 언덕의 배재학당으로 갔다. 학교에 들어서자마자 그는 쓰러져 움직이지 못했다. 이제 어떻게 해야 하는지 암담하기만 했다.

이승만이 최초의 가두농성을 벌인 경운궁 앞

그러던 중 배재학당 학우 김원근이 뛰어 들어와 "이승만이 길영수에게 맞아 죽었다"고 외치며 통곡했다.

보부상 패는 만민공동회를 완전히 해산시켰다고 생각했다. 그들은 의기양양한 표정으로 대궐에서 보내온 쌀밥과 고깃국으로 느긋하게 아침 식사를 하고 있었다. 그런데 소문을 듣고 한양 시민들이 구름처럼 정동 골목길에 모여들었다. 이들은 압도적인 숫자가 되자 돌을 던지며 보부상 패를 공격했다. 놀란 보부상들은 서대문 쪽으로 달아났고, 서대문을 지키던 병사들이 쫓아오는 군중을 막아섰다.

이승만은 배재학당에 모인 군중들과 함께 종로 쪽으로 걸어갔다. 거기서 다시 만민공동회를 열었다. 이승만과 양홍묵은 연단에 올라 정부를 격렬하게 규탄했다. 이승만이 살아있는 것을 보고 놀란 사람들이 많았다.

고종과 수구파는 난감했다. 고종이 경무사 민병한을 만민공동회에 보내 군중을 회유하려고 했지만, 격앙된 시민들의 돌팔매에 달아나야

1898년 만민공동회 (독립기념관)

했다. 한양에 장작을 팔고 돌아가던 나무장수들이 만민공동회 습격 소식을 듣고 분노해 이기동의 집으로 몰려가 세간을 부수었다. 또 흥분한 군중이 조병식, 민종묵, 유기환, 민영기, 홍종우의 집을 때려 부수었다. 학교들은 문을 닫았고, 시민들은 농성장에 음식을 보내왔다.

다음날 더 많은 시민들이 만민공동회에 참여했다. 군인과 경찰들마저 제복을 벗고 만민공동회에 참석했다. 한양 시내는 혁명 전야와 같은 분위기였다.

고종은 외국 공사들을 불러 각국 정부의 민회에 대한 대책을 묻고 무력진압이 타당한지 자문을 구했다. 일본 대리공사가 고종의 군대 동원에 대한 지지를 끌어내려고 애썼지만 뜻을 이루지 못했다. 일본도 만민공동회 때문에 월미도 석탄 창고 부지를 반납하는 등 손해를 보았고, 자주독립을 주장하는 독립협회가 자국의 이익에 배치된다고 여겼던 것이다.

결국 고종은 윤치호를 한성부 판윤으로 임명하고 박정양, 민영환 등 독립협회의 지지를 받는 인사들로 내각을 다시 구성했다. 길고 긴 싸움에서 드디어 독립협회가 승리한 것이다.

5. 미숙한 혁명가들

고종은 중추원을 새로 구성했다. 의관 전원이 관선이었지만, 50명 중 독립협회 계열 인사 17명을 포함시켰다. 이승만도 종9품 의관이 되었다. 조선 정부에서 받은 처음이자 마지막 벼슬이었다.

독립협회는 정부의 일방적인 중추원 의관 선정에 별 이의를 제기하지 않았다. 독립협회가 추구해온 의회와 너무 거리가 먼 것이어서 황제와의 공식적인 의사소통 통로 정도의 의미를 두었다. 그보다는 '헌의 6조' 등 고종이 약속한 사항을 지키도록 압박하는 것을 주된 목표로 정했다.

독립협회 윤치호 회장은 일단 집단행동을 멈추려 했지만 이승만 등 소장파가 반발했다. 중추원 의관 몇 자리 외에 무엇을 얻었느냐는 것이다. 고종은 여전히 헌의 6조와 조칙 5조를 집행할 기색조차 보이지 않았다. 독립협회 소장파들은 종로에서 만민공동회를 열고 철야 상소시위를 재개했다.

연이은 승리에 고무된 만민공동회는 점차 폭력적인 양상을 보였다. 보부상 패 공격에 대비해 빈민 1,200명을 고용해 몽둥이를 들고 경비를 서게 했다. 고종의 거듭된 칙교를 정부에서 이행하지 않았으니 고관들을 만민공동회에 참여시키자면서 대회 장소를 광화문 육조 앞으로 옮겼다. 그리고 각부의 문을 막고 관리들의 출근을 방해하며 만민공동회에 참여하라고 강요했다. 이승만은 연설에서 보부상 패 배후에 민영기가 있다면서 그에게 현상금 1,000원을 걸자고 제안했다. 민영기는 소식을 듣고 놀라 대궐로 도망쳐 숨었다.

중추원은 1898년 12월 15일에 개원해 윤치호를 부의장으로 뽑고 헌의 6조 및 조칙 5조의 조속한 실시를 촉구했다. 그런데 이승만 등 소장파 의관들이 주동해 정부 고위직에 임용할 인재 11명을 정부에 천거하기로 의결했다. 당시 대신들 수가 11명이었으니 중추원이 권한을 넘어 황제에게 내각 구성을 요구한 것이다. 더구나 11명의 명단이 문제였다. 민영준, 민영환, 박정양, 한규설, 윤치호 등은 그렇다 쳐도 서재필은 고종이 사실상 추방한 사람이었고, 특히 박영효는 고종이 가장 경계하는 역적이었다.

박영효 등용을 추천한 것은 이승만 등 소장파들이 혈기만 믿고 힘의 한계를 넘어선 패착이었다. 정치적으로 미숙했던 혁명가들의 모험주의

적 행동은 그동안 피 흘려 이룬 성과마저 망치고 말았다. 뜨겁게 호응하던 여론도 한순간에 싸늘해졌다. 만민공동회가 '박영효를 소환해 유무죄를 가린 뒤 죄가 없으면 중용하자'고 결의하자 일반 참가자들이 대거 빠져나갔다. 박영효를 대역죄인으로 보는 대중의 감정을 헤아리지 못했던 것이다.

만민공동회 세력이 약화된 것을 본 고종은 12월 23일 군대를 동원해 이를 강제로 해산시켰다. 이번에는 서양 외교관들도 군대 투입에 반대하지 않았다. 독립협회는 정규 모임을 유회시키는 등 사실상 기능을 멈췄다. 개화 언론들도 이승만 등 소장파들과 거리를 두려 했다. 이승만이 주도해 만들었던 제국신문조차 박영효의 등용을 요구한 주동자들은 '정부에서 죄인이요, 인민에 죄인'이라고 규탄했다.

조선 정부는 독립협회 간부들을 대거 체포했다. 이승만 등 의관 5명은 중추원에서 파면됐다. 이승만은 도피하지 않을 수 없었다. 그는 제중원 원장 에비슨의 집에 숨어 있었다. 그러다 미국인 의사 해리 셔먼이 왕진을 가야 한다며 통역을 부탁하자 바람도 쐴 겸 따라 나섰다가 종로 거리에서 얼굴을 알아본 병사에게 붙잡혔다. 이날 윤치호는 일기에서 '이승만은 자신의 어리석음 말고는 아무도 탓할 게 없다'고 답답해했다. 이는 꼭 체포 과정만을 말하는 게 아닐 것이다.

제4장 한성감옥 무기수

1. 주여 제 영혼을 구해주소서

지난 몇 년간 자유주의 혁명가이자 거리의 지도자, 청년 정치인의 길로 쉴 새 없이 달려온 이승만은 아직 흥분이 가라앉지 않았다. 투옥 자체는 치명적인 상황이 아니었다. 셔먼은 미국공사 알렌을 찾아가 자기 때문에 체포된 이승만을 구해 달라고 매달렸다. 알렌이 외부대신 박제순에게 이승만의 석방을 요청하는 공문을 보내자 박제순은 아직 재판이 시작되지도 않았으니 조금만 기다려 달라고 답신을 보내왔다. 미국 공사관의 노력으로 이승만은 감옥 안에서 비교적 자유롭게 지낼 수 있었다. 외국인 선교사들과 배재학당 동문인 주시경 등도 자주 찾아와 바깥 상황을 전해 주었다.

그런데 감옥 안에 먼저 들어온 최정식이 있었다. 그는 배재학당 졸업생은 아니었지만 협성회 토론회 때부터 이승만과 뜻이 맞았고, 협성회 회보와 매일신문도 함께 만들었다. 그는 만민공동회에서 수구파 대신들의 처벌과 국정개혁을 요구하는 강경한 발언을 했다가 몇 달째 수감생활을 하고 있었다. 최정식은 이승만에게 함께 탈옥하자고 제안했다.

이승만은 처음에는 소극적이었다. 당시 법원 판결문을 보면 최정식이 "그대와 나는 모두 민회에서 저명한 사람인데 어찌 앉아서 죽기만을 기다리겠소"라고 탈옥을 권유하자 이승만은 "내가 죄가 없는데 죽기야 하겠소"라고 답한 것으로 되어 있다. 그러나 친구를 버릴 것이냐는 최정식의 거듭된 채근과 동지들에게 연락해 종로에서 다시 집회를 개최하자는 계획에 설득되어 탈옥에 합류했다. 주시경이 권총 두 자루를 구해 감옥 안으로 넣어줬다.

1899년 1월 30일 이승만 등은 감시가 소홀해지는 오후 5시에 감옥 밖으로 뛰쳐나갔다. 앞장섰던 최정식이 간수에게 총을 쏴 등에 상처를 입혔다. 이승만도 총을 쏘려고 했으나 안전장치를 풀지 않았던지 천만다행으로 탄환이 발사되지 않았다.

그렇게 탈옥에 성공했지만 이승만은 멀리 가지 못하고 뒤쫓아온 병사들에게 붙잡혔다. 함께 탈옥한 최정식과 서상대는 사실상 치외법권 지역이었던 배재학당으로 뛰어 들어갔다. 그리고 여자로 변장하고 한양을 떠났는데, 최정식은 평안남도 진남포에서 체포됐고 서상대는 중국으로 망명했다. 서상대는 독립협회와는 관련이 없고 강원도 간성 군수로 있다 뇌물수수죄로 수감됐었는데 그 사람만 자유를 얻은 것이다.

이승만은 경솔한 행동에 대한 혹독한 대가를 치러야 했다. 다시 감옥으로 끌려온 그는 무장 탈옥을 하고 간수에게 총상을 입힌 중범죄자가 되어 있었다. 선교사들과 미국 공사관의 지원도 더이상 도움이 되지 못했다. 이승만은 모진 고문에 시달렸다.

이승만에 대한 고문은 경무청 소속의 박돌팍이라는 자가 맡았다. 그는 황국협회 회원이며 열렬한 왕당파로 이승만을 원수처럼 여겼다. 당시를 회고할 때 이승만은 "죽고 싶었다"고 말했다.

> 그들은 나를 캄캄한 방에 눕혀놓았다. 그리고 다음날 아침이면 또 끌고 나갔다. 그때 나는 다시 끌려가기 전에 얼마나 죽고 싶었는지 모른다. 나에 대한 사무치는 원한을 풀어대는 그들은 격분한 동

물들 같았다.

이승만은 수시로 주리가 틀리는 고문을 받았다. 즉 뒤로 돌려진 팔을 살 속으로 파고드는 끈으로 꽉 묶고, 무릎을 꿇은 다리 사이에 두 개의 나무를 끼운 뒤 통나무로 내리쳤다. 때로는 날카롭게 깎은 대나무를 손가락 사이에 끼워 뼈에서 살점이 떨어지도록 눌렀다. 마루 위에 엎어 놓고 살가죽이 벗겨질 때까지 대나무로 후려치기도 했다.

이때 당한 고문의 후유증으로 이승만은 그 뒤 40년 동안 붓글씨를 제대로 쓸 수 없었다. 77세가 되었을 때에도 이승만은 자신의 전기를 집필하던 올리버 박사에게 "이따금 나는 꿈속에서 감방에 들어 있다"고 말했다.

고문보다 더 이승만을 괴롭힌 것은 죽음에 대한 공포였다. 사소한 죄인도 매로 쳐 죽이는 악형이 자행되던 시기에 국왕에게 도전한 대역죄인이자 탈주범인 자신은 사형을 피할 수 없다고 생각했다. 3월 18일 첫

왼쪽이 중죄수 복장의 이승만이다 (이승만기념관.com)

공판이 열렸는데 재판장이 홍종우였다. 홍종우는 중국 상해에서 김옥균을 암살했던 강경 왕당파였다. 그날 황성신문이 '이승만은 사형을 면하기 어렵다'는 기사를 실었다.

이승만은 '불효한 자식 하나 안 두신 셈 치시고 길이 잊으시옵소서'라고 아버지에게 보낼 유서를 써 품에 안고 있었다. 이승만이 사형을 당했다는 소문이 돌아 아버지 이경선이 감옥 앞으로 달려와서 "여보시오. 내 자식의 시체를 어서 주시오. 어젯밤에 처형됐다는 말을 듣고 왔으니 어서 내놓으시오"라고 울부짖는 소리도 안에서 들었다.

이승만은 절박했다. 남은 가족들이 느낄 슬픔에 목이 메었고, 죽음 너머에 무엇이 있을지 정말로 무서웠다. 그는 해답을 얻기 위해 처절하게 매달렸다. 그는 선교사에게 부탁해 어렵게 신약성경 한 권을 받았다. 이승만은 재수감 뒤 법원 판결 때까지 목에 10킬로그램이 넘는 나무 칼을 쓰고 있었다. 감방 안에 있을 때는 손과 발이 모두 묶였다. 그 상태로 목을 돌리고 손을 내밀면 겨우 성경을 볼 수 있었다. 남은 시간이 얼마나 있을지 모른다는 생각에 급하게 성경을 읽어 내려갔다.

그러던 어느 날 이승만은 배재학당 시절 예배 시간에 들었던 설교가 문득 기억났다.

'네가 너의 죄를 회개하면 하나님께서는 지금이라도 너를 용서하실 것이다.'

이승만은 어깨에 얹힌 칼에 머리를 기대고 생애 첫 기도를 올렸다.

"오 하나님, 저의 영혼을 구해 주시옵소서! 저의 나라를 구해 주시옵소서!"

그러자 갑자기 감방 안에 빛이 가득 차고, 마음에는 넘치는 기쁨과 평안이 깃드는 것을 느꼈다. 회심의 순간이었다.

"나는 변한 사람이 되었다."

이제 유학자 이승만은 사라졌고, 기독교인 이승만이 새로 태어났다. 그 뒤 이승만은 기독교 윤리를 준수하고 기독교의 가치를 이 땅에 실현하려는 삶을 일관되게 지켜나갔다.

2. 국사범이 살아난 이유

석 달여의 재판이 끝나고 드디어 판결이 내려졌다.

"태 100대와 종신징역!"

사형을 각오하고 있었던 이승만에게는 의외로 낮은 형량이었다. 함께 탈옥하며 간수에게 총을 쏘았던 최정식에게는 사형이 선고됐다. 이승만이 사형을 면한 것은 알렌 미국공사와 선교사들의 적극적인 구명운동에 고종이 특별 지시를 내렸기 때문으로 추정된다. 당시 한반도를 둘러싼 러시아와 일본의 대립이 고조되는 상황에서 고종은 미국의 힘에 의지해 중립을 보장받고자 했다. 또한 을미사변 직후 공포에 쌓인 고종이 권총을 찬 선교사들의 경호를 받으며 그들이 자물쇠로 채워 가져온 음식만 들 정도로 신뢰가 깊어져 그들의 간절한 청원을 무시하기 어려웠다.

사형은 면했어도 곤장 100대를 제대로 맞았으면 이승만은 죽거나 불구가 되었을 것이다. 더구나 태형 집행을 이승만이 탈옥할 때 총상을 입은 간수 김태윤이 했다. 그런데 이상한 일이 일어났다. 입회했던 재판장 홍종우가 곤장을 치기 직전 밖으로 나가 버리고, 김태윤은 때리는 흉내만 냈다. 이는 이승만의 부친 이경선이 뇌물을 줬기 때문이라는 설이 있다. 그러나 가난한 이경선에게 아들의 목숨을 건질 만큼 재물이 있었을까 의심스럽다. 그리고 홍종우는 비록 왕당파이기는 하나 혼자 힘으로 프랑스 유학을 다녀올 정도로 의지가 굳고 투철한 이념가였다. 그가 정적의 우두머리에게 그것도 세간의 이목이 집중된 국사범에게 뇌물을 받고 형 집행을 면해 주었다는 것은 개연성이 부족하다. 아마도 고종 등 유력자의 지시가 있었을 가능성이 크다.

혁명동지 최정식은 처형되었다. 재판 중에는 탈옥을 주도한 사실을 부인하는 등 삶에 대한 애착을 보였던 최정식은 판결이 선고되자 모든 것을 포기했다. 그리고 불꽃 같은 짧은 삶이 결코 헛되지 않았다고 스스로 인정하려 노력했다. 그는 사형장으로 끌려가면서 이승만에게 외쳤다.

"이승만 씨, 잘 있으시오. 당신은 살아서 우리가 함께 시작한 일을 끝맺으시오."

최정식은 교수대에 선 마지막 순간까지도 "이승만! 이승만!"을 외쳤다고 한다.

3. 지옥에서 학교 만들기

이승만은 일반 감방으로 옮겨져 언제 끝날지 모를 옥살이를 시작했다. 구한말의 감옥은 끔찍한 곳이었다. 아마 지옥이 있다면 그와 비슷한 모습일 것이다. 일본 육군사관학교를 졸업한 대한제국군 참위 김형섭은 유학 당시 유길준의 일심혁명회에 가입했다는 죄목으로 투옥되어 이승만과 2년여를 함께 갇혀 지냈다. 그는 다음과 같이 기록했다.

> 한 방에 50명 정도의 사람들이 '진흙 속의 뱀장어'같이 벌거벗은 채로 앉아서 잠을 잤다. 감옥 안의 공기는 후텁지근한 데다 체취와

> 땀 냄새 그리고 대소변의 악취가 지독해 처음 감방에 들어간 사람은 숨 쉬는 것조차 힘들어 문틈 속으로 코를 돌려야 한다. 감옥의 급식 상태는 팥밥과 콩나물 소금국이 전부인데 그릇이 불결하여 보기만 해도 먹을 생각이 들지 않는다. 해충 특히 빈대의 공격이 여러 가지 고통 가운데 가장 어려운 것이었다. 이삼일이 지나면 빈대가 빨아먹은 피 때문에 옷이 빨갛게 물들었다.

이승만은 죽음의 공포에서 겨우 벗어났지만 미래가 막막하기만 했다. 23세에 감옥에 들어와 무기징역을 선고받았다. 감형과 사면을 기대한다 하여도 기약할 수 없는 먼 훗날의 일이고 뜨거운 20대 청춘기를 감옥에 갇혀 보내야 했다.

여기서 이승만의 심오한 인격의 깊이가 드러난다. 그는 좌절하거나 공허하게 시간을 보내지 않았다. 이승만은 언제 어디에서든 자기가 가장 잘 할 수 있는 일이 무엇인지를 찾아 실천함으로써 삶의 의미를 구현했다.

이승만은 수감생활 동안 엄청난 양의 책을 읽었다. 그는 선교사와 지인들에게 책을 넣어달라고 부탁해 닥치는 대로 읽어나갔다. 『新約(신약)』, 『德慧入門(덕혜입문)』 같은 종교 서적부터 『中東戰記(중동전기)』, 『泰西新史攬要(태서신사람요)』 등 역사 서적, 『公法會通(공법회통)』, 『約章合編(약장합편)』 같은 법률 서적 등 각 분야를 망라했다.

이렇게 많은 책을 읽으려면 밤늦게까지 독서를 해야 했다. 당시 죄수들은 지름 30센티미터쯤 되는 작은 항아리를 사물함처럼 쓸 수 있었는데, 이승만은 항아리를 눕혀놓고 그 안에 몰래 들여온 양초를 켜고 책을 보았다. 무료했던 다른 죄수들은 기꺼이 망을 봐주었다. 그러다 간수가 오면 항아리를 벽으로 돌려놓아 불빛을 가렸는데, 간수들은 알면서도 짐짓 모른 척해 주었다.

이승만은 특히 영어 공부에 노력을 기울였다. 선교사들은 시사주간지 'New York Outlook'을 비롯해 각종 영문 잡지와 신문들을 넣어주었다. 이승만은 이것을 교과서 삼아 모두 외웠다. 그리고 붉은 물감을 몰래 들여와 잉크를 만들어 낡은 잡지에 글쓰기 연습을 했다. 이승만은 『화영자전』(일본어 영어사전)을 가지고 있었는데, 역시 단어들을 모두 외웠다. 감옥 안에서 고급 영어를 마스터한 것이다. 이것이 훗날 이승만이 미국에 가서 5년 만에 학사 석사 박사 학위를 받을 수 있었던 힘이 되었다.

이승만은 또 여러 외국책을 번역하고 저술했다. 중국의 청일전쟁 실록인 '中東戰記(중동전기)'를 발췌 번역한 『청일전기』, 세계사인 'Outlines of the World's History'를 발췌 번역한 『만국사략』, 한문 기독교 교리서를 번역한 『주복문답』, 감리교 역사인 『The Junior Methodist History』와 영문법 『English Grammar Material Primer』의 번역서를 집필했다. 그리고 본인의 한시 모음집인 『替役集(체역집)』, 한국과 중국의 명시들을 모은 『摘珠採璧(적주채벽)』, 옥중학당에서 사용할 산수 교재 『算術(산술)』을 만들었다. 이승만은 1903년부터는 한국 역사상 처음으로 영한사전 편찬을 시도했고, 불후의 명저 『독립정신』을 집필했다.

이승만은 감옥에서 신문 논설도 썼다. 투옥되기 전에 제국신문 편집인이었던 그는 이종일 사장의 요청에 따라 논설 집필을 재개했다. 기명 또는 무기명으로 논설을 실었는데, 기명 논설만 75편에 달했다. 독자들의 반응은 뜨거웠다. 그가 정기적으로 논설을 쓰면 신문 판매 부수가 늘었고 정치적 압력으로 쓰지 못하면 다시 줄었다. 고종의 부인 엄비도 애독자 중 한 사람이었다.

엄비는 을미사변 뒤 사실상 중전 역할을 하고 있었는데, 고종의 정적인 이승만의 글을 좋아했다는 게 흥미롭다. 엄비는 8세 때 시녀로 입궐했다가 상궁을 거쳐 귀비까지 올랐고, 후덕한 인상과는 달리 아관파천을 주도해 성공시키는 등 영민한 인물이었다. 정규 교육을 거의 받지 못했지만 시대의 변화를 이해했으며 조선의 근대화를 위해 많은 노력을 기울였다. 막대한 재산을 희사해 양정의숙, 진명여학교, 숙명여학교를 설립하기도 했다.

엄비 (고궁박물관)

이승만에 대한 엄비의 호감은 그에게 많은 기회를 부여했다. 엄비는 자신의 측근인 전 통정대부 김영선이 한성감옥 서장으로 임명되자 따로 불러서 이승만을 잘 보살피라고 지시했다. 또한 고종의 측근이자 친미 정동파의 거두인 한규설도 김영선과 여러 차례 만나 이승만을 부탁했다.

유력자들의 당부 이전에 김영선 자신이 근대화에 뜻을 같이하는 개명 관료였다. 그는 1900년 2월 한성감옥서에 부임한 뒤 형정 개선에 노력했다. 죄수들의 급식 질을 높이고, 가혹한 체벌을 금지하고, 옥리들의 부정부패를 단속했다. '도적을 기르는 곳'이던 한성감옥이 그로 인해 새로워졌으며, 이런 성과가 신문에 보도되기도 했다. 김영선은 특히 이승만에게 노역을 면제해주고 좋은 감방을 배정하고 집필 활동에 지장이 없도록 배려했다. 또한 번역 작업의 수고비 조로 이승만 가족에게 얼마간의 생활비까지 보태주어 이승만을 감읍하게 하였다.

이승만은 1902년 어느 날 김영선 서장에게 편지를 썼다. 그는 '(재소자들의) 정황을 가엽게 여기시고, 겸하여 학교를 세워 학문을 권장하는 (서양의) 훌륭한 뜻을 본받으십시오. 특별히 반 칸의 방을 허락하시어 학문에 뜻을 둔 사람들을 골라서 한곳에 모아 수업을 받게 윤허하여 주십시오'라고 청원했다. 감옥 안에 학당을 세우게 해달라는 것이었다. 편지를 받은 김영선은 감옥 안에 방을 하나 비우고 자신과 간수들의 성금으로 문필도구를 사서 우리나라 최초의 옥중학당을 세웠다.

이승만이 학당을 세워야겠다고 결심한 것은 감옥 안에 어린이들이 많았기 때문이다. 일부 소년범도 있었지만 대부분 부모가 죄를 지어 수감됐는데 보살펴줄 사람이 없어 감옥까지 따라와 사는 아이들이었다. 이승만은 이들이 아무런 교육도 받지 못한 채 세상의 험한 모습만 보고 자라게 해서는 안 되겠다고 생각했다.

이승만은 교실이 마련되자 어린이 수십 명을 모아 '가갸거겨'부터 가르쳤다. 이를 보고 별 이상한 짓을 한다며 손가락질하는 사람들도 많았다. 그러나 몇 달이 지나자 아이들이 한글은 모두 깨치고, 『동국역사』와 『명심보감』을 읽으며, 선택에 따라 배운 영어와 일어도 외국인 선교사가 와서 보고 칭찬할 정도가 되었다. 이승만은 성경도 가르쳤는데 몇몇 아이들이 조석으로 기도하며 찬송을 불러 그를 기쁘게 했다.

어린이들의 공부하는 모습을 본 어른 죄수들이 자기들도 배우게 해달라고 요청했다. 김영선 서장이 방을 하나 더 비워 주었다. 어른반은 배재학당 동문인 신흥우와 독립협회 활동을 같이 한 양기탁이 이승만을 도와 함께 가르쳤다. 그들 모두 한성감옥에 들어와 있었다. 과목은 한글, 국사, 윤리, 산수, 세계지리 등이었다. 물론 성경 공부와 예배 시간도 있었다.

김영선 서장은 토요일마다 시험을 봐서 우수자에게는 종이 등을 상으로 주었다. 그리고 학당 소식을 들은 외국인들이 위문품을 사들고 와서는 입이 마르게 칭찬을 하고 가 일반 죄수들까지 어깨가 으쓱해졌다.

옥중학당의 문을 열고 몇 달 뒤 한성감옥 안에 도서실이 만들어졌다. 1902년 크리스마스 때 간수와 죄수들이 회식을 하려고 돈을 거두었다가 더 의미 있는 데 쓰자고 뜻을 모았던 것이다. 이승만은 세계성서공회에서 후원을 받아 책꽂이를 구입하고 그럴듯하게 도서실을 꾸몄다. 책은 주로 국내외 선교사들이 보내주었다. 그렇게 모은 책이 한글 한문 영어로 된 294종 523권이었다. 도서실에 도서 대출 장부를 비치해 동료 죄수인 이승인에게 관리를 맡겼다. 이승인은 한국의 톨스토이라고 불렸던 이상재의 아들이다.

도서실 책을 선교사들이 보내줬으니 기독교 서적이 주류를 이뤘지만 역사, 세계지리, 국제법 등 다양한 분야의 책들도 많았다. 특히 청나라 말기 중국의 개혁운동 서적들이 많이 수집되었다. 이런 책들은 국내에서 쉽게 구할 수 없어 한성감옥 죄수들뿐 아니라 외부에서도 간수들에게 부탁해 빌려 가기도 했다.

4. 그들은 복당이라 불렀다

1902년 가을 러시아 연해주에서 발생한 콜레라가 국경을 넘어 조선을 강타했다. 한양에서만 매일 수백 구의 시신이 광희문과 서소문 밖으로 실려 나갔다. 전국에서 23,000명이 목숨을 잃었다. 오물로 질척거리는 거리에 콜레라가 창궐하고, 감염된 사람들은 별다른 약도 병원도 구경 못한 채 쓰러져 갔다.

콜레라는 한성감옥 안으로도 번졌다. 위생 상태가 극악한 감옥은 전염병에 속수무책이었다. 당시 이승만이 쓴 기록을 보면 한성감옥 수감자 60여 명이 죽었다. 9월 12일에는 하루 만에 무려 17명이 사망하기도 했다. 그러나 콜레라 예방이나 치료라는 것은 없었다. 일반 백성을 위한 대책도 없는데 하물며 죄수들이야 죽든 살든 방치되었다.

상황은 끔찍했다. 콜레라에 걸리면 근육경련과 발열, 구토 증세가 나타난다. 좁은 감방 안에서 서로 붙어 앉아 있는데 옆 사람이 콜레라 증세를 보이면 말로 형언하기 힘든 고통스러운 일들이 벌어진다. 그렇게 앓다 죽으면 시신을 바로 격리하는 것도 아니었다. 하루에 한 번 간수가 감방 안에 들어와 시신을 들어내는데, 그 직후 수감자가 죽으면 밤새 꼼짝없이 시신 옆에 앉아 있어야만 했다.

이승만이 두 팔을 걷고 나섰다. 제중원 원장 에비슨에게 부탁해 약을 받아와 나눠주었다. 콜레라 환자가 생기면 손발을 주무르며 간호했다. 결국 숨을 거두는 순간 그들의 손을 잡고 안식을 위해 기도했다. 남들이 꺼리는 시신 수습에도 솔선수범했다. 이제는 고고한 유학자가 아니었다. 이승만도 힘들고 두려웠지만 자신의 새로운 신앙에 따르려 최선을 다했다. 성경은 가장 중요한 가치가 사랑이라고 가르치는데, 그는 이를 실천했다.

이승만이 죽어가는 수감자들을 돌보는 모습을 보고 한성감옥 부서장과 간수들이 감동해 기독교 신앙을 받아들였다. 이승만은 수없이 죽어가는 자들과 호흡을 같이 하고 수족을 만졌는데도 자신이 무사했던 것은 신의 가호라고 생각했다.

이승만이 수감되어 있는 동안 한성감옥에는 개화파 인사들이 계속 붙잡혀 들어왔다. 1902년 1월에 박영효의 사주로 고종을 폐하고 의화

군 이강을 새 황제로 옹립하려던 유신회 사건이 적발되어 이승만의 어릴 적 벗인 신흥우와 윤시용 등이 투옥됐다. 뒤이어 일본 육군사관학교 재학 중 유길준의 혁명일심회에 가입해 정부 개조 음모를 꾸몄다는 죄목으로 장호익, 김홍진 등 소장 장교들과 유길준의 동생인 유성준이 수감되었다. 6월이 되자 유길준, 박영효와 연계해 국체개혁운동을 벌였다는 혐의로 이상재, 이원긍, 김정식, 홍재기 등 독립협회 간부들이 대거 체포됐다. 그밖에 이준, 양기탁, 안국선, 박용만 등도 여러 가지 죄목으로 한성감옥에 투옥되었다. 대한제국의 개화파는 거의 다 감옥 안에 모아놓은 것 같았다. 나라는 멸망으로 치닫고 있는데 전제왕권을 강화하려는 고종은 얼마 안 되는 신진 세력들과 치열한 투쟁을 벌이고 있었다.

한성감옥에 갇힌 개화파 인사들 가운데 여러 명이 처형됐다. 사형장으로 끌려갈 때 많은 이들이 이승만의 이름을 크게 부르곤 했다. 이승만은 아무런 도움도 주지 못하는 것을 자책하며 그저 "가서 편안히 죽으시오"라고 고함을 칠 뿐이었다. 군인은 참수형을 당했는데, 장호익이 의연하게 죽음을 맞이하며 세 번의 칼 소리가 날 때까지 "대한제국 만세"를 불렀다고 이승만은 기록했다.

살아남은 사람들에게도 고통과 절망의 시간이었다. 나라 밖에서 승냥이 같은 러시아와 일본이 먹잇감을 노리고, 안에서는 전제군주 고종이 개화세력의 씨를 말리고 있었다. 수감된 개화파 지식인들은 이제 어떻게 해야 하는지 길을 찾기 힘들었다.

이런 상황에서 그들은 이승만의 신앙생활에 조금씩 관심을 보였다. 이승만은 매일 시간을 정해 성경을 낭독하고 기도했다. 이를 들으면 질식할 것 같은 현실의 고뇌가 덧없게 느껴졌다. 이승만이 성경에 자기 나름의 해석을 붙여 풀어가는 설교도 위안이 되었다.

강력한 유교 문화 속에서 성장해온 양반 지식인들이 기독교를 받아들이는 것은 정말 어려운 일이었다. 그러나 어두운 시대상과 절망감은 그 심리적 저항을 극복할 수 있게 해주었다. 이상재, 유성준, 이원긍, 김정식, 홍재기, 안국선 등이 잇따라 기독교를 받아들였다. 이들은 이승만과 함께 교리를 공부하고 예배를 올렸다. 어느 날 이원긍의 아들 이능화가 예배 중에 감격하여 이렇게 말했다.

"지옥과 같은 감옥이 천당으로 변했다!"

이후 한성감옥 신도들은 그곳을 구원의 진리를 알게 해준 복당福堂으로 불렀다. 이들이 한국 기독교의 초석을 놓은 지도자들이었다.

이승만을 통해 개종한 양반 지식인은 40명이 넘었다. 이는 우리나라에 온 서양 선교사들에게 엄청난 충격이었다. 개항 이후 수십 년간 많은 인적 물적 자원을 투입했지만 한국의 선교는 지지부진하기만 했다. 기독교로 개종하는 사람들은 천민이나 여성들처럼 억압받는 계층이 대부분이었다. 공고한 유학자 집단인 양반 사회에는 도무지 뚫고 들어갈 방법이 없었다. 그런데 40명이 넘는 양반들이 이승만 한 사람의 노력으

한성감옥에서 이승만과 함께 성경을 공부했던 정치범들 (이승만기념관.com)

로 기독교를 받아들인 것이다.

선교사들은 신의 역사라고 믿었다. 그리고 이승만이 미래의 한국 기독교를 이끌 재목으로 성장하기를 기대했다. 이승만이 미국 기독교계로부터 받은 전폭적인 지원은 이 기적 같은 전도에 힘입은 바가 크다.

또한 이승만의 정치적 인맥도 한성감옥 안에서 형성되었다. 그들 중에는 의형제를 맺었다 훗날 최대 경쟁자가 되는 박용만처럼 친소가 바뀐 경우도 있었지만, 많은 이들이 이상재와 같이 끝까지 그의 강건한 동지로 남았다. 이들은 독립운동 기간에 함께 일본과 싸웠으며, 해방 후 공산주의자들을 누르고 자유민주국가를 건설하는 과정에서도 그의 강력한 지지 세력이 되었다.

5. 불후의 명저 『독립정신』

이승만은 1903년 4월부터 영한사전 편찬에 착수했다. 'Webster's English Dictionary'와 화영자전 등을 참고하면서 알파벳 A부터 단어 하나하나에 발음기호뿐 아니라 한문과 한글로도 뜻을 달았다. 이 작업이 완성됐으면 한국인이 만든 최초의 영한사전이 훨씬 일찍 등장했을 것이다. 그러나 사전 편찬은 8,233번째 단어인 Fichu(어깨에 걸치는 삼각형의 여성용 스카프)에서 멈추게 되었다. 1904년 2월 러일전쟁이 발발한 것이다.

그 전쟁이 끝나면 대한제국의 운명은 어찌 될지 이승만의 글대로 '삼척동자도 아는 일'이었다. 이승만은 즉시 민중의 각성과 단합을 촉구하는 책을 쓰기 시작했다. 한가하게 사전을 만들 때가 아니라는 유성준 등의 권유도 있었다. 이는 꺼져가는 국운을 되살려보려는 개화파 지식인

이승만이 한성감옥에서 저술한
『독립정신』(배재학당역사박물관)

들의 마지막 노력이었다. 구한말의 개화파는 위로부터의 개혁 시도가 번번이 참극으로 끝나면서 아래로부터의 각성이 있어야 하고 그래서 민중 계몽이 필요하다는 사실을 뒤늦게 깨달았다.

이승만은 밤낮으로 글을 써 내려갔다. 그동안 신학문과 서양 사상을 배우고, 전제정치의 개혁을 부르짖고, 탄압을 받아 좌절하면서 이 땅의 백성들에게 전하고 싶었던 생각들을 긴 실타래처럼 풀어나갔다. 그렇게 4개월 10일 만에 책 한 권을 완성했다. 100여 장의 삽화가 곁들여진 295페이지의 대작이었다. 물론 참고자료가 극히 제한된 집필 여건상 역사 서술 등에서 일부 오류가 있고 문장이 만연체이기는 하나, 이승만에 비판적인 학자들마저 이 책만큼은 명저라고 인정한다.

훗날 『독립정신』이라는 이름으로 출판된 이 책은 서문과 51장 그리고 후록으로 구성됐다. 1장부터 24장까지는 어떻게 근대국가로 살아남을 수 있을지를 다루었고, 후반부에서는 개항 이후 국제정세를 분석했다.

『독립정신』에서 이승만은 모든 인간은 천부의 권리를 가지고 태어났다고 설파했다.

> 귀하고 높다고 하는 자나 약하고 천하다고 하는 자나 이목구비와 사지백체는 다 같이 타고나서 더하고 덜한 것이 없나니 이는 하늘이

다 각기 자기가 제 일을 하고 자기가 제 몸을 보호할 것을 모두에게 부여해 준 것이다.

그리고 미국 독립선언문을 소개하면서 개인의 자유와 재산권 보호를 주장했다.

① 이승만은 국가의 기원에 대해 '만일 저 넓은 육지를 저 많은 사람들에게 아무런 규율 없이 맡겨 들짐승 무리같이 제 풀대로 뛰어다니며 제 힘대로 얻어먹게 만들었다면 하루도 편히 살 사람이 없을 것'이라고 설명했다. ② 그는 개화의 필요성을 설명하면서 '공법에서는 실제로 개척하는 효험이 없으면 그 나라 땅으로 인정해 주지 않고 누구든지 먼저 들어가서 개척하여 쓸 수 있게 만드는 자가 참 주인이 된다고 규정하였다'고 썼다. ③ 통상과 관련해서는 '미개했던 유럽이 콜럼버스가 아메리카 대륙을 발견한 뒤 물화를 상통하여, 나의 옛 것과 남의 새 것을 비교하여 쓰고 나의 흔한 것과 남의 귀한 것을 바꾸어 쓰니 학문과 기술이 한없이 진보되어 부강하고 문명화되었다'고 기술했다. ① 토마스 홉스의 『사회계약론』, ② 존 로크의 『자유론』 및 『노동소유론』, ③ 애덤 스미스의 『분업론』을 풀어쓴 것이다. 이승만이 세 철학자의 책을 보았다는 기록은 없다. 그러나 감옥 안에서 수많은 서적을 읽으며 서구 근대문명을 탄생시킨 계몽주의 사상에 대한 완벽한 이해에 다다랐던 것이다.

이승만은 망국의 근본 원인이 천 년 이상에 걸친 전제정치라고 진단했다. 전제정치는 한두 사람이 백만 명 위에 걸터앉아 그들을 노예로 부리는 꼴이다. 노예근성에 찌든 백성은 나라를 자기의 것으로 생각하지 않고 기진맥진하여 타국인이 행패를 부려도 저항할 줄 모른다. 전제정치를 하는 나라는 '남이 와서 그 위에 있는 몇몇 집권자들을 혹 뇌물로 꾀이거나 위력으로 핍박하여 그들을 손아귀에 넣으면 모든 백성들은 총한 방 쏘지 않아도 스스로 딸려서 들어올 것'이라고 보았다. 불행히도 조선의 역사는 정확히 이승만이 예언한 대로 흘러갔다.

제5장 대한제국 밀사

1. 자유의 몸이 되다

일본과 러시아가 전면전을 벌이자 한국인들은 누구나 나라의 운명 앞에 거대한 폭풍우가 밀려오고 있음을 직감했다. 고종은 오랜 개화파 탄압을 중단하고 내각에 민영환, 한규설 등 개혁관료들을 중용했다. 감옥에 갇혀 있던 사상범들도 대부분 풀어주었다. 다만 한 사람은 예외였다.

고종은 민중을 선동하고 미국 등 서양세력의 후원을 받고 있는 이승만을 전제왕권의 큰 위협으로 여겼다. 조선을 장악했던 러시아와 일본 역시 자주운동의 선봉이었던 그를 꺼려했다. 그래서 개화파 인사들과 선교사, 주한 외교관들이 줄기차게 이승만의 사면을 요청했지만 고종은 흔쾌히 수락하고 돌아서면 외면하는 일을 반복했다.

23세 때 체포되어 5년 넘게 감옥에 갇혀 있던 이승만은 창살 밖의 새가 되어 날아가고 싶을 만큼 자유가 그리웠다. 이승만이 당시 정계 유력자들에게서 받은 답장을 보면 그가 막막한 처지를 설명하고 석방을 위해 노력해줄 것을 호소하는 편지들을 보냈음을 알 수 있다.

그런데 이승만의 『옥중잡기』에 1904년 7월 알렌 미국 공사에게 쓴 다음과 같은 내용의 편지가 들어 있다.

근자에 각하께서 저를 위하여 일본 공사께 보호도 청구하며 외부에 석방도 요청하신다고 누차 신문에 보도되니 어찌 감사해야 할지 모르겠습니다. 그러나 한국 죄인의 보호를 이웃나라 공사에게 부탁하심은 대한 독립을 존중하시는 본의에 위배되며 우리와 미국 양국의 우의를 해칠 것이니 제가 기꺼이 죽을지언정 원하지 않으며 또한 참을 수 없는 일입니다.

이승만이 이 편지를 알렌에게 보냈는지 아니면 수없이 망설이다 끝내 보내지 못했는지는 알 수 없다. 그러나 20대의 반을 송두리째 빼앗긴 한 약소국 청년이 감옥에서 나가고 싶은 열망과 침략자에게 도움을 청할 수 없다는 자존심 사이에서 얼마나 번민했는지를 보여준다.

1904년 8월 4일, 드디어 이승만이 한성감옥에서 풀려났다. 이승만은 자서전 초고에서 '내가 감옥에서 나왔을 때 선친은 무척 기뻐하셨다'라고 간단하게 언급했다. 그러나 이승만의 석방은 신문들이 앞다퉈 주요

1904년 감옥에서 석방된 이승만 (이승만기념관.com)

기사로 보도할 만큼 큰 사회적 관심사였다.

이승만은 꿈에도 그리던 집으로 돌아왔다. 그는 사랑하는 아들 봉수를 무릎에 앉히고 뺨을 비비며 그동안 고생해온 아내 박씨, 그리고 이제는 많이 늙으신 아버지와 밤늦도록 이야기꽃을 피웠다. 낮에는 끝없이 찾아오는 방문객들을 맞았다. 그리고 잠시 몸을 추스린 뒤 다시 활동을 시작했다.

세상은 5년 동안 너무 달라져 있었다. 러시아 대신 일본이 대한제국의 국권을 짓누르고 있었다. 자주와 민권을 외치던 시민운동은 사그라들고, 옛 동지들은 변절하거나 망연자실해 있었다. 러일전쟁에서 일본이 승리하자 개화파 안에서도 서양에 맞선 동양의 승리라 여겨 기뻐하는 사람들이 많았다. 그러나 이승만은 일본의 한반도 병탄 야욕을 꿰뚫어보고 저항했다.

일본의 이권 침탈에 반대하다 해산된 보안회의 후신으로 이승만 출소 직후 협동회가 만들어졌다. 이상설, 이준, 이상재, 이동휘, 양기탁 등이 주축이었다. 이승만은 편집부장을 맡았다. 그러나 협동회는 일본군의 탄압으로 얼마 못 가 해산되었다.

이승만은 자신이 창간했던 제국신문에 다시 논설을 쓰기 시작했다. 그런데 제국신문은 10월 7일자 논설 내용이 '일본 군사상의 방해요, 한일 양국 교제의 방해'라는 이유로 무기 정간을 당했다. 전문가들은 당시 논설을 이승만이 썼을 것으로 추정한다.

이승만은 또 상동교회 전덕기 목사가 주시경, 박용만 등과 함께 세운 상동청년학원의 초대 교장으로 추대되었다. 지금의 중학교 과정이었다. 기독교 전도와 근대 교육이라는 포부를 실천할 수 있는 좋은 기회였다. 그런데 이승만이 취임 한 달 만에 갑자기 교장직에서 물러나 주변을 놀라게 했다. 대한제국을 위한 비밀 임무를 맡았기 때문이다.

2. 미국 대통령을 만났지만

출옥 후 바쁜 나날을 보내던 이승만에게 민영환과 한규설이 은밀히 만나자고 연락해왔다. 민영환은 일본의 침략에 저항하다 시종무관장으로 밀려나 있었지만 고종이 아끼는 척신이었고, 한규설도 법부대신을 거쳐 의정부 찬정을 지내고 있던 정부 고위 관리였다. 두 사람 다 구한말 대표적인 개혁 관료로서 독립협회 활동을 적극 후원하며 이승만과 교분을 맺었다.

민영환과 한규설은 이승만에게 나라를 위해 중책을 맡아달라고 요청했다. 미국에 밀사로 가서 그곳 대통령에게 일본의 병탄 야욕을 알리고 조미수호통상조약에 따라 한국을 도와달라고 요청하는 임무였다. 조약 제1조에서 '제3국이 한쪽 정부에 대해 부당하게 또는 억압적으로 행동할 때는 다른 쪽 정부가 원만한 타결을 위해 주선한다'고 약속했으니 이를 지켜달라는 것이었다. 이승만이 흔쾌히 수락하자 민영환은 도미 기간 가족의 생계를 돕겠다고 약속했고, 한규설은 부족하나마 여비에 보태라며 50원을 건넸다.

이승만은 부지런히 미국행을 준비했다. 민영환과 한규설이 친한파인 딘스모어 미 상원의원 앞으로 보내는 편지와 민영환이 주미 한국공사에게 보내는 편지 등 외교 문서들을 받았다. 밀사 임무를 숨기기 위해 미국 유학을 간다고 말하고 다녔고, 실제로 미국에 간 김에 공부를 더 할 생각도 있었다. 이승만은 게일 언더우드 등 선교사 19명으로부터 미국에서 도움을 줄 만한 인사들에게 자신을 소개하는 추천서를 받았다. 당시 한국에 온 선교사들은 대부분 미국 동부의 명문가나 명문대학 출신들이어서 이들의 추천서가 큰 힘이 되었다.

어느 날 집에 돌아왔더니 대궐에서 온 궁녀가 기다리고 있었다. 고종

황제가 이승만을 만나고 싶어 한다는 것이었다. 이때 고종을 만났으면 밀사의 대표성이 훨씬 명확해지고, 무엇보다 나라 예산 전체를 고종이 관장하고 있었으니 도미 비용 문제도 손쉽게 해결되었을 것이다. 그런데 이 고집 센 청년은 황제의 부름을 단호히 거절했다. 이승만은 나라가 이 지경이 된 것이 고종 때문이라고 생각했고, 자신은 고종이 아니라 민족을 대표해 밀사로 가는 것이라 여겼다. 여하튼 이승만은 힘겨웠지만 고종의 도움 없이 밀사 임무를 수행했다.

1904년 11월 4일, 이승만은 여객선 오하이오 호를 타고 제물포항을 떠났다. 배는 목포와 부산에도 들렀다. 이승만은 자신이 밀사라는 사실이 드러나 체포될까 봐 계속 마음을 졸였다. 마침내 부산항의 불빛이 수평선 너머로 멀어져갈 때 이승만의 가슴 속에는 안도와 쓰러져가는 조국에 대한 애절함 그리고 첫 해외여행이 주는 긴장감이 교차했다.

오하이오 호는 11월 11일 일본 고베에 도착했다. 한국의 선교사들이

1904년 11월 가족사진 (이승만기념관.com)

써준 추천서를 보고 미국인 선교사 로건이 이승만을 반갑게 대했다. 로건은 자신이 사역하는 교회에서 신앙 간증을 하도록 주선해 주었다. 이승만은 감옥 안에서 일어난 회심의 경험과 전도 활동을 설명했다. 소수 종교를 믿으며 설움을 겪어온 일본인 신자들은 깊은 감명을 받고 적지 않은 돈을 모아 그에게 주었다. 쪼들리던 여비에 조금 여유가 생겼다. 이후 이승만은 활동 자금을 주로 강연을 통한 기부금으로 마련하게 되었다.

이승만은 시베리아 호로 갈아타고 고베를 출발했다. 이 배는 마침 하와이로 가는 한국인 이민자들을 태우고 있었다. 한국인의 하와이 이민은 1903년 1월에 시작되어 그해 1,233명 그리고 1904년 3,434명으로 급속히 불어났지만 1905년 을사조약이 체결된 뒤 일본에 의해 금지됐다.

시베리아 호는 11월 29일 호놀룰루에 도착했다. 이승만은 3등 선실에 타고 있었는데, 당시 규정으로 3등 선실 승객들은 임시 상륙이 금지되었다. 그러나 이승만이 온다는 소식에 한국 교민들이 현지 선교사에게 부탁해 겨우 특별허가를 받았다. 이승만이 배 안에 있는데 미국 이민국에서 통역관으로 일하는 홍정섭이 마중하러 올라왔다.

부두에 내리니 윤병구 전도사와 감리교 선교사인 존 와드맨 박사가 나와 있었다. 그들은 호놀룰루에서 약 20킬로미터 떨어진 예와라는 곳의 농장으로 안내했다. 거기에 200명 이상의 교민들이 모여 있었다. 와드맨이 주관하는 예배가 끝난 뒤 이승만이 연설을 시작했다. 연설은 무려 4시간 동안이나 계속됐다. 교민들은 이승만의 말을 경청하면서 때로는 눈앞에 일본인이라도 있는 듯 고함을 치며 화를 냈고 때로는 나직하고 뼈에 사무치는 소리로 울었다. 밤이 깊어 행사를 끝내야 한다는 와드맨의 부탁을 받고서야 이승만은 연설을 마쳤다. 마지막으로 모든 참석자들이 '올드랭사인' 곡조에 맞춰 충군가忠君歌, 즉 지금의 애국가를 합창했다.

> 성자 신손 오백년은 우리 황실이요, 산고 수려 동반도는 우리 조국일세…

망해 가는 나라의 백성들이 부르는 목메인 노래는 이내 통곡 소리로 바뀌었다.

시베리아 호는 다음날 호놀룰루를 떠났다. 부두에 많은 교민들이 나와 이승만을 환송했다. 이승만은 12월 6일 샌프란시스코에 도착했다. 동양의 가장 가난한 나라 청년이 본 미국은 책을 통해 상상한 것 이상이었다. 높은 건물, 도로를 가득 메운 마차, 굴뚝마다 검은 연기를 토해내는 공장까지 모두 신기할 뿐이었다. 그는 이때 느낀 기분을 '촌계관청村鷄官廳', 즉 얼떨결에 관가에 들어온 촌닭과 같았다고 묘사했다.

이승만은 로스앤젤레스로 이동했다. 서당 친구이자 배재학당 동문이며 한성감옥 동기이기도 한 신흥우를 만나기 위해서였다. 신흥우는 남캘리포니아 대학에서 의학을 공부하고 있었다. 이승만은 일주일간 머문 뒤 열차를 타고 미국 동부로 향했다.

12월 31일 저녁 이승만은 드디어 미국의 수도 워싱턴에 도착했다. 서울을 떠난 지 56일 만이었다. 하늘에서 눈이 펑펑 내리고 있었다. 이승만은 역 근처 싸구려 호텔에 짐을 풀었다. 지갑 속에는 몇 달러밖에 남지 않았다.

다음날 이승만은 한국공사관을 찾아갔다. 당시 신태무가 대리공사였고 홍철순과 김윤정이 서기관이었다. 공사관 건물은 3층이었는데, 1층은 공관으로 쓰고 나머지는 공관원들 가족이 살고 있었다. 한국공사관 바로 옆에 일본공사관이 있었다. 그리고 한국공사관 직원들 중 일부는 벌써 일본의 눈치를 보고 있었다.

신태무 대리공사는 이승만의 협조 요청을 거절했다. '본국의 훈령이 없으면 곤란하다'는 이유를 댔다. 그러나 일본에 장악된 서울에서 어떻게 정부가 훈령을 보내올 수 있겠는가. 이때 김윤정 서기관이 나섰다. 김윤정은 신태무와 사이가 나빴다. 김윤정은 이승만이 민영환과 한규설의 밀명을 받고 왔다는 사실을 듣고 자신이 공사가 되도록 도와준다면 적극 협조하겠다고 약속했다.

1905년 1월 초 이승만은 딘스모어 상원의원을 찾아갔다. 딘스모어는 주한미국공사로 일한 적이 있고 민영환, 한규설과도 친분이 있는 친한파 인사였다. 이승만은 딘스모어에게 트렁크에 숨겨온 민영환, 한규설의 편지를 전달하고 도움을 요청했다. 딘스모어는 "헤이 국무장관과의 면담을 주선하도록 노력하겠다"고 말했다. 이승만은 또 워싱턴포스트 신문사에 찾아가 기자를 만나 한국을 합병하려는 일본의 음모를 고발했다.

주미 대한제국 공사관 (서소문성지역사박물관)

이제 딘스모어의 답변을 기다리는 일만 남았다고 생각한 이승만은 자신이 미국에 온 또 다른 목적인 유학 준비에 들어갔다.

그는 선교사 게일 박사의 소개장을 들고 장로교 목사인 햄린을 찾아갔다. 소개장을 읽어본 햄린은 이승만을 유능한 전도사 재목이라고 생각하고 금전적 후원 등 여러 가지 도움을 주었다.

햄린은 이승만을 조지워싱턴대 총장에게 소개했다. 이승만은 면담 결과 수학능력이 있다는 평가를 받아 장학생으로 2학년 2학기에 편입할 수 있게 되었다. 이승만은 1905년 2월 봄학기에 등록했다. 일단 숙식 문제는 그렇게 해결되었다.

이승만을 만난 지 한 달 만인 2월 16일 딘스모어 상원의원에게서 편지가 왔다. 헤이 장관에게 면담을 요청했다는 내용이었다. 사흘 뒤 딘스모어가 다시 연락해 다음날 자신과 함께 국무부로 가자고 했다.

이렇게 해서 이승만은 2월 20일 헤이 미 국무장관을 만났다. 이승만과 같은 교회 신자이기도 한 헤이는 특히 한국에 있는 미국인 선교사들에 대해 깊은 관심을 보였다. 이승만은 개항 이후 한국에서 해를 입은 선교사가 한 사람도 없다고 강조하고, "우리 한국인들은 각하께서 중국을 위해 힘쓰신 것처럼 한국을 위해서도 힘을 써주기를 바랍니다"라고 말했다. 헤이 장관이 러시아의 중국 침탈을 막기 위해 노력한 사실을 상기시킨 것이다. 헤이는 "조약상의 의무를 다하기 위해 최선을 다하겠다"고 말했다.

이승만은 뛸 듯이 기뻤다. 미국 국무장관이 조미수호통상조약을 지키겠다니 이제 한국은 독립을 지킬 유력한 원군을 얻은 것이라 믿었다. 그는 즉시 면담 결과를 한국의 민영환과 한규설에게 통보했다. 일본에게 내용이 누설되는 것을 막기 위해 딘스모어 상원의원의 도움을 받아 미국 외교행랑을 이용했다. 이승만은 서울로 보내는 전문 안에 김윤정의 승진 부탁도 넣었다. 그래서인지 김윤정은 신태무의 후임으로 대리공사를 맡게 되었다.

그런데 그해 여름 헤이 국무장관이 지병으로 사망했다. 이승만은 큰 충격을 받았다. 이승만은 그 뒤 오랫동안 헤이가 죽지 않았다면 약속대로 한국의 독립을 도와줬을 거라며 아쉬워했다. 그러나 이는 국제정치의 비정함을 아직 몰랐던 과잉 기대였다. 헤이는 이승만을 만나기 며칠 전 시어도어 루스벨트 대통령으로부터 다음과 같은 편지를 받았다.

> 한국을 위해서 일본에게 전혀 간섭을 할 수 없다. 한국인은 자신을 위해 일본에게 주먹 한 번 휘두르지 않고 있는데, 어느 나라가 한국을 위해 나서겠는가.

미국의 외교 정책은 이미 그렇게 정해져 있었다. 스스로를 지키지 않는 나라를 위해 대신 피를 흘려줄 나라는 없었다.

한편 하와이에서는 7월 중순 한인들이 교민대회를 열고 윤병구 목사를 대표로 뽑아 루스벨트 대통령에게 한국의 독립을 청원하기로 결의했다. 또 일본으로 가기 위해 하와이에 들른 태프트 미 육군장관의 환영 행사도 논의했다. 태프트 장관이 일본으로 가는 목적이 '일본은 미국의 필리핀 지배를 지지하고, 미국은 일본의 한국 지배에 반대하지 않는다'는 밀약을 맺기 위한 것임을 한국 교민들은 까맣게 모르고 있었다. 그런데도 한인들이 환영 행사를 열어주니 속으로 멋쩍었을 태프트는 한인 대표가 루스벨트 대통령을 만날 수 있게 도와달라고 부탁하자 흔쾌히 소개장을 써줬다. 아마도 미안하고 안쓰러운 마음 때문이었을 것이다.

그렇게 소개장을 받아 든 윤병구는 워싱턴으로 달려가 이승만을 만났다. 두 사람은 마치 독립의 길이 열린 것처럼 큰 희망에 부풀었다. 먼저 필라델피아의 서재필 박사를 방문해 청원서 문안을 가다듬은 뒤 루스벨트 대통령의 여름 휴가지인 오이스터 베이로 향했다.

그들은 대통령 비서관을 만나 태프트 장관의 소개장과 청원서 사본을 제출하고 대통령 면담을 신청했다. 그리고 숙소로 돌아와 초조하게 기다리는 데 바로 그 날 저녁 '내일 오전 9시까지 오면 대통령을 만날 수 있을 것'이라는 답변이 왔다.

1905년 8월 5일 아침 윤병구와 이승만은 미국 대통령 별장으로 갔다. 촌티가 역력한 두 사람이 가슴 두근거리며 응접실에 앉아 있는데 갑자기 루스벨트 대통령이 들어왔다. 놀란 두 사람은 벌떡 일어나 자기소개를 우물거리며 청원서를 내밀었다. 이를 받아 든 루스벨트는 "나를 찾아와 기쁩니다. 내가 당신들 나라를 위해 무엇이든 할 수 있으면 좋겠습니다. 다만 이 청원서가 공적 계통을 거쳐 오기 전에는 아무 것도 할 수 없습니다. 나의 입장은 러시아와 일본을 초청해 그들이 강화를 하도록 주선하는 것에 그치고 그들에게 간섭할 권한이 없습니다. 그렇지만 이 청원서를 당신들 공사관을 통해서 나에게 주면 회의에 제출하겠습니다. 당신네 공사더러 그것을 국무부에 갖다 주라고 하세요"라고 말하고 바로 나가 버렸다.

시어도어 루스벨트 미국 대통령과 면담한 이승만 (이승만기념관.com)

외교적 수사로 표현한 정중한 거절이었지만, 윤병구와 이승만이 그 뜻을 알 리 없었다. 이제 대한제국의 독립이 미국의 강대한 군사력으로 보호될 것이라 믿은 두 사람은 발이 땅에 닿지 않을 만큼 기뻤다. 두 사람은 곧바로 짐을 챙겨 워싱턴행 기차를 탔다. 그리고 다음날 해가 뜨자마자 한국공사관으로 뛰어 들어갔다. 이승만은 김윤정 대리공사에게 그동안의 경위를 자랑스럽게 설명하고 빨리 독립 청원서를 미 국무부에 접수시키라고 요청했다.

그런데 믿었던 김윤정의 입에서 날벼락 같은 소리가 나왔다. 전에 신태무가 그랬듯이 '본국의 훈령이 없으면 곤란하다'는 것이었다. 이승만은 거의 기절할 만큼 화가 났다. 우리가 당신더러 청원서를 쓰라고 했느냐, 미국 대통령한테 허락을 받아오라고 했느냐. 그냥 국무부에 가서 서류를 내달라는데 그것도 못 하느냐고 악을 썼다. 그래도 김윤정의 태도는 요지부동이었다.

그때 마침 김윤정의 부인과 자녀들이 외출을 마치고 공사관에 들어왔다. 이승만은 그답지 않게 어린아이들에게까지 심한 말을 했다.

"너희들은 지금 네 아버지가 무슨 짓을 하는지 모르겠지만, 지금 네 아버지는 너희들이 누릴 자유를 팔아먹고 있는 것이다. 너희들은 아버지 때문에 노예가 될 것이다. 네 아버지는 조국을 배반하고 민족을 배반하고 있는 것이다."

그러나 김윤정이 태도를 바꾸지 않으면 아무런 방법이 없었다. 이승만은 자서전에서 그때 온몸에서 힘이 빠져나가는 느낌이었다고 표현했다. 여기까지 힘겹게 왔는데, 미국이 도와주겠다고 하는데, 변절한 관리들 때문에 눈앞에서 나라가 무너지는 것을 보는 듯했다. 이승만은 그 뒤로도 김윤정이 도와줬으면 상황이 달라졌을 것이라며 항상 아쉬워했다.

3. 가난한 미국 유학생

밀사 임무에 실패하면서 이승만은 깊은 절망에 빠졌다. 그는 『청년 이승만 자서전』에서 주미 공사관의 예를 들며 나라보다 자신의 이익을 앞세우는 한국인의 의식이 먼저 바뀌지 않고는 독립을 이룰 수 없다고 썼다.

> 나는 한국 사람들이 그처럼 저열한 상태에 빠져 있는 한 한국에는 구원이 있을 수 없다고 결론을 내렸다. 그래서 나는 한국 사람들에게 기독교 교육을 베풀기 위해 일생을 바치기로 작정하였다.

이승만은 편입한 조지워싱턴 대에서 최선을 다해 공부했다. 그가 수강한 과목은 논리학, 영어, 미국사, 프랑스어, 철학, 천문학, 경제학, 사회학, 서양사, 고대언어, 수학 등이었다. 정규교육이라고는 배재학당에 2년 다닌 것뿐인 이승만에게는 너무 벅찬 학업량이었다. 게다가 당시 미국 대학들은 유학생이라고 감안해 주는 게 전혀 없었다. 그의 성적은 서양사만 A학점이었고 대부분 B나 C학점이었다. 특히 프랑스어와 수학은 D학점을 받았다. 그러나 문화가 다른 동양인이 서른 살 넘어 독학으로 편입해 거둔 성과로는 훌륭하다고 할 수 있다.

더구나 이승만은 학기 중에도 생활비를 벌기 위해 강연을 다녀야 했다. 강연은 미국인들에게 한국이라는 나라의 존재와 실상을 알리기 위한, 어쩌면 공부보다 더 중요한 일이기도 했다. 처음에는 워싱턴 YMCA에서 강연을 하다 점점 인기를 끌어 먼 도시로부터 초청을 받았다.

이승만의 강연이 어떤 내용이었는지 당시 신문 기사들을 통해 그 단편을 알 수 있다. 1907년 6월 13일자 워싱턴포스트 지방판에 이승만의 강연이 인기라는 기사가 실려 있다. 기사에 따르면 그는 첨단장비인 환등기를 이용해 한국인의 생활상을 100여 장의 사진과 함께 소개했다. 예를 들어 다음과 같은 설명을 곁들였다.

"다음은 양반 부인의 사진을 볼까요? 음, 한국의 양반 부인은 외출을 하지 않기 때문에 유감스럽게도 슬라이드가 없습니다."

"하하하."

"대신 중류층 부인들은 밖에 나옵니다. (장옷을 입은 여인 사진을 보여주며) 역시 얼굴은 볼 수 없네요."

"하하하."

이승만은 이렇게 청중의 관심을 끈 뒤, 한국에 파견된 선교사들의 노력으로 기독교 신앙이 전파되고 있다고 전해 미국인들을 뿌듯하게 만들었다. 그리고 마지막에 찬란한 역사와 잠재력을 지닌 한국이 독립을 유지해야 일본의 팽창 야욕을 저지하고 미국의 국익에도 도움이 된다고 주장했다. 이승만의 강연을 잘 듣다 이 대목이 되면 불편한 심기를 드러내는 미국인들이 적지 않았다. 그들에게 일본은 미국의 도움으로 근대화되어 러시아의 남하를 대신 막아내고 있는 충직한 이웃이었던 것이다.

1907년 조지워싱턴대 졸업 무렵

이런 강연으로 버는 돈은 대개 2달러, 3달러로 매우 적었다. 이승만은 늘 가난했다. 그러나 그는 고된 학업과 빈곤에 주눅 들지 않고 미국의 대학 생활을 최대한 즐기려 노력했다. 그 시절 인기 있었던 정구를 하고, 자전거로 워싱턴 거리를 신나게 달리기도 했다. 모자도 비뚤어지게 써서 멋을 내고 다녔다.

조지워싱턴대 재학 시절 이승만은 두 가지 큰 불행을 겪게 되었다. 먼저 외아들 봉수가 죽었다. 봉수는 1905년 6월 이승만의 의형제 박용만이 미국에 올 때 데려온 것으로 보인다. 대학 기숙사에서 함께 지낼 수 없는 상황이라 자신을 후원해온 필라델피아의 한 가정에 보육을 부탁했는데, 그만 전염병인 디프테리아에 걸려 사망했다. 그리고 1905년 11월 17일 대한제국이 망했다.

4. 한국이 망했다

그해 가을에는 유난히 비가 많이 내렸다. 추수철이 다 되었는데도 비는 장마처럼 그칠 줄 몰랐다. 9월 중순에 조정에서 날이 맑기를 비는 영제禜祭를 지냈지만, 궂은날은 그 달 말까지 계속되었다. 남의 나라 군대가 몰려와 치른 전쟁과 여전한 관리들의 수탈에 더해 기상이변까지 백성들의 삶을 옥죄었다. 왕의 땅인 경기도에마저 도적들이 출몰하자 부랴부랴 수령들을 집포관으로 임명해 토벌하며 한 해를 보내고 있었다.

고종 황제에게 일본에서 통보가 왔다. 이토 히로부미 추밀원장을 특파대사로 보내겠다는 것이다. 고종과 백성들 모두 그가 왜 오는지 알고 있었다. 일본과 러시아가 포츠머스 조약으로 전쟁을 끝낸 지 두 달 뒤였다.

이토 히로부미는 군함을 타고 1905년 11월 8일 부산항에 들어왔다. 고종이 보낸 8량의 화려한 궁중 열차가 기다리고 있었다. 이토가 서울에 도착한 것은 다음날 저녁이었다. 숙소는 경운궁 바로 옆 손탁호텔로 정했다. 일본군은 미리 1개 사단 병력을 대궐과 서울 곳곳에 배치해 공포 분위기를 조성했다.

11월 10일 이토는 고종 황제를 알현해 메이지 천황의 친서를 전달했다. '일본이 러일전쟁에서 이겨 평화를 회복하게 되었으나 불행히도 한국의 방위가 아직 갖추어지지 않았으니 장래의 재앙을 피하기 위해 양국 간의 결합을 더욱 공고히 하자'는 내용이었다. 그날 접견은 30분 만에 끝났다.

11월 15일 이토는 다시 경운궁에서 고종을 단독 면담했다. 이토는 "동양 평화를 영구히 유지하기 위하여 항상 화근이 되는 대한제국의 대외관계를 일본이 맡는 것이 불가피하다"면서 조약안을 내밀었다. 한국의 외교권을 박탈하고 서울에 통감부를 두겠다는 것이었다. 고종은 정부 대신과 일반 백성들의 의향을 살필 필요가 있다며 우회적으로 거절했다. 그러자 이토는 조약 체결을 거절하면 어떤 결과를 초래할지 모른다고 협박하면서 백성들의 의향이 왜 필요하냐고 다그쳤다. 헌법인 대한국국제大韓國國制 제9조에 외교권이 황제에게 있다고 규정한 것을 일컫는 말이었다. 그런데도 고종은 이 문제를 의정부 회의에서 토의해 결정하겠다며 책임을 내각에 떠넘겼다.

11월 16일 이토는 한국 대신과 원로들을 손탁호텔로 불렀다. 각료들을 미리 설득하고 위협하기 위해서였다. 이토는 "이번 조약안은 절대 내용을 변경할 수 없다"면서도, "다만 자구나 표현 등 사소한 문제는 협의가 가능하다"고 구슬렸다. 그 자리에서 학부대신 이완용은 "오늘의 동아 형세를 살펴볼 때에 이토의 제안은 어쩔 수 없다"고 말해 동조할 의사를 내비쳤다.

11월 17일 하야시 일본 공사가 한국 대신들을 공사관으로 불러 조약 승인을 요구했다. 그러나 아무도 입을 열지 않았다. 대신들은 대궐로 자리를 옮겨 고종을 모시고 어전회의를 열었다. 일본군이 계속 서울 시내에서 행진하고 무장한 헌병과 경찰들이 대궐 안으로 드나들며 위협하는 와중이었다. 고종은 "우선 늦추는 게 좋겠다"고 말했다. 그러자 이완용이 "폐하의 마음이 흔들리지 않는다면 진실로 천만다행일 것이지만, 만약 너그러운 도량으로 할 수 없이 허락하게 된다면 어떻게 하겠습니까? 이런 부분에 대해 미리 대책을 강구해야 합니다"라고 말했다. 고종은 "이토가 말하기를 문구를 고치려고 하면 협상의 길이 있을 것이지만, 완전히 거절하려고 하면 이웃 나라 간의 좋은 관계를 보존할 수 없을 것이라 하였다"고 말했다. 대신들은 만약 조약을 체결한다면 첨가해야 할 문구들을 논의한 뒤, 어전회의의 결론은 조약 체결 거부로 내렸다.

오후 8시 이토가 조선 주둔군 사령관을 대동하고 고종을 만났다. 고종은 "대신들에게 협상을 잘 처리할 것을 명했으니 대사가 타협의 방도를 강구해 주기 바란다"고 말했다.

고종이 참석하지 않은 가운데 재개된 궁중회의에서도 외교권 이양에 동의하지 않자 하야시 일본 공사가 이토를 불러왔다. 이토는 헌병들의 호위를 받으며 들어와 회의를 주재했다. 이토는 대신 한 사람 한 사람에게 조약 체결에 대한 찬성 여부를 물었다.

이토 : 어전에서 있었던 회의 결과를 듣고자 합니다.

한규설(참정대신) : 나는 반대한다고만 말씀드렸습니다.

이토 : 무엇 때문에 반대한다고 했는지 설명하시오.

한규설 : 설명할 것 없이 다만 반대일 뿐입니다.

이토는 다른 대신들이 이런저런 이유가 있지만 반대한다고 발언하는 것을 발언의 전제로 보아 찬성으로 받아들이겠다고 단정했다. 예를 들어 이러했다.

박제순(외부대신) : 이것은 명령이 아니라 교섭이니 찬성과 반대가 있을 수 없습니다. 내가 외부대신의 책임을 맡고서 외교권이 넘어가는데 어찌 찬성한다고 말하겠습니까.

이토 : 이미 협상하여 잘 처리하라는 폐하의 지시가 있었으니 어찌 명령이 아니겠습니까. 외부대신은 찬성하는 편입니다.

이하영(법부대신) : 지금의 세계정세와 동양의 형편, 그리고 대사가 이번에 온 의도를 모르는 바가 아닙니다. 그러나 지난해에 이루어진 의정서와 협정서가 있는데 또 외교권을 넘기라고 합니까. 우리의 근본에 관계되는 중대한 문제이니 승낙할 수 없습니다.

이토: 그렇지만 이미 정세와 형편을 안다고 하니 이것 역시 찬성하는 편입니다.

대신들의 의견을 다 물은 이토는 참정대신 한규설과 탁지부대신 민영기만 확실하게 반대 의사를 밝혔고, 다른 대신들은 실제 의사를 따져보면 반대한다고 단정할 수 없다며 빨리 조약을 조인하라고 재촉했다. 궁내부 대신 이재극이 이 같은 내용을 고종에게 보고한 뒤 잠시 후 돌아왔다. 그리고 "조약문 중 보태거나 깎을 것은 법부대신이 일본 대사, 공사와 교섭해서 바르게 하는 것이 좋겠다"는 지시를 전했다.

그리하여 조약문 수정 작업이 진행됐다. 대신들이 '한국이 부강해진 다음에는 조약이 무효가 된다' '통감은 오로지 외교에 관한 사항을 관리한다' '한국 황실의 안녕과 존엄의 유지를 보증한다'는 문구를 넣어

달라고 요구했다. 이토가 직접 붓을 들어 이 문구들을 적어 넣은 다음 고종에게 보였고, 고종이 내용에 찬성했다.

그날 자정이 조금 넘은 시각 박제순 외부대신과 하야시 공사가 조약문에 서명했다. 이로써 대한제국은 일본의 보호국이 되었다.

을사조약 내용이 알려지자 온 백성이 들고 일어났다. 수천 명의 군중이 경운궁 앞에 모여 조약 체결 반대를 외치는 등 곳곳에서 시위가 벌어졌다. 학생들은 수업을 거부하고 상인들은 집단으로 철시했다. 장지연이 11월 20일자 황성신문 사설란에 실은 '시일야방성대곡是日也放聲大哭'이 국민 저항에 불을 붙였다.

> 우리 대황제 폐하의 성의聖意가 강경하여 거절하기를 마다하지 않았으니 조약이 성립되지 않은 것인 줄 이등 후작 스스로도 잘 알았을 것이다. 그러나 슬프도다. 저 개돼지만도 못한 소위 우리 정부의 대신이란 자들은 자기 일신의 영달과 이익이나 바라면서 위협에 겁

을사조약 체결 기념사진 (독립기념관)

먹어 머뭇대거나 벌벌 떨며 나라를 팔아먹는 도적이 되기를 감수했던 것이다.

일본 헌병대가 황성신문사를 급습해 장지연 등 10여 명을 연행했다. 장지연은 목숨을 걸고 국권 침탈을 고발한 것이다. 그러나 그는 조약 체결 과정을 정확히 알지 못했는지 아니면 유학자로서 존왕사상에서 벗어나기 힘들었는지 고종이 끝까지 조약을 막으려 했던 것으로 묘사하고 오로지 대신들에게만 책임을 돌렸다. 고종에게 빗발치게 올라온 상소문들도 대부분 조약의 부당함과 함께 대신들을 비난하는 내용이었다.

皇城新聞

皇城新聞

황성신문 (신문박물관)

조병세는 조금 달랐다. 원임의정이었던 그는 고종에게 다음과 같이 아뢰었다.

“천하라는 것은 천하 사람들의 천하이지 한 개인이나 한 집안의 사적인 소유물이 아닙니다. 그러므로 나라에 중대한 일이 생기면 존엄한 임금도 위에서 독단하지 못합니다.”

조병세는 조칙을 내려 조약을 무효화하라고 진언했다. 그러자 고종이 말했다.

“밤공기가 몹시 차서 실로 염려스러운데, 경은 즉시 물러가서 나의 마음을 안심시키라.”

조병세, 이근명은 대궐 뜰에 엎드려 고종에게 읍소하다가 강제로 끌려 나갔다. 이들은 민영환 등 여러 관리와 함께 경운궁 앞에서 조약 무효를 주장했다. 이번에는 일본 헌병들이 달려들어 해산시켰다. 복합 상소마저 무위로 끝나자 민영환은 스스로 목숨을 끊어 국권 상실에 항의했다. 조병세, 홍만식, 이상철, 김봉학, 이한응 등이 그 뒤를 이어 죽음으로 항거했다.

이완용 등 을사오적을 처단하려는 움직임도 시작됐다. 훗날 기산도가 이근택의 집에 쳐들어가 칼로 찌르고 이홍래·강원상 등 오적 암살단이 권중현·이지용을, 이재명이 이완용을 공격한 사건 등이 그 결과였다. 민종식·최익현·신돌석 등의 지휘 아래 의병들도 다시 봉기했다.

목숨마저 위태롭게 된 을사오적은 12월 16일 고종에게 사직을 청하는 상소를 올렸다. 이들은 황제께서 협상하여 잘 처리하라는 뜻으로 하교하셔서 따랐을 뿐이라며, 사실을 날조해 자신들을 역적으로 모는 자들에게 형률을 적용해 달라고 요청했다. 고종은 또 한 번 애매하게 비답을 내렸다.

"지금처럼 위태로운 때에는 오직 다 같이 힘을 합쳐서 해나가야 될 것이니, 그렇게 한다면 위태로움을 안정으로 돌려놓을 수도 있을 것이다."

을사조약 문서에는 외교권을 가진 고종 황제의 어새나 국새가 날인되지 않았다. 일본군이 대궐을 포위하고 황제와 대신들을 협박하여 강제로 체결하였으며, 위임과 조인 비준의 절차를 거치지 않아 국제협약 표준에 어긋났다.

그러나 국제사회는 법이 아닌 힘과 이익에 따라 움직였다. 일본이 주한 외교공관들에 철수를 요구하자 미국이 가장 먼저 공사관 문을 닫았다. 고종의 부탁으로 미국에 가 조약이 무효임을 호소한 선교사 헐버트는 정계 인사들로부터 냉대를 받았다. 그들은 헐버트에게 "우리가 어떻게 하기를 원하는가? 미국이 한국 문제로 일본과 전쟁이라도 하라는 것인가?"라고 힐난했다. 이탈리아 영국 독일 공사들이 휴가를 핑계로 한국을 떠나며 공관 문을 닫았고, 마지막까지 한국과의 외교관계에 미련을 보였던 프랑스 공사관도 결국 그해가 가기 전에 문을 닫았다.

이토 히로부미는 1906년 3월 한국에 다시 왔다. 이번에는 초대 통감 자격이었다. 그는 고종을 알현해 입법과 행정 전반에 걸친 이른바 개량안을 제출했다. 을사조약에 일본이 한국의 외교권만 대신 행사한다고 되어 있었지만, 이토는 외교에 대해서는 언급조차 하지 않았다.

제 2 편

식민시대 독립운동가

제1장 짧은 귀국과 기약 없는 망명

1. 무엇으로 독립을 하겠느냐

조지워싱턴대에서의 마지막 학기는 매우 힘들었다. 학업 부담에 영양 부족까지 겹쳐 건강을 해쳤다. 이 때문에 자주 수업에 빠져 유급될까 불안해했다. 다행히 1907년 6월 졸업과 함께 학사학위를 받았다. 이승만의 어려웠던 수학 과정을 아는 젊은 동창생들은 그가 졸업장을 받을 때 가장 뜨거운 박수를 보내주었다.

이승만은 진로 문제를 놓고 오랫동안 고민했다. 그를 후원해온 감리교단은 학사학위 취득 후 귀국을 원했다. 이제 한국에 가서 선교 활동에 매진해 주기를 기대한 것이다. 그러나 부친 이경선은 편지를 보내 아들의 귀국을 말렸다. '너의 정치활동과 견해가 일본 관헌을 노하게 했기 때문에 당분간 귀국을 않는 게 좋겠다'는 내용이었다. 이승만의 독립청원과 반일 활동들이 일제의 신경을 거슬려 온 것이다.

이승만은 강연 외에도 미국 신문에 친일적인 기고나 기사가 뜨면 해당 신문사에 항의해 반박문을 꼬박꼬박 실어왔다. 지금 서구 각국이 상업상 이익 때문에 일본의 팽창을 방관하고 있는데 그런 평화는 오래 가지 않을 거라는 내용이었다. 일본은 미국에 있는 이승만을 어떻게 하지는 못하고 눈엣가시처럼 여겼다.

어렵게 공부를 해왔으니 학위를 좀 더 높이고 싶은 개인적인 욕망도 있었다. 다만 되도록 기간을 단축하려고 했다. 이승만은 하버드대에 편지를 보내 자신을 소개하고 한국의 사정이 급박하니 바로 박사과정에 입학시켜 주면 2년 안에 학위를 받겠다고 제안했다. 대단한 자신감이었지만 거절당했다. 하버드대는 석사과정부터 제대로 순서를 밟으라는 조건으로 입학을 허가했다.

하버드대에 들어가기 직전 이승만은 미국 서부의 한 교민단체로부터 지도자로 초빙받았다. 하와이 사탕수수 농장에 고용되어 이민 온 한국인들 가운데 일부 진취적인 사람들은 계약 기간이 끝난 뒤 미국 본토로 들어갔다. 거기서도 대부분 농장 노동자로 일하고 농한기에는 샌프란시스코 생선 통조림 공장에 취업해 돈을 벌었다. 이들은 비록 못 배우고 가난했지만 나라를 사랑하는 마음은 뜨거웠다.

당시 미국인 농장주들의 회고에 따르면, 한국인 노동자들은 근면한데도 항상 남루한 옷을 입고 거친 음식을 먹었다. 그리고 가끔 단체로

하버드대 재학 시 이승만 (이승만기념관.com)

찾아와 가불을 요청했다. 워낙 성실한 사람들이라 믿고 봉급을 미리 줬지만, 도대체 이유를 알 수 없었다. 어렵게 물었더니 한국인 노동자들은 독립자금을 걷으러 오는 날이라고 대답했다.

그런데 이 착한 한국인들에게 고질적인 문제가 하나 있었다. 서북 출신과 기호 출신들 사이의 심각한 지역감정이었다. 교민단체도 공립협회와 대동보국회 둘로 나뉘어 있었다. 공립협회에는 서북 출신들이 보국회에는 기호 출신들이 많았다.

안창호가 이끄는 공립협회가 더 우세하자 보국회는 이승만을 초빙해 지도자로 세우기로 했다. 문양목 회장 등 간부 5명은 연명으로 이승만에게 혈서를 보냈다. 이 혈서에서 그들은 '나라가 망하는데 죽지 못해서 살아 있는 이 수치를 어떻게 하겠느냐'며 '당신을 지도자로 모시고 독립운동을 해야 되겠다'고 간절하게 요청했다.

이승만은 두 달 뒤 답장을 보냈다. '동포의 귀한 피를 보내시니 보패寶貝보다 중히 여겨 깊이 간수하겠다'며 깊은 감사를 표했다. 그러나 초빙에는 응할 수 없다고 거절했다.

> 설사 일본이 우리에게 대하야 말하기를 너희가 독립을 하겠다 하니 무엇을 가지고 하겠다 하느냐, 다만 한일 양국의 인물만 비교하야 볼진대 그 나라의 정치가이 나으오, 나라 외교가이 나으오, 나라 재정가이 나으오, 나라 제술가이 나으오. 나는 공부를 좀 더 하자는 작정이오.

대동보국회는 섭섭했겠지만 기관지인 대동공보에 이승만의 편지를 실었고, 몇 년 뒤 『독립정신』을 출판하는 등 협조관계를 유지했다. 이승만은 교민들 사이에 중립을 지키다 1910년 두 단체가 대한인국민회로 통합하자 이에 가입했다.

2. 하버드 석사, 프린스턴 박사

이승만은 1907년 9월 하버드대에 입학했다. 그런데 그의 하버드대 시절은 그리 순탄하지 못했다. 그곳은 세속주의가 매우 강한 대학이었다. 이승만이 얼마나 조국을 사랑하는지 그리고 얼마나 기독교 전도에 성과를 거두었는지에는 전혀 관심이 없었다. 다만 이승만의 박사학위 논문 계획서를 보고 학문적 성취 가능성을 인정해 입학시켜 주었을 뿐이었다.

이승만은 특히 논문 지도교수의 한국인에 대한 편견 때문에 큰 곤란을 겪었다. 이승만이 석사학위 논문을 제출했는데, 지도교수가 심사는

장인환·전명운 (독립기념관)

커녕 그를 만나주지도 않았다. 그리고 1908년 봄학기가 끝나자 휴가를 가버렸다.

이는 그해 3월에 일어난 스티븐스 저격 사건 때문이었다. 대한제국 외부 고문이면서도 일본의 보호 통치를 찬양해오던 스티븐스를 장인환과 전명운이 샌프란시스코에서 사살한 것이다. 한국에 대한 미국 여론은 크게 악화됐다. 이승만의 지도교수도 '폭력적'인 한국인에 대한 혐오를 노골적으로 드러냈다. 이승만은 결국 학위 취득을 포기했다가, 나중에 프린스턴대에 다니며 여름방학 때 보충 과목을 이수하고 1910년 2월에야 하버드대 석사학위를 받았다.

이승만은 1908년 7월 초 콜로라도 주 덴버로 갔다. 박용만, 이관용 등이 준비해온 애국동지대표자대회에 참가하기 위해서였다. 분열되어 있던 해외 한국인들을 하나로 통합하기 위한 행사였다. 미국은 물론 영국, 러시아, 중국 등 세계 각지에서 대표 36명이 모였다. 이승만은 박용만의 발의로 의장에 선출됐다. 회의에서는 한인단체들의 통합, 양서 번역을 위한 출판사 설립, 세계정세에 관한 책의 한국 배포 등을 결의했다. 실력양성론을 독립운동 노선으로 정한 것이다.

그런데 대회 직후 이승만이 교민들로부터 비난을 자초하는 일이 벌어졌다. 스티븐스를 암살한 장인환이 대동보국회, 전명운이 공립협회 소속이었는데 두 단체가 힘을 모아 재판을 지원했다. 거액을 들여 변호사들은 선임했지만 통역이 문제였다. 교민들은 마침 가까운 덴버에 와 있던 이승만에게 도움을 요청했다. 이승만은 교민들의 기대와는 달리 재판 통역을 거절했다. 표면적으로는 학생이라 너무 오래 학교를 떠나 있을 수 없고 기독교인으로서 살인 재판의 통역을 할 수 없다는 이유를 댔다.

그러나 그보다는 미국 내에서의 무장 독립운동이 가져올 파장을 두려워했기 때문이었다. 암살당한 스티븐스는 한국인이 보기에는 악한이지만, 미국에서는 유력인사였고 루스벨트 대통령의 친구이기도 했다. 무엇보다 국내에서 자국민이 외국인에게 피살되는 것을 미국인들은 용납하지 않았다. 이승만 자신이 논문 지도교수로부터 뼈저리게 경험했듯이, 미국 주류사회에 일본인이 아니라 오히려 한국인이 폭력적이라는 인식을 갖게 해서는 한국의 독립운동은 어려워진다고 생각했다.

이승만 대신 재판 통역을 맡은 친구 신흥우를 비롯해 한인 교민들 대부분이 장인환, 전명운의 의거에 전폭적인 지지를 보냈다. 이승만도 분명히 두 사람의 기개를 높이 샀을 테지만, 매정하게 외면하는 인상을 남겼다. 그는 자신이 옳다고 생각하면 비난을 피하거나 타협하려 하지 않았다. 이런 성격은 이후 그에게 수많은 적을 만들어냈다.

하버드대를 떠날 무렵 이승만은 너무 힘들고 외로웠다. 당장이라도 모든 것을 접고 고국으로 돌아가고 싶었다. 그러나 지금 귀국한다고 특별히 할 역할이 없었다. 여기서 박사학위를 포기하기에는 지난 몇 년간

프린스턴대 기숙사에서의 어느 날 (이승만기념관.com)

매진해온 노력도 너무 아까웠다.

이승만은 여기저기 알아본 끝에 뉴욕으로 가 유니온신학교에 입학했다. 신학 공부도 했지만 우선 몸을 의탁할 기숙사가 필요했다. 그리고 컬럼비아대에서 박사과정을 밟을 생각으로 청강을 했다.

그러던 어느 날 이승만은 장로교 해외선교부 사무실에서 홀 목사와 마주쳤다. 한국에서 선교사로 일할 때 이승만과 가까이 지냈던 사람이다. 홀은 반가워하며 근황을 물었다. 그동안 겪은 일들을 이야기하자, 홀은 프린스턴으로 오라고 권했다. "갈 수 있는 길이 있다면 그렇게 하고 싶습니다"라고 대답했다.

다음날 아침 이승만은 프린스턴에서 온 속달우편을 받았다. 그 안에 기차표가 들어 있었다. 이승만은 서둘러 짐을 쌌다. 홀 목사는 프린스턴 역 플랫폼에 나와 있었다. 이승만은 홀의 안내로 프린스턴대 신학교 교장과 대학원 원장을 만났다. 그리고 면접을 거쳐 입학 허가를 받았다. 이제 그는 그곳 신학교 기숙사에 머물면서 정치학과 박사과정을 밟을 수 있게 되었다.

프린스턴대에서 이승만은 다시 행복한 시간을 보냈다.

> 나는 공부할 수 있는 기회를 가지고 아름다운 환경에서 즐거운 생활을 했을 뿐만 아니라 여러 사람과 친교를 맺을 수 있었다.

『청년 이승만 자서전』에 남긴 기록이다.

이 시절 그가 가까이 지냈던 사람들 중에는 훗날 미국 대통령이 되는 우드로우 윌슨 총장과 그의 가족들도 있었다. 윌슨 총장은 독실한 기독교인으로 이승만의 신앙심과 기독교 교육에 대한 신념, 한국 독립에 대한 열정을 높이 평가했다. 윌슨 부인과 세 딸도 낯선 나라에서 온 지성미 가득한 학생에게 따뜻한 애정으로 대했다. 가끔 작은 음악회 같은 가족 행사에도 초대할 정도였다.

이승만은 학부 시절 시작한 정구를 다시 즐겼고, 학생들의 사교 모임에도 열심히 참석했다. 파티에 가서 노래를 불러야 할 차례가 되면 주로 한국의 민요를 불렀다. 공부도 열심히 했다. 1, 2학기에 국제법, 외교론, 철학사, 미국헌법사를 수강했다. 3학기에는 미국사와 국제법을 수강하면서 논문자격시험을 치렀다. 필기와 구두시험 모두 혹독하게 어려웠지만 다행히 합격했다. 그리고 1910년 봄학기에는 도서관에서 책에 묻혀 지내며 박사학위 논문을 준비했다.

이승만의 박사학위 논문 제목은 「미국의 영향을 받은 중립」이었다. 전쟁 중에 중립국의 해상무역을 보호하는 국제법규가 어떻게 발전되어 왔는지를 연구했다. 로마시대 이래 유럽에서 전쟁이 벌어지면 교전국은 적 해안에 접근하는 중립국 선박을 정선시켜 전쟁에 이용될 물자를 압수할 권리를 갖는다고 생각했다. 주로 강대국인 교전국들은 서로 상대방의 무역을 봉쇄하려 했고, 약소국인 중립국들은 속수무책으로 피해를 입었다.

프린스턴대에서 박사 학위를 받았을 때
(이승만기념관.com)

그런데 유럽 밖에 신생 강대국이 등장하면서 국

제사회 규범에 변화가 생기기 시작했다. 자국 농산물을 유럽의 공산품과 교환해야 경제가 가동되는 미국은 유럽에서 전쟁이 벌어지더라도 무역을 계속해야만 했다. 미국은 불간섭주의를 천명해 유럽에서 누가 싸우더라도 개입하지 않겠으니, 자국 선박이 무엇을 싣고 어디로 가든 통제하지 말 것을 요구했다. 처음에는 현실성 없는 공상과 같다고 치부되던 미국의 주장은 점점 국제사회에서 지지를 얻어 갔다. 바다를 지배하던 영국은 이를 무시하다 1812년 전쟁까지 벌였다. 결국 영국도 중립국의 권리에 동의하지 않을 수 없었다. 이승만은 박사학위 논문을 이렇게 끝맺었다.

> 이 발전이 인류에게 대단한 축복이었음은 더 말할 필요도 없다. 적대적 작전 영역은 크게 제한되었고, 전시 중 국가 간의 평화적인 교류수단은 괄목할 정도로 보장되었다.

프린스턴대는 이승만의 논문을 책으로 출판해 주었다. 논문의 창의성을 높이 평가한 것이다. 대단한 영광이었다. 국내 일부에서는 이 논문이 단순히 역사적 사실을 정리했을 뿐이라고 폄하하기도 한다. 그러나 그 정리를 이승만이 처음으로 했다는 데 큰 의의가 있다. 미국 학자들도 몇 년 뒤 1차 세계대전이 발발한 뒤에야 전시 중립에 관한 학술서적을 내기 시작했다.

이승만의 논문은 사료에 매우 충실했다. 예를 들어 초대 미 국무장관 제퍼슨의 발언을 과거 신문 기사를 뒤져 찾아내기도 했다. 컴퓨터도 인터넷도 없던 시절에 엄청난 시간과 노력을 기울인 결과였다. 그 사료들 때문에 100년이 훨씬 지난 지금까지도 이승만의 논문은 학술논문들에서 여전히 인용되고 있다. 한국인이 쓴 논문 가운데 그런 예를 찾기 어렵다.

1910년 7월 18일 이승만은 윌슨 총장으로부터 박사학위를 받았다. 윌슨은 이날 졸업식을 끝으로 학계를 떠나 정치인의 길을 걸었고 훗날 미국 대통령이 되었다. 그리고 이승만도 이제는 사라진 조국으로 돌아가야 했다.

3. 6년 만의 귀국

프린스턴대를 졸업한 직후 이승만에게 미국 교직 제안이 들어왔다. 이승만 스스로 "정치적 자유와 금전적 약속이 저를 이끈다"고 말했을 정도로 좋은 기회였지만 사양했다. 미국에 정착하려고 온 것이 아니었다.

문제는 한국으로 돌아가 무엇을 할 것인가였다. 더 이상 정치활동은 불가능했다. 1910년 8월 29일 한일합방이 되면서 한국은 일본의 식민지로 전락했다. 일제는 현역 군인을 총독으로 보내고 헌병을 동원해 한국인들을 잔혹하게 탄압했다. 정치결사는 물론 사회단체들까지 모두 해산시켰다. 그나마 한국인들이 모여 활동할 수 있는 조직이라고는 학교와 종교단체들뿐이었다.

이승만은 한국에 가 교육자로 일하고 싶었다. 마침 졸업 학기였던 1910년 2월 한국에서 언더우드 선교사가 편지를 보내왔다. 자신이 세운 경신학교를 대학으로 만들려는데 교수로 와달라는 내용이었다. 그러나 이승만이 귀국할 때까지 총독부가 대학 설립 허가를 내주지 않았다. 경신학교 대학부는 1915년에야 문을 열었다. 오늘날 연세대학교의 모체이다.

비슷한 시기에 서울YMCA에서도 제의가 왔다. 학생부 간사로 초빙하겠다는 것이었다. 당시 서울YMCA 부회장이 윤치호, 교육부 간사가 이상재였다. 두 사람도 이승만에게 귀국을 촉구하는 편지를 보냈다.

> 이제 너는 본국으로 돌아오라! 청년회를 중심하여 함께 뭉치자! 다 외국으로 망명 가면 국내의 동포들은 어찌 하느냐! 불쌍하지 않느냐! 우리는 국내에서 동포들과 동고동락하면서 나라를 지켜보자!

이승만은 흔쾌히 수락했다.

이승만은 태평양이 아닌 대서양으로 돌아 귀국했다. 이제 한국에 가면 다시는 해외로 나갈 수 없을지 모른다고 생각해 유럽을 둘러보고 싶었던 것이다. 그는 런던, 파리, 베를린, 모스크바를 구경한 뒤 시베리아 횡단 열차를 탔다. 만주를 지나 신의주에서 경의선으로 갈아타고 1910년 10월 10일 밤에 서울 남대문역에 도착했다. 역에는 부친 이경선이 나와 있었다.

이승만은 6년 만에 꿈에도 그리던 집으로 돌아왔다. 그런데 아버지와 부인 박씨 사이가 이제는 더 벌어질 수 없을 만큼 악화돼 있었다. 이승만과 부인 사이도 평탄치 않았다. 그 이유에 대해서는 확인되지 않은 소문들만 전해진다. 결국 이승만은 불화를 견디지 못하고 집에서 나오고 말았다. 그는 YMCA회관 3층 다락방에 세를 얻어 살았다. 이승만은 1912년 출국할 때 고종사촌의 도움으로 부인에게 복숭아밭을 사주고 완전히 갈라서게 되었다.

이승만은 YMCA 학생부 간사 겸 YMCA학교 학감으로 일했다. 그는 교회에서 설교하고, 성경연구반을 지도하고, 청년회 토론회에 참석하고, 학교에서 국제법을 가르쳤다. 수많은 청년들이 그의 강의를 들으려 모여들었다. 임병직, 이원순, 허정, 정구영, 안재홍 등도 그들 가운데 있었다. 맨손으로 미국에 건너가 명문대 박사학위를 받은 이승만은 청년들에게 망국의 열등의식을 극복하게 해주었다. 노력하면 된다는 자신감에 이승만의 지도를 받은 여러 학생들이 훗날 미국 유학을 다녀와 이 땅의 근대화에 이바지했다.

1911년 5월에 이승만은 전국 전도 여행을 떠났다. 기독교계 학교들의 실태를 돌아보고 지방 YMCA를 조직하기 위해서였다. 이승만은 37일 동안 13곳의 선교본부를 방문하고 33번의 집회를 가졌다.

일제에 의해 모든 집회가 금지된 가운데 YMCA는 청년들이 자유의 숨을 쉴 수 있는 유일한 공간이었다. 학생이나 교사나 모두 이곳에서 현실의 좌절을 위로하고 민족의 미래를 꿈꾸었다. 이것은 YMCA가 세계연맹까지 갖춘 국제적 민간기구였기 때문이다. 미국 등 서구 국가들의 눈치를 봐야 했던 일제는 YMCA를 함부로 건드리지 못했다. 그러나 그런 보호도 한계가 있었다.

YMCA의 1910년 크리스마스 기념행사, 맨 앞에 이승만이 있다.(이승만기념관.com)

이승만은 전도 여행을 마치고 서울로 돌아오던 길에 개성에 들러 윤치호가 설립한 한영서원을 방문했다. 그리고 그곳에서 열린 제2회 기독학생 하령회에 참석했다. 한 해 전 대회 때보다 두 배가 넘는 93명의 학생들이 전국 21개 미션스쿨을 대표해 모였다. 학생 대표들은 일주일 동안 숙식하며 기독교 학생운동 활성화 방안 등을 토의했다. 순수한 종교행사였지만, 나라를 잃은 학생들이 모이자 울분과 비통함이 대회장을 감쌌다.

일제는 이 대회에 대단히 예민한 반응을 보였다. 기독교 단체를 방치했더니 이들이 전국 조직을 만들고 민족운동까지 벌이고 있다고 보았다. 일제는 한국의 기독교 세력을 뿌리 뽑아야겠다고 결정했다.

일제는 1911년 10월 데라우치 총독 암살 음모 날조, 즉 105인 사건을 일으켰다. 서북지방 민족주의자들과 학생들이 압록강철교 준공식에 참석하는 데라우치를 죽이기 위해 권총을 구해다 선천 신성중학교 교실 천장에 감추어 두었다고 꾸며냈다. 일제의 표적은 신민회와 기독교계 두 곳이었다.

신민회는 안창호의 제의에 양기탁이 적극 호응해 만든 전국 규모의 비밀결사였다. 실력을 양성해 국권을 회복하고 공화정의 자유독립국을 세운다는 게 설립 목적이었다. 회원 중 상당수가 기독교인이었다.

일제의 탄압은 선천의 신성중학교 학생 3명과 서울 경신중학교 학생 3명을 검거하면서 시작됐다. 이어 윤치호 등 기독학생 하령회 관련자들과 신성중학교 교사들을 검거했고, 결국 신민회 회원들 대부분을 체포했다. 일제는 날조된 암살 혐의를 자백하라고 가혹하게 고문했다. 이로 인해 김근형 등 2명이 사망하고 많은 사람들이 불구가 되었다. 일제는 700명을 검거해 1심에서 105명에게 유죄를 선고했다. 그러나 날조된 혐의에 증거가 있을 수 없어 고등법원이 사건을 대구복심법원으로 되돌려 보냈다. 결국 사건 발생 1년 반 만에 99명이 무죄로 석방되고 윤치호, 양기탁, 이승훈 등 6명에게만 징역형이 선고됐다.

민족 지도자들이 연이어 체포되고 전국이 공포에 휩싸인 속에서도 이승만은 본인의 직분을 다하려 노력했다. 빠뜨리지 않고 설교하고 지도하고 강연을 했다. 1911년 가을에 예정대로 2차 지방 전도 여행까지 다녀왔다.

그러나 이승만은 탄압의 올가미가 서서히 조여옴을 느꼈다. 미국에서 그토록 반일운동을 한 불순분자를 일제가 그냥 놓아둘 리 없었다. 다만 서양 선교사들이 이승만을 감싸고 있어 체포할 기회만 엿보고 있을 뿐이었다.

마침 한국을 방문 중이던 세계 YMCA 국제위원회 총무 모트가 총독부에 "미국에서 이름이 알려진 이승만을 체포하면 미국과 외교 마찰을 빚을 수도 있다"고 경고했다. 한국 기독교가 탄압받고 있다는 보고를 받고 일본에서 활동 중이던 감리교 동북아 총책 해리스 감독과 장로교 해외선교부 총무 브라운 박사도 진상조사를 위해 들어왔다. 해리스 감독

1912년 3월 감리교 평신도대표 회의 (이승만기념관.com)

의 경우 일본에 매우 우호적이었지만, 그들이 있는 동안 기독교에 대한 탄압을 잠시 늦출 수밖에 없었다.

이승만이 계속 한국에 머물면 어떤 일이 벌어질지 명약관화했다. 주변에서 당분간 해외로 피해 있는 게 좋겠다고 권했다. 이경직 목사 등이 아이디어를 냈다. 1912년 봄 미국 미니애폴리스에서 세계 감리교 총회가 열리는데 이승만을 한국 평신도 대표로 선출해 파견한 것이다. 총독부의 출국 허가를 받는 과정에는 해리스가 큰 힘이 되어 주었다.

4. 망명이 되어 버린 출국

이승만은 1912년 3월 26일 다시 서울을 떠났다. 귀국한 지 17개월 만이었다. 중풍을 앓고 있던 부친 이경선은 문 앞까지 나와 아들을 배웅하며 하염없이 눈물을 흘렸다. 이승만이 곧 돌아오겠다고 몇 번이나 약속했지만, 아버지는 그때가 마지막이 되리라는 걸 예감했던 것 같다. 실제로 이경선은 의탁해 살던 서울의 한 교회에서 그해 말 사망했다.

출국 전 YMCA 동료들은 이승만에게 오륙 개월 정도 나가 있다 상황이 가라앉으면 돌아오라고 이야기했다. 이승만도 그럴 생각이었다. 그런데 무사히 귀국하려면 일본을 자극하지 않아야 하는데 상황이 자꾸 다르게 진행됐다.

이승만은 미국인 선교사 등 동행자들과 함께 서울에서 부산까지 기차로 이동했다. 부산에서 배를 타고 시모노세키로 간 뒤 도쿄로 향했다. 도쿄에서 한국인 유학생들이 역까지 나와 반갑게 맞아주었다. 조선 YMCA 회관에서 열린 환영회에 67명의 유학생들이 모였고, 조소앙이 환영 연설을 했다. 이승만은 가마쿠라에서 열린 한인학생대회에 의장

1912년 4월 도쿄 유학생들의 이승만 송별회 (이승만기념관.com)

자격으로 참석해 개막 연설을 했고, 다시 도쿄로 돌아와 조선 YMCA 집회에 참석했다. 일본 정보과 형사는 '이승만이 유학생들과 침식을 같이 하며 반일적 민족독립사상을 고취하고 선동했다'고 기록했다.

이승만은 일행과 요코하마로 이동해 미국행 여객선을 탔다. 부두에 배웅나온 일본인 목사는 "앞으로 한국에서 활동하는 데 지장이 생길지 모르니 미국에 가더라도 일본에 대한 비판은 삼가라"고 신신당부했다. 해리스 감독도 미국으로 함께 갔다. 이승만의 도피를 도와주었지만 그는 선교 목적을 위해서라도 일본 쪽에 많이 기울어 있었다. 해리스는 "한국에 대한 일본의 통치는 이제 거부할 수 없는 현실이다. 이런 상황에 적응해야 한다"고 말했다. 이승만은 가만히 듣고만 있었다.

세계 감리교 총회가 열리는 미국 미네소타 주 미니애폴리스에 도착했다. 거기서 이승만은 반가운 사람을 만났다. 배재학당 시절 은사였던 노블 박사였다. 마침 노블과 같은 방을 배정받았다. 이승만이 배재학당에 입학하러 갔을 때 처음 만났던 일부터 미국 유학 이야기, 한국의 정치와 기독교 상황까지 두 사람의 대화는 끝이 없었다.

그런데 어느 날 노블은 비밀정보라며 타자로 작성된 문서 하나를 보여주었다. 한국 감리교를 일본 감리교에 병합하려는 음모가 진행되어 한국에 파견된 선교사들이 반발하고 있다는 내용이었다.

이승만은 억눌러 온 분노가 폭발했다. 종교마저 일본의 식민지로 만들려고 한다는 생각에 더 이상 참을 수가 없었다. 그는 총회장에서 연설 차례가 되자 작심하고 일본의 만행을 규탄했다. 일제가 한국의 기독교인들을 어떻게 탄압하고 있는지 고발하고, 같은 신을 믿는 여러분이 우리를 도와달라고 호소했다.

> 세계의 모든 기독교도들은 단결하여 이 핍박받는 민족을 하루빨리 해방시키고 아시아의 평화 나아가 세계 평화에 이바지하여야 할 것이다. 나는 이것이 전능하신 하나님의 뜻이라고 생각한다.

이승만이 대형사고를 친 것이다. 감리교 지도부는 이승만의 연설에 대단히 불쾌해했다. 그들은 예의 바르고 정직한 일본의 위선에 푹 빠져 있었던 것이다. 이승만은 현실을 왜곡하고 오도한다는 맹비난을 들어야 했다. 회의의 결론도 일본 정부와 긴밀히 협조해 한국과 일본 내의 선교 사업을 보호한다는 기존 방침을 재확인하는 것이었다. 그렇게 세계 감리교 총회는 끝났다. 참가자들이 뿔뿔이 흩어지고 이승만은 혼자가 되었다.

제2장 희망의 땅, 하와이

1. 하와이로 가다

세계 감리교 총회에서의 일본 규탄 연설로 이승만은 이제 한국에 돌아갈 수 없는 처지가 되었다. 그렇다고 어디 가서 무엇을 할지 계획이 있었던 것도 아니다. 이승만은 우선 미국 내에서 교수직을 구해 보았다. 그러나 인종차별이 만연하던 시절에 동양인에게 선뜻 교수 자리를 내주는 대학이 없었다.

의기소침해진 이승만은 은사인 우드로 윌슨을 만나기 위해 그의 별장이 있는 시거트로 갔다. 윌슨은 그때 뉴저지 주지사로 일하며 민주당 대통령 후보 경선에 출마해 있었다. 윌슨은 그 바쁜 와중에도 이승만에게 시간을 내주었다.

이승만은 윌슨에게 식민지가 된 한국의 참상을 설명하고 일본이 한국 교회를 탄압하고 있으니 종교의 자유를 보장하라는 성명서에 서명해 달라고 부탁했다. 그러나 윌슨은 개인적으로는 동의한다면서도 미국의 정치인으로서는 서명할 수 없다며 거절했다. 다만 "모든 약소국을 위해 할 일을 생각 중"이라고 말했다. 훗날 윌슨이 선포한 민족자결주의는 이때부터 준비되고 있었던 것이다. 윌슨은 또 "나 한 사람의 서명을 받을 생각을 하지 말고 미국인들의 마음의 서명을 받도록 하라"면서 강연회 추천장을 써주었다.

윌슨은 며칠 뒤 볼티모어에서 열린 민주당 대통령 후보 지명 전당대회에서 악전고투 끝에 후보로 선출되었다. 이승만은 현장에서 민주당 전당대회를 참관했다. 그리고 1912년 11월 대선에서 윌슨이 압승을 거두자 그도 워싱턴으로 향했다. 이승만은 11월 18일 백악관 바로 옆 윌러드 호텔에서 윌슨의 지지자들을 상대로 연설해 호평을 받았다.

민주당 전당대회를 참관하고 얼마 뒤 이승만은 네브래스카 주의 헤이스팅스라는 작은 마을로 의형제 박용만을 만나러 갔다. 항상 열정이 넘치는 박용만은 본인도 대학에 다니면서 여름방학 때면 그곳 대학 기숙사를 빌려 소년병학교를 운영하고 있었다. 박용만은 언젠가 백마를 타고 독립군 대부대를 이끌어 빼앗긴 조국을 되찾으러 가겠다는 꿈을 버리지 않았다.

박용만은 이승만이 찾아오자 뛸 듯이 반가워했다. 그때까지만 해도 두 사람은 친형제처럼 가까웠다. 박용만이 이승만보다 두 살 어렸다. 박용만은 일본의 황무지 개간권 요구 반대 운동을 하다 한성감옥에 수감되면서 이승만을 만났다. 이승만과 완전히 의기투합한 박용만은 당시로서는 보기 드물게 의형제를 맺었다.

"나의 일생을 이승만 씨 하는 일에 제공하겠다."

이승만과 박용만 (이승만기념관.com)

박용만이 입버릇처럼 하던 말이다. 이승만이 미국으로 가자 박용만도 1905년 콜로라도 주 덴버에서 일하던 숙부를 찾아갔다. 출국하면서 박용만은 이승만이 옥중에서 쓴 『독립정신』 원고를 가방 속에 숨겨가 나중에 출판할 수 있게 해주었고, 이승만에게 7대 독자 봉수를 데려다 주었다.

소년병학교는 매년 6월부터 8월까지 2년제로 운영되었다. 생도들은 소대와 중대로 편성되어 엄격한 규칙 생활을 했다. 교육과목은 군사학과 군사훈련은 물론 역사 지리 과학 영어 국어 한문 성서 등으로 이루어졌다. 단순히 군인이 아니라 민족 지도자를 양성하기 위한 학교였다.

박용만은 자신이 이룬 성과를 이승만에게 인정받고 싶었다. 마침 졸업식이 열리는 8월이었다. 이승만은 소년병학교 2기 졸업식에 참석해 13명의 졸업생과 교사들의 노고를 진심으로 치하했다.

그러나 박용만에게 큰 고민이 있었다. 소년병학교를 운영하기 위해 그는 네브래스카 거류민회를 만들고 교민들로부터 매년 1인당 3달러씩을 받았다. 대부분 농장이나 탄광 노동자였던 교민들은 열심히 후원을 해주었다. 그렇지만 교민 수가 너무 적었다. 입학할 학생을 모으는 일도 쉽지 않았다.

이승만과 박용만은 논의 끝에 안정적인 기반 위에서 독립운동을 하려면 교민들 대다수가 살고 있는 하와이로 갈 수밖에 없다고 결론 내렸다. 마침 두 사람 모두 국민회 하와이지부의 초청을 받고 있었다. 박용만은 동지들에게 소년병학교 운영을 맡기고 그해 12월 하와이로 떠났다. 그곳에서 국민회 기관지인 '신한국보' 주필을 맡았다.

이승만은 국민회 영자신문 발행을 요청받았다. 이승만은 고민했다. 미국 본토에서 교수직 등 무언가 다른 일을 찾아보는 중이었다. 그동안 미국 전역을 돌아다니며 주로 교회에서 강연을 했다. 윌슨 대통령의 강연 추천장이 큰 힘이 되었지만, 불안정한 생활이었다. 게다가 박용만이 형님도 빨리 오라고 재촉했다. 드디어 결심한 이승만은 1913년 2월 하와이로 갔다.

국민회 하와이지부 박상하 회장과 교민들은 이승만을 따뜻하게 맞아 주었다. 다만 당초 그를 초청한 이유였던 영자신문 발행 계획은 취소되어 있었다. 이승만은 황당했지만 오히려 잘됐다는 생각도 들었다. 지금처럼 시간 여유가 있을 때 미루어 두었던 일을 하나 하고 싶었다. 그가 한국에서 겪었던 일제의 기독교 탄압을 기록으로 남기는 일이었다. 교민들은 푸누이 거리에 숙소를 마련해 주었다. 방갈로처럼 생긴 아주 작은 집이었지만 이승만에게는 충분했다. 거기서 이승만은 정신없이 원고를 써 내려갔다. 그렇게 한 달여 만에 완성된 책이 『한국교회핍박』이었다.

이 책을 통해 이승만은 일본이 저지른 105인 사건을 고발했다. 죄 없는 학생과 교사 기독교인들을 잡아다 고문하고, 증거를 조작하고, 통역

1913년 『한국교회핍박』을 저술했던 집 (이승만기념관.com)

왜곡과 증거 무시 등 엉터리로 재판을 진행한 과정을 상세히 기록했다. 일본이 기독교를 탄압한 것은 교회가 민족정신을 보존하는 독립운동의 중심이었기 때문으로 보았다. 이승만은 일본이 탄압으로 한국교회를 없애려 한다면 오래전 로마 황제 네로의 실수를 반복할 뿐이라고 경고했다. 책은 이렇게 끝을 맺었다.

> 마침내 한국 교회를 더욱 공고케 할 따름이니 이는 기독교회가 하나님의 능력으로 세워진 까닭이다.

2. 한인학교 교장 선생님

한인기숙학교 분규

이승만은 하와이에 도착하자마자 본의 아니게 한인사회와 미국 감리교의 갈등에 휘말렸다. 많은 한인 자녀들이 미국 감리교가 세운 한인기숙학교에 다녔다. 그런데 학교에서 일본 영사관의 기부금 750달러를 받아 문제가 됐다. 한인들은 어떻게 원수인 일본의 돈을 받을 수 있느냐며 들고 일어났다. 그동안 미국 감리교가 민족교육에 부정적인 태도를 보여온 데 대한 반발도 있었다. 학교 운영비를 대부분 부담해온 감리교 측도 할 말이 있었다. 와드맨 감리사는 "학교 운영은 교단이 알아서 하는 것이니 한인들이 참견하지 말라"고 강경하게 대응했다. 그러자 한인들이 자녀들을 동맹 자퇴시켜 버렸다.

초기 하와이 이민자들과 감리교는 떼려야 뗄 수 없는 관계였다. 일본인 노동자의 잦은 파업 때문에 골머리를 앓던 하와이 농장들이 한국으로 눈을 돌렸다. 처음에는 선뜻 낯선 땅으로 가겠다는 사람이 없었다. 감리교회인 인천 내리교회 존스 목사가 하와이는 낙원이라고 소개하며 신도들을 격려했다. 1903년 1월 하와이에 도착한 첫 이민자들 가운데 절반이 내리교회 신도였다. 이들은 그해 6월 농장에서 감격의 첫 예배를 드린 뒤, 하와이 감리교회 감리사에게 부탁해 2층 다락방을 얻어 교회를 세웠다.

못 배운 것이 한이었던 한인 이민자들은 자녀들만큼은 제대로 가르치고 싶었다. 어렵게 한인들이 2,000달러를 모으고 새로 부임한 와드맨 감리사가 1만 달러를 구해와 1906년 9월 한인기숙학교를 세웠다. 6년제 초중등학교였고 남자학교였다. 학비는 모두 감리교에서 부담했으며 기숙사비만 받았다. 한인들은 가난한 학생들의 기숙사비를 대주고 학교에 기부도 하는 등 열심히 후원했다. 그런데 개교 6년 만에 학교는 문을 닫고 학생들은 갈 곳이 없게 되었다.

한인중앙학원 (이승만기념관.com)

한인들은 이 기회에 직접 한인학교를 세우겠다는 생각이었다. 박용만이 가장 적극적으로 나섰다. 그가 이승만에게 하와이로 오라고 재촉한 것도 빨리 와서 학교 설립을 도와달라는 뜻이었다. 그러나 정규 학교를 세우는 일이 그렇게 간단하지 않았다. 학교 설립 비용을 모금했지만 턱없이 부족했다. 한인사회는 난감한 상황에 부딪혔다.

한인사회와 미국 감리교 모두 이승만이 자기들 편을 들어줄 것으로 기대했다. 이승만은 곤혹스러웠다. 고민 끝에 그는 이렇게 선언했다.

"한인들은 학교 설립 계획을 계속하시오. 단 나는 미국 본토로 돌아가겠소."

한인사회는 마지못한 듯 이승만의 타협안을 받아들였다. 그리고 폐교 위기를 모면한 와드맨도 안도의 한숨을 쉬었다. 와드맨은 학생들의 복귀를 위해 한인기숙학교 운영을 이승만에게 맡겼다.

이승만은 1913년 8월 한인기숙학교 교장으로 취임했다. 취임 직후에 학교 이름을 한인중앙학교로 바꿨다. 학제를 대폭 개편해 8학년까지 두었고 미국 공립학교 교과서로 공부해 졸업하면 바로 고등학교에 진학할 수 있게 했다. 수업은 영어와 한국어로 했다. 이승만이 직접 한문도 가르쳤다. 주말에는 성경반 공부를 했고 각종 종교활동을 장려했다. 이에 필요한 교사들을 대거 충원하고, 그 옛날 배재학당이 그랬듯이 가난한 학생들에게 학교에서 일자리를 알선해 주겠다고 밝혔다. 한 학기 만에 한인중앙학교 학생 수가 36명에서 120명으로 늘었다.

남녀공학과 여학생 기숙사

이승만은 『한국교회핍박』을 쓴 뒤 한인기숙학교 교장으로 취임할 때까지 여유 기간에 하와이의 8개 섬을 구석구석 돌아보았다. 많은 한인

이민자들이 어렵게 살고 있었다. 그 중에도 특히 어린 소녀들의 비참한 상황에 충격을 받았다. 아무도 학교에 다니지 않았고 어린 나이에 결혼을 하는 경우도 적지 않았다. 중국인이나 미국인에게 팔려가는 소녀들도 있었다. 이승만은 도저히 외면할 수 없었던 딱한 처지의 소녀 6명을 데리고 호놀룰루로 돌아왔다.

이승만은 이들을 한인중앙학교에 입학시켰다. 그 소식을 듣고 다른 부모들이 딸을 데려와 12명의 여학생이 더 등록했다. 이로써 이승만은 한국인 최초로 남녀공학을 만든 사람이 되었다. 이승만은 학교 근처에 월세 집을 빌려 여학생들이 함께 거주하도록 했다. 한인 목사 부인이 이들을 돌봤다. 그런데 여학생 수가 24명으로 불어나 집이 너무 비좁아졌다. 여학생 기숙사를 만들어야 했다.

이승만은 한인 동포들에게 손을 내밀 수밖에 없었다. 그때 박용만 등 국민회가 총회관 건축을 추진하고 있었다. 그 후원금도 벅찬데 여학생 기숙사 건립까지 후원하는 것은 가난한 노동자들에게 큰 부담이었다. 그래도 착한 한인들은 어렵게 성금을 모아 이승만에게 3,600달러를 주었다. 이때 이승만이 얼마나 고민을 했는지 건강이 심하게 악화될 정도였다.

한인 동포들이 준 돈으로 이승만은 푸누이 거리에 집을 사서 기숙사로 확장 공사를 했다. 그리고 1914년 가을에 여학생 45명이 입주했다. 이승만에게 그리고 여학생들에게 이것이 어떤 의미였는지 당시 기숙사 학생이었던 고 박에스더 여사는 이렇게 회고했다.

> 나는 기숙사에 들어가서 비로소 애국심에 눈을 떴습니다. 우리는 아침마다 태극기를 게양하고 애국가를 합창했습니다. 그럴 때마다 우리 모두가 울었어요.

한시름 덜었다고 생각했는데, 기숙사가 한인중앙학교에서 너무 멀었다. 여학생들이 하루 두 시간씩 걸어 다니는 게 쉽지 않았다. 한정된 돈으로 큰 집을 마련하다 보니 미처 통학거리는 고려하지 못했던 것 같다. 여기에 이승만이 미국 감리교와의 갈등으로 한인중앙학교를 그만둘 상황이 되었다. 기숙사 옆에 한인학교를 새로 세울 필요가 생겼다. 그런데 무슨 돈으로 학교를 짓겠는가.

집념의 「태평양잡지」

이승만은 학교를 운영하는 바쁜 와중에도 교민 잡지를 발행하려고 동분서주했다. 한민족 기자 1호였던 그는 언제나 언론인으로 일하고 싶어 했다. 먼저 자금을 구해야 했다. 박용만 등이 한인학교를 세우려고 3만 달러를 목표로 모금했는데 3,000달러가 채 모이지 않아 포기했었다. 그 돈이 국민회에 있던 것을 이승만이 설득해 받아 왔다.

인쇄기도 마련했다. 한인감리교회에서 「포와한인교보」를 내다 재정난으로 폐간한 것을 알았다. 발행인이었던 목사를 찾아가 싸게 기계를 사왔다. 매주 교회에서 쓸 「성경공과」 600부를 계속 인쇄하게 해준다는 조건이었다.

1913년 9월 1일 「태평양잡지」 초간을 찍어냈다. 월간지였고 분량은 100페이지 내외였다. 하와이 교민 소식뿐 아니라 정치 종교 역사 과학에 관한 논설과 독자 기고문을 실었다. 이승만이 주필이었고 기사와 논설 대부분을 혼자 썼다. 누구나 쉽게 읽을 수 있는 순한글로 만들었다. 주변의 지식인들이 국한문 혼용 정도는 해야 하지 않겠느냐고 주장했지만 이승만은 단호히 거절했다.

문제는 재정이었다. 이승만은 2,000부 정도는 팔아야 손익분기점을 넘긴다고 계산했다. 그러나 700부를 찍기도 버거웠다. 이 가운데 450부를 하와이에, 나머지는 미국 본토와 중국, 영국, 독일, 쿠바, 멕시코 등의 교민들에게 배달했다. 쿠바와 멕시코 교민들은 너무 궁핍해 처음부터 잡지값 받을 생각을 하지 못했고, 유학생들에게도 무료로 나눠주었다. 또한 일반 교민들 가운데도 구독료를 납부하지 않는 사람들이 많아 잡지사 운영을 어렵게 했다. 「태평양잡지」는 정간을 반복하다 1923년에야 정상적으로 발간되었다.

3. Oh! My Brother

박용만, 호방한 모험주의자

이승만이 학교 운영과 잡지 발간에 몰두하는 동안 의형제 박용만은 강한 카리스마로 하와이 한인사회를 주도하고 있었다. 그는 하와이 국민회를 사실상 본인의 뜻대로 이끌어 나갔다. 그의 목표는 단 하나 일본과의 무력투쟁이었다. 하와이 한인사회를 병참기지 삼아 군대를 육성하고 싶었다.

박용만 (독립기념관)

흑룡강 맑은 물 남북만주 푸른 들. 우리 말 안장 벗겨라 국민군 군가 부르세.

박용만이 지은 군가 가사이다. 그는 눈을 감으면 드넓은 만주 벌판에 세계 각지에서 훈련받은 독립군 병사들이 모이고, 말을 탄 자신이 이들을 지휘해 한반도로 진격해 들어가는 모습이 펼쳐졌을 것이다. 해외에 나와 있는 한인 동포 수가 몇 명이고 경제력이 어느 정도인지는 문제 될 것 없었다. 러일전쟁 때 120만 명, 1차대전 때 700만 명이었던 일본군 병력은 한민족의 애국심으로 충분히 극복할 수 있다고 보았다.

박용만은 자잘하게 숫자를 따지는 이승만과는 다른 영웅호걸형이었다. 박용만은 동지들과 음주를 즐기는 등 호방한 성격이었던 반면, 이승만은 기도나 하는 금욕주의자였다. 그런데 사소한 회계 따위는 무시하는 그의 성격이 샌프란시스코와 하와이, 나중에는 중국에서까지 가는 곳마다 걸림돌이 되었다. 그가 하와이 한인사회의 주도권을 이승만에게 빼앗기는 결정적인 계기도 바로 회계 문제였다.

박용만은 1914년 하와이에 '조선국민군단'을 만들었다. 호놀룰루 북쪽 카할루 계곡에 있는 파인애플 농장에 병학교를 세웠다. 박용만이 조선국민군단 단장 겸 병학교 교장을 맡았고, 대대장 중대장 소대장 등 간부들과 대한제국 군인 출신 노동자들을 중심으로 124명이 모였다. 이들은 농사를 짓고 훈련도 하는 둔전병 제도를 채택했다. 초기에는 무기가 목총밖에 없었지만 나라를 구하겠다는 사기는 드높았다. 1914년 8월 30일 조선국민군단 병학교 개교식이 열렸다. 500여 명의 축하객이 모였고 이승만이 연설을 했다. 연설의 주제는 믿음이었다.

이승만은 겉으로는 조선국민군단 창설을 환영했지만 속으로 조마조마했다. 1818년 제정된 미국의 '중립법'은 '미국과 평화 관계에 있는 외국 군주의 영토나 지배자를 목표로 그곳에서 수행하려는 어떠한 군사적 원정을 계획하거나 착수하거나 그 수단을 제공하는 자는 유죄이다'라고 규정했다. 수많은 민족들이 몰려와 사는 미국에서 각 민족의 내분

1915년 대조선국민군단 시가행진 (독립기념관)

이나 대외투쟁을 위한 무장기지를 허용한다면 미국이 세계 분쟁의 집결지가 될 것이기 때문이다. 박사학위 논문 주제가 '전시 중립'이었던 이승만은 중립법의 내용과 미국 내 무장 독립군 창설의 위험성을 누구보다 잘 알았다. 자칫하면 미국 한인사회 전체가 곤경에 처하고 독립운동이 봉쇄될 위험까지 있었다. 그렇다고 이를 설명한다고 들을 박용만도 아니었다. 이승만 혼자 속을 끓일 뿐이었다.

이승만의 경각심을 고조시키는 일이 또 있었다. 1914년 유럽에서 제1차 세계대전이 발발하자 일본이 영국과의 동맹을 내세워 독일에 선전포고했다. 미국은 한동안 중립국이었으므로 일본과 독일 두 나라 군함들이 미국 항구에 자유롭게 드나들었다. 그런데 국민회가 이끄는 한인들은 호놀룰루 항에 독일 군함이 들어오면 우리 편이라며 환영식을 열고 잘 싸워 달라고 성금까지 전달했다. 반면에 그해 말 일본 군함 이즈모 호가 들어오자 일부 병학교 학생들이 폭탄을 설치하려 한다는 소문이 돌았다. 만약 우국충정에 불타는 청년들이 거사를 실행하면 어떤 일이 벌어질지 이승만으로서는 식은땀이 날 일이었다. 한민족의 실력을 기른 뒤 일본과 대적하는 강대국, 아마도 미국과 동맹을 맺어 독립을 쟁

취하겠다는 게 이승만의 독립운동 전략이었는데, 나라도 없이 미국과 적이 될 판이었다.

한인사회의 소용돌이

오랫동안 이승만과 협력해오던 와드맨 대신 프라이가 하와이 감리교 감리사로 왔다. 프라이 감리사 역시 이승만에게 적대적이지는 않았다. 오히려 감리교 선교본부 안에서 까다로운 이승만을 음해하는 소문이 돌자 그동안의 헌신과 업적을 강조하며 이승만을 변호하기도 했다. 사실 이승만은 월급 한 푼 받지 않고 한인중앙학교 교장으로 일해 왔다.

다만 프라이는 미국 내 소수민족들의 미국화를 지지하는 감리교 선교부의 방침을 한인중앙학교에도 그대로 적용하려 하였다. 전임자인 와드맨처럼 이승만의 교육철학에 눈을 감아 준다거나 예외를 인정해주지 않았다. 프라이 감리사는 이승만에게 한인중앙학교에 한인 외에 다른 민족 학생들도 입학시키라고 요구했다. 독립운동의 일환으로 교육사업을 해온 이승만으로서는 도저히 받아들일 수 없는 요구였다. 이승만의 마음은 점점 한인중앙학교에서 멀어져 갔다.

한인 여학교를 세우려는 모금 운동은 잘 진척되지 않았다. 가난한 하와이 한인들에게 이미 내야 할 의연금들이 너무 많았다. 한인들은 국민회에 사실상의 세금인 국민의무금을 일 년에 5달러씩 내고 있었다. 여기에 국민회가 회관을 짓는다며 1914년 초부터 성금을 거두고 있었다. 박용만이 세운 조선국민군단 병학교의 운영 비용도 한인 동포들 몫이 되었다. 병학교는 당초 둔전병 제도를 채택해 농사를 지어 군자금을 댄다고 했지만, 때마침 발생한 파인애플 과잉생산 사태로 불가능해졌다. 병학교 운영에는 한 달에 2,000달러 이상이 필요했다. 한인 노동자들은 중국인 일본인들보다 더 열심히 일하고도 궁핍하게 살았다.

한인 2세에 대한 애국 교육이 무엇보다 중요하다고 생각하는 이승만은 자기가 볼 때 덜 시급한 일에 동포들의 경제력이 소진되는 것을 보며 속을 끓였다. 이승만이 조심스레 이의를 제기해도 박용만의 강력한 영향력 아래 있는 국민회는 꿈쩍도 하지 않았다. 그런데 상황을 급변시키는 사건이 발생했다.

하와이 국민회는 1914년 12월 드디어 새 회관을 완공했다. 호놀룰루 시 중심가의 제법 큰 2층 목조 건물이었다. 개관식에는 이승만과 하와이 정계와 종교계 지도자들이 대거 참석해 축하해 주었다. 그러나 축제 분위기 속에서도 국민회 내의 갈등과 균열이 커지고 있었다. 김종학 회장이 차기 회장 선거 후보들을 임의로 교체했다가 대의원들의 격렬한 항의를 받았다. 그리고 연간 1만 달러 넘게 걷히는 국민의무금 대부분을 박용만의 사업에만 쓰고, 전임 회장들이 공금을 개인적으로 융통한다는 등의 불만이 쌓여갔다.

1915년 1월 국민회 안에서 횡령 문제가 불거졌다. 대의회가 감사해

1915년 대한인국민회 하와이 지방총회 경축행사 (독립기념관)

보니 예산의 입출금이 맞지 않았다. 회관 건축비가 5,200달러로 계상돼 있었는데, 수금위원 박상하가 831달러, 재무 홍인표가 1,548달러를 착복한 것으로 드러났다. 대의원들이 아우성치자 김종학 회장은 횡령한 돈을 돌려받고 덮어두자며 무마했다. 박상하는 곧 보전하겠다고 했고, 홍인표도 1년 안에 갚겠다고 약속했다. 대의회는 그렇게 끝이 났다.

그러나 이승만은 국민회를 바꿀 기회를 놓치지 않았다. 그는 1915년 2월호 태평양잡지에 국민회 임원들을 맹비난하는 논설을 실었다. 이승만은 자신이 옳다고 판단해 일을 시작하면 좌고우면하지 않았다. 그는 국민회와 박용만의 군대 양성 대신에 자신이 추진하는 교육사업에 경제력을 모아 달라고 노골적으로 요구했다.

"사실을 말하면 국민회에 돈을 주어서 시루에 물 붓듯이 없애는 것보다 이승만에게 주어서 사업하는 것이 한인 전체에 유익이 될 것이다."

이승만은 하와이 각지를 돌며 한인 동포들을 만나 설득했다. 이승만은 국민회에 납부하던 국민의무금을 자기에게 보내달라고 말했다. "그러면 1년 내로 장님이 더듬어 보아도 만져볼 것이 있게 하겠다"고 약속했다. 독립운동의 대의 때문에 각종 의연금을 내면서도 힘겨워하던 한인 노동자들은 이승만이 적은 돈으로 더 효과적인 독립운동을 할 수 있다고 주장하자 대거 동조했다.

하와이 국민회는 집행부 지지파와 이승만 지지파로 나뉘었다. 국민회 임원들에 대한 비판이 들끓는 가운데 각지에 혁명대가 생기고 그 대표들이 속속 호놀룰루로 모였다. 5월 1일 국민회 임시대의회가 소집되어 격론이 벌어졌다. 이제는 이승만 지지파가 다수였다. 대의회는 김종학 회장을 파면하고 자동차상을 경영하던 정인수를 임시회장으로 선출했다. 그리고 일체의 장부를 압수해 조사했더니 김종학 전 회장이 회관 건립비에서 556달러를 착복한 것으로 드러났다.

대의회는 김종학 전 회장의 처리 문제를 놓고 논란을 벌이다 투표를 통해 국민회 내부에서 징계하기로 결정했다. 그런데 대의회를 지켜보던 이승만이 의원들을 한인중앙학교로 불러 질책했다.

"어찌하여 죄인 김종학을 징역시키지 않고 공회 재판으로 처치한다 하는 거요. 그와 같이들 하려면 다 본 지방으로 돌아가시오."

대의회는 결의를 번복해 김종학을 미국 수사기관에 고소하기로 결정했다.

이승만이 주도한 국민회 집행부 교체는 물리적 충돌로 이어졌다. 새 임원진을 선출하기 위한 대의회장에 이승만 반대파가 난입해 진행을 방해했다. 이승만 반대파 대의원이 집단 폭행을 당해 한인 19명이 경찰에 체포되는 등 폭력 사건들이 잇달았다. 미국 법원에 여러 건의 소송이 제기됐지만, 결국 국민회를 둘러싼 세력 다툼에서 이승만 지지파가 승리했다.

하와이 국민회를 장악하는 과정에서 우리는 이승만의 냉혹할 정도로 저돌적인 성격을 볼 수 있다. 젊은 시절 독립협회와 만민공동회 투쟁을 통해 정치 이력을 시작했고 일제에 대한 저항으로 평생을 보낸 그는 상대와 타협하는 데 미숙했다. 독립운동가로는 몰라도 정치인으로서 단점이라고 할 수 있다. 그러나 이러한 저돌성이 해방 이후 박헌영 등 공산주의자들에게 거의 넘어갈 뻔했던 대한민국을 자유민주주의로 구해내는 결정적인 힘이 되었던 것도 사실이다.

언제나 변함없는 당신의 형

박용만은 겉으로 태연한 척했다. 국민회 분쟁에도 무심한 듯 행동했다. 그러나 그의 가슴 속에는 분노가 이글거렸다. 세상에서 가장 믿었던 형이 자기를 배반한 것이다. 이승만 때문에 그가 이루어놓은 모든 것을 잃었다고 생각했다.

박용만은 국민회 집행부가 바뀌자 그동안 본인 명의로 가지고 있던 국민보와 국민회관 부동산 일부를 돌려주고 병학교로 들어갔다. 그러나 병학교 운영도 고전의 연속이었다. 1914년 8월 문을 연 조선국민군단 병학교는 한때 장교와 생도 수가 226명에 달했다. 그러나 파인애플 농사에 실패하고 국민회 지원까지 줄면서 심각한 재정 압박에 시달렸다. 1915년 10월 카후쿠 사탕수수 농장으로 이전해야 했고, 그 과정에 생도들 절반이 눈물을 흘리며 떠나갔다. 처음에 생도들은 아침 일찍 노동하고, 오전에 두 시간 군사훈련을 하고, 다시 노동을 하고, 저녁 7시부터 공부하는 고된 일과를 지켰다. 그러나 카후쿠로 온 뒤에는 하루 종일 노동을 한 뒤 오후 6시 30분부터 강의를 듣는 생활로 바뀌었다. 결석률도 높았다. 소총 15정과 엽총 10정을 구해 한 달에 한 번 부근 사격장에 가서 훈련을 했지만, 시간이 흐르며 이 또한 제대로 실시되지 못했다. 점점 사관학교 기능을 잃어가던 병학교는 농장주의 퇴거 요청까지 겹쳐 1916년 10월 결국 문을 닫았다.

이승만은 너무 미안하고 안타까웠다. 형제가 없고 가족마저 다 떠난 이승만에게 박용만은 누구보다 소중한 존재였다. 무리한 욕심인 줄 알지만 어떻게든 그를 잃고 싶지 않았다. 국민회 내분이 한창일 때 이승만은 다음과 같은 성명까지 발표했다.

'나는 박용만 국민보 주필은 국민회 공금 횡령과 관련이 없다고 믿는다.'

1915년 2월 박용만이 미국 전체 한인들을 대표하는 국민회 중앙총회 부회장 후보로 출마하자 적극 지지해 당선시켰다. 그가 회장단 취임을 위해 샌프란시스코에 갔을 때 이승만은 거의 구애에 가까운 편지를 보냈다.

> 내 가슴 속 깊은 곳에는 당신에 대한 우정과 형제애뿐이오. 그리고 당신에게는 옛 옥중 동지보다 더 나은 친구가 없다는 것을 확실히 하고 싶소. 언제나 변함없는 당신의 형, 이승만.

과거 박용만도 이승만에게 편지를 보낼 때 언제나 'Dear My Brother'로 시작해 'Your Little Brother'로 끝을 맺었다. 그러나 이제 분노로 가득 찬 박용만의 마음을 편지로 풀 수는 없었다. 박용만은 답장을 하지 않았다.

이승만은 박용만을 '국민보' 주필로 복직시켰다. 하와이 한인사회에서 박용만의 역할을 어느 정도 되찾아준 것이다. 박용만이 복직 제안을 받아들이자 이승만은 그가 다시 자신에게 돌아온 것처럼 기쁘고 행복해했다. 그래서 국민보 사설에 '이 소식을 듣는 우리 국민들은 기뻐 뛰며 춤추고 노래함을 마지못하리로다'라고 썼다.

그러나 이는 이승만 혼자만의 기대였다. 박용만은 속으로 칼을 갈고 있었다. 그리고 그의 수중에는 해산된 조선국민군단의 이른바 '원동사업遠東事業 자금' 2만 달러가 있었다. 박용만은 1917년 중국 상해로 떠났다. 그곳에서 활동 중인 독립운동가들과 새로운 연대를 모색하기 위해서였다.

당시 독립운동가들은 국제정세의 대변화가 다가오고 있음을 직감했다. 1차 세계대전이 미국의 참전으로 연합국에 유리하게 기울고 있었던 것이다. 1917년 7월 박용만, 박은식, 신채호, 김규식 등 독립운동가 14명이 '대동단결선언'을 발표했다. 임시정부를 수립하기 위해 민족대회의를 소집하자는 제의였다. 선언문은 세계 각국의 독립운동 단체에 보내졌다. 앞으로 세워질 새로운 한국이 왕국이 아닌 국민주권의 공화국이 되어야 함을 못 박은 역사적인 선언이었지만, 각지에 흩어져 있는 독립운동가들을 하나로 결집하기에는 시기가 일렀다. 선언에서 제의한 민족대회의는 결국 열리지 못했다. 박용만도 하와이로 돌아왔다.

끝내 갈라선 의형제

1918년 새해 벽두부터 하와이 한인사회에 다시 격렬한 싸움이 시작됐다. 1월 15일 국민회 대의회가 개회되자 일부 대의원들이 안현경 회장에게 횡령 의혹이 있다며 재무장부를 내놓으라고 요구했다. 그들의 배후에는 박용만이 있었고 목표는 이승만이었다. 3년 만에 공수가 뒤바뀐 것이다.

국민회 집행부는 제기된 의혹들을 해명했지만 장부는 공개하지 않았다. 횡령 사실이 없더라도 장부에서 작은 문제라도 나오면 집행부의 도덕성을 흔들 것을 우려한 듯하다. 당시 국민회 회계 내용을 보면 전 집행부 때와 별 차이가 없었다. 이승만은 국민보에 성명을 내고 '국민회를 결단내려는 자들'이라며 정면으로 맞섰다.

반대파들은 각 지방을 돌아다니며 반 이승만 선동을 했다. 이승만이 박용만을 해하려 하니 보호해야 한다는 말까지 했다. 소문에 놀란 사람들이 이승만을 찾아왔다가 이곳은 왜 이렇게 조용하냐고 묻기도 했다. 이승만은 마침내 박용만을 직접 거명해 공격했다. 의형제의 우애를 되돌릴 수 있다는 희망을 이제 버렸다.

반대파 일부는 국민회 대의회 출석을 거부했고, 일부는 총회관에 몰려가 난동을 부리다 경찰에 연행되었다. 그러다 마침내 박용만이 국민회 탈환을 포기했다. 박용만과 지지자들은 갈리히연합회라는 새로운 조직을 만들었다. 그들은 소수였다. 하와이 각지에 이에 맞선 지방회들이 조직되고 갈리히연합회를 비난하는 공고서가 홍수를 이루었다.

박용만에게는 안창호의 비판이 더 뼈아팠다. 샌프란시스코 국민회 중앙총회는 그동안 박용만 측을 직간접적으로 지원해왔다. 그러나 국민회 자체를 깨겠다는 시도는 용납할 수 없었다. 안창호 회장이 하와이 교민 양측에 편지를 보냈다. 안현경 국민회 회장에 대해서도 재무장부를 공개해 의혹을 불식시키라고 촉구했지만, 갈리히연합회에 대해서는 신랄한 어조로 국민회 분열을 중단하고 해산하라고 요구했다. 박용만은 안창호의 권고를 듣지 않았다.

4. 미국에서 이룬 작은 독립

한뜻으로 한인여학원 건립

한인학교 건립 모금은 순조롭게 진행됐다. 이승만이 국민회의 다른 사업들을 중단시킨 영향도 있었지만, 동포들의 적극적인 지지와 후원이 있어서 가능했다. 적은 액수나마 학교를 세우라고 의연금을 낸 동포들의 수가 1,347명이나 되었다. 당시 하와이 한인 수가 5,000명 정도였으니 가구 수로 보자면 거의 모두가 동참해준 것이다. 이승만은 그 귀한 돈으로 여학생 기숙사 부근 땅을 5,000달러에 사고 1,800달러를 들여 학교 건물을 지었다. 그리고 학교 이름을 '한인여학원'이라고 지었다.

이승만은 한인여학원 건립이 본궤도에 오른 1915년 6월 한인중앙학교 교장직을 사임했다. 3년간 각고의 노력으로 발전시켜온 학교를 떠나는 것이 못내 아쉬웠지만, 감리교와 이제는 갈라설 때가 됐다고 생각했다. 이승만은 하와이에 공립학교가 많은데 애써 한인학교를 세운 이유를 우리만의 주지主旨를 가르치기 위해서라고 설명했다.

> 우리의 국가사상을 뇌수에 넣어 주자 함이라. 토인과 청인, 일인의 뭇 아이들과 섞여서 동화하여 반토인 같이 만들기는 우리의 원이 아니라.

개교할 때 학생 수는 75명이었다. 한인중앙학교 때 여학생 수보다 훨씬 늘었다. 이승만이 학대받는 소녀들을 여러 명 더 구해왔다. 물론 부모가 자발적으로 보낸 학생들이 대부분이었다. 그들에게는 학비로 일 년에 4달러씩 받았다.

학생들을 나이와 학력에 따라 7개 학급으로 나눴다. 교직원은 한인 서기 1명과 미국인 여교사 5명이었다. 미국인 여교사들은 모두 자원봉사자들이었다. 이승만은 또 학교 이사회에 한인 5명과 하와이의 유력인사 4명을 포함시켰다. 학교를 백인들에게 넘기려 한다는 비난이 쏟아졌지만, 이승만은 한인사회에 도움이 될 거라며 버텼다. 이사 중 한 명인 하와이 선교회 총무 어드먼은 재력가인 장인에게 부탁해 무려 1,000달러의 후원금을 얻어 왔다.

이승만은 하와이 백인사회에서도 저명인사였다. 박사학위 소지자가 매우 드물던 시절 프린스턴대 박사라는 이력만으로도 미국인들의 존경을 받았다. 하와이 지방 신문들은 수시로 이승만이 한인 지도자이며 미국 대통령과도 친분이 있다는 기사를 썼다. 1913년 말 윌슨 대통령의 딸이 결혼할 때 하와이에서 이승만 등 단 두 명이 청첩장을 받았다. 촌동네였던 하와이에서 이승만의 평판은 더욱 치솟았다. 이승만은 그 명성을 한국 독립에 대한 지지로 연결시키려 애썼다.

1916년 10월 14일 한인여학원 개원식이 거행됐다. 수백 명의 축하객이 모였다. 독립운동 동지이자 경쟁자이기도 한 안창호와 박용만도 초대됐다. 안창호는 '여자 교육의 급무', 박용만은 '조국에 대한 정신과 국어'라는 주제로 연설했다.

교육도 예배도 우리 손으로

이승만이 한인중앙학교를 그만두고 한인여학원으로 옮기자 따라가고 싶어 하는 남학생들이 많았다. 그러나 대부분 집이 학교에서 멀거나 다른 섬 출신들인데 이 소년들이 살 기숙사가 없었다. 이승만은 한인여학원을 확장해 남녀공학으로 만들기로 했다. 한인여학원과 엠마 스트리트의 국민회 소유 땅을 팔았다. 그 돈으로 오하우 섬 동남쪽 카이무키 지역의 알리올라니 캠퍼스를 임대해 거기에 새 교실과 남녀 기숙사를 지었다. 1918년 9월 학교 문을 열었다. 그것이 '한인기독학원'이었다.

한인기독학원 (이승만기념관.com)

한인기독학원의 수업료는 무료였고 기숙사비와 세탁비 등 실비만 받았다. 이것마저 버거운 가난한 한인 노동자들도 많았다. 내년 봄에 꼭 돈을 보낼 테니 자기 아이를 입학시켜 달라고 호소하는 아버지들의 서툰 한글 편지들이 지금도 남아 있다.

한인들의 교육열은 하와이 현지 언론도 놀랄 정도였다. 여기에는 사진 한 장을 믿고 하와이로 시집온 '사진 신부'들의 역할이 컸다. 하와이 이주 노동자들은 대부분 남성이었다. 이들은 한국에 사진을 보내 신부들을 맞아들였다. 대부분 아주 오래전 사진을 보냈고, 그래서 실제 남자를 만나 보니 최소한 삼촌뻘인 경우가 많았다. 사진 신부들은 지긋지긋한 가난과 여성차별, 신분의 굴레에서 벗어나려 모험을 떠나온 진취적인 여성들이었다. 그들은 늙은 남편과 살며 억척스럽게 운명을 개척해 나갔다. 나이 많은 신랑들이 젊은 신부의 눈치를 보는 데다 이혼이 자유로운 미국 문화의 영향으로 가정에서 발언권이 막강했다. 먼저 사탕수수 밭에 안주하려는 남편들을 닦달해 도회지로 나왔다. 그리고 세탁, 재봉, 여관업 등을 하며 몸이 부서져라 일했다.

천형처럼 지고 살았던 가난에서 벗어나는 것 외에도 모두에게 큰 소망이 하나 있었다. 양반 자제들만 할 수 있고 그래서 꿈꾸는 것조차 어려웠던 교육을 자기 자녀들에게는 시키고 싶었던 것이다. 그 소망을 현실로 만든 사람이 이승만이었다. 이승만은 한인 자녀들에게 기초교육을 넘어 고등교육으로 연결되는 길을 열어주었다. 그래서 하와이 한인 여성들의 이승만에 대한 지지는 절대적이었다.

남녀공학의 한인기독학원이 세워지면서 미국 감리교 선교부의 한인중앙학교는 큰 타격을 받았다. 한인 학생들이 대거 전학을 간 것이다. 감리교 선교부는 하는 수 없이 학교 운영권을 한인 감리교 지도자들에게 넘겨주고 교육사업에서 손을 뗐으며, 한인중앙학교는 얼마 안 가 폐교되었다.

이승만은 미국 감리교로부터의 독립도 추진했다. 한인여학원을 설립하고 얼마 뒤부터 다른 신도들과 오랫동안 이 문제를 논의했다. 주저하는 사람들이 많았고, 이승만 본인도 수십 년간 자신을 지원해준 미국 감리교와 결별할 마음을 먹는 게 쉽지 않았다.

그러나 이미 많은 교인들이 일요일에 한인기독학원에 모여 학생들과 함께 예배를 보고 있어 교회의 분열이 사실상 진행 중이었다. 1918년 12월 이승만은 이 교인들을 중심으로 한인기독교회를 창립했다. 호놀룰루에서 목회를 하다 남캘리포니아대에 가서 신학 공부를 마친 민찬호 목사를 초대 목사로 초빙했다. 오아후뿐만 아니라 다른 여러 섬에도 이를 본받아 한인기독교회의 지교회나 기도소들이 설립되었다.

제3장 대한민국 임시정부 대통령

1. 떠나지 못한 한인 대표들

1918년 11월 11일 프랑스 콩피에뉴 숲속 특별열차 안에서 연합국과 독일 대표단 사이에 휴전협정이 조인됐다. 독일이 항복한 것이다. 이로써 4년 3개월 동안 2천만 명의 목숨을 앗아간 제1차 세계대전이 끝났다. 그리고 다음해 1월 18일부터 프랑스 파리에 전승국 대표들이 모여 강화회의를 시작하기로 했다. 전쟁 책임과 영토 조정, 평화 체제 구축을 논의하기 위해서였다. 각국은 새로운 국제질서 속에서 최대한 이익을 확보하려 혈안이 되었다. 총성 없는 전쟁이 시작된 것이다.

미국의 대한인국민회가 부지런히 움직였다. 11월 25일 안창호 회장이 중앙총회 임원들을 소집해 다음과 같이 결의했다. ① 뉴욕 소약국 동맹회의에 이승만, 민찬호, 정한경을 대표로 파견한다. ② 파리강화회의에 정한경을 파견한다. 며칠 뒤 안창호는 파리강화회의 대표에 이승만을 추가했다.

민찬호 목사는 아직 하와이 한인기독교회에 부임하기 전이었다. 그리고 정한경은 아메리칸 대학에서 박사학위를 받고 노스웨스턴대학 조교수로 일하고 있었다. 당시 27세였던 그는 한인사회에서 수재로 통했다. 두 사람은 즉시 뉴욕으로 달려가 12월 14일부터 소약국 동맹회의에 참석했다. 소약국 동맹회의는 미국 내 소수민족들의 모임이었는데, 세계

대전이 끝나면 총회를 열기로 예정돼 있었다.

하와이의 이승만에게도 전보로 결의사항을 전달했다. 그런데 출발이 다소 늦어졌다. 당시 하와이 한인들은 일본 영사관에서 여권을 받아야 미국 본토로 갈 수 있었다. 그러나 이승만이 일본인들에게 머리를 숙일 수는 없었다. 그는 친분이 있는 하와이 법원 판사에게 부탁해 미 국무부의 특별 허가를 받아 겨우 출발할 수 있었다.

1919년 1월 6일 이승만은 작은 증기 여객선을 타고 호놀룰루 항을 떠났다. 무려 6년 만에 하와이 밖으로 나오는 것이었다. 오랜만의 미 본토 방문이었지만 이승만은 마음이 무거웠다. 이번 여행에서 소기의 성과를 거두기가 쉽지 않다는 것을 알고 있었기 때문이다.

미국 내 독립운동 지도자들은 대부분 같은 생각이었다. 그들은 전후 질서를 조율할 강대국들의 의도를 알고 있었다. 패전국이면 몰라도 승전국의 식민지를 독립시키자고 파리강화회의에서 결의할 가능성은 거의 없었다. 일본도 제1차 세계대전 승전국 중 하나였다. 다만 일반 동포들의 희망을 외면할 수 없었고, 국제질서의 재편 과정에서 독립의 틈을 찾을 수 있는지 끝까지 최선을 다해 보자는 다짐이었다.

이승만은 1월 15일 샌프란시스코에 도착했다. 그동안 하와이지부와 대립각을 보였던 북미지부 간부들이 부두까지 나와 따뜻하게 맞았다. 샌프란시스코와 로스앤젤레스에서 열린 환영회에는 예상보다 훨씬 많은 동포들이 모였다. 이승만은 정한경의 활동을 열심히 돕겠으며, 파리에 갈지 여부는 중앙총회의 결정에 따를 것이라고 말했다. 동포들에게 안창호 회장을 도와 노력해 달라고 당부하기도 했다. 화합과 단결의 분위기 속에 모두들 이승만에게 호감을 보였다.

그런데 동부에 먼저 가 있던 민찬호와 정한경이 잇달아 실망스러운 소식들을 보내왔다. 두 사람이 보고한 뉴욕 소약국 동맹회의 결의는 크게 기대할 게 없었다. '독립청원서를 파리에 있는 대표에게 보내고, 그 대표가 강화회의 출석권을 얻으면 소약국 대표 모두가 파리로 건너간다'는 것이었다. 자기들 식민지 문제를 감추고 싶은 전승 강대국들이 소약국 대표들을 강화회의에 불러줄 가능성은 없었다.

한국의 독립 의사를 밝히려면 한인 대표가 직접 가는 수밖에 없었다. 그러려면 유럽에 갈 여권이 필요했다. 정한경은 여권을 발부받기 위하여 뉴욕과 워싱턴을 부지런히 오가고 있었다. 그러나 좀처럼 길이 열리지 않았다.

이승만은 1월 24일 시카고행 열차에 탔다. 역에는 안창호를 비롯해 여러 국민회 간부들이 배웅을 나왔다. 이 무렵부터 이승만은 몸 상태가 좋지 않음을 느꼈다. 그가 기차를 타고 가는 동안 뉴욕타임스가 국민회 대표들이 윌슨 대통령에게 보낸 독립청원서에 관해 장문의 기사를 실었다. 이 기사는 윌슨과 이승만이 사제지간임을 자세히 언급했다. 재미 한인들이 크게 고무될 수밖에 없었다. 이승만은 시카고와 디트로이트에서 동포들의 열렬한 환영을 받았다.

이승만은 2월 1일 뉴욕에 도착했다. 정한경은 이미 워싱턴으로 떠난 뒤였다. 이틀 뒤 서재필과 정한경이 필라델피아에서 만나자고 전보를 보내왔다. 이승만은 마침 영국에서 대학을 마치고 뉴욕에 와 있던 장택상과 함께 갔다.

드디어 만난 정한경은 비관적인 이야기를 늘어놓았다.

"두 달 동안이나 여권을 발급받으려고 노력했습니다만, 일본인이 앞질러 누구누구는 불량분자이므로 여권을 발급하지 말라고 하고 다니고, 미국 정부 역시 여권을 발급할 가망이 전혀 없습니다. 헛수고일 뿐입니다."

서재필은 더 비관적이었다.

"이번 일은 만사가 헛말이오. 평화회의에 가더라도 얻을 것이 아무것도 없소. 가지 않느니만 못하오."

서재필과 정한경이 답답한 마음에 그렇게 말은 했지만, 한국의 독립이 눈앞에 온 것처럼 부풀어 있는 동포들의 기대를 저버릴 수는 없었다. 무언가 돌파구를 찾아야 했다. 이승만은 정한경에게 미국 언론에 한인들의 독립 의지를 알리는 글을 기고하라고 권했다. 정한경은 이미 여러 번 신문사에 글을 보냈지만 번번이 거절당했다고 말했다. 미국 정부가 일본과 중요한 교섭을 앞두고 있어 신문들도 일본을 비판하는 글은 꺼린다는 것이다. 이승만은 조만간 일시 귀국할 윌슨 대통령을 어떻게든 만나봐야겠다고 다짐했다.

2. 승전국들의 파리강화회의

윌슨 미국 대통령은 1918년 1월 8일 의회 연설에서 '세계평화를 위한 14개 조항'을 제시했다. 공개 외교, 항행과 무역의 자유, 군비 축소, 국제연맹 창설 등을 담고 있었다. 특히 제5항에서 '식민지의 주권 문제를 결정할 때, 관련되어 있는 주민들의 이해관계는 그들이 향후 속하게 될 정부에 대한 공정한 요구와 동등한 무게를 갖는다'고 밝혔다. 각 민족의 정치적 운명을 스스로 결정하게 하자는 '민족자결주의'였다.

식민지배에 시달려온 여러 약소 민족들은 환호했지만 영국, 프랑스 등 다른 승전국들의 생각은 전혀 달랐다. 승전국들은 이미 전쟁 중에 독일 등 패전국의 해외 식민지들은 무력으로 점령한 뒤 자기들끼리 비밀조약을 통해 누가 지배할지 다 정해놓은 상태였다.

윌슨 미국 대통령이 민족자결주의를 제창한 것은 그의 인도주의뿐만 아니라 미국의 이익에도 부합했기 때문이다. 미국은 해양국가이고 무역국가였다. 종주국이 식민지를 단단히 틀어쥔 경제 블록들을 해체해 세계 통상의 규모를 확대할 필요가 절실했다.

윌슨은 민족자결주의를 구현하는 방법으로 '위임통치 체제'를 고안했다. 패전국인 독일, 오스트리아, 터키와 러시아로부터 분리되는 영토를 국제연맹이 직접 또는 작은 나라들에 맡겨서 통치한다는 것이다. 승전국의 식민지들은 처음부터 위임통치 고려 대상에 넣지 않았다. 실현 가능성이 없다고 본 것이다. 그럼에도 불구하고 윌슨의 구상은 격렬한 반대에 부딪혔다.

윌슨 미국 대통령은 1918년 12월 14일 유럽에 도착해 파리와 런던, 로마를 방문했다. 4년 넘게 지속되던 전쟁을 끝낸 연합국의 구원자를 시민들은 열광적으로 환영했다. 1919년 1월 11일 조지 영국 총리가 파리에 오면서 강화회의가 시작됐다. 27개 전승국 대표들이 모두 참석하는 총회는 여섯 번밖에 열리지 않았고, 그 대신 미국, 영국, 프랑스, 이

의회에서 연설하는 윌슨 미국 대통령 (독립기념관)

탈리아, 일본에서 두 명씩 참석하는 10인 회의가 하루에 두 번씩 열리며 모든 것을 결정했다.

10인 회의는 1월 22일 윌슨의 제안에 따라 국제연맹을 만들기로 합의했다. 문제는 그때부터였다. 국제연맹의 위임통치 실시 여부를 두고 4개국이 미국을 집중 공격했다. 군인들만 1,000만 명이 죽은 전쟁에서 승리했으니 패전국의 식민지는 당연히 전리품이 되어야 한다는 생각이었다. 호주, 뉴질랜드, 캐나다 등 영국자치령 대표들이 10인 회의장 문을 강제로 열고 들어가 윌슨에게 난동을 부리는 정상회담에서 상상도 할 수 없는 사건이 일어나기도 했다. 프랑스 신문들은 일제히 윌슨이 '실행 불가능한 이상'에 매달려 있다고 비난했다. 심지어 미국 국무장관 랜싱조차 윌슨의 위임통치안이 법률적으로 애매하다고 반대했다.

윌슨은 외로웠다. 그러나 그는 전승국 모두를 상대로 혼자 싸우며 위임통치안을 고수했다. 그렇지 않으면 세계가 또다시 식민지 쟁탈을 위한 군비경쟁 시대로 돌아갈 것이라고 주장했다.

결국 윌슨의 제안을 대폭 수정하는 내용의 위임통치안을 받아들이는 것으로 타협이 이루어졌다. 위임통치 지역을 세 가지 유형으로 나누었다. A식은 독립국으로 가승인을 받을 수 있을 만큼 발달한 지역으로서 터키에서 분리되는 나라들이 해당했다. 이라크·팔레스타인·요르단은 영국이, 시리아·레바논은 프랑스가 수임국이 되었다. B식과 C식은 독일의 식민지들로, 말이 위임통치이지 과거 식민지배와 실제로는 큰 차이가 없었다.

당초 윌슨이 제안한 국제연맹 규약에는 '위임통치의 목적은 될수록 빨리 인민으로 하여금 정치적 한 단위를 형성하여 자립하게 하는 데 있다'라는 문장이 있었다. 그러나 이 문장은 사라지고 그 대신 '가장 좋은 방법은 이러한 책임을 가장 잘 수행할 수 있고 그것을 받아들일 용의가 있는 선진국에 후견을 맡기는 것이다'라는 규정이 들어갔다.

윌슨의 제안은 왜곡됐지만 성과가 전혀 없는 것은 아니었다. 패전국 식민지를 승전국들이 무조건 합병하지는 못하게 했고, 식민지 주민의 복리 증진과 경제개발 그리고 무역의 기회균등을 실행하도록 했다. 이를 국제연맹이 감독했다.

3. 억울한 위임통치 청원서

이승만은 조금씩 이상하다고 느꼈던 건강이 크게 악화됐다. 처음에는 한 주 정도 예상하고 병원에 입원했는데, 몸에 가려움증까지 생기면서 거의 3주를 전기치료를 받으며 지냈다. 파리강화회의 참석 문제로 너무 스트레스를 받았던 것이다. 이승만은 국민회 중앙총회에 편지를 보내 대표 사임 의사를 밝혔다. 국민회 중앙총회는 사표 수리를 거부하고 안창호 회장 명의로 위문편지를 보내왔다.

이승만이 병원에 누워 있는데 정한경이 독립청원서를 써서 가지고 왔다. 윌슨 대통령과 파리강화회의에 제출할 문서였다. 한국의 완전한 독립을 보장한다는 조건 아래 당분간 국제연맹의 위임통치를 받게 해달라는 내용이었다. 중국 정부의 정치고문을 지낸 젠크스 코넬대 교수 등 미국 유력인사들과 국제법 전문가, 주변 지인들의 권고에 따른 것이었다. 이승만 역시 동의하고 일부 문구를 첨삭했다. 독립청원서는 안창호에게 보내져 국민회 중앙총회 임원회의 의결을 거쳤다. 이것이 훗날 이승만 반대파들이 '이완용은 있는 나라를 팔아먹었지만 이승만은 있지도 않은 나라를 팔아먹었다'고 공격한 '위임통치 청원서'이다.

위임통치라는 게 윌슨이 식민지 독립을 위한 현실성 있는 방안으로 고안한 것임을 감안한다면, 한국을 일본에서 떼어내 일정 기간 국제연맹이 위임통치하자는 제안은 당시 시점에서는 설득력 있는 발상이었다고 할 수 있다. 중국 상해에서 신한청년단 대표로 파리에 파견된 김규식도 똑같은 제안을 했다. 김규식은 강화회의에 제출한 청원서에서 '한국은 일본이 감독국의 일원이 아니라는 조건 아래 스스로를 일정한 기간 동안 국제적 감독에 맡길 것을 바란다'고 밝혔다.

그런데도 이승만 반대파는 김규식에게는 "있지도 않은 나라를 팔아먹었다"고 공격하지 않았다. 또한 위임통치 청원을 승인한 안창호와 국민회에 대해서도 거의 비난이 없었다. 안창호는 이승만과 경쟁 관계였고, 국민회는 독립운동가들에게 없어서는 안 되는 재정 후원자였기 때문일 것이다.

이승만은 병원에서 퇴원하자 급하게 워싱턴으로 이동해 활동을 재개했다. 윌슨 대통령이 일시 귀국한 것이다. 이승만은 여권 발급과 윌슨 면담 두 가지를 동시에 진행했다.

먼저 여권 발급을 위해 포우크 국무차관을 만났다. 포우크는 파리에 있는 랜싱 국무장관에게 전보를 쳐 이승만의 출국을 허가할지 물었다. 랜싱은 거절하라고 회신했다.

'한국 문제는 전쟁과 관련된 문제가 아니며, 강화회의는 한국의 주장을 청취하지 않을 것이다.'

이승만은 독립청원서라도 파리강화회의에 제출해달라고 요청했지만 국무부는 이미 냉정하게 변해 있었다.

이승만은 백악관 비서실장 튜멀티에게 편지를 썼다. 독립청원서의 강화회의 제출과 윌슨 대통령 면담을 요청했다. 다음날 회답이 왔다. 윌슨의 지시에 따라 이승만의 민원을 국무부로 넘겼다는 것이다. 국무부의 해답은 듣지 않아도 알 수 있었다.

이승만은 다시 편지를 썼다. 자신이 해외동포 150만 명을 대표하는 대한인국민회의 지시에 따르고 있음을 강조하며, 공식 면담이 어려우면 다음날 윌슨 대통령이 아일랜드 대표들과 회동하기 직전에 잠깐 만나 독립청원서라도 전달하게 해달라고 거의 간청을 했다.

윌슨이 아일랜드 대표들을 원해서 만나는 게 아니었다. 미국에 아일랜드 이민자가 2,000만 명이나 살고 있었다. 이들의 표를 의식한 미 상원이 아일랜드의 민족자치 결의안을 압도적인 표차로 통과시켰다. 윌슨도 뭔가 이들을 지지하는 정치적 제스처를 취해야 했다. 그렇다고 파리강화회의에서 영국이 식민지 아일랜드의 독립에 찬성할 리 없었다. 지키지 못할 약속은 정치적 부담으로 돌아올 수밖에 없었다.

아일랜드와 달리 미국 내 이민자가 1만 명도 안 되는 한인들에게는 같은 대우가 주어지지 않았다. 백악관에서 다시 회답이 왔다. 독립청원서를 윌슨 대통령에게 전달했고, 면담은 불가능하다는 것이었다. 그리고 윌슨은 파리로 떠났다.

4. 2.8독립선언과 3.1운동

도쿄 조선기독교청년회관 안팎으로 정사복 경찰관들이 쫙 깔렸다. 1919년 2월 8일 아침 일본 장관과 국회의원, 각국 외교관들에게 한국 독립청원서가 배달되면서 일본 경찰의 신경이 곤두섰다. 뭔가 큰일이 벌어질 것 같은 긴장감이 흘렀다.

예고된 행사는 유학생학우회 임원 선거였다. 그러나 행사 시작 두 시간 전부터 모여드는 한인 학생들은 흥분을 감추지 못했다. 400여 명의 학생들이 넓은 강당을 가득 메웠다. 당시 도쿄 유학생 640명의 절반 이상이 참석한 것이다. 밖에는 함박눈이 쏟아지고 있었다.

오후 2시가 되자 학우회장 백남규가 개회를 선언했다. 최팔용이 개회 동의와 함께 조선청년독립단 발족을 선언했다. 장내의 학생들은 박수와 함께 환호성을 질렀다. 백관수가 연단 위로 뛰어 올라가 독립선언서를 낭독했다.

"조선청년독립단은 아 2천만 민족을 대표하야 정의와 자유의 승리를 득한 세계 만국의 전에 독립을 기성하기를 선언하노라."

학생들의 만세 함성이 터져 나왔다. 김도연이 결의문을 읽고, 서춘의 웅변이 이어졌다.

행사 분위기가 달아오르자 일본 경찰이 해산을 명령했다. 강당 안에서 난투극이 벌어졌다. 소리를 지르고 서로 나무의자를 집어던졌다. 경찰은 현장에서 주동자 20여 명을 체포했다. 이들은 피를 흘리며 눈 덮인 길을 맨발로 끌려갔다.

2.8독립선언을 주도했던 유학생들 가운데 여러 명이 이승만의 활동에 영향을 받았다고 증언했다. 초기 주동자의 한 사람인 소설가 전영택은 이렇게 말했다.

> 고베에서 영인의 손으로 발행되는 영자신문 'The Japan Advertiser'에 이승만 박사가 한국 대표로 파리평화회의에 간다는 기사가 조고마케 기재된 것을 우리 학생들이 서양인 교수 집에서 발견하게 되매, 이 뉴스는 곧 비밀리에 유학생 중의 몇 사람에게 알려지자 그들에게 큰 충동을 주었다.

2.8독립선언 대표였던 김도연과 조선청년독립단 단장 백관수, 수감자 후원을 담당했던 최승만 등도 똑같이 회고하고 있다.

문제는 당시 유학생들이 보았다는 신문에 이승만 기사가 없었다. 신문 이름이나 소식의 출처를 잘못 기억한 것이다. 이승만의 오랜 투쟁이 전설처럼 전해지고 그가 하와이에서 발간한 '태평양잡지'를 몰래 들여와 유학생끼리 돌려 읽던 분위기가 그러한 착오를 일으킨 것으로 보인다. 그 무렵 미국에서 유학하고 돌아가던 지용석과 여운홍이 도쿄에 들러 미주 한인들의 활동을 전하던 중에 이승만의 이야기를 했을 가능성도 있다.

이승만이 파리강화회의에 참석한다는 소식은 국내에도 광범위하게 유포되었다. 1918년 11월 30일자 일본 경찰 정보 보고는 이승만의 파리강화회의 참석 비용으로 황해도의 어떤 부자가 3만 원을 보냈다는 소문이 있다고 적었다. 1919년 2월 5일자 평안남도 경찰 정보 보고에도 재외 한인 및 재일 유학생 등이 파리강화회의에 대표를 파견하려고 하는데 그 중심 인물이 이승만이라는 말이 돌고 있다고 적었다. 모두 독립운동에서 이승만의 위상과 민중의 기대를 반영하는 것이었다.

재일 유학생들은 1918년 12월 말 유학생학우회 망년회를 가장해 독립운동을 논의하기 시작했다. 1919년 1월 초에 실행위원 10명을 뽑고 이들 중 이광수, 백관수, 김도연이 독립선언서를 작성했다. 그리고 송계백과 최근우를 국내로, 이광수를 상해로 파견했다. 유학생들의 독립선언 준비 상황을 알리고 국내에서도 함께 운동을 일으킬 것을 촉구하기 위해서였다.

송계백은 독립선언서를 비단에 베껴 모자 속에 넣고는 꿰맸다. 그는 서울 중앙학교로 와세다대학 선배 현상윤을 찾아갔다. 현상윤과 중앙학교 교장 송진우 그리고 때마침 찾아온 최남선에게 독립선언서를 보여주었다.

현상윤은 보성학교 교장 최린을 통해 천도교 교주 손병희에게 알렸다. 일본 유학생들의 독립선언서를 본 손병희는 "어린 아이들이 저렇게 운동을 한다 하니 우리로서 어떻게 보기만 할 수 있느냐"라면서 교단 차원의 참여를 결심했다.

기독교계에서도 오산학교 이사장인 이승훈 장로 등이 활발하게 독립운동 방안을 논의하고 있었다. 최린은 사람을 보내 이승훈을 서울로 불렀다. 이승훈은 중앙학교 이사장 김성수의 집에서 김성수, 송진우, 현상윤으로부터 독립선언 계획을 듣고 그 자리에서 합류하겠다고 밝혔다. 이승훈은 평안북도 정주로 돌아가는 길에 여러 목사들에게 참가 동의를 받았다. 천도교와 기독교 인사들은 고종의 국장 이틀 전인 3월 1일 서울 파고다공원에서 독립선언을 하고, 독립선언서를 서울과 각 지방의 군중에게 배포하여 만세를 부르게 하자고 합의했다.

불교 측과도 접촉했다. 최린이 평소 친분이 있던 한용운을 찾아갔다. 한용운은 불교계 동지들과 협의해 함께 참가하겠다고 약속했다. 그러나 일본 경찰의 감시가 심하고 시일이 촉박해 서울에 와있던 해인사 승려 백용성과 둘이 불교 대표로 독립선언서에 서명하게 되었다.

당시 서울의 전문학교 학생들도 별도의 독립운동을 추진하고 있었다. 종교계는 학생들에게 독립선언에 합류해 시위 운동의 전위에 서달라고 요청했다. 학생 대표들은 정동예배당에 모여 논의 끝에 종교계와 연합하기로 결정했다.

독립선언서는 당대의 천재로 불리던 최남선이 썼다. 그는 학자로서 살기로 결심했기 때문에 독립운동 전면에 나서지는 않겠으나 독립선언서만은 본인이 짓고 싶다고 자원했다. 최린과 신익희 등 여러 사람이 내용을 감수했다. 독립선언서 인쇄는 보성사 사장 이종일이 맡았다. 이종일은 2월 27일 밤까지 독립선언서 2만 1,000장을 인쇄해 자기 집에 숨겨놓았다. 서울 시내는 학생들이, 지방에는 기독교와 천도교가 나누어 배포하기로 했다.

2월 28일 저녁에 민족대표 33인이 상견례 겸 마지막 회의를 위해 손병희 집에 모였다. 이날 최린은 파고다공원에서 독립선언식을 거행하면 군중이 일본 경찰과 충돌해 희생자가 생길 수 있다며 장소를 바꿀 것을 제안했다. 모두 찬성해 파고다공원에서 가까운 인사동 태화관에서 민족대표들만 모여 독립선언식을 거행하기로 했다.

3월 1일 아침 최린은 대문 안에 독립선언서가 떨어져 있는 것을 보고 안심했다. 지방에서 상경이 늦어진 사람들이 있어 민족대표 중 29명이 오후 2시 태화관에 모였다. 독립선언서 100장을 탁자 위에 놓고 모두 열람하도록 했다. 이때 파고다공원에 집결한 학생 대표들이 태화관으로 와서 학생들이 기다린다며 함께 가 독립선언서를 낭독해 달라고 요청했다. 최린은 독립선언식 장소를 변경한 이유를 설명하고 학생들을 돌려보냈다. 오후 3시경 한용운이 연설을 하고 모두 일어나 '조선독립

일제의 만세시위자 체포 (독립기념관)

만세'를 삼창했다. 만세 소리에 놀라 달려온 태화관 주인에게 경찰에 전화하라고 일렀다. 연락을 받은 경시총감부에서 경찰과 헌병 70여 명을 급파해 손병희 등 민족대표들을 연행했다.

한편 파고다공원에는 오후 1시부터 많은 학생과 시민들이 모여 있었다. 군중의 수가 늘어 종로까지 길을 메웠다. 기다리던 민족대표들이 나타나지 않자 경신학교 졸업생 정재용이 단상에 올라 가지고 있던 독립선언서를 낭독했다.

"오등은 자에 아 조선의 독립국임과 조선인의 자주민임을 선언하노라."

낭독을 마친 뒤 정재용은 "이 독립선언과 동시에 조선은 독립국이 되었으므로 만세를 불러야 한다"고 외쳤다. 군중은 일제히 "조선독립 만세"를 외쳤다.

그리고 시위 행진이 시작됐다. 서울 시내 곳곳에 만세 소리가 울리면서 고종의 장례식을 참관하려고 전국에서 모인 사람들이 합류했다. 시위 군중은 순식간에 수만 명으로 늘었다. 저녁 무렵에는 시위가 서울 외곽으로 퍼져나갔다. 역사적인 3.1운동이 시작되었다.

5. 상해임시정부와 한성정부

이승만 박사는 어데 있소

1919년 3월 9일 안창호는 상해의 현순으로부터 '3월 1일 하오 1시에 서울 평양과 그 밖의 각 도시에서 대한독립을 선언'이라는 전보를 받았다. 그 전보는 '이승만 박사는 어데 있소. 회전回電(전보로 답함)하시오'

라고 끝났다. 안창호는 각 지역 동포들에게 전보로 독립선언을 알렸다. 이승만은 서재필을 거쳐 소식을 들었다. 이승만은 즉시 미 국무부에 전보를 보내 한국 내 애국자들이 일본의 탄압을 받지 않도록 중재해 달라고 요청했다.

3.1운동을 준비하던 민족대표들은 독립선언을 각국에 알릴 책임자들을 미리 외국에 보내 놓았다. 미국 정부와 파리강화회의 쪽은 기독교계가 맡았는데 이를 위해 이승훈 장로가 현순 목사를 상해로 파견했던 것이다.

현순은 3월 15일에 미국 국민회에 보낸 전보에서 전국으로 확산되는 만세 시위에 대해 설명하고 또 이승만을 찾았다.

"이승만 박사가 유럽에 갔는지요? 그의 번지를 알기 원합니다. 그이더러 유럽에 가기를 권고하시오."

현순뿐 아니라 상해에 있던 모든 독립운동가들이 파리강화회의에 크게 기대하고 있었다. 전 민족이 독립 의지를 밝혔으니 파리강화회의에서 미국 등 서구 강대국들이 한국을 독립시켜 줄 거라고 믿었다. 이를 위해 미국에서 활동해온 이승만의 역할에 큰 기대를 걸었다.

임시정부들에 관한 소식도 하나둘 미국에 전해지기 시작했다. 4월 4일 현순이 국민회와 이승만에게 다시 전보를 쳐 임시정부가 수립되었다고 전했다. 대통령에 손병희, 부통령 박영효, 국무경 이승만, 내무경 안창호 등으로 공표할 예정이니 의견을 달라고 요청했다. 흥분한 국민회 사람들은 다음날 기관지인 신한민보에 만주에서 대한공화국 임시정부가 선포됐다고 잘못 보도했다. 사실 그 각료 명단은 천도교 쪽에서 현순에게 앞으로 임시정부가 세워지면 반영해 달라며 제시한 정부 구성안이었는데 전달 과정에서 오해를 일으킨 것이다.

3.1운동이 일어나자 일본은 미국 내 홍보활동을 강화했다. '한국의

자치는 아직 멀었다'는 기사들이 쏟아져 나왔다. 이승만은 일단 이것부터 대응해야 했다. 이승만은 서재필과 함께 진행해온 제1차 한인대회 준비에 박차를 가했다. 한인들의 정치적 역량을 과시하고 미 언론에 우리 주장을 싣기 위한 행사였다.

제1차 한인대회는 4월 14일부터 사흘간 필라델피아의 한 소극장에서 열렸다. 유학생인 임병직, 조병옥, 유일한, 장기영 등 한인 대표 150명과 스미스 필라델피아 시장, 노리스 상원의원, 스펜서 상원의원 등 미국 유력인사 다수가 참석했다. 개신교, 가톨릭, 유태교 등 종파를 초월해 많은 미국 기독교 지도자들도 왔다. 한국이 독립하면 기독교 민주국가가 될 것이라는 이승만, 서재필의 설득과 3.1운동을 계기로 미국 기독교계의 한국에 대한 관심이 크게 높아졌기 때문이었다.

서재필이 이승만의 제청을 몇 번이나 사양하다가 의장을 맡았다. 열띤 토론이 이어졌고 중간 중간 기도와 찬송 시간이 있어 교회 부흥회 같은 분위기였다. 대회는 각종 결의문에 이어 '미국과 같은 자유민주국가

1919년 필라델피아 한인자유대회 (전쟁기념관)

를 건설하자'는 강령을 발표하고 끝났다.

이승만은 필라델피아 행사가 끝난 뒤 워싱턴으로 갔다. 사무실을 구해 '한국위원회'라는 간판을 달았다. 임시정부를 위해 본격적인 외교활동에 나선 것이다. 이승만은 임시정부가 수립됐으니 한국을 독립국가로 인정해 달라는 내용의 편지를 윌슨 대통령을 비롯해 각국 지도자들에게 보냈다. 그는 모든 활동을 대한공화국 임시정부 국무경 자격으로 했다. 물론 당장 성과를 기대한 것은 아니었다.

이승만은 대학에 재학 중이던 임병직에게 자신의 비서로 일해 달라고 부탁했다. 임병직은 그의 YMCA 학원 제자이기도 했다. 임병직은 그 뒤 오랫동안 이승만과 가장 가까이에서 일을 했다.

이승만은 3.1운동 소식을 들은 직후에는 국민회 대표로 상해에 가고 싶어 했다. 3월 16일 안창호에게 '제가 상해로 갈 수 있겠습니까?'라고 전보를 쳤다. 또 나흘 뒤 편지에서 '피가 끓고 담이 떨리는 처지를 당하야 곧 중국으로도 가고 싶고 본국으로도 들어가고 싶어…'라고 썼다.

그러나 안창호는 이승만과 같이 갈 생각이 없었다. 필라델피아 한인대회 참석이 어렵다는 편지 속에 혼자 출발함을 알렸다. 이승만은 안창호가 알리지도 않고 떠났다며 일지에 불편한 심경을 적었다.

안창호는 위임통치 문제와 관련해서도 이승만을 제대로 보호해주지 않았다. 이승만이 윌슨 대통령에게 보낸 독립청원서를 신문에 싣자 박용만은 위임통치 청원을 맹렬히 비난했다. 자신이 발행하던 태평양시보에 '박멸하지 않으면 안 되는 주의'라고 매도하고 전세계 독립운동가들에게 이승만을 비난하는 글을 보냈다. 박용만은 안창호에게도 두 차례나 전보를 보내 이승만의 위임통치 청원에 대한 국민회의 입장을 밝히라고 요구했다.

위임통치 청원에 동의해 국민회 임원회의 의결까지 했던 안창호는 난

처했다. 그는 이승만에게 '(박용만이) 내용을 모르고 의혹한 뜻으로 전보하였으니, 대형께서 통신으로 오해가 없게 하심을 바라나이다'라는 전보를 보내 두 사람이 알아서 해결해 달라고 요청했다. 상해에 가서도 안창호는 처음에는 위임통치 청원 비난이 부당하다고 역설하다 나중에 공격이 거세지자 이승만을 외면했다.

상해임시정부 국무총리

3월 1일 서울에서 상해로 온 현순은 현지에서 활동해온 신규식, 이광수, 김철, 여운홍 등을 만났다. 대부분 신한청년당 사람들이었다. 3월 4일에는 프랑스 조계 하비로霞飛路에 임시사무소를 차리고 업무를 분담했다. 나중에 임시정부 청사로 쓰려고 김신부로金神父路에 큰 양옥집을 300원이나 주고 빌려놓았다. 당시 임시사무소는 이례적으로 재정적인 여유가 있었다. 이승훈이 천도교에서 활동자금으로 받은 5,000원 가운데 거금 1,000원을 현순에게 주었고, 서울을 떠나기 직전 천도교 최린이 또 2,000원을 주었다.

국내외의 많은 독립운동가들이 상해로 모여들었다. 이들은 독립을 선언했으니 이제 정부를 세워야 한다는 데 뜻을 모았다. 주도권을 쥐고 있던 현순 등 임시사무소 멤버들은 먼저 민족대표 33인의 뜻을 확인해야 한다고 주장했다. 이광수는 다음과 같이 기록했다.

> 아무리 기다려도 본국서 기별이 없으므로 나는 이봉수를 서울로 들여보내고 열흘 내에 돌아오라고 말하였다. 이봉수의 임무는 천도교의 정광조나 정광조도 잡혀가고 없거든 남아 있는 천도교의 중심인물이거나, 김성수 송진우 현상윤 중의 하나를 보고 정부 조직에

관한 33인의 의사를 들어오는 일이었다.

새로 상해에 온 사람들은 임시사무소에 불만이 커져 갔다. 민족대표 33인의 위상에 대한 생각도 많이 달랐다. 이들의 요구로 4월 9일 저녁 상해의 한 교회에서 모임이 열렸다. 50명 넘게 참석했다. 왜 밤낮 33인만 거드느냐, 나라의 법통이 33인에게 있느냐, 33인이 아무 의사도 남겨 놓지 않았으면 영영 정부 조직을 못 하느냐는 비난이 쏟아졌다.

다음날 아침이 되니 사태가 더 심각해졌다. 지도자 격인 이동녕을 비롯해 모든 사람들이 상해를 떠나겠다고 했다는 것이다. 신흥무관학교 초대 교장이었던 이동녕은 러시아 블라디보스토크에서 결성된 대한국민의회에 참여했었다. 그러다 대한국민의회가 함경도 출신들에 의해 좌우되자 기호파인 이동녕이 조완구, 조성환 등과 함께 상해로 왔다. 이제 다시 임시사무소 멤버들에 실망해 떠나겠다는 것이었다.

현순, 이광수 등은 부리나케 여관을 돌며 마지막으로 한 번 만 더 모이자고 설득했다. 장소는 임시정부 청사로 얻어 놓은 양옥집이었다. 29명이 모였다. 오전 10시 사람들이 약속 장소에 도착해 보니 집이 넓고, 마당에 잔디가 깔려 있고, 식당도 크고, 여러 행사를 할 수 있는 홀도 있었다. 생각보다 정부 출범 준비를 잘해 놓은 것을 보고 기분이 다소 풀렸던 것 같다.

마침 이날 이봉수도 상해로 돌아왔다. 서울에 갔더니 송진우 현상윤 최남선 모두 잡혀 갔고, 천도교 측 정광조와 김성수를 만났는데 정부 조직에 관해 33인이 아무 말도 남긴 것이 없으니 상해에 모인 인사들이 좋도록 하라 했다고 말했다. 이제 상해의 독립운동가들이 뜻을 모아 임시정부를 세우면 되었다.

이날 모인 사람들 중에는 권총과 막대기를 든 청년들도 있었다. 이들은 집회를 보호하는 역할만 하려던 게 아니었다. 회의가 시작되고 얼마 지나지 않아 한 사람이 "나는 가오!"라며 자리를 박차고 일어났다. 그러자 청년 한 명이 문을 막고 울부짖었다.

"못 나가십니다. 정부 조직이 끝나기 전에는 한 걸음도 못 나가십니다. 지금 국내에서는 수많은 남녀 동포들이 피를 흘리고 감옥에 들어가고 있습니다. 여러분이 그 동포들을 생각하는 마음이 있으시면 밤이 아홉이라도 이 자리에서 정부를 조직하시고야 말 것입니다."

경성의전 학생 대표로 파고다공원 만세시위를 주도했던 한위건이었다. 참석자들은 숙연해졌다.

저녁에 고깃국을 끓여 먹은 다음, 밤 10시에 식당에서 정식으로 회의를 시작했다. 회의의 명칭을 임시의정원으로 정했다. 이동녕이 의장, 손정도가 부의장으로 뽑혔다.

국내에서 만든 신한민국 임시정부 구성안이 이틀 전 상해에 전해졌는데, 이를 기초로 논의를 시작하기로 했다. 먼저 나라의 이름을 정했다. 신석우가 '대한민국'을 제안했다. 이미 망해 버린 나라 대한제국의 이름에 반대한다며 조선민국 고려공화국 같은 제안들이 나왔다. 신석우는 "대한이라는 이름으로 망했으니 대한으로 다시 일어나자"고 주장했고, 표결 끝에 새 나라는 '대한민국'이 되었다.

관제는 신한민국의 집정관제에서 국무총리제로 변경했다. 신한민국 선언서에서 집정관으로 이동휘를 지명했는데, 대다수 의원들이 이를 바꾸고 싶어 했기 때문이다. 이어 국무총리 선거가 실시됐다. 이승만을 만장일치로 추대하지 않고 선거를 하게 된 것은 신채호의 반대 때문이었다.

정식회의를 시작하기 전에 정부수반으로 누가 좋을지 대화를 나누는데 누군가 이승만이 적임자라고 말하자 신채호가 벌떡 일어나 소리쳤다.

"이승만은 이완용보다 더 큰 역적이오. 이완용은 있는 나라를 팔아먹었지만 이승만은 아직 나라를 찾기도 전에 팔아먹은 놈이오!"

"사실을 잘 알아보기도 전에 그렇게 단정 지을 수 없지 않소."

옆에서 이렇게 말하자 신채호는 자리를 박차고 밖으로 나가 버렸다. 신채호는 정식회의 때는 돌아와 국무총리 후보자로 박용만을 천거했다. 그러자 현창운이 장난스럽게 신채호를 국무총리 후보자로 추천하자 폭소가 터졌다. 신채호는 노발대발하며 다시 퇴장했다.

애국지사인 신채호가 이승만에 대해 적개심에 가까운 평가를 한 것은 매우 안타까운 일이다. 이는 독립운동 진영의 분열을 일으켰고, 오랜 세월 이승만에 대한 왜곡된 선전의 소재가 되었다. 엄밀히 말하면 위임통치 청원이 문제가 아니었다. 신채호가 신한청년당을 만들었고, 신한청년당이 김규식을 파리강화회의에 보냈고, 김규식이 파리강화회의에 위임통치를 청원했다. 설마 김규식이 상해의 신한청년당과 사전 조율이나 사후 보고 없이 이런 입장을 밝히지는 않았을 것이다. 그렇다면 신채호의 말대로 이승만이 아직 찾지도 않은 나라를 팔아먹었다면, 신한청년당도 옆에서 같이 판 것이 된다.

신채호는 박용만과 오랜 친분이 있었다. 1917년에는 상해로 찾아온 박용만과 대동단결선언을 함께 주도했다. 이때 박용만은 하와이 교민사회 주도권을 이승만에게 빼앗긴 상태였다. 그가 이승만에 대해 어떻게 이야기했을지는 충분히 추측할 수 있다. 박용만의 시각으로 이승만을 평가하면 적대감이 생기지 않을 수 없다.

신채호 등의 반대에도 불구하고 이승만이 국무총리로 선출됐다. 현순의 표현대로 당시 형세는 국내외를 막론하고 인심의 추이가 이승만에게 폭주하였다. 이렇게 선출된 상해 임시정부의 첫 각료진은 다음과 같았다.

국무총리 이승만, 내무총장 안창호, 외무총장 김규식, 법무총장 이시영, 재무총장 최재형, 교통총장 문창범, 국무원 비서장 조소앙.

다음으로 헌법인 '임시헌장'을 심의했다. 신익희, 이광수, 조소앙 세 사람이 초안을 보고해 일부 수정한 뒤 의결했다. 제1조에서 민주공화제를 채택하고, 제3조 특권계급 부인, 제6조 교육 납세 병역의 의무 등을 규정했다. 제2조에서 '대한민국은 임시정부가 임시의정원의 결의에 의하야 이를 통치함'이라고 규정했는데, 이는 임시정부의 실제 운영을 임시의정원 의원 자신들이 주도하겠다는 뜻이었다.

회의는 밤을 꼬박 새워 다음날 아침 10시까지 계속됐다. 참석자들은 의사 일정을 모두 마친 뒤 감격에 겨워 만세 삼창을 부르고 해산했다. 이것이 대한민국 임시정부를 만든 임시의정원 제1회 회의였다.

거듭된 위임통치 해명 요구

4월 11일 현순은 국민회 하와이 지방총회에 전보를 보내 자신이 전에 말했던 임시정부는 잘못이었고 '우리의 진정한 임시정부'가 새로 세워졌다고 알렸다. 이 임시정부에 이승만이 국무총리, 안창호가 내무총장으로 뽑혔다는 것이었다.

국무총리로 선출해주어 고맙기는 한데 그 뒤 상해에서 들려오는 소식은 이승만의 억장을 무너뜨렸다. 4월 26일 현순의 전보 내용이다.

'맨데토리(위임통치)인지 독립인지, 선생이 지향하시는 바를 급전으로 설명해 주십시오. 선생께서 맨데토리를 청원하셨다는 소문이 퍼져서 우리 일에 막대한 장애가 되고 있습니다.'

이승만은 장문의 해명 편지를 썼다. 그리고 윌슨 대통령에게 다시 청원서를 보내 '한국의 절대 독립이 필요하다'고 역설했다. 다분히 상해의 독립운동가들을 의식한 조치였다. 그러나 애초에 이승만을 끌어내리는 게 목적이었던 사람들에게는 아무 의미 없는 일이었다. 상해임시정부는 미국에 있는 이승만을 대신해 이동녕을 국무총리 대리로 선출했다. 그러나 국내외 민중들의 절대적인 지지를 받고 있는 이승만을 해임하지는 못하고 있었다.

이 무렵 하와이 동포들은 이승만에게 강력한 지지 의사를 밝혀왔다. 국민회 하와이 지방총회는 상해임시정부에 의연금을 보내겠으며, 이승만이 필요하다면 그를 돕기 위해 상해와 미국 본토에 대표도 파견하겠다고 알려왔다. 이승만은 고마워 눈물이 날 정도였다.

그 사이 이승만은 분주하게 일했다. 서재필과 함께 미국 전역에 한국을 지원하는 미국인 조직을 만들기로 했다. 4월 한인대회에 참가했던 인사들이 우선 섭외 대상이었다. 서재필의 미국인 부인이 적극 나서 필라델피아 지역 유지 22명을 오찬 행사에 모았다. 서재필은 여기서 1시간 동안 열변을 토했다. 이 모임이 발기회가 되어 '한국친우회'가 결성되었다.

5월 29일 이승만은 드디어 상해의 이동녕에게서 전보를 받았다.

> 이승만 선생. 1919년 4월 11일에 소집된 임시국회에서 선거법에 따라 선생께서 대한민국의 국무총리로 선출되신 것을 알려드리는 것을 영광으로 생각합니다. 임시의정원 의장 이동녕.

이승만은 이를 즉시 공개하지 않았다. 다음날 이동녕이 국채 발행 허가를 알려온 다음에야 국민회 기관지인 신한민보를 통해 공표했다. 여유를 보인 것인데, 그럴 만한 이유가 있었다.

한성정부 집정관

신흥우가 왔다. 옛날 도동서당 후배였으며 배재학당에 함께 다니자고 졸라댔던 그 신흥우였다. 배재고 교장과 YMCA 이사로 일하고 있던 신흥우는 오하이오 주에서 열리는 감리교 선교 100주년 기념대회에 참석하기 위하여 미국에 왔다가 워싱턴에 들렀다. 그의 진짜 방미 목적은 이승만을 만나 한성정부 비밀문서들을 전달하는 일이었다.

한성정부는 일제의 극심한 탄압 속에서도 국내 독립운동가들의 역량을 결집해낸 성과였다. 평양 지역 대표로 상경해 3.1운동에 참여했던 감리교 전도사 이규갑은 일본 경찰의 검색이 강화되자 친척 집에 숨어 있었다. 어느 날 동지 8명이 그를 찾아왔다. 더 늦기 전에 운동의 조직화 방안을 논의하기 위해서였다. 지휘부가 없는 상태로는 일제의 무자비한 탄압에 오래 맞설 수가 없었다. 또한 장차 독립투쟁의 구심점이 될 임시정부가 필요하다는 데 뜻을 모았다.

3월 17일 변호사 홍진의 집에 20여 명이 모여 '임시정부 수립을 위한 준비위원회'를 만들었다. 이때 이규갑은 전국 대표들의 결의로 임시정부를 세워야 한다고 역설했다. 4월 2일 인천 만국공원에서 전국대표자 회의를 열기로 했다. 이곳에 모일 13도 대표로 25명을 선정했다. 종교인 언론인 교육자 학생 노동자 농민 등 각계 대표가 망라됐다. 이규갑, 홍진 등이 전국을 돌며 대표들을 만나 설득했다. 그 사이 승려인 이동욱이 국민대회 취지서와 임시정부 선포문, 일종의 헌법인 약법約法 등을 만들었다.

4월 2일 인천 만국공원 광장으로 대표자들이 모여들었다. 당시 그 일대는 외국인들이 거주하는 조계지여서 일본 경찰도 관여할 수 없었다. 행사 시작 때까지 20명 정도가 도착했다. 서울에서 활동하던 기독교 불교 천도교 유림 대표들은 대부분 참석했고, 경기도 대표들도 일부 참석했다. 그러나 일본 경찰의 단속 때문에 먼 지역 대표들은 약속을 지키지 못했다. 참석자들은 서울에서 국민대회를 개최하고 임시정부 수립을 선포하기로 의결했다.

국민대회 취지서에 13도 대표자 25명이 서명했다. 임시정부 기구와 각료 명단도 완성했다. 집정관 총재에 이승만, 국무총리 이동휘, 외무부 총장 박용만, 내무부 총장 이동녕 등 모두 외국에 망명 중인 독립운동가들이었다. 각종 유인물 6,000장을 인쇄했다

4월 23일 마침내 한성정부가 선포됐다. 학생들이 자동차에 '국민대회, 공화 만세'라는 깃발을 달고 임시정부 선포문이 담긴 전단을 뿌렸다. 서울 봉춘관에서 열 예정이던 13도 대표자 회의는 대표들이 못 와 무산됐지만, 보신각과 파고다공원 등 서울 곳곳에서 학생들이 시위를 벌였다. 일부 상인들이 이에 맞춰 철시를 하기도 했다.

한성정부 수립 소식은 UPI 서울특파원에 의해 전 세계로 타전됐다. 한성정부는 본국에서 전국 대표들의 의결을 거쳐 조직되었다는 점에서 어떤 임시정부보다도 정통성을 인정받았다. 또한 임시정부 조직과 각료도 합리적으로 입안되어 훗날 상해임시정부와 통합할 때 거의 그대로 인계되었다.

신흥우는 한성정부 문서들을 숨겨 가져오느라 위험한 고비도 많이 넘겼다. 그가 가져온 문서들을 보고 이승만은 큰 용기를 얻었다. 한성정부의 집정관 총재는 상해임시정부 국무총리 못지않은 어쩌면 훨씬 더 큰 권위를 그에게 부여했다.

이승만은 하와이에 전보를 쳐 측근들에게 아직 신문에 내지 말고 기다리라면서 먼저 박용만에게 한성정부가 외무부 총장으로 선임했음을 알리라고 지시했다. 어떻게든 박용만과 화해해 임시정부를 함께 이끌어

가고 싶었던 것이다. 그러나 박용만은 이미 10여일 전에 미국 군함을 타고 블라디보스토크로 떠난 뒤였다. 박용만은 거기서 독립군을 조직하려다 서울 중앙학교 교장 김성수에게 군자금을 얻으러 보낸 밀사가 도중에 체포되면서 실패했고, 다시 북경으로 갔다. 상해임시정부 참여를 끝내 거부한 것이다.

이승만은 상해의 이동녕에게 한성정부가 수립됐다는 사실을 알렸다. '본문이 우리에게 있소이다. 선생도 하나 얻어서 신문에 기재하십시오'라고 전보를 보냈다. 그동안 위임통치 청원 문제로 괴롭힌 데 대한 소심한 복수심도 엿보였다.

이승만은 한성정부의 존재를 세계에 알리는 활동을 시작했다. 6월 6일 한국 문제에 관심 있는 인사들을 워싱턴으로 초청해 '대한자유공동대회'를 열었다. 유명한 『은둔의 나라, 한국』의 저자 그리피스와 2주일 전 결성된 한국친우회 회장 톰킨스 그리고 서재필이 연설을 했다.

대한공화국 대통령 이름으로 옛날 대한제국과 국교를 맺었던 미국, 영국, 프랑스, 중국 등 열강에 '완벽한 자율적 민주정부'가 수립되었음을 통보했다. 일본 천황에게도 공문을 보냈다. 자신이 대통령으로 선출되었으니 모든 일본인들은 한국에서 철수해 달라고 요구했다.

이승만은 집정관 총재 명의로 국채를 발매하겠다고 선언했다. 하와이의 송헌주, 샌프란시스코의 이대위, 그리고 중국에서 활동하던 김규식 세 사람을 불러 실무를 맡겼다. 파리강화회의에 가 있던 김규식이 8월 24일에 워싱턴에 도착했다. 이튿날 이승만은 한국위원회를 '대한민국 특파 구미위원부'로 개칭했다. 대한민국을 대표하여 외교 및 선전 활동을 전개하고 동포들로부터 독립자금을 거두기 위한 조직이었다. 이를 놓고 상해임시정부와 격한 갈등을 빚었다.

1920년 3월 워싱턴 구미위원부 독립운동가들 (이승만기념관.com)

6. 구미위원부의 승리

독립결의 직전까지 갔던 외교전

이승만은 워싱턴 구미위원부를 김규식에게 맡기고 미국 전역을 누비며 강연 활동을 했다. 먼저 그 지방 한인 유학생이나 교민들이 겨우겨우 부탁해 미국인들을 모아 놓았다. 그러면 이승만이 가서 재미있는 연설로 청중들의 마음을 확 끌어 잡았다. 주제는 한결같았다. 한국이 독립하면 아시아 최초의 기독교 민주국가가 될 것이다. 그리고 제국주의 일본과는 달리 자유통상으로 미국 등 모든 나라에 이익이 되게 하겠다. 그러니 우리를 좀 도와 달라.

유학 시절부터 같은 연설을 수백 번이나 했다. 어떻게 말해야 미국인들이 웃고 우는지 모르면 비정상이었다. 폭소 끝에 연설이 끝나면 지켜서 있던 한인들이 한국친우회 가입 신청서를 들고 달려들었다. 정회원은 회비가 1년에 1달러, 찬조회원은 1년에 5달러, 종신회원은 100달러 이상이었다.

이승만은 교회, 학교, 로터리클럽 등 장소를 가리지 않았다. 강연을 하고 밤을 새워 이동해 또 강연을 하는 강행군도 다반사였다. 그 덕분에 마을과 도시마다 한국친우회가 생겼다. 자체 집계로는 1921년 6월 전체 회원 수가 2만 5,000명에 달했다. 미국 내 한인 수가 1만 명에 불과했던 시대에 대단한 규모였다. 한국친우회 회원들은 스스로 자기 동네 신문에 한국에 불리한 기사가 나오는지 감시하고 정부와 의회에 한국을 위한 탄원서를 보냈다.

이승만은 미국 의회를 상대로 치열한 로비전도 벌였다. 구미위원부 법률고문인 돌프 변호사에게 부탁해 스펜서 상원의원에게 장문의 편지를 보냈다. 스펜서 의원은 1919년 6월 30일 그 편지 내용을 근거로 조미수호조약과 관련해 현재 한국에 어떤 조치를 할 수 있는지 국무장관이 상원에 보고하라고 요구하는 결의안을 제출했다. 한국 문제가 처음으로 미국 의회에 공식 상정된 것이다.

3.1운동 때 일본 경찰이 한국 기독교인들에게 잔혹 행위를 했다는 신문 보도가 잇따르자, 미 의회에서도 일본의 식민지배를 비판하는 의원들이 점점 늘었다. 철옹성 같던 미국 내 친일 분위기가 조금씩 허물어져 갔던 것이다. 이런 가운데 이승만이 돌프 변호사에게 한국의 상황을 정리해 미 상원에 제출하도록 했고, 펠런 상원의원은 10월 1일 '미합중국 상원은 스스로 선택한 정부를 갖고자 하는 한국인의 열망에 대하여 동정의 뜻을 표한다'는 결의안을 제출했다. 이 결의안은 본회의에서 낭독된 뒤 외교위원회에 회부되었다.

1920년 3월 17일 미 상원에 아일랜드와 한국의 독립 촉구 결의안이

상정됐다. 이번에는 토머스 의원이 앞장섰다. '영국과 일본이 아일랜드와 한국의 정치적 독립을 즉시 인정하고 아일랜드와 한국이 국제연맹 회원국이 되는 데 동의할 것으로 이해한다'는 내용이었다. 친일 의원들의 공격으로 아일랜드와 한국 안건이 분리되고, 한국 결의안 내용이 거의 누더기가 되었지만 어쨌든 표결까지 올라가는 데 성공했다.

표결 결과는 아일랜드안은 38대 36으로 아슬아슬하게 가결, 한국안은 34대 46으로 부결되었다. 초조하게 기다리던 이승만은 고개를 떨구었다. 데벌레라가 이끄는 아일랜드 독립운동가들이 한없이 부러웠다. 그러나 미국에 2천만 동포가 사는 아일랜드와 한국을 비교할 수는 없었다.

비록 부결은 됐지만 한국의 독립 문제로 미국 의회에서 열띤 토론이 벌어지고 표결까지 간 것은 큰 외교적 승리였다. 평소 이승만에 비판적이었던 한인 신문들조차 극찬을 아끼지 않았다. 국민회의 신한민보는 '이번 실패는 실상은 실패가 아니요 승리'라고 보도했다. 또 상해의 독립신문도 '회상하라, 국치 10년 이래로 언제 한국 문제가 세계의 여론에 오르내렸더뇨'라고 전제하고 우리의 독립운동을 세계가 명확히 인식하게 된 위대한 사업이라고 평가했다.

임시정부의 건설자 안창호

하와이에서 한동안 머물던 안창호는 1919년 4월 28일 중국으로 출발했다. 홍콩을 거쳐 상해에 도착한 게 5월 25일이었다. 안창호가 부딪힌 상해의 상황은 암담했다.

상해임시정부는 출범하자마자 마비 상태였다. 이동녕이 국무총리 대리로 선임됐다 열흘 만인 5월 9일 사임했고, 상해에 있던 유일한 총장이었던 법무총장 이시영도 다음날 사임했다. 상해에 온 독립투사들 가운데 서북지방 출신이 많았는데 이들이 기호지방 출신인 이동녕과 이시영의 지시에 잘 따르지 않았다. 이동녕은 "상해임시정부는 말만 잘하는 사람이 많아 도저히 목적을 달성할 수 없을 것"이라고 탄식했다. 더구나 일본 경찰이 프랑스 영사의 허락을 얻어 조계지 안으로 쳐들어오는 변고가 일어났다. 여러 독립투사가 체포되고 이동녕, 이시영 등은 북경으로 피신했다.

당시 상해에는 한인들이 1,000명 정도 살았는데 대부분 3.1운동 이후에 도착한 독립운동가들이었다. 별다른 생계 수단이 없었던 그들은 극도의 궁핍에 시달렸으며, 임시정부의 재정적 토대를 세울 방법이 없었다. 이때 상해에 온 안창호에게 모두 큰 기대를 걸었다.

안창호는 대동단결을 강조했다. 그는 내무총장에 취임하기 전 연설에서 이승만의 위임통치 청원에 대한 공격을 중단하라고 요구했다. 이승만이 3.1운동 뒤 여러 차례 윌슨 대통령에게 보낸 청원서에서 '절대 독립'을 요구했다고 강조했다.

"그가 국무총리로 절대 독립을 청원한 이때에 그이를 배척함은 대단히 이롭지 못한 일이올시다. 이미 어떠한 관계가 있었어도 오늘날 우리가 그 세력을 후원함이 우리에게 큰 이익입니다."

청중들은 우렁찬 박수로 호응했다.

내무총장에 취임한 안창호는 국무총리 대리까지 겸임해 상해임시정부의 조직을 갖추어갔다. 위원제를 폐지하고 차장제를 부활해 상해로 오지 않은 총장들 대신 일을 하도록 했다. 안창호는 젊고 유능한 인재들을 직접 찾아다니며 차장으로 발탁했다. 국내와의 연락을 위해 연통제를 만들었다. 연통제는 도·군·면 단위로 비밀 행정기구를 두어 임시정부의 각종 문서를 전파하고 시위운동을 벌이며 독립자금을 모으는 역할을 맡았다.

안창호는 미국 국민회에서 송금받은 2만 5,000달러로 울창한 숲에 둘러싸인 3층 건물 한 채를 빌려 임시정부 청사로 사용했다. 임시정부는 아연 활기를 띠었다. 직원들은 매일 아침 9시에 출근해 강당에 모여 애국가를 부르고 안창호의 훈시를 들은 뒤 오후 4시까지 근무했다. 상해임시정부는 안창호에 의해 출범했다고 해도 과언이 아니다.

안창호는 상해임시정부를 대한국민의회 및 한성정부와 통합하려고 했다. 먼저 대한국민의회와의 협상이 타결됐다. 국민의회 의원 5분의 4를 임시의정원에 편입하기로 했다. 그런데 국민의회 사람들이 상해로 와 보니 같이 해산하겠다던 임시정부가 한성정부의 준칙에 맞춰 개조를 하는 게 아닌가. 그들 중 문창범 등 다수는 국민의회 부활을 선언하고 북경에 있던 신채호, 박용만 등과 제휴했다. 다만 이동휘는 한인사회당의

1920년 10월 안창호 등 임시정부 국무원 요원들 (전쟁기념관)

방침에 따라 상해임시정부에 합류했다.

안창호는 이승만에게 전보를 보내 위임통치 청원 문제도 해결되었으니 상해로 오라고 여러 차례 요청했다. 그러나 이승만은 이미 대통령 명의로 한성정부 수립을 열국에 통보했기 때문에 이제 와 국무총리로 활동하면 외교상 혼란이 온다고 주장했다. 이승만은 상해임시정부를 한성정부에 합치자고 제안했다. 안창호는 이를 받아들였다.

1919년 8월 28일 안창호는 임시의정원에 임시헌법 개정을 제안했다.

"우리 정부의 유일무이함을 내외에 표시함은 긴요한 일이니, 이렇게 하려면 상해 정부를 희생하고 한성의 정부를 승인함이 온당할 것입니다."

임시헌법 개정안은 논란 끝에 9월 6일 통과되었다. 이어 실시된 대통령 선거에서 이승만은 무효 1표를 제외한 만장일치로 선출되었다. 투표가 끝나자 의원들은 안창호의 선창으로 대한민국과 이승만 임시 대통령 만세를 외쳤다.

안창호는 임시 헌법 개정에 따라 노동국 총판으로 격하되었다. 안창호는 개의치 않았다. 안창호는 미국 국민회 중앙총회에 '이승만은 대통령이다'라는 암호전보를 보냈다. 이승만의 권한을 인정하라고 지시한 것이다. 그는 선한 사람이었다.

재미동포 후원금을 누구에게

이승만은 워싱턴에 구미위원부를 설치하면서 상해임시정부와 사전에 협의하지 않았다. 협의한다고 합의가 될 가능성도 없었다. 구미위원부는 워싱턴에 본부를 두고 필라델피아와 파리, 런던에도 사무소를 설치했다. 예산을 아껴 쓴다 해도 인건비와 임대료, 각종 로비와 홍보, 출판 활동에 엄청난 자금이 필요했다. 1만 명밖에 안 되는 재미동포들의 후원금을 놓고 구미위원부와 상해임시정부, 즉 이승만과 안창호의 갈등이 불가피했다.

이승만은 상해임시정부 국무총리로 임명된 직후부터 공채 발행권을 집요하게 요구했다. 결국 상해임시정부는 이동녕 국무총리 대리를 통해 이를 승인했다. 이승만은 공채 모집에 장애가 될지 모른다는 이유로 국민회 중앙총회의 애국금 모금을 중단한다는 공고문을 발표했다. 국민회는 격렬히 반발했다. 애국금을 모으지 않으면 국민회 운영은 물론 임시정부 안에서 안창호의 지도력까지 타격을 받게 된다.

상해임시정부는 국민회에 애국금 모집을 계속하라고 지시하고, 이승만에게는 미주 재정 문제를 담당할 재무관을 두는 게 어떻겠느냐고 제안했다. 이승만은 완강히 거절하며 구미위원부가 미주 재정을 관장해야 한다고 주장했다. 상해임시정부는 계속 압박하고 김규식 구미위원부 위원장조차 애국금과 공채 판매를 병행하자는 타협안에 동의했지만, 이승만은 혼자 버텼다.

정 안 되면 한성정부 집정관 자격으로만 활동하겠다는 이승만에게 결국 상해임시정부가 손을 들었다. 1920년 3월 국민회 애국금을 폐지하고 구미위원부를 재무관으로 위촉했다.

이승만은 미국 본토에 사는 동포는 100달러씩, 그 밖의 지역 동포는 40달러씩 공채를 사달라고 요청했다. 그렇게 공채를 팔아 모은 돈이 이전에 국민회가 애국금으로 걷은 액수와 비슷했다. 실제로는 후원금의 이름이 애국금에서 공채로, 수취인이 국민회에서 구미위원부로 바뀐 것이나 다름없었다.

재미동포들의 후원금을 거의 독점했지만 구미위원부 예산이 풍족했던 것도 아니다. 구미위원부는 발족할 때 한 달 운영비로 6,500달러를 책정했는데, 실제로는 월평균 3,600달러밖에 쓸 수 없었다. 예비비도 없애고, 푸른 눈의 독립운동가 헐버트 박사에게 주던 활동비도 중단했다. 임시정부에 대한 송금도 제대로 할 수 없었다. 미국에서 상해에 보낸 돈이 1919년 3만 600달러에서 1921년 1만 3,000달러로 줄었다. 상해 임시정부는 심각한 재정난에 빠졌고, 이승만에 대한 원성이 높아졌다.

마사리크와 데벌레라의 성공 사례

구미위원부 공채 논란 과정을 보면 이승만이 너무 독선적이고 자기만 아는 사람처럼 느껴진다. 이승만도 많은 독립운동가들에게 욕을 듣는 것을 몰랐을 리 없다. 개인 재산에는 욕심조차 없는 사람이었는데, 왜 그랬을까. 이승만과 같은 시대에 미국을 무대로 독립운동을 펼쳤고, 그의 눈앞에서 독립을 쟁취했던 체코의 토마시 마사리크와 아일랜드의 에이먼 데벌레라의 활동을 보면 그 이유를 이해할 수 있다.

마사리크는 체코 프라하 대학 교수였다. 300년 넘는 오스트리아 지배에서 벗어나려고 제국의회 의원이 되어 활동하다 파리로 망명했다. 그는 강대국에 둘러싸인 체코가 무력으로는 독립할 수 없다고 보고, 강대국을 설득하는 선전 외교 방략을 주장했다. 제1차 세계대전이 발발하자 전쟁의 목적과 전망을 책자로 만들어 연합국 지도자들에게 배포하고 체코 독립투쟁의 목표가 연합국, 특히 미국의 목표와 일치함을 설득했다. 먼저 파리에서 결성한 체코 국민의회의 활동으로 프랑스의 독립 동의를 이끌어냈다. 그리고 미국으로 건너가 윌슨 대통령과 면담했다. 연합국의 지지를 확인한 마사리크는 종전 직전인 1918년 10월 18일 미국에서 체코 독립을 선포했고, 패전국인 오스트리아는 이를 받아들일 수밖에 없었다.

독선적인 성격인 마사리크는 적이 많았다. 마사리크의 말하는 태도는 상대방에게 반감을 갖게 했다. 그는 전통, 다수, 편견을 두려워하지 않았다. 독립운동가들 사이에서 대표성을 인정받지 못해, 체코 국민의회를 스스로 임시정부라고 명명하고 임시정부 대통령을 자칭했다. 그러나 재정을 완전 장악했으며, 독립을 담보로 채권을 발행해 독립자금을 조달했다. 그리고 독립 후 초대 대통령이 되어 지금까지 국부로 추앙받는다.

데벌레라는 미국에서 태어나서 어릴 적 아일랜드 외가에 가 영국의 혹독한 식민지배를 겪으며 자랐다. 무장봉기에 가담했다 영국에 체포되어 사형선고를 받았지만 미국 태생이라는 이유로 지도자 가운데 유일하게 처형을 면했다. 살아남은 데벌레라는 일약 영웅이 되었고 특사로 풀려난 뒤 신페인당 당수로 선출됐다. 그는 독립자금을 모으러 미국으로 갔다. 독선적이었던 데벌레라는 가는 데마다 정파 간의 분쟁을 악화시켰다. 아일랜드 대통령 직함도 참칭했다.

그런데도 독립영웅을 맞이하는 아일랜드 동포들은 열광했다. 이미 모국어조차 잊어버린 노인들은 데벌레라의 연설을 바라보며 하염없이 눈물을 흘렸다. 100만 달러를 목표로 했는데, 500만 달러를 모으는 대성공을 거두었다. 데벌레라가 불을 지핀 2,000만 아일랜드 인들의 모국 독립 의지는 미 정계를 움직였고, 영국도 아일랜드에 자치를 허용하지 않을 수 없었다. 아일랜드는 얼마 지나지 않아 760년 만에 완전 독립을 이루었다.

체코나 아일랜드는 전쟁이 아닌 외교로 독립을 성취했다. 그 두 약소국이 무력투쟁만 고집했으면 결과는 달랐을 것이다. '우리는 우리 힘만으로는 결코 자유를 획득할 수 없었다'는 마사리크의 고백은 부끄러운 게 아니라 약소국의 현명한 독립 전략이었다. 이승만도 그 길을 걷고자 했다.

그러려면 먼저 강대국 국민들에게 한국을 알려야 한다. 당시만 해도 한국에 선교사를 보내는 미국 교회 목사가 축복을 한다며 '남태평양에 있는 한국에 간다'고 기도했다. 서구인들에게 한국은 악어가 들끓고 썩은 채소를 먹는 나라였다. 한국이 문명국가이며 일본에서 해방되어야 한다는 사실을 알리려면 광범위한 홍보가 필요했다.

구미위원부 보고서에 따르면 3.1운동 후 18개월 동안 미국 신문에 실린 한국 관련 기사와 논평이 9천여 건이었다. 그 중 일본 편을 드는 내용은 50건에 불과했다. 대미 여론전에서 식민지 한국이 일본을 압도한 것이다. 이를 위해 독립운동가들의 헌신뿐 아니라 비용이 필요했다. 그 비용을 마련하려 이승만은 다른 독립운동가들과 물불을 안 가리는 싸움을 한 것이다.

7. 이승만 상해에 가다

임시정부를 뒤흔든 분열

안창호의 헌신적인 노력으로 상해임시정부는 독립운동의 중심으로 자리잡아 가는 듯 보였다. 그러나 그 내부에서 갈등과 분규는 가라앉을 기미조차 없었다. 서북지방과 기호지방의 뿌리 깊은 반목, 무장투쟁론과 외교투쟁론의 대립, 그리고 사회주의와 민족주의의 갈등까지 고개를 들기 시작했다. 국가권력이 없는 망명정부로서는 피할 수 없는 숙명이었다. 일부 학자들은 그 모든 분규가 이승만 때문이라고 매도하지만 이승만은 그때 상해에 오지도 않았다.

특히 사회주의자들의 책동은 상해임시정부를 넘어 민족 분열로 악화되어 갔다. 안창호 등 많은 독립투사들은 독립운동에 민족의 역량을 집중하는 것이 각자의 이념보다 우선이라고 생각했다. 그러나 한인사회당 사람들의 생각은 달랐다. 한인사회당은 1919년 7월 박진순을 모스크바로 파견해 코민테른(국제공산당)에 가입했다. 박진순은 소련 외무부에 사회주의운동 자금을 요청해 거액을 받아 왔다. 한인사회당은 이를 일화 10만 엔으로 교환한 뒤 활동비와 인쇄소 운영, 중국 혁명 조직사업 등에 사용했다. 상해임시정부에는 5,000엔을 냈다. 그게 한인사회당이 생각한 임시정부의 비중이었다. 재미동포들의 성금을 임시정부에 쏟아 넣은 안창호만 순진한 사람이 되었다.

이동휘는 임시정부 국무총리보다 한인사회당 위원장 역할에 더 주력했다. 그는 이승만에게 유난히 적대적이었다. 상해임시정부와 소련의 연대를 구축하는 데 방해가 된다고 생각했기 때문이다.

1920년 1월 22일, 임시정부 국무회의는 소련의 지원을 요청하기 위하여 여운형, 안공근, 한형권 세 사람을 파견하기로 결의했다. 레닌이 소수민족들의 독립을 돕겠다고 선언했기 때문이다. 그런데 이동휘는 자기 측근인 한형권만 몰래 모스크바로 보냈다. 뒤늦게 이 사실을 안 이승만이 임시정부에 구미 외교는 자신과 먼저 상의하라는 전보를 보냈다.

이를 놓고 국무회의에서 격론이 벌어졌다. 다른 총장들이 모스크바에 정식 대사를 보내는 일을 이승만에게 위임하자고 말하자 이동휘가 막말을 했다.

"구미 외교라는 것이 다 썩은 외교인데 또 무슨 일을 위임한단 말이오."

참다못한 안창호가 이동휘를 질타했다.

"국무총리 지위에 있으면서 사석이나 공석에서 대통령 험담이나 욕설을 하는 것은 합당치 않소이다."

이동휘는 그 대통령 밑에서 일을 안 하겠다며 욕설을 퍼부었다. 이 때문에 신규식과 이동휘 사이에 거친 고함이 오갔다. 몇 달 뒤 한형권이 모스크바에서 받아온 자금의 사용처를 놓고 상해의 독립운동가들은 더욱 격렬한 분쟁에 휘말렸다.

상해로 가는 험한 길

이승만이 더이상 상해임시정부 부임을 늦출 수 없는 상황이 되었다. 임시의정원이 만장일치로 '대통령 내도 촉구안'을 의결했다. 일종의 최후통첩이었다. 이승만은 1920년 4월 12일 임시의정원에 상해로 가겠다고 전보를 쳤다. 그리고 천천히 여행 준비를 했다. 그러나 이승만의 상

1919년 호놀룰루 한인기독학원에서 개최된 이승만 임시정부 대통령 취임 축하행사 (이승만기념관.com)

해 부임은 갈등의 끝이 아니라 더 큰 분규의 출발점이 될 게 확실했다.

이동휘는 위임통치 청원을 이유로 이승만 불신임 이유서와 국무총리 사직서를 내고 산동반도 위해위로 가버렸다. 국무원 비서장으로 남아 있던 김립이 이동휘에게 계속 편지로 상해 상황을 보고했는데, 이를 수상히 여긴 국무원 직원들이 편지를 빼돌려 열어봤다. 그랬더니 안창호가 계속 이승만 편을 들어 한인사회당이 상해임시정부를 떠나는 것이 불가피해졌다고 적혀 있었다. 그리고 '승만이 상해부래上海不來는 확연이온즉 전일 고하온 계책은 시험할 여지 없이 되었고'라는 내용도 있었다. 즉 이승만에게 상해로 오라고 재촉한 것은 함께 독립운동을 하자는 게 아니라 음모를 꾸며 망가뜨리려는 목적이었음이 드러났다.

이승만 지지자들은 상해에 오지 말라고 조언했다. 안현경은 이승만에게 '결단코 이곳으로 오지 마시옵소서'라는 편지를 보냈다. 그래도 상해를 방문하겠다면 자금을 얼마쯤이라도 가져와야 한다고 건의했다. 장붕 역시 '이곳에서 각하를 오시게 운동하는 중인데, 공채 사건이나 여러 가지 작은 허물을 찾아내서 공박하자는 의사에 불과하다'고 전하고, 상해에 꼭 오려거든 돈 몇 만 원은 가지고 와야 하고 기밀비도 따로 몇 만 원 있어야 한다고 조언했다. 그러나 이승만이 돈이 어디 있겠는가. '성력誠力으로 대신하겠다'고 답장을 썼다.

노백린 임시정부 군무총장 (전쟁기념관)

상해 사람들은 이승만이 미주동포 성금을 거두니 대단한 재력이 있을 것이라 믿었다. 그러나 그것이 개인 재산은 아니었다. 약간의 월급을 받았지만 그 밖의 활동비는 용도가 조금만 불확실해도 김규식 구미위원부 위원장이 가차 없이 개인 변상을 요구했다. 이승만이 큰맘 먹고 금강산 필름을 73달러를 주고 샀는데 이를 강의용이 아닌 소장품으로 간주하고 전액 월급에서 공제해 그를 화나게 하기도 했다. 이승만의 청렴결백은 미덕이 되어야 하지만, 비극적이게도 당시 독립운동 현실에서는 동지들의 실망과 지도력 상실로 이어졌다.

1919년 이승만과 김규식 (이승만기념관.com)

이승만은 비서 임병직과 함께 워싱턴에서 샌프란시스코로 이동해 하와이행 여객선에 탑승했다. 그 여정을 미국 경찰이 경호했다. 망명정부 임시대통령에 대한 예우였다. 호놀룰루에 도착하자 많은 교민들이 대통령이 되어 돌아온 이승만을 뜨겁게 환영했다. 하와이에서 노백린, 김규식과 합류했다.

하와이에서 상해로 가는 길은 쉽지 않았다. 일본이 이승만에게 현상금 30만 달러를 걸었다는 보도가 있었기 때문에 극도로 조심해야 했다. 하와이에서 동북아시아로 가는 배들은 거의 모두 일본을 거쳤기 때문에 상해로 바로 가는 배를 찾으려면 시간이 걸렸다. 이승만 일행은 그의 오랜 친구인 장의사 보드윅의 별장으로 가 한동안 숨어 지냈다. 일본 영사관의 감시를 피하려고 이승만이 이미 떠났다고 소문도 냈다.

보드윅의 별장에서 이승만 일행은 오랜만에 오붓한 시간을 보냈다. 앞으로의 독립운동 방향에 대해 진지하게 토론했으며, 군인인 노백린의 지도로 체조도 하고 낚시도 하고 달 밝은 밤에 수영도 즐겼다.

별장 일행 중 김규식과는 어색한 관계였다. 이승만이 김규식을 파리에서 불러 구미위원부 위원장을 맡겼는데 결국 이견이 심해 사임한 직후였다. 미주 후원금 문제를 놓고 상해임시정부와 갈등할 때 이승만은 김규식이 당연히 자기편을 들어줄 것으로 믿었다. 그러나 김규식은 구미위원부도 임시정부 산하기관이므로 모은 돈 중 한 달에 4,000달러만 쓰고 나머지는 모두 보내겠다고 상해임시정부에 보고했다.

이승만 입장에서는 거의 기절할 일이었다. 그 모진 분란을 겪고 미주 재정권을 확보했는데 뒤에서 후배가 다시 퍼주고 있었던 것이다. 이승만의 생각에는 외교활동을 하지 말자는 것이나 다름없었다. 이승만은 김규식이 사임하자 몇 차례 설득하다 승인했다. 두 사람은 보드윅 별장에서 일주일 정도 함께 지내며 감정의 골을 많이 누그러뜨렸다. 그러나 이념은 비슷했으나 성격이 너무 달랐던 두 사람은 끝내 같은 길을 가지 못했다.

태평양의 외로운 시인

일행이 너무 많아 눈에 뜨일까 걱정한 보드윅은 이승만을 호놀룰루에 있는 자기 집으로 옮겼다. 거기서 열흘 정도 무료하게 기다리는데 드디어 배가 준비됐다는 소식이 왔다. 1920년 11월 16일 새벽에 이승만은 임병직을 데리고 네덜란드 선적의 스나이더라는 화물선에 탔다. 캘리포니아에서 목재를 싣고 상해로 가는 배였다. 배에는 보드윅의 부탁을 받은 이등항해사가 기다리고 있었다.

이승만과 임병직은 노동자 차림을 하고 중국인 부자 행세를 했다. 이등항해사는 두 사람을 어떤 창고에 들여보내고 밖에서 문을 잠궜다. 찬찬히 주위를 둘러보니 시체 안치실이었다. 두 사람은 기겁했다. 당시 미국에 송출되는 중국인 노동자들은 사망할 경우 시체를 중국으로 보내준다는 계약을 맺었다. 죽은 뒤 꼭 고향에 묻혀야 한다는 관습 때문이었다. 그래서 중국으로 가는 배가 있으면 여러 구의 시체들을 한꺼번에 실었던 것이다.

옛날 한성감옥에서 수없이 시체를 보았던 이승만도 무서웠는데, 곱게 살아온 임병직은 거의 정신을 잃은 지경이었다. 두 사람은 꼭 붙어서 공포의 밤을 지새고 또 낮을 보냈다. 그동안 배는 항구를 떠나 속도를 높이는 느낌이 들었다. 그리고 다음날 새벽 누군가 창고 문을 열고 두 사람에게 나오라고 했다.

위층 갑판으로 올라갔더니 다른 선원이 이들을 발견하고 크게 소리를 질렀다. 험한 욕설을 들은 뒤 두 사람은 선장에게 끌려갔다. 선장은 난감했지만 밀항자 두 사람 때문에 배를 돌릴 수는 없었다. 중국까지 태워줄 테니 일을 하라고 했다. 임병직에게는 갑판 청소가, 이승만에게는 초저녁부터 밤새 뱃머리에 앉아 어디 암초라도 있는지 감시하는 일이 주어졌다.

그런데 임병직이 선장에게 자신들이 가난한 중국인 노동자라고 설명하면서 아버지는 영어를 못 한다고 말했다. 이 프린스턴 박사가 너무 고급 영어를 써서 신분이 들통날까 걱정했던 것이다. 덕분에 이승만은 누구와 말 한 마디 섞지 못하고, 옆에서 선원들이 지저분한 농담을 해도 못 알아듣는 것처럼 표정을 관리해야 했다. 참으로 고역이었다. 이승만은 긴긴밤 태평양의 수평선을 바라보며 시심으로 외로움을 달랬다. 여러 편의 한시를 지었는데 그 중 아홉 수가 보존되어 있다.

一身漂漂水天間
萬里太洋幾往還
到處尋常形勝地
夢魂長在漢南山

하늘과 물 사이에 이 한 몸 떠돌아
만릿길 태평양을 몇 번이나 오갔던가
명승지 어디를 찾아가 보아도
꿈속 넋은 언제나 한남산에 머무네

8. 상해에서의 6개월

이승만 각하 상해에 오시도다

드디어 배가 상해에 도착했다. 1920년 12월 5일 아침이었다. 접안한 부두는 영국 조계지였다. 당시만 해도 영국과 일본은 군사동맹을 맺은 돈독한 관계였기 때문에 이승만 같은 위험인물이 검거될 경우 곧바로 일본 측에 넘길 것이었다. 상륙 수속이 진행되는 동안 이승만과 임병직은 조마조마해하며 배 안에 숨어 있었다. 다행히 선내 수색이 무사히 끝나자 두 사람은 갑판 위로 나왔다.

목재를 실은 화물선이었다. 중국인 노동자들이 여러 명 올라와 통나무를 메고 내려갔다. 허름한 중국옷을 입은 이승만, 임병직도 큰 나무를 하나씩 메고 브리지를 내려갔다. 이들을 눈여겨보는 사람은 없었다.

이승만과 임병직은 돛단배와 인력거를 타고 중국인 거류지로 들어갔다. 맹연관이라는 여관에 머물며 임시정부 쪽에 연락을 했다. 이틀 뒤 임시의정원 의원인 장붕이 마중 나왔다. 임시정부는 이승만의 거처를 프랑스 조계지에 있는 미국인 선교사 크로푸트의 집으로 정했다. 신변 안전을 위해서였다.

임병직은 상해 거리에 내걸린 수배전단에서 이승만의 현상금이 3,000원인 것을 발견했다. 다른 임시정부 요원들은 200원 이하였고, 자신은 150원이었다. 오는 길에 온갖 고생을 했지만, 일본을 거치지 않고 밀항한 게 현명한 선택이었다.

이승만은 12월 24일 임시정부 육군무관학교 제2회 졸업식에 참석해 상해 대중 앞에 처음으로 모습을 드러냈다. 24명의 장교들이 임관

1920년 12월 28일 상해교민단의 이승만 환영회 (이승만기념관.com)

하는 이 날 행사에 300명 넘는 축하객이 모였다. 이승만이 연단에 오르자 참석자들은 우레와 같은 박수와 함성으로 맞이했다. 독립협회와 만민공동회 지도자, 매일신문 주필, 한성감옥 무기수, 프린스턴대 박사, 윌슨 대통령의 애제자, 모든 임시정부들의 수반인 전설의 인물을 드디어 만난 것이다.

이승만은 이렇게 연설했다.

"철혈주의를 품고 기회를 기대하기를 바라오. 그런즉 오늘부터는 임진대적으로 생각해야 시종이 여일하게 하기를 부탁하오."

실력을 키우다 국제정세가 갖추어지면 무력으로 독립을 이루자는 이승만의 지론을 다시 한번 강조했다.

이승만은 또 이렇게 말했다.

"오늘 내가 이곳으로 온 것은 많은 금전이나 대정략을 가지고 온 것이 아니라 재미동포들의 이곳에서 일하시는 제위에게 감사하고저 하는 소식을 가지고 왔나이다."

상해 동포들의 노고에 감사하며 긍지를 드높이려는 말이었다. 그러나 상해 독립운동가들이 듣기에 청천벽력 같은 소리이기도 했다.

3.1운동이 일어나고 상해에 독립운동가들이 모여든 초기에는 어려운 가운데도 서로 도우며 희망을 나누었다. 그러나 시간이 흐르면서 생존마저 위협하는 극도의 궁핍이 이들을 괴롭혔다. 부자 나라인 미국에서 활동하던 이승만이 오면 뭔가 타개책이 생길 줄 알았다. 안창호나 박용만처럼 최소한 몇 만 달러는 가지고 올 것으로 예상했다. 그러나 이승만은 독립운동 자금이란 필요할 때 동포들에게 요청해 지원받는 것이라 생각했지, 따로 거액을 챙겨놓는 성격이 아니었다. 그러니 감사하는 마음밖에 가져올 게 없었다.

그래도 상해 동포들의 이승만에 대한 기대와 지지는 여전히 뜨거웠다. 해가 바뀌고 1921년 1월 1일자 임시정부 기관지 독립신문은 이렇게 보도했다.

> 국민아, 우리 임시대통령 이승만 각하가 상해에 오시도다. 우리의 원수元首, 우리의 지도자, 우리의 대통령을 따라 광복의 대업을 완성하기에 일신하자. 합력하자.

임시정부에 대한 도전들

임시정부가 세워진 지 2년이 가까워지면서 초기의 벅찬 희망은 사그라들고 그 자리에 낙담과 비관이 늘어가고 있었다. 똘똘 뭉쳐 싸워도 벅찬 적이 일본인데, 독립운동가들은 출신 지역과 이념에 따라 파당을 지어 대립했다. 그들은 기호파, 서북파, 북경파, 고려공산당 상해파, 고려공산당 이르크추크파 등으로 나뉘어 서로를 불신했다. 그 선한 안창호마저도 지역감정에서 자유롭지 못했다. 윤치호 일기에 나오는 이야기다.

> 안창호 씨가 지역감정의 소유자여서 기호인들의 노력으로 독립을 얻을 것 같으면 차라리 독립되지 않는 게 낫다고 생각하고 있다는 얘기를 여러 차례 들었다. 서북인들은 기호인에 대해 커다란 적대감을 가지고 있다. (1920년 8월 30일)

서북파가 기호파에 반감을 갖는 것은 조선의 지독한 지역 차별이 빚은 결과였다. 조선에서는 과거에 합격했다고 곧바로 관료가 될 수 없었다. 홍문관에서 과거 급제자 가운데 관료로 임용할 후보 명단을 만들었는데 이를 도당록都堂錄이라 불렀다. 정조에서 고종 말까지 130년 동안

1,499명이 도당록에 올랐다. 그 중 서울 출신이 65퍼센트로 압도적이었고, 경기도 충청도 경상도 순이었다. 조선은 서울에 살며 충청도에 논밭을 가진 노론 양반들의 나라였다. 평안도 함경도 황해도 출신들은 정조부터 철종 때까지 단 한 명도 도당록에 오르지 못했다.

여기에 어떻게 독립을 이룩해 어떤 나라를 세울 것인가에 대한 투쟁도 시작됐다. 각 정파들의 최우선 공격 목표는 이승만이었다. 무력투쟁론자들은 이승만의 외교론을 꺾어 독립운동의 자산을 확보하고자 했으며, 사회주의자들은 민족적 지지를 받는 이승만의 지위를 차지해 공산국가를 세우려 했다.

임시정부는 1921년 1월 5일 새해 첫 국무회의를 열었다. 참석자들은 밝은 표정으로 늦은 새해 인사를 나누었다. 이승만이 처음 주재하는 국무회의인 만큼 시정방침에 대한 기대와 궁금증이 컸다. 그런데 이승만이 개회를 선언하자마자 국무총리 이동휘가 돌발 발언을 했다. 먼저 위임통치 청원의 진상부터 밝히자는 것이었다. 싸우자는 말이었다. 이미 안창호의 설명과 만류로 마무리된 분위기였던 위임통치 청원을 다시 제기한 것은 이승만의 기를 죽여 고분고분하게 만들려는 속셈이었다. 만약 이승만이 사과하면 큰 과오를 시인한 것이니 대통령에서 하야시킬 수도 있었다. 그러나 이승만이 기가 죽거나 사과할 사람이 아니었다.

이동휘는 다음 국무회의 때는 대통령이 상해에 없을 때 행정 결재권을 국무총리에게 위임하라고 요구했다. 그리고 이승만을 상해 밖으로 내보내면 임시정부를 손쉽게 장악할 수 있을 것이었다. 이승만은 거부했다.

공세는 계속됐다. 이동휘 등 고려공산당은 임시정부의 각 기구들을 세계 각지로 분산하자고 주장했다. 사실상 임시정부 해체나 다름없었다. 이동휘는 또 임시정부의 대통령제를 위원제로 바꾸자고 주장했다.

소비에트 체제를 염두에 둔 것이었다. 이승만은 모두 거부했다.

임시정부를 장악하려는 시도들이 모두 불발되자 이동휘는 1월 26일 국무총리를 사임했다. 이승만이 말렸지만, 이동휘는 자신의 쇄신안이 무시되어 더 이상 일을 할 수 없다고 선언하고 광동으로 가버렸다. 이승만은 하는 수 없이 이동녕 내무총장을 총리 대리로 임명했다.

이동휘는 소련 외무인민위원회에 '친미우익 그룹에 지도적 역할을 계속 맡겨 두는 것은 무의미한 행위라고 판단하여 임시정부에서 탈퇴했다'고 보고했다. 고려공산당은 '대중의 전적인 신뢰를 받는 최고혁명기관'을 다시 조직하려고 했다. 그것이 국민대표회의 소집 운동이었다. 고려공산당은 2년 뒤 61개 단체의 국민대표회의를 소집하는 데 성공했지만, 이념과 파벌의 극심한 분열만 노출한 채 초라하게 종결됐다.

북경의 박용만도 집요하게 상해임시정부를 공격했다. 신채호와 대한국민의회 회장 문창범, 천도교 간부 신숙 등이 합세했다. 박용만 등 북경파는 1921년 4월 군사통일회의를 결성했다. 명목은 무장독립운동단체 통합이었지만, 실제 목적은 상해임시정부 타도였다. 군사통일회의는 임시정부를 새로 조직하겠다고 상해에 통고했다. 그 이유로 이승만의 위임통치 청원을 들었다.

군사통일회의는 박용만, 신채호 등 54인의 이름으로 이승만 성토문을 발표했다. 성토문은 이승만, 정한경의 위임통치 청원을 두고 조선을 미국의 식민지로 만들려던 것이라고 매도하고, 이에 동의했던 안창호까지 죄책을 용서할 수 없다며 비난했다. 성토문은 이승만에 대해 '역적' 또는 '녹봉이나 탐내는 비루한 사람'이라는 등 온갖 욕설을 했다. 경쟁자에게 반감을 넘어 적개심을 보이는 독립운동 진영의 분열상이 극명하게 노출됐다. 군사통일회의는 이승만 성토문 발표 외에는 뚜렷한 활동을 하지 못하고 얼마 안 가 사실상 해체되었다.

임시정부의 수호자 김구

사면초가처럼 반대세력에 둘러싸인 이승만에게 경무국장 김구는 너무 고맙고 든든한 우군이었다. 그러나 이승만과 김구는 민족주의라는 이념 외에는 출신 배경부터 시작해 많은 것이 달랐다. 특히 이승만이 살인은 그것이 독립운동이라 해도 반대했지만, 김구는 독립운동을 죽고 죽이는 전쟁으로 보았다.

김구는 아주 다양한 형태의 항일운동에 투신했다. 남만주 김이언의 의병부대에 들어가 압록강을 건너 강계를 공격했다 패배했다. 을사조약이 체결되자 진남포예수교회 청년회 총무 자격으로 상경해 이준, 이동녕 등 상동교회 교인들과 조약 폐기를 상소했다. 고향으로 돌아가서는 학교를 세우고 교장으로 일했다. 그러던 중 비밀결사 조직인 신민회에 가입해 안창호, 양기탁, 이동녕, 이시영 등과 함께 만주무관학교 설립을 준비하다 수감되었다.

김구 (대한민국역사박물관)

석방된 뒤 농장에서 일하며 농촌계몽 활동을 하던 김구는 3.1운동이 시작되어 일제의 감시가 심해지자 상해로 탈출했다. 상해에서 첫 날 밤 김구는 어느 동포의 집에 겨우 들어가 맨바닥에 담요만 깔고 잤다. 다행히 다음날 자신이 가르쳤던 제자이며 임시정부 의정원 의원을 맡은 김보연을 만나 그의 집으로 갔다. 김보연을 통해 이동녕, 이광수 등과도 해후했다. 김구는 이동녕의 추천으로 의정원 의원이 되었고 내무부 위원으로도 선출되었다.

임시정부에서는 일반인보다 20센티미터나 더 크고 주먹이 쇠망치 같은 김구에게 요인 경호 역할을 기대했다. 한 달 뒤 안창호가 상해에 왔을 때 김구는 상해의 한인 청년들을 동원해 호위했다. 아직 공식 직함을 받은 것은 아니지만 사실상 경호실장 역할을 하고 있었던 것이다.

그런데 이 고지식한 독립운동가는 안창호를 찾아가 임시정부 청사의 문지기를 시켜 달라고 요청했다. 자기는 그 정도 자격밖에 안 된다는 것이었다. 안창호는 말없이 듣고 있다가 다음날 김구를 불러 경무국장 사령장을 주었다. 김구가 다시 사양하자 나이 많은 사람이 문지기를 하면 젊은 차장들이 드나들기 불편해한다는 이유를 댔다. 김구는 자기 표현이 지나칠 정도로 겸손했다. 이것이 미덕으로 받아들여지면 좋은데 정치적으로 악용되는 경우도 있었다. 예를 들어 현재 북한의 영화는 김구가 김일성에게 통일이 되면 고향에서 과수원이나 하고 싶다고 말한 것을 땅을 얻어 보려는 비굴한 노인처럼 묘사하고 있다.

경무국장은 임시정부의 방패이자 칼이었다. 당시 임시정부에서 제대로 가동되던 부서는 내무부뿐이었고, 내무부 업무의 대부분은 경무국의 밀정 단속이었다. 일본의 상해 총영사관과 임시정부 사이에 목숨을 건 첩보전이 벌어지고 있었다. 일본은 경찰과 밀정들을 풀어 임시정부 요인들을 체포하려고 했다.

김구는 정사복 경호원 20여 명과 함께 이를 막았다. 일본 밀정이 프랑스 조계에 들어오면 체포해 안가로 끌고 가 자백을 받은 뒤 처단했다. 그렇게 제거한 밀정의 수가 서른 명이 넘었다. 일본 영사관에 이중간첩을 집어넣어 그들의 동태를 살폈다. 임시정부의 방첩 활동이 성과를 거두자 일본 밀정들이 겁을 먹고 프랑스 조계에 들어오기를 꺼리게 되었다. 그 과정에서 김구도 몇 번이나 암살 위기를 넘겼다. 이런 경무국장 업무를 김구는 5년 동안이나 수행했다.

임시정부 안에 공산주의 세력이 퍼져갔다. 국무총리 이동휘가 중심 인물이었다. 소련 공산당 요원들이 1920년 5월 상해로 와 코민테른 동아시아 비서부를 발족했다. 그 아래 이동휘, 김립 등 한인사회당 간부들이 소속되어 고려공산당을 만들었다.

김구는 공산주의를 싫어했다. 공산주의가 무엇인지 잘 모를 때에도, 소련을 종주국으로 삼는 자체부터 거부했다. 이동휘가 나서 김구를 포섭하려 했다. 그러나 김구는 한민족의 독립운동이 코민테른의 명령을 받는 것은 자존성 상실이라면서 오히려 이동휘의 자중을 요구했다. 김구와 공산주의자들의 갈등은 논쟁에 그치지 않고 유혈 사태로 이어졌다. 대표적인 것이 레닌 자금 사건이었다.

이동휘가 임시정부 국무회의 결정을 무시하고 한형권을 몰래 모스크바로 보낸 것은 결국 돈 문제 때문이었다. 한형권은 임시정부 전권대표 신임장을 가지고 갔다. 그는 소련 정부에 임시정부 승인과 200만 루블의 차관을 요청했다. 한형권을 만난 레닌은 "한국에는 프롤레타리아 혁명이 필요한 게 아니라 민족해방운동, 즉 독립운동이 필요하다. 한국의 독립운동에 전적으로 찬성하며 원조하겠다"고 말했다. 지원 대상이 고려공산당이 아니라 임시정부임을 분명히 밝힌 것이다.

레닌은 한형권의 요청대로 200만 루블을 지원하기로 약속하고 먼저 금화 40만 루블을 내주었다. 문서에는 대한민국 임시정부에 빌려주는 것으로 기재했다. 오늘날 화폐 가치로 500억 원이 넘는 엄청난 액수였다. 금화를 일곱 상자에 나누어 담았는데, 한 상자 무게가 다섯 사람 체중과 같았다고 한형권은 회상했다.

한형권은 옴스크에서 마중 나온 김립을 만났다. 한형권은 40만 루블을 인계하고 나머지 돈을 받기 위해 모스크바로 돌아갔다. 김립은 그에게 무려 6만 루블을 활동비로 주었다. 김립은 또 4만 루블을 도중에 분실했다고 주장했다. 그래도 30만 루블 가까운 거액이 상해에 도착했다. 이승만이 상해에 온 직후인 1920년 12월의 일이었다. 또한 한형권도 나머지 돈의 일부를 받아 왔다. 볼셰비키 정부는 아직 상해임시정부 성격이 확실치 못하니 다 줄 수는 없다며 20만 루블 만 내주었다.

상해의 공산주의자들은 거의 돈벼락을 맞았다. 김립은 날마다 음식점으로 사람들을 불러 모아 술과 고기를 대접했다. 그리고 지금의 임시정부로는 안 되니 혁명정부를 조직해야 한다고 선동했다.

반면에 임시정부 사람들은 극도의 재정난에 시달리고 있었다. 레닌이 60만 루블을 빌려준 상대는 임시정부였다. 따라서 그 돈은 임시정부로 들어와야 했다. 그런데 공산주의자들은 단 한 푼도 나누어주지 않고 오히려 임시정부 파괴 공작에 사용하고 있었다. 이승만이 이동휘에게 임시정부 명의로 모스크바에서 받은 자금이 어디에 있느냐고 추궁하자 이동휘는 국무총리 직을 사임해 버렸다. 김립은 이미 임시정부를 떠난 지 오래였다.

레닌 자금을 둘러싼 갈등은 점점 더 커져 갔다. 이승만이 미국으로 돌아간 뒤인 1922년 1월 26일 임시정부는 신규식 국무총리와 총장들 명의로 이동휘와 김립을 성토하는 포고문을 발표했다. 포고문 내용이 무시무시했다.

'이러한 것들을 응징하지 않으면 국기國基가 서기 어렵다. 그 죄를 들어 국인공주國人共誅(국민들이 함께 죄인을 죽임)의 의를 밝히려 한다.'

2월 6일 김구는 오면직, 노종균을 보내 상해 거리에서 김립을 총으로 쏴 죽였다. 오면직은 그 뒤 상해 일본 총영사관을 습격했다 체포되어 사형당했고, 노종균은 친일파를 처단하다 일제에 체포되어 해주감옥에서 옥사한 독립투사들이었다.

임시정부는 또 한형권이 가지고 있는 20만 루블을 빼앗기 위해 추격대를 조직했다. 김구가 보낸 의열단원 김상옥은 고려공산당원 윤해에게 총격을 가해 상해를 입혔다. 다음해 서울 종로경찰서에 폭탄을 던진 뒤 쌍권총을 들고 총격전을 벌였던 그 김상옥 의사였다.

레닌 자금은 민족주의자들과의 분쟁뿐 아니라 고려공산당 내부에서도 분열을 일으켰다. 이동휘 등 상해파가 자금을 독점하자 소외된 여운형, 김만겸 등이 이르쿠츠크파로 갈라졌다.

미국으로 돌아가다

신채호 등 북경파에 이어 고려공산당 그룹이 떠나자 임시정부에 남아 있는 사람들도 의견이 분분했다. 시국 수습 방안을 놓고 매일 회의를 거듭했다. 김규식, 노백린 등은 이승만에게 물러나라고 요구했다. 중도파들은 이승만에게 위임통치 청원에 사과하자고 제안했다. 그러나 이승만은 위임통치 청원이 잘못이 아니며, 혹여 사과한다 해도 그의 경쟁자들이 용서하고 독립운동에 힘을 모으지도 않을 것이라 생각했다. 오히려 잘못을 인정하면 물러나라고 더욱 압박할 가능성이 크다고 봤다.

이승만은 임시정부 분열을 수습하려 애를 썼다. 1921년 2월 28일 임시의정원을 소집해 연두교서를 발표하고 행정 쇄신과 예산 절약, 외교 강화 정책을 발표했다. 그러나 그의 지도력은 점차 한계를 드러냈다.

4월 18일 국무회의에서 이승만은 학무총장 김규식에게 그동안 왜 불참했느냐고 나무랐다. 그랬더니 김규식이 발끈했다.

"무슨 정략이 있어야 시국을 정돈할 것이 아닙니까. 그렇지 않다면 시

일만 낭비할 필요가 없어요."

대통령직을 빨리 사퇴하라는 말이었다.

"만일 상당한 민의가 있고, 그것이 상당한 민의기관을 통하여 발표된 이후라야 사퇴하겠소."

두 사람의 언쟁이 붙었다. 김규식은 그만두겠다고 말했다.

"저는 여기서 구두로 사퇴를 청원합니다."

이승만도 단호했다.

"여러분이 이를 다 들었소이다. 모름지기 그렇게 처리함이 좋겠소."

그렇게 김규식은 임시정부를 떠났다. 이어 교통총장 남형우도 사직했다.

이승만은 내각을 다시 짜야 했다. 4월 29일 국무총리 대리 이동녕에게 내각 구성안을 보냈다. 국무총리에 안창호를 임명하려 했지만 안창호가 거부했다. 그동안 임시정부의 분열에 진저리가 난 것도 있고, 이승만이 너무 늦게 손을 내민 점도 있었다. 결국 법무총장 신규식이 국무총리를 겸임하고, 그동안 안창호가 맡아온 노동국 총판은 재무총장 이시영이 겸임했다. 상해를 떠나 버린 노백린을 해임하고 그 자리에 이승만의 사조직 협성회를 이끈 윤기섭을 임명했다. 이승만은 학무총장에 고려공산당 이르쿠츠크파인 김만겸을 임명해 이동휘 등 고려공산당 상해파를 견제하려 했지만 신규식, 이동녕, 이시영 등 민족주의자들이 강력히 반대해 취소했다.

이승만은 힘겨워했다. 더이상 상해에 머물며 이룰 수 있는 게 무엇일지 회의가 들었다. 게다가 이승만이 서둘러 미국으로 돌아가야 할 사건이 발생했다. 자신이 믿고 구미위원부 위원장을 맡겼던 현순이 반란을 일으킨 것이다.

재미동포들이 상해에 보내던 후원금은 엄청난 액수였다. 임시정부는 절대적으로 그 돈에 의지하고 있었다. 그러다 보니 현순은 상해임시정부를 얕잡아 보았다. 이승만과 안창호의 지시에 따라 국민회 사람들도 그에게 깍듯하게 대했다. 현순은 점점 그게 자신의 능력 때문이라고 착각하고 스스로 대미 외교의 중심이 되려고 했다.

현순은 1921년 3월 9일 이승만에게 자신이 주미공사가 되겠다고 통보했다. 필라델피아와 런던의 사무소도 폐쇄하겠다고 밝혔다. 가뜩이나 임시정부 일도 복잡한데 생각지도 않던 현순의 행동에 이승만은 심한 스트레스를 받았다. 이승만은 서재필, 돌프와 전보로 사태를 논의했다. 그들은 모두 이승만에게 빨리 미국으로 돌아오라고 권했다. 현순은 4월 9일 임시정부에 전보를 쳤다.

> 당신들 정략으로 일 안 하고 싸움질만 하므로 돈 안 들어오오. 공사 수임한 것, 공관 설립한 일 임시정부에서 속히 인증 전보하면 돈 빚 얻어 보내리다. 내 말 믿지 않고 시행 안 하면 정부, 위원부 다 없어지오. 대통령 사사로 내정일 서재필, 돌프에게 전보질 못 하게 하오.

현순이 제정신인지 의심스러운 내용이었다. 이승만은 4월 18일 현순에게 해임을 통보하고, 서재필을 구미위원부 임시위원장으로 임명했다. 급할 때 믿을 사람은 은사밖에 없었다. 현순은 즉각 반발했다. 그는 이승만에게 이렇게 타전했다.

'나라와 2천만을 위하여 해임 안 받소. 당신 전문 받기 전에 외교 시작하였으니 대통령이라도 고치면 대역부도.'

서재필과 돌프는 현순을 비난하며 그가 공금을 횡령했다고 주장했다. 구미위원부 내분이 심각해지자 허정, 조병옥 등 유학생들이 주축이 된 뉴욕 대한인공동회가 워싱턴에 조사단을 보냈다. 이들은 조사 결과

'현순이 공사관 설립을 구실로 구미위원부의 공금과 중요 서류를 사사로이 관할하고 불량한 내외국인과 공모하여 외교상 큰 손실을 초래했다'고 발표했다.

현순은 이에 굴복해 5월 26일 이승만에게 사임 청원서를 보냈다. 그리고 상해로 돌아와 이승만 반대파에 합류했다. 현순은 자서전에서 '다행히 나는 워싱턴 재임 시에 약간의 저금이 있었다'고 썼다.

이승만은 상해를 떠나기로 마음을 굳혔다. 4월 16일 저녁 한 구락부 만찬회에서 이승만은 미국으로 가겠다고 말했다. 미국에 일이 많고 상해에 있어 봐야 도움을 주지 못하여 송구스럽다는 이유였다. 이동녕이 발끈했다. 미국으로 가도 이곳 사람들이 임시정부에 남아 당신을 후원할 것이라 기대하지는 말라고 쏘아붙였다.

그러나 이승만을 붙잡을 수는 없었다. 이승만은 5월 17일 임시의정원에 '외교상 긴급과 재정상 절박으로 인하야 미국으로 돌아간다'는 짤막한 교서를 보냈다. 다음날 이 교서가 의정원에서 낭독되었다.

미국으로 돌아가는 여정도 편하지 않았다. 일본 정보기관의 눈을 피해야 했다. 이승만은 일단 상해 인근으로 잠적했다가 5월 28일 밤 국제 여객선을 타고 출항했다. 배는 일본 고베를 향하고 있었는데, 중간에 마닐라에서 내렸다. 그리고 2주일을 기다려 하와이 직항편에 올랐다.

1921년 6월 29일 새벽 여명 속에 수평선 위로 오하우 섬의 산봉우리들이 보이기 시작했다. 이승만의 가슴은 회한으로 가득했다. 상해에서의 6개월은 그에게 고뇌와 상처만을 남겼다. 그러나 그보다는 남겨두고 온 동지들에 대한 미안함과, 눈앞에 다가온 줄 알았던 조국의 독립이 다시 멀어지는 게 너무 가슴 아팠다. 아침 8시, 호놀룰루 항에 가까워지자 부두에 마중 나온 많은 동포들이 보였다.

제4장 길었던 어둠의 시대

1. 절망의 워싱턴 군축회의

미국의 제29대 대통령에 취임한 하딩은 1921년 영국, 프랑스, 이탈리아, 일본 등 제1차 세계대전 승전국들을 워싱턴으로 불러모았다. 베르사유조약에도 불구하고 아직 동아시아와 태평양에서의 군비축소 등 전후 질서가 확정되지 않았기 때문이다.

워싱턴회의의 개최 소식은 한국 독립운동가들을 고무시켰다. 가장 먼저 움직인 사람은 구미위원부 임시위원장 서재필이었다. 그는 1921년 7월 14일 상해임시정부에 보낸 편지에서 '이 회의에서 한국의 생사도 작정될 터'라고 말했다. 그리고 10만 달러를 목표로 특별외교비 수납 운동을 시작했다.

국민회 기관지인 신한민보는 '한국 문제도 마땅히 다루어져야 하며, 그 성패 여부는 많이는 우리의 일하는 데 달렸다'는 논설을 실었다. 상해임시정부도 포고문에서 '우리의 문제는 이 석상에서 반드시 한 중대 문제가 될지라'라며 기대를 드러냈다.

구미위원부의 모금 요청에 동포들이 적극 호응했다. 회의가 시작된 11월까지 미국 본토 동포들이 1만 1,500달러, 하와이 동포들이 7,000달러, 그리고 가난한 멕시코, 쿠바 동포들도 700달러 이상을 후원했다. 식민 지배에 신음하는 국내에서도 6,200달러나 거두어 보내왔다.

그러나 이승만은 신중했다. 국제질서의 현상 유지 정책을 추구하는 하딩 정부가 과연 한국의 독립을 위해 일본에 압력을 가해 줄지 극히 의심스러웠다. 이승만의 독립 전략은 그 무렵 하와이 현지 신문과의 인터뷰에서 잘 드러났다. 그는 머지않아 일본이 동양을 지배하는 강대국임을 선언하고 그것의 승인을 요구할 것이며, 필연적인 결과로 세계대전이 다시 일어날 것이라고 전망했다. 그러한 국제정세 격변 속에서 한국 독립의 길을 찾겠다는 것이며, 이를 위한 여건을 만들어가자는 방략이었다. 아직 결정적 단계가 아니었다.

머뭇거리는 이승만에게 7월 26일 구미위원부에서 전보가 왔다.

'속히 도미 아니하면 대사 와해, 즉답.'

임시정부도 재촉했다.

'태평양회의가 어찌 되오. 여하간 지휘 없어 답답하오. 대표는 제이손(서재필)으로 정하야 참가 요구 속히 함이 어떠한지요. 곧 전보로 답하소서.'

임시정부 대통령이 동포들의 들끓는 희망에 찬물을 끼얹을 수는 없었다. 이승만은 열심히 노력하면 한국의 독립을 워싱턴회의 공식 안건으로 상정하고 주요 강대국 대표들에게 그 필요성을 설파할

1921년 워싱턴 군축회의 때 이승만과 서재필
(이승만기념관.com)

수 있을 것이라 생각했다.

그러려면 준비를 많이 해야 했다. 이승만은 국내의 이상재에게 편지를 보냈다.

'이 회를 열 임시에 내지와 원동 각처에서 시위운동을 크게 하는 것이 또한 필요하니 미리 준비하게 하시오.'

이 같은 전방위 지원 요청은 몇 달 뒤 국내 저명인사들의 연대 성명인 '한국인민치태평양회의서韓國人民致太平洋會議書'로 결실을 맺었다.

냉철했던 서재필이 워싱턴회의를 앞두고 흥분했던 것은 다소 이례적이다. 당시 미국이 동북아시아에서 어떤 이해관계를 가지고 있었는지 모를 리 없었던 그였다. 다만 이미 나이가 환갑을 바라보고 있고 오래 운영해온 사업이 기울어 궁지에 몰렸던 상황이 그를 조급하게 만든 게 아닌가 추측된다. 서재필은 이번 워싱턴회의를 마지막으로 독립운동 일선에서 물러나겠다고 공언하고 있었다.

이승만은 8월 27일 워싱턴에 도착해 대한민국 임시정부 대표단을 구성했다. 자신이 단장, 서재필 대표, 정한경 서기, 돌프 변호사가 고문을 맡았다. 미국 정부를 상대로 일할 로비스트도 고용했다. 외국 공관들이 몰려 있는 워싱턴 노스웨스트 16번가의 4층 건물을 세내어 사무소를 차렸다. 얼마 전까지 콜롬비아 공사관으로 쓰던 흰 대리석 외벽의 고급 건물이었다. 외국 손님들을 접대할 한국인 전속 요리사까지 있었다. 빠듯한 임시정부 살림에 허세에 가까운 외양이었다. 그러나 한국의 독립운동 세력이 강대하다는 인상을 억지로라도 만들어야 했다.

임시정부 대표단은 본격적인 활동을 시작했다. 미국 정부를 상대로 회의 발언권을 요구하고, 각국 대표단에 한국의 독립 필요성을 설득하며, 언론을 통한 홍보 활동을 전개했다. 언론 쪽에는 상당한 성과가 있었다.

그러나 미국 정부를 상대로 한 외교는 처음부터 난관에 부딪혔다. 하딩 대통령과 미국 대표단에 여러 차례 임시정부의 발언권을 요청했지만, 미국의 반응은 싸늘했다. 한국은 아무런 국제적 지위도 가지고 있지 않다는 답변뿐이었다.

워싱턴회의는 1921년 11월 12일 미국, 영국, 일본, 프랑스, 이탈리아, 벨기에, 네덜란드, 포르투갈 그리고 중국의 원세개 정부가 참가한 가운데 개막되었다. 독립운동가들은 마음이 급해졌다. 임시정부 대표단이 각국 대표단에게 연이어 호소문을 배포했다. 이승만이 만든 한국친우회도 각처에 청원서를 보내 미국 정부를 압박했다.

악전고투하던 임시정부 대표단에 국내 인사들의 연대성명인 '한국인민치태평양회의서'가 전달되었다. 한국 대표단의 회의 참가와 일본의 무력정책 방지를 요청하는 내용이었다. 여기에 국민공회 대표 이상재, 양기탁과 황족 대표 이강을 비롯해 윤치호, 박영효, 허헌, 장덕수, 김병로 등 374명이 서명날인하였다. 이 성명은 한국의 지도층 인사들이 엄혹한 식민통치를 뚫고 독립을 요구했다는 점에서 국내외에 큰 파장을 일으켰다.

그러나 회의가 막바지에 접어들어도 한국 문제가 상정될 가능성은 보이지 않았다. 다급해진 이승만은 직접 회의장 앞에 찾아가 유인물을 나누어주며 독립에 대한 지지를 호소했다. 각국 대표들이 이승만을 모를 리 없었다. 그동안 여러 대표단들과 접촉해왔고 미국 언론에도 자주 보도됐었다. 그런데도 그들은 모두 모른 척했으며 일부는 모멸에 가까운 반응을 보였다. 나라 잃은 백성은 한없이 서러울 수밖에 없었다.

워싱턴회의는 1922년 2월 6일 끝났다. 먼저 미국, 영국, 일본이 군함톤수 비율을 5:5:3으로 합의했다. 미국이 바라던 대로 영일동맹은 폐기됐고 미국, 영국, 프랑스, 일본의 4개국 조약으로 대체됐다. 태평양에서의 상호 영토 존중 등을 담았다.

일본은 워싱턴회의에서 팽창에 제동이 걸렸다. 이미 차지했던 중국 내 이권도 일부 반환해야 했다. 그러나 그 밖의 점령지들은 기득권으로 인정받았다. 이로써 열강들의 세력 균형이 이루어지고, 이 질서는 1931년 일본 관동군이 만주사변을 일으킬 때까지 유지됐다.

참가국들이 저마다 크고 작은 이익들을 챙겨 돌아가는데, 끝내 외면만 받은 임시정부 대표단은 망연자실했다. 한국의 존재와 치열한 독립운동을 강대국 지도자들에게 각인시켰지만, 동포들이 당장 바란 건 그게 아니었다. 이승만과 그의 외교독립론은 혹독한 비판에 직면해야 했다. 그리고 미주 독립운동의 큰 축이었던 서재필이 당초 예고했던 대로 독립운동 일선에서 떠나겠다고 밝혔다.

2. 용두사미가 된 국민대표회의

상해임시정부의 민족주의자들 사이에는 점점 더 위기감이 커졌다. 워싱턴 군축회의 외교 실패에 따른 민심 이반과 소련의 지원을 등에 업은 공산주의자들의 세력 확산에 숨이 막힐 지경이었다. 1922년 1월 12일 신규식 국무총리 대리와 이시영, 신익희 등 임시정부 각료들은 이승만에게 전보를 쳤다.

'미경美京(워싱턴) 외교에 인심 실망. 불량배는 이를 기회로 정부 요동운동 시작하오. 유지 진행할 실력 없은즉 총사직함이 제일 필요하므로 우리는 정했소. 각하도 일치하거든 사직서를 국회에 전보로 내시오.'

여기서 불량배는 고려공산당 상해파를 가리켰다. 각료들의 사직을 말려도 듣지 않자 이승만은 후임자가 정해질 때까지만이라도 일해 달라고 간곡히 부탁했다.

이렇게 어려울 때 끝까지 그를 믿고 도운 건 재미동포들이었다. 캘리포니아의 윤병구 목사는 임시정부에 '미주교민 다수는 내지동포 다수 같이 현임내각을 신임하고 옹호하기 결심이니 참조하십시오'라고 전보를 보냈다. 그리고 민찬호 하와이 교민단장은 임시정부로 1,000달러를 송금한 뒤 이승만에게 연락했다.

'내지동포 충성 잊지 마시오. 사면하심 불가하오. 힘껏 해갑시다.'

이승만은 눈물이 핑 돌 만큼 고마웠다.

그러나 임시정부는 점점 무너져 갔다. 3월 25일 신규식 등 각료들은 이승만의 수리 여부와 관계없이 총사직하겠다고 통고해 왔다. 그리고 4월 12일 김구와 김인전, 조상섭, 이유필이 이승만에게 노골적으로 사직을 권고하는 전보를 쳤다.

'노백린 이외 총차장 전부 사직하고 나갔으므로 무정부된 지 월여. 각하는 곧 추현양능하는 아량으로 사직하심이 공사 양편. 충정으로 간고하나이다.'

이승만은 큰 충격을 받았다. 그러나 그는 굴하지 않았다.

이승만의 적들은 그가 권력욕 때문에 임시정부 대통령직을 내려놓지 않았다고 비판한다. 그러나 임시정부 대통령은 그렇게 탐나는 자리가 아니었다. 권력도 돈도 아무것도 생기는 게 없었다. 어디서 후원금을 얻어와 운영비를 마련하려 전전긍긍해야 하는 의무만 있는 자리였다. 그래서 이승만이 물러난 뒤 아무도 대통령을 하겠다는 사람이 없었다.

당시 임시정부가 이승만에게 보낸 전보들을 보면 지금 시각으로는 민망할 정도로 송금을 재촉했다. 어떤 용건이든 말미에 돈을 보내라는 재촉이 빠진 전보가 드물었다. 그도 그럴 것이 임시정부나 대부분의 독립운동가들은 극심한 경제적 압박에 시달렸다. 예를 들어 1922년 9월 신규식이 사망했을 때 이시영 임시정부 재무총장이 이승만에게 이렇게 타전했다.

'신규식 작일 사망. 장비葬費 무득이오.'

상해임시정부 창설자이자 국무총리 대리를 역임한 애국자가 마흔세 살에 요절했는데, 그의 장례비용이 없었던 것이다. 이승만은 급히 50달러를 보냈다.

그런데도 이승만이 대통령직을 사임 않고 버틴 것은 독립운동의 궤도 이탈을 막는 길이라 믿었기 때문이다. 특히 임시정부를 공산주의 혁명에 악용하려는 자들을 경계했다. 그는 사임 압박을 받는 와중에도 임시정부에 전보를 보내 '공산당과 혼잡 마시오'라고 경고했다.

그 사이 한국의 독립운동가들 사이에 일대 소동이 벌어졌다. 서구 열강의 외면에 지친 많은 독립운동가들이 소수민족 독립을 지원하겠다는 소련으로 관심을 돌렸다. 레닌이 개최한 1922년 1월 모스크바 극동민족대회에 9개 나라 대표 144명이 참가했는데, 한국인이 52명이나 되었다.

공산주의자들뿐 아니라 신한청년단 김규식과 목사인 현순까지 참가했다. 행사에 참석한 이상 공산주의에 동조하지 않을 수 없었다. 김규식은 "공산주의 인터내셔널 만세!"를 외쳤고, 현순은 '프롤레타리아의 국제적 단결'을 연설했다.

막상 공산주의자들은 단결하지 못했다. 고려공산당 이르쿠츠크파가 대회 주도권을 잡고 상해파의 참석을 방해했다. 상해파 이동휘는 레닌을 만나 이르쿠츠크파의 분파 행동을 고발했다. 코민테른이 중재에 나섰지만 실패하자 결국 두 파벌 모두 해체하라고 명령했다.

한편 레닌은 대회에서 부르주아 세력과 통일전선을 구축해 공산주의로 이행해야 한다고 강조했다. 극동민족회의는 폐막하면서 한국 독립운동에 대한 지지와 임시정부 개혁을 결의했다.

여운형은 상해로 돌아와 통일전선전술 이행에 착수했다. 안창호와 함께 국민대표회의를 소집한 것이다. 그런데 시작부터 제동이 걸렸다. 역시 돈 문제 때문이었다. 국내외 독립운동가들을 상해로 모을 교통비와 숙식비를 마련할 방법이 없었다. 한형권이 1920년 소련에서 받아온 자금을 사용하려 했는데 그가 연락을 끊었다.

코민테른이 다시 나섰다. 코민테른 집행위원회가 대표를 파견해 한형권에게 지급한 60만 루블의 사용처를 감사했다. 한형권은 가지고 있던 돈 가운데 5만 달러를 내놓지 않을 수 없었다.

자금 문제가 해결되자 대회 준비도 일사천리로 진행됐다. 이제 임시정부는 고려공산당과 안창호 계열로 금방 대체될 것 같았다. 그런데 각지에서 대표들이 모이자 계파 갈등이 다시 터져나왔다.

국민대표회의는 1923년 1월 3일 개막됐다. 안창호가 임시의장으로 선출됐다. 그런데 북간도에서 온 한 참석자가 위임통치 청원 문제를 다시 들고 나와 공격했다. 영향력이 실추된 안창호는 의장단 선거 때 3차 결선투표까지 거치며 겨우 부의장으로 당선됐다.

참석자들은 임시정부를 개혁하자는 '개조파'와 아예 없애고 다시 만들자는 '창조파'로 갈라졌다. 여운형과 안창호 그리고 고려공산당 상해파가 개조파였다. 고려공산당 이르쿠츠크파와 북경 군사통일회는 창조파였다. 개조파와 창조파의 극심한 대립으로 국민대표회의는 교착상태에 빠졌다. 3월 21일 이후로는 회의조차 열지 못했다.

국민대표회의가 두 달째 공전되자 개조파였던 김동삼 의장 등 의장단 일부가 만주로 돌아가 버렸다. 그 자리를 모두 창조파가 차지했다. 개조파가 참석을 거부한 가운데 창조파는 1923년 6월 2일 자기들끼리 회의를 열어 새로운 국가를 선포했다. 국호는 한韓이고 연호는 기원紀元으로 정했다. 개조파는 '기이한 연극'이라며 격렬히 비난했다. 창조파는 소비에트 체제의 헌법을 만들고 그에 따라 정부를 구성했다.

그런데 창조파의 독단적인 행동이 역풍을 맞았다. 북간도와 서간도 등에서 독립운동가들의 반대 성명이 봇물을 이뤘다. 최고지도부인 국무위원들도 취임을 거부했다. 임시정부와 적대관계였던 북경 군사통일회 박용만과 감창숙마저 이제는 창조파를 외면했다. 임시정부 측의 반격도 시작됐다. 상해에서 교민대회를 열고 창조파를 성토했다. 그리고 임시정부 내무총장으로 취임한 김구가 내무부령 1호로 국민대표회의의 해산을 명령했다.

창조파 인사들은 여비가 없어 두 달간 고생하다 코민테른에서 겨우 돈을 얻어 블라디보스토크로 철수했다. 윤해, 신숙, 원세훈 등 30여 명이 8월 말 노르웨이 상선을 타고 상해를 떠났다. 창조파 정부의 외무위원장으로 선임됐던 김규식도 이들과 동행했다.

3. 고국방문단과 절실했던 희망

이승만은 1922년 9월 하와이로 조용히 돌아왔다. 일 년 전 동포들의 열렬한 응원을 받으며 워싱턴으로 향할 때에 비하면 초라한 귀환이었다. 그래도 그는 하와이에서 여전히 저명인사였다. 호놀룰루 영자신문은 그의 도착 소식과 함께 인터뷰 기사를 실었다. 그런데 내용이 좀 이상했다.

'한국의 상태는 일본의 새 총독 치하에서 현저하게 면목을 일신하고 있소. 새 총독은 많은 개혁을 실시했는데, 그 개혁이 합당하다고 한국

인들이 인정하고 있소이다.'

이승만이 한 말이라고는 믿어지지 않는다. 왜 그랬을까?

이승만이 임시정부 대통령이 되어 하와이를 떠난 뒤 그가 세운 한인기독학원 운영이 많이 어려워졌다. 100명이 넘던 학생 수가 40여 명으로 줄었고, 학교 부채가 7,000달러에 달했다. 더구나 그동안 임대해 쓰던 알리올라니 캠퍼스에서 일 년 뒤 나가 달라고 요구했다.

이승만은 새 학교를 지으려 동분서주했다. 한인기독학원이 가지고 있던 땅과 옛 학교 건물을 팔아 칼리히 밸리의 황무지를 샀다. 건설회사와 협상해 건축비를 대폭 낮추었고, 미국인 유지들에게 부탁해 기부금도 받았다.

그래도 학교를 지으려면 1만 5,000달러가 부족했다. 하와이 교민들의 힘만으로는 도저히 감당할 수 없는 거액이었다. 그래서 생각해낸 것이 학생들의 고국방문단 파견이었다. 재미동포 7,000명의 경제 규모를 2,000만 명이 사는 본국의 경제 규모와 비교할 수는 없었다. 궁극의 해결책은 본국 동포들의 후원을 받는 것이었다.

학생들의 고국 방문은 외국에서 나고 자란 동포 2세들의 민족 정체성을 확립하기 위해서도 필요했다. 또한 오랜 식민 지배 아래 절망에 빠진 고국 동포들에게 새로운 희망을 줄 수도 있었다. 문제는 한국에 가고 싶다고 마음대로 갈 수 있는 게 아니라는 데 있었다.

하와이 한인들의 고국 방문은 조선총독부와 일본총영사관의 승인이 있어야 가능했다. 수뇌급 독립운동가인 이승만이 "한인학교를 재건하고 민족교육을 시켜 독립투사들로 육성해야겠으니 고국방문을 허가해 달라"고 요청하면 일본이 받아줄 리 만무했다. 만천과해瞞天過海, 하늘을 속여 바다를 건넌다. 중국 병법의 기초였다.

이승만의 신문 인터뷰는 효과가 있었다. 일본 경찰은 이승만의 발언을 보고하면서 '이제야 완매불령한 그의 뇌리에도 분명히 우리 총독의 통치가 얼마나 훌륭하며 우리 제국이 다액의 국비를 들여 조선의 새 신민을 배양하고 있는 것을 깨달은 것으로 인정된다'고 분석했다. 그리고 이승만이 독립운동 자금은커녕 자신의 호구조차 쪼들리고 있다고 보고했다. 일본인들이 생각할 때 이 정도면 충분히 회유 공작의 대상이 될 만도 했다.

이승만과 한인기독학원 교장 민찬호는 1922년 10월 제1회 범태평양통상회의에 참가하기 위해 본국에서 온 김윤수와 만나 하와이 학생들의 고국방문에 대해 상의했다. 김윤수는 당시 동양물산주식회사 전무취체역이었다.

야마자키 하와이 주재 일본총영사는 김윤수를 불러 이승만과 무슨 이야기를 나누었는지 꼬치꼬치 캐물었다. 김윤수는 "이승만이 정치적 활동보다 아동교육에 중점을 두고 있어 과거보다 정치 색채가 얼마쯤 감소된 듯하다"고 말했다. 그리고 "민찬호가 한인기독학원 경영을 걱정하면서 기금을 모집할 겸 학생들을 데리고 고국 관광을 할 계획인데 도강 허가를 알선해 달라고 부탁했다"고 말했다. 야마자키도 이승만의 의도에 정확히 말려들었다. 그는 '한인들의 배일사상이 쇠퇴하는 반면에 한국 관람을 하려고 하는 것은 매우 반가운 현상'이라고 본국에 보고했다.

이승만의 학생 고국 방문 추진에 대해 여기저기서 강한 비판이 제기됐다. 박용만 계열인 대조선독립단은 '일본의 원조를 받아서 학생들로 하여금 일본 내지 및 조선을 방문하게 했다'며 각지 동포들에게 격문을 돌렸다. 안창호 계열의 국민회 기관지 신한민보도 '우리의 독립정신을 희생하여 돈으로 저당 잡히는 일'이라며 맹비난했다.

그러나 이승만이 누가 비판한다고 물러설 사람이 아니었다. 5월부터 남학생 12명과 여학생 8명을 뽑아 야구 배구 연극 음악을 열심히 연습시켰다. 서울에서는 그보다 석 달 전에 벌써 환영위원회가 결성되었다. 이승만의 영원한 후원자인 이상재와 하와이에 왔을 때 방문 행사를 논의한 김윤수 등이 주축이 되었다. 그리고 동아일보가 하와이 학생들의 고국 방문 소식을 여러 차례 보도해 독자들의 관심을 불러일으켰다.

드디어 1923년 6월 20일 학생 고국방문단이 호놀룰루를 출발했다. 민찬호 교장과 김영우, 김노디 교사가 인솔했다. 방문단은 일본 요코하마를 거쳐 부산항에 도착한 뒤 급행열차 편으로 서울로 향했다. 서울역에는 각 학교와 종교단체에서 6,000여 명의 환영객이 나와 기다리고 있었다. 방문단이 도착하자 이상재 환영위원회 위원장의 선창으로 만세를 불렀다. 일본 정부는 해외 한인 학생들의 발전된 고국 견학을 기대했지만, 행사 분위기가 처음부터 다르게 진행됐다.

학생 고국방문단은 고종황제릉과 신문사, 미국영사관을 방문하는 것으로 서울 일정을 시작했다. 그리고 독립운동 유적지들을 방문했는데, 가는 곳마다 뜨거운 환영을 받았다. 방문단의 일거수일투족을 보도한 동아일보 기사에 따르면, 학생들이 독립문을 찾았을 때 동네 주민 수백 명이 나와 감격에 겨워했다. 주민들은 학생들에게 다과를 베풀고, 가난한 동네였음에도 100원이나 성금을 거둬 기부했다.

동아일보 주최 '하와이 조선인 사정 강연회'는 입장료를 받았는데도 청중들로 초만원을 이뤘다. 강연회에서 민찬호는 한국 동포 자녀들에게 한국혼을 심어 주어야 한다고 연설했다. 김노디는 여성교육의 필요성을 강조했다. 모두가 반대했던 남녀공학을 하와이 한인기독학원이 어떻게 이뤄냈는지 설명했다. 한인기독학원을 졸업하고 고학으로 고등학교와 대학을 마친 신여성 김노디는 많은 관심과 찬사를 받았다.

학생 고국방문단은 서울에 머무는 동안 야구 경기 4회, 배구 경기 1

회, 음악회 2회를 열어 큰 호응을 얻었다. 모든 행사 때 입장료를 받았다. 서울의 유지들은 앞다투어 식사에 초대했다. 하루 세끼 모두 고급음식을 먹는 것도 힘들었지만, 돈이 아까웠다. 김노디는 동아일보 인터뷰를 빌어 이렇게 부탁했다.

"어차피 저희들을 위하야 하시는 일이니 너무 월권일지 모르겠으나, 사정이 그러하오니 될 수 있는 대로 먹이시기보다는 학교 세울 돈을 좀 보태어 주셨으면 참으로 기쁘겠습니다."

그 말은 바로 효과가 나타나 윤치호가 만찬 초대 대신 기부금을 냈고, 휘문고보 교장 민영휘도 현금 2,000원을 희사했다.

학생 고국방문단이 지방 순회를 시작하면서 환영의 열기는 점점 더 뜨거워졌다. 방문단이 인천에 들렀을 때 인천역 주변에 1만여 명의 환영인파가 모였다. 인천항 개항 이래 최대 규모였다. 가는 곳마다 군중이 환영의 만세를 불렀는데, 분위기가 3.1운동을 연상케 해 스스로를 감동시켰다. 그래서 수원 등에서는 경찰이 만세 제창을 금지하기도 했다.

여행 일정이 촘촘한데다 왜 우리 고장에는 오지 않느냐는 주민들의 항의에 방문지가 늘면서 더욱 강행군이 되었다. 그래도 학생들이나 환영객 모두 지칠 줄을 몰랐다. 방문단이 개성역에 도착했을 때 밤 9시가 넘었는데, 억수같이 쏟아지는 빗속에 5천 명이 기다리다 만세를 불렀다. 그리고 광주에서 영광까지 길이 나빠 예정보다 다섯 시간이나 늦었는데도, 3천 명이 오후 1시부터 땡볕에 앉아 기다리고 있었다. 암담한 시대를 살아가던 식민지 백성들은 작은 희망조차 그렇게 절실했던 것이다.

학생 고국방문단은 8월 27일 저녁 서울에서 고별음악회를 열었는데, 그날 수익금 전액을 서북지방 수재 의연금으로 내는 착한 인상을 남겼다. 고국 방문 행사는 대성공을 거두었다. 상당액의 건축 기부금을 거됬고, 미국에서 나고 자란 학생들은 민족 정체성을 일깨웠다. 또한 이승만 개인으로도 한국 내에서 잊혀 가던 명성을 되살리고 민족주의자들과의 연대도 다시 다지는 소중한 성과를 얻었다.

학생 고국방문단은 9월 1일 서울을 떠나 부산과 시모노세키 요코하마를 거쳐 하와이로 향했다. 도중에 일본에서 관동대지진의 여파로 발이 묶이는 곤욕을 치렀다. 이때 악의적인 유언비어로 한국인 6,000명이 학살당하는 참사가 벌어졌는데, 학생들은 다행히 피해를 입지 않고 일본을 빠져 나왔다.

1923년 9월 18일 아침에 학생 고국방문단이 호놀룰루에 도착했다. 부두에는 부모들을 비롯해 한인 동포 500여명이 마중을 나왔다. 그리고 그날 칼리히 밸리에 새로 지은 한인기독학원 교사와 기숙사 완공식이 열렸다. 공사를 서둘러, 새 학년을 학교 없이 시작하는 사태를 겨우 피했다. 이승만은 안도의 한숨을 쉬었다.

4. 탄핵당한 초대 대통령

국민대표회의가 무산된 뒤 창조파가 블라디보스토크로 철수한 데 이어 안창호도 상해를 떠났다. 상해 정국이 갑자기 평온해졌지만 임시정부의 위기가 끝난 것은 아니었다. 개조파의 임시정부 장악 시도는 멈추지 않았다.

당시 임시정부는 매우 궁박한 상태였다. 사무실 임대료가 없어 이시영의 집 2층을 임시정부 청사로 쓰고 있었다. 내각에는 노백린 국무총리와 김구, 조소앙, 이시영 총장 네 사람 만 남아 있었다. 그나마 사이도 좋지 않았다. 총장들의 요구로 이승만은 이동녕을 새 국무총리로 임명했다.

1924년 2월 임시정부 임시의정원이 개원했다. 정원 36명 가운데 7명 만 참석해 초라한 개원식을 치렀다. 한 달 만에 의원들을 보충해 의결 정족수를 채웠는데 개조파 인물들이 대거 들어왔다. 이들은 이동녕 총리의 총장 임명 동의안들을 부결시켜 절름발이 내각으로 만들었다.

여운형, 최창식이 연이어 임시의정원 의장으로 선출됐다. 두 사람 모두 고려공산당 이르쿠츠크파 간부들이었다. 이승만 축출을 위한 과정이었다. 이승만 지지자들의 반발에도 불구하고 임시의정원은 8월 21일 임시대통령 직권을 중단하고 이동녕 국무총리가 직무를 대리하도록 결정했다. 개조파는 하루빨리 이동녕마저 몰아내고 헌법을 개정해 소비에트 체제로 가려고 했다.

기회는 생각보다 빨리 찾아왔다. 그해 4월 민비 조카인 민영익의 아들 민정식이 상해에 왔다. 오래 전 고종이 민영익을 시켜 홍삼 1만 근을 수출해 수십만 원을 상해 은행에 예치해 두었는데 나라가 망하면서 민영익 재산이 되었다는 것이다. 민영익이 죽은 뒤 아들 민정식이 임시정부의 도움으로 그 돈을 찾으려 했다. 임시정부로서는 엄청난 재산을 찾아 일부라도 기증받으면 재정난에서 완전히 해방될 수 있었다. 상해 교민들의 관심은 온통 이 보물찾기에 쏠려 있었다. 그러나 어렵게 찾아낸 민영익의 은행금고들은 텅 비어 있었다. 그리고 민정식의 장인이 상해로 찾아와 일본 경찰의 도움으로 그를 납치해 가버렸다.

민정식이 끌려가자 큰 기대가 무산된 상해 교민들의 분노가 폭발했다. 일부 흥분한 청년들은 임시정부 청사로 몰려가서 민정식을 보호하지 못한 데 항의했다. 결국 이동녕 국무총리가 사건에 대한 책임을 지고 임시의정원에 사퇴서를 제출했다. 뜻밖의 호재를 만난 임시의정원 개조파들은 이동녕 외에 모든 각료들도 사직하라고 요구해 관철시켰다. 드디어 이승만의 임시정부를 와해시킨 것이다. 임시의정원은 당시 65세였던 박은식을 대통령 대리로 선출했다.

이승만 정부의 축출은 여운형 등 고려공산당 이르쿠츠크파 일부, 고려공산당 상해파의 경상도 인사들, 안창호가 이끄는 서북파 인사들이 연합해 성사시켰다. 따라서 후임 인사와 권력구조 개편은 세 세력의 합의에 의해 이루어져야 했다. 다른 두 그룹과 달리 안창호는 소비에트식 위원제에 반대했다. 임시정부 수장이 되어야 한다는 측근들의 요망도 단호히 거절했다. 자신이 옳다고 믿으면 어떠한 반대도 개의치 않던 이승만과 달리 안창호는 주변의 비난을 어떻게든 피하려는 성품이었다.

개조파의 임시정부 장악은 다음해 초에 완성되었다. 1925년 2월 20일 임시의정원을 개원했다. 의원 수가 24명이었는데, 경기도 출신 3명을 제외하고는 거의 다 서북 출신 개조파였다. 이들은 '이승만 임시대통령 탄핵안'을 발의해 가결했다. 임시정부 헌법에는 대통령 탄핵 의결 정족수를 총원 4/5 이상의 출석과 출석의원 3/4 이상의 찬성으로 규정했지만, 헌법 조문 따위는 무시했다. 임시의정원은 또한 헌법을 개정했다. 대통령제를 없애고 국무령 중심의 내각책임제로 만들었다. 안창호의 반대로 위원제 채택이 불발되자 일부 각료가 사퇴하기도 했다.

상해, 북경 등 각지에서 이승만 지지자들의 비판이 쏟아졌다. 이시영 전 총장은 "공산주의자들의 음모로 자행된 임시정부 수립 이래 처음 있는 정변"이라고 규탄했다. 가장 강한 반발은 이승만의 지지 기반인 미국에서 나왔다. 뉴욕의 대한인교민단, 시카고의 자유단, 하와이 교민공동회 등이 집회를 갖고 임시의정원 규탄 결의문을 채택했다. 임시의정원이 구미위원부를 폐지하고 문서와 금품 일체를 국민회에 넘기라고 지시했지만, 하와이 교민단은 그 뒤로도 자금을 구미위원부로 보냈다. 이승만은 임시의정원의 결정을 인정하지 않았다. 그는 탄핵 의결 뒤 이를 '위법망행違法妄行'으로 비난하는 대통령 선포문을 발표했다.

그러면 이승만을 탄핵한 개조파는 단합해 임시정부를 잘 이끌었을까? 불행히도 그렇지 못했다. 1925년 7월 임시의정원은 정부 수반인 국무령으로 만주의 독립군 지도자 이상룡을 선출했다. 이상룡은 남만주 독립운동단체들을 통합한 정의부를 이끌고 있었다. 그런데 정의부 내에 이상룡의 국무령 취임이 조직을 와해시킬 수 있다는 우려가 많았다. 이상룡은 몰래 상해로 떠나야 했다.

국무령에 취임한 이상룡은 국무원 9명 중 8명을 독립군 지도자들로 임명했다. 그러나 아무도 임명을 받아들이지 않았다. 정의부는 물론 북만주의 신민부도 개조파를 독립운동의 방해 세력으로 보고 있었다. 신민부와 이승만의 관계는 청산리대첩의 명장인 김좌진이 1926년 이승만에게 보낸 편지에서 잘 드러난다.

청산리전투 승전 기념 사진 중 맨앞이 김좌진 장군이다. (전쟁기념관)

불행히 야욕자의 간사한 농간과 사리를 도모하는 자의 편견으로 우리 운동의 전도를 가로막으며 사업의 발전을 저지케 함은 참으로 통탄스러운 바이올시다. 오직 우리는 각하의 지도를 받아 사업의 전도를 진행코저 하오니…

국무회의 구성이 무산되고 개조파와 알력까지 겪던 이상룡이 홀연히 북경으로 떠나 돌아오지 않았다. 임시의정원은 1926년 2월 이상룡을 면직시키고 역시 정의부 소속이었던 원로 언론인 양기탁을 새 국무령으로 선출했다. 양기탁은 고민하다 취임을 거부했다.

개조파는 당황했다. 임시의정원은 몇 번의 회의 끝에 안창호를 국무령으로 선출했다. 안창호는 정국의 긴박함을 고려해 일단 이를 수용했다. 그러나 개조파의 공격으로 임시정부에서 물러났던 이동녕, 김구 등이 자신을 반대한다는 사실을 알고는 국무령 취임을 거절했다.

무정부 상태가 1년 넘게 계속되었다. 개조파는 중국 진강에 있는 홍진을 찾아갔다. 한성정부 수립을 주도한 뒤 상해임시정부에 참여해 왔던 홍진은 당시 독립운동에서 손을 떼고 은둔 중이었다. 어렵게 홍진을 설득해 국무령 취임 승낙을 받았다.

홍진은 개조파와 정부옹호파 공산당 중립파 등을 망라한 거국내각으로 국무위원회를 구성하려 했다. 그런데 각 계파가 융화되기는커녕 상대 계파가 들어오면 빠지겠다는 갈등이 연쇄적으로 일어났다. 안창호의 지원으로 가까스로 국무위원회가 구성됐다. 그러나 거국내각과는 거리가 먼 서북 출신 흥사단 단원들이 장악한 안창호 내각이 되었다. 각지에서 안창호에 대한 비난이 터져 나왔다.

그런 분위기 속에 1926년 11월 임시의정원 보궐선거를 실시했다. 기존 의원 수가 14명이었는데 24명을 새로 뽑았다. 그런데 이동녕, 이시영, 윤기섭 등 쫓겨났던 임시정부 옹호파가 대거 당선되었다. 홍진 내각은 출범 4개월만에 총사퇴했다.

임시의정원 의장 이동녕이 김구를 찾아가 국무령이 되어 달라고 부탁했다. 천성이 겸손한 김구는 극구 사양했지만 무정부 상태를 막아야 한다는 설득을 뿌리치지 못했다. 김구는 1926년 12월 10일 임시의정원에서 국무령으로 선출됐다. 새 국무위원회에 서북 출신은 한 사람도 없었다. 결국 돌고 돌아 다시 정부 옹호파 내각이 된 것이다. 개조파는 이승만을 탄핵하고 온갖 파문을 일으켰지만 아무것도 이루지 못한 채 임시정부에서 물러나고 말았다.

5. 어설펐던 동지식산회사

어렵게 한인기독학원 캠퍼스를 다시 세운 이승만은 1924년 1월 워싱턴으로 향했다. 구미위원부의 재정비를 위해서였다. 당시 구미위원부 사무소는 법률고문인 돌프 변호사가 혼자 남아 자기 돈을 써가며 지키고 있었다.

이승만은 구미위원부 집행부를 새로 조직해 남궁염을 대리 위원장, 신형호와 허정을 위원에 임명했다. 독립운동 일선에서 물러났던 서재필을 설득해 다시 고문으로 모셨다. 구미위원부통신도 복간했다. 일본이 '일본인 미국 이민 금지법' 반대 운동에 한국인들을 동원하려 하자 이승만은 장문의 성명을 발표해 이를 막았다.

구미위원부가 어느 정도 기능을 되찾자 이승만은 1924년 11월 하와이로 돌아왔다. 중요한 계획이 있었기 때문이다. 이승만은 본래 독립운동가들이 사조직을 만드는 데 부정적이었다. 그러나 상해에서 일할 때

반대파의 집단 공격에 무방비로 노출되면서 본인의 조직이 없는 한계를 뼈저리게 느꼈다. 그래서 상해에서 돌아온 1921년 하와이에 동지회를 만들었다.

이승만이 워싱턴 구미위원부를 재건하는 동안 상해임시정부에서 그를 몰아내려는 시도가 점점 더 거세졌다. 이승만은 지지 기반인 하와이에서 세력을 강화해야 할 필요를 느꼈다. 조직만 만들어만 놓고 사실상 방치해온 동지회를 확대 강화해야겠다고 생각했다.

하와이로 돌아온 이승만은 한인대표회를 열고 자신을 지지해온 여러 단체들을 동지회로 묶었다. 동지회 정강도 제정했는데 제3항에서 '경제자유가 민족의 생명이니, 자족자급을 함께 도모하자'라고 규정했다. 동지회가 직접 사업을 하겠다는 뜻이었다. 이것이 대형 사고를 불러와 이승만을 나락으로 떨어뜨렸다.

한인들이 하와이로 이민 온 지 어언 20여 년이 흘렀다. 그 사이 고령자들이 늘기 시작했다. 이들이 할 줄 아는 일이라고는 사탕수수 농사뿐인데 나이 탓에 농장에서 밀려나면 생계가 막막했다. 저금한 돈이 많은 것도 아니고 당시에는 사회보장제도도 변변히 없었다.

이승만은 이들을 위해 대규모 이상촌을 건설하려 했다. 고령의 노동자들에게 농사를 지을 땅을 주고 부족한 재정은 사업을 해 보충하겠다는 생각이었다. 사업이 잘 되면 더 이상 독립운동 자금 때문에 고민하지 않아도 되었다.

한인대표회 결의에 따라 이승만은 1925년 12월 13일 동지식산회사를 설립했다. 1주를 100달러씩에 팔아 7만 달러를 모을 계획이었다. 목표액의 반도 안 되는 약 3만 달러가 모금됐는데, 일단 이 돈으로 사업을 시작했다.

동지식산회사는 하와이제도 맨 남쪽 롱아일랜드 섬 올라아 지역의 임야 963에이커를 샀다. 서울 여의도 면적의 절반에 가까운 아주 넓은 땅이었다. 땅값으로 1만 3,000달러를 줬다. 힐로 항구에서 기차로 13킬로미터, 다시 비포장도로로 9킬로미터를 가야 하는 외진 곳이어서 그 가격에 매입할 수 있었다. 이승만은 이곳을 동지촌이라고 이름 붙였다.

동지촌은 화산암 지대에 오히아 나무들만 잔뜩 자라고 있었다. 그래도 강수량이 풍부해 농사가 가능하리라 생각했다. 1926년 1월부터 한인들의 이주가 시작되어 30여 명이 동지촌에 들어왔다. 이들은 나무를 베어내고 밭을 만들어 채소와 과일을 가꾸었다. 수확한 농작물은 힐로 시내에 상점을 만들어 팔았다. 그런데 그것만으로는 수익을 낼 수 없었다.

동지식산회사는 숯을 구워 팔기로 했다. 오히아 나무는 다 자라면 높이 25미터에 지름이 90센티미터까지 굵어졌다. 숯으로 굽기에 충분했다. 포탄 제조에 숯이 쓰인다니 미군에 납품할 계획이었다. 호놀룰루 직업학교 강사까지 초빙해 최신 숯가마를 설치했다. 그런데 막상 팔려고

1924년 11월 하와이 대한인동지회 대표 모임 (이승만기념관.com)

보니 포탄에 들어가는 숯은 그냥 좋은 숯이 아니라 고순도의 특수제품이었다. 낭패였다.

그 대신 추진한 게 목재 사업이었다. 미국 해군부가 조선소에 쓰이는 목재 용골대를 구입한다는 소식을 듣고 입찰 조건에 맞추어 단독 응찰했다. 충분히 납품량을 댈 수 있다는 목재기계회사의 장담을 믿은 것이다. 제재소를 세우고 직원 40여 명을 고용해 열심히 일했다. 그런데 계약기간 안에 납품을 하지 못했다. 그나마 보낸 목재들도 불량 판정을 받았다. 한 번도 제재소를 운영해 보지 않은 초보자들이 너무 크게 일을 벌인 게 화근이었다. 수익은커녕 미군에 위약금 6천 달러를 물어줘야 할 상황이었다. 이 위약금은 나중에 이승만의 개인 노력으로 해결했다.

동지식산회사는 제재소에서 가구를 만들어 팔기로 했다. 오하우 섬 호놀룰루에 가구점을 차렸다. 그러나 이미 자금이 다 떨어져 더 이상의 경영이 어려웠다. 자본금을 더 모아야 했지만 1929년 발생한 대공황으로 잘 나가던 미국 기업들마저 줄도산하는 상황이었다. 결국 동지촌 사업을 접어야 했다.

1930년 11월 '동지식산회사 재정보고'는 5년간 총수입 6,200달러에 총지출이 2만 7,000달러이며 부채가 2만 달러가 넘는다고 밝혔다. 절망적이었다. 동지식산회사는 결국 1931년 4월 문을 닫았다. 경기 회복을 기다리다 1933년에야 땅을 팔았는데 1만 2,500달러밖에 받지 못했다. 7년 전 매입가격도 되지 않았다.

동지촌 사업이 실패한 것은 자금 부족과 때마침 몰아닥친 대공황 때문이었다. 그리고 이승만과 회사 이사진의 경영 미숙도 중요한 원인이었다. 이승만은 인문학 지식으로 기업을 경영할 수 없다는 사실을 깨달았다. 경험과 자질이 있어야 하고 모든 것을 걸 용기도 필요했다. 이승만이 훗날 신생 대한민국을 이끌 때 기업인들의 의견을 경청하며 정부는 지원 역할을 맡도록 한 것은 여기서 교훈을 얻은 것이다. 그러나 이는 먼 미래의 일이었고 당장은 하와이에서 심각한 곤경에 처하게 됐다.

얼마 안 되는 노후자금까지 날리게 된 노동자들은 맑은 하늘에 날벼락을 맞은 격이었다. 원성이 하늘을 찔렀다. 투자를 안 했던 교민들도 이제 이승만에 대한 믿음이 전과 같지 않았다. 그 결과는 곧바로 나타났다.

6. 동지촌 파산의 뼈아픈 결과

1930년 1월 하와이 교민단 총단장 선거에서 이승만이 지지하는 후보가 낙선했다. 이사회에 참석한 각 지방 대표들 가운데 이승만 반대파가 더 많아진 것이다. 1915년 이후 처음 있는 일이었다.

교민들의 지지가 그만큼 약해진 것이니 다른 사람 같으면 여러 계파와 타협을 모색했을 것이다. 이승만은 그렇게 하지 않았다. 그의 남다른 낙천성과 저돌성은, 젊은 시절을 5년 반이나 감옥에서 보내게 했으면서도 이번 역시 정면돌파를 선택하게 만들었다. 이승만은 투철한 신념만 있으면 못 이룰 일이 없다고 믿었다.

이승만은 교민사회 분열을 해소하자고 역설했다. 교민단, 동지회, 독립단, 한인협회를 동지회 하나로 통합하자는 제안이었다. 이승만에게 가장 적대적이었던 독립단이 기꺼이 제안을 받아들였다. 설립자인 박용만이 중국에서 의열단원에게 피살되어 존립 위기에 놓였기 때문이다. 교민단은 마지못해 동의했다. 교민단체들은 '동지회 미주 하와이 대표회(미포대회)'를 열어 통합을 선포하기로 했다.

이승만은 신이 났다. 행사 준비를 위해 미국 본토에서 동지회 간부들을 여럿 불러왔다. 그의 최측근이었던 김현구는 이미 몇 달 전 하와이에 와 있었다. 김현구는 워싱턴 구미위원부에서 수년간 일하며 이승만의 신임을 얻은 사람이었다. 이승만은 그에게 하와이 교민단 서기 겸 국민보 주필, 동지회 지방회장, 태평양잡지 편집인 등 여러 중책을 맡겼다. 김현구는 "지도자에게 복종하는 정신을 함양하자"고 연설할 정도로 충성을 다짐해 왔다. 이승만은 동지회 시카고지부 대표 김원용, LA지부 대표 최영기도 불러왔다. 그리고 새로 부임한 한인기독교회 목사 이용직까지 네 사람에게 미포대회 진행을 맡겼다.

미포대회는 1930년 7월 15일 시작되어 연인원 700여 명이 참석할 정도로 성황을 이루었다. 김현구와 이용직이 초안을 만든 동지회 헌장은 이례적일 만큼 총재 이승만의 권한을 강화했다. 상해임시정부에 구미위원부 폐지령을 취소하라고 요구하는 선언문도 역시 김현구와 이용직이 작성했다. 동지회 재무가 된 김원용은 태평양잡지에 기고한 글에서 '이번 대회를 통해 한민족의 유일한 정치단체를 조직하고 대정방략을 확립했다'고 찬양했다.

그러다 한순간에 상황이 바뀌었다. 불만을 억누르며 행사에 참석하고 있던 교민단 측이 동지회 사업 계획에 시비를 걸어 탈퇴한 것이다. 이민 역사가 길어지고 하와이 교민들 가운데 현지 출생자 비중이 늘어나자 교민단이 청년운동에 힘을 기울여 왔다. 그런데 동지회가 산하에 청년부를 두겠다고 하자 손덕인 교민단 총단장은 "청년운동을 동지회가 하면 교민단은 쓸데없이 되겠다"고 반발하며 동지회 이사직을 사임했다.

이승만은 사태를 심각하게 생각하지 않았다. 교민단의 반발은 함께 청년 사업을 해나가자고 설득하면 해소될 것으로 여겼다. 그동안 자신을 가장 반대해 온 독립단과 손을 잡았으니 통합에 자신이 있었다. 그런데 교민사회의 균열을 틈타 그가 믿어 왔던 사람들이 배반할 줄은 몰랐다.

동지회 미포대회 직후 이승만은 김현구에게 동지회를 중심으로 일치단결하자는 글을 국민보에 실어 달라고 부탁했다. 그런데 뜻밖에 김현구가 거부했다. 이승만 측에서는 김현구가 독립단의 합류로 동지회 내에서 자신의 위상에 위기를 느꼈다고 해석했다. 김현구는 이승만이 독재를 한다며 비방하고 다녔다.

이승만은 김현구를 달래다 안 되자 사임을 요구했다. 그러자 김현구는 국민보에 공개 사직청원서를 올리며 이승만을 조롱했다. 김현구뿐 아니라 이용직 목사도 이승만 반대로 돌아섰다. 시카고와 LA에서 온 김원용, 최영기도 돌아가지 않고 김현구 집에서 함께 살며 이승만 반대파에 동조했다.

이승만은 8월 30일 교민단 특별회에 출석해 김현구의 사임 문제에 대해 해명해야 했다. 이승만이 발언을 시작하자 양측에서 고함을 질러 장내가 아수라장이 되었다. 이승만은 멍하고 서 있다 숙소인 한인기독학원 기숙사로 돌아갔다.

손덕인 총단장과 김현구는 교민단에서 이승만 지지자들을 몰아냈다. 이사회를 개최하면서 이승만 지지파 이사들의 입장을 막았다. 이승만 반대파 이사들로는 정족수에 미달했지만 각종 안건을 처리하고 서둘러 회의를 마쳤다. 동지회 쪽에서 사람들이 몰려갔을 때에는 이미 총단관 문이 잠겨 있었다. 동지회 회원 50여 명이 문을 부수고 들어갔고 경찰이 출동했다.

동지회 쪽에서 국민보 인쇄소에 들어가 자신들의 주장을 실으려 하자 교민단 쪽에서 30여 명이 망치와 체인을 들고 몰려와 동지회 사람들을 폭행했다. 총단관 밖에서 농성하던 동지회원과 교민단원 사이에 칼부림이 벌어졌고, 한 동지회원이 교민단원을 총으로 쐈는데 빗나가 옆에서 구경하던 일본인 다리에 맞는 사건도 발생했다.

하와이 교민들 가운데 이승만 지지자가 소수가 아니었다. 두 단체가 따로 진행한 1931년 3.1절 기념식을 예로 봐도 동지회 쪽은 800명, 교민단 쪽은 700명이 참석했다. 그러나 한인 지도자들 상당수가 이승만의 반대 진영으로 뭉치면서 그 같은 지지가 힘을 얻지 못했다. 미국 법원이 동지회원들의 총단관 점거가 불법이라고 판결했다. 교민단은 총단관 문을 열었고, 국민보도 다시 발행했다. 이승만의 뼈아픈 패배였다.

이승만을 더욱 상심하게 한 것은 한인기독교회의 내분이었다. 10년 넘게 한인기독교회 목사로 봉직해온 민찬호가 1929년 3월 갑자기 사임했다. 그 이유에 대한 기록은 없으나, 교회 재산을 동지촌에 투자하는 데 반발했던 것으로 추정된다. 민찬호 목사가 떠날 때 한인기독교회는 1만 7,000달러의 빚을 지고 본당 건물까지 매각해 부속건물에서 예배를 드리고 있었다. 동지식산회사가 파산을 피하려 몸부림치던 시기였다. 아마도 교회 돈이 긴급 경영자금으로 들어간 것으로 보인다. 급히 부도만 막은 뒤 갚으려 한 것이겠으나, 결국 투자금은 공중분해되고 말았다.

이승만은 교인들에게 면목이 없었다. 그러나 초심으로 돌아가 어떻게든 교회를 부흥시키려 애썼다. 이승만은 한때 구미위원부에서 일한 적이 있던 이용직 목사를 초청했다. 이용직은 1929년 12월 하와이로 왔다. 이용직 목사는 교회의 재정 위기를 한 번에 해결할 방법을 제시했다. 미국 성공회 산하로 들어가자는 것이었다. 교회가 발칵 뒤집혔다.

많은 교인들에게 한인기독교회는 인고의 삶과 소망 그 자체였다. 낯선 땅, 고된 노동 속에서 너무나 예배를 드리고 싶어 한밤 판잣집에 모여 기도하며 시작했던 교회였다. 미국 감리교회 교인으로 편안하게 지낼 수도 있었지만, 이를 악물고 헌금을 모아 세운 우리 교회였다. 그런데 다시 미국 교회 아래로 들어가자는 것은 이들에게 생각조차 할 수 없는 일이었다. 반면에 교회를 다시 지을 일이 막막했던 일부 교인들은 이용직 목사에 동조했다. 다만 그 수가 적어서 이용직은 일단 물러섰다.

이승만이 동지회 간부들의 배신으로 수세에 몰리던 1930년 9월 21일 한인기독교회에서 군사작전 같은 일이 벌어졌다. 이용직 목사가 이승만 반대파 교인들을 부추겨 평신도회를 열어 이승만 등 이사원 4명을 파면하고, 그 자리에 손덕인 김현구 최영기 등을 임명했다. 이용직은 그 사흘 전 교회 땅문서를 잠깐 보겠다며 빌려갔는데, 이를 은행에 맡기겠다고 공고했다.

이에 반발한 교인 30여 명이 대책회의를 열고 이사원 교체 무효와 교회 땅문서 반환을 요구하는 결의문을 작성해 이용직에게 전달했다. 김현구가 주필로 있던 국민보는 이를 수십 명이 교회로 몰려가 야료하고 술주정을 했다고 허위 보도했다. 그것이 이용직 측의 대답이었다.

교인들 중에는 이승만 지지자들이 압도적으로 많았다. 이들은 먼저 평신도회장 차신호를 파면하고 새 회장을 뽑았다. 그리고 몇 달을 기다린 뒤 1931년 5월 이용직 목사를 해임했다. 이용직은 이에 불복해 예배를 주재하겠다며 지지자들과 함께 교회 안으로 밀고 들어가 난장판이 벌어졌다. 결국 밀려난 이용직은 일부 교인들과 교민단 총단관에서 예배를 봤다. 그리고 한인기독교회 땅문서를 담보로 은행에서 6,000달러를 대출받아 교민단 인사들의 소송비용으로 썼다.

한인기독교회 분쟁은 하와이 현지 신문에 크게 보도되어 한인 전체가 웃음거리가 되었다. 이승만은 가슴이 찢기는 듯 아팠다. 그 모든 일들이 결국은 동지촌 사업의 실패에서 비롯되었다. 그동안 이승만에게 강력한 지지를 보내오던 한인 여성계마저 분규에 휘말렸다. 대한부인구제회가 1930년 말 동지식산회사의 재정 보고 뒤 두 파로 분열된 것이었다.

이승만은 1931년 11월 하와이를 떠났다. 많은 사람들이 그를 배웅했다. 떠나는 사람이나 배웅하는 사람이나 재회를 기약할 수 없는 여행이었다. 이승만은 자신의 여행일지에 다음과 같이 적었다.

'동지식산회사 사업은 실패하여 포기하고 나는 조용히 워싱턴으로 갔다.'

제5장 다가오는 전쟁의 먹구름

1. 조선 청년이 해냈다

왜 천황을 죽이지 않습니까?

1931년 1월 초순 어느 날이었다. 상해임시정부 청사 2층에서 김구가 어깨에 코트를 걸친 채 서류를 보고 있었다. 갑자기 1층에서 소란스러운 소리가 들려 김구가 내려가 보았다. 직원들이 낯선 청년을 쫓아내려던 중이었다. 말투에 일본어가 섞여 있어 밀정으로 의심한 것이다. 청년은 막무가내로 들어오겠다고 우겼다.

"저는 일본에서 노동을 하다가 상해에 임시정부가 있다기에 독립운동을 하고 싶어 왔습니다."

청년은 자기 이름이 이봉창이라고 말했다. 김구는 임시정부가 아직 독립운동가들을 먹이고 입힐 역량이 없다며 생활 문제를 해결할 방법이 있느냐고 물었다.

"그런 것은 걱정 없습니다. 저는 철공장에서 일할 수 있습니다. 그런데 노동을 하면서는 독립운동을 할 수 없습니까?"

김구는 오늘은 늦었으니 내일 다시 이야기하자며 직원에게 여관을 잡아 주라고 지시했다.

만약 그날 김구가 쫓겨나는 청년을 방치했으면 '이봉창 의사 의거'는 역사에서 사라졌을 것이다. 당시 임시정부 재무장과 교민단장을 맡고 있던 김구는 적에게 가혹했지만 동포들에게는 자애로왔다. 이것이 이봉창의 마음을 사로잡았다.

이봉창은 며칠 뒤 다시 찾아왔다. 그사이 취업을 했는지 국수와 술을 사 가지고 왔다. 임시정부 청사 1층은 식당이었는데, 직원들과 술판이 벌어졌다. 취기가 오른 이봉창이 목소리를 높였다.

"일본 천황을 죽이기는 아주 쉬운 일인데, 왜 독립운동가들이 실행하지 않습니까?"

"그렇게 쉬운 일이라면 왜 여태 못 죽였겠소."

"내가 동경에 있을 때 천황 행차를 구경하러 갔는데, 천황이 바로 내 앞으로 지나가는 것을 보고 총이나 폭탄이 있으면 어찌할까 하는 생각이 얼른 들었습니다."

2층에서 술자리 소음을 흘려들으며 일하고 있던 김구가 이 대목에 정신이 퍼뜩 들었다.

'적의 왕을 죽인다! 적의 심장을 노린다! 왜 그런 생각을 못 했을까? 왜 불가능하다고만 생각했을까?'

김구는 그날 밤 이봉창이 머무는 여관을 찾아갔다. 허풍을 떠는 사람인지 아니면 정말 민족을 위해 목숨까지 바칠 수 있는 사람인지 판단하기 위해서였다. 두 사람은 속마음을 털어놓고 오래도록 대화를 나누었다.

이봉창은 1901년 서울 효창동에서 태어나 20대 중반에 일본으로 건너가 일했다. 일본어에 능숙했던 이봉창은 직장에서 동등한 대우를 받자 자신을 신일본인이라고 생각하고 동화되려 노력했다. 그러나 일본 천황 즉위식에 구경갔다 한글 편지를 가지고 있다는 이유로 체포돼 11일 동안이나 감금되면서 비로소 자신이 조선인임을 절감했다. 그리고 가게에 물건을 사러 온 조선인이 일본말이 서툴러 모욕을 당하는 것을 그냥 지켜보면서 조선인이 일본인 행세를 하는 것에 부끄러움을 느꼈다. 그는 어디선가 상해의 영국전차회사에서 조선인을 우대한다는 말을 듣고 이제는 조선인으로 살겠다며 온 것이다.

이봉창은 이렇게 말했다.

"제 나이 서른한 살입니다. 앞으로 다시 서른한 살을 더 산다 하여도 과거 방랑생활에서 맛본 것에 비한다면 늙은 생활이 무슨 재미가 있겠습니까. 이제는 영원한 쾌락을 도모하기 위해 우리 독립사업에 헌신할 목적으로 상해로 왔습니다."

김구는 이봉창의 진심을 느끼고 감동의 눈물이 벅차올랐다. 김구는 일 년 안에 의거를 준비하겠다고 약속했다. 그때까지는 일본 조계지로 가서 일본인 행세를 하여 남들의 이목을 피하라고 권고했다.

이봉창이 다시 김구를 찾아온 건 두 달 뒤였다. 김구는 일본 사정에 대해 이런저런 것을 묻다가 한 번 더 일본에 갈 생각은 없느냐고 물었다. 이봉창이 이유를 묻자, 김구는 지나가는 말투로 폭탄을 들고 일본으로 가 큰일을 한 번 해볼 생각이 없느냐고 말했다. 이봉창은 하지 못할 것도 없다고 대답했다. 적당한 무기만 있으면 일본으로 가서 사건을 일으키고 싶다고 다짐했다. 김구는 온몸을 타고 내리는 전율을 느꼈다.

김구는 곧바로 김홍일을 찾아갔다. 독립군 지도자로 활약했던 김홍일은 중국군 장교가 되어 상해 병공창을 관리하고 있었다. 두 사람은 흥분하며 장시간 계획을 논의했다. 김홍일은 군중과 천황의 거리가 멀 것이니 보통 수류탄보다는 폭발력이 약하지만 가볍고 불발탄이 없는 마미 수류탄을 사용하자고 제안했다. 김홍일이 무기를 구하는 데 시일이 좀 걸렸다.

이봉창은 여전히 별생각 없는 사람처럼 행동했다. 임시정부에 올 때마다 술과 고기를 사와 직원들과 어울려 마셨고 취하면 일본 노래를 호탕하게 불렀다. 게다에 하오리를 입고 왔다 중국인 경비원에게 쫓겨나기도 했다. 사정을 모르는 임시정부 요원들은 이런 이봉창에게 손가락질했다. 이동녕은 이상한 사람을 청사에 들인다고 김구를 나무랐다. 김구는 연구하는 사건이 있다면서 둘러댔다.

그 사이 거사를 서둘러야 할 대사건들이 터졌다. 1931년 7월 중국 길림성 만보산에서 한인과 중국인 농민들이 농수로 건설 문제로 충돌했다. 호시탐탐 침략의 기회를 노리던 일본 관동군이 한인 농민들이 큰 인명피해를 입은 것처럼 헛소문을 퍼뜨렸다. 분노한 군중이 서울, 평양, 원산 등의 화교촌을 공격해 집을 불태우고 사람들을 죽였다. 본국으로 피난한 화교들이 이 소식을 전하자 이번에는 중국인들이 한인을 보복 공격했다.

두 달 뒤 관동군이 일본 남만주철도회사 선로를 폭파했다. 그리고 중국군 소행이라고 뒤집어씌우며 전쟁을 일으켰다. 이른바 만주사변이었다. 관동군은 다섯 달 만에 만주를 거의 다 장악하고 괴뢰 국가를 세웠다. 전쟁 통에 일부 몰지각한 한인들이 일본 편에 붙어 악행을 저질렀다.

만주사변이 벌어지자 임시정부는 일본을 규탄하고 중국과 힘을 합해 싸우겠다고 선언했다. 그런데 한인 공산주의 단체가 중국 국민당과 군벌도 제국주의 주구이니 함께 타도하자는 유인물을 뿌렸다. 중국인들이 볼 때 눈이 뒤집어질 일이었다. 상해 거리에서 한인과 중국인 노동자들의 주먹다짐이 수시로 일어났다. 임시정부는 시급히 조치를 취해야 했다.

임시정부는 일본에 테러 공격을 가할 비밀조직인 특무대를 만들기로 했다. 대장에는 당연히 김구가 임명됐다. 김구는 특무대 이름을 한인애국단으로 바꾸었다. 그리고 그 애국단 1호 단원이 이봉창이었다.

11월에 하와이 동포들에게 부탁했던 거사 자금 1,000달러가 도착했다. 김홍일도 수류탄 두 개를 구해 보내왔다. 드디어 거사 준비가 끝났다. 김구는 이봉창을 불러 일본으로 떠날 채비를 하라고 지시했다. 그리고 한 교민의 집으로 데려갔다. 그곳에서 이봉창이 애국단 가입 선서를 했다.

"나는 조국의 독립과 자유를 회복하기 위하야 한인애국단의 일원이 되어 적국의 수괴를 도륙하기로 맹세하나이다."

그리고 선서문을 가슴에 달고 수류탄을 두 손에 들고 태극기를 배경으로 환하게 웃으며 사진을 찍었다.

이봉창이 상해를 떠나던 날 김구는 함께 밤을 지새운 뒤 여관에서 나와 중국음식점으로 갔다. 두 사람은 고별주 잔을 들며 다음 세상에서 다시 만날 것을 기약했다. 그리고 헤어져 이봉창은 부두로 향했다. 이봉창은 쾌활한 사람이었다. 부두에는 많은 일본인들이 그를 환송하러 나와 있었다. 환송객 중에는 일본 경찰 간부까지 있었다.

이봉창은 12월 22일 도쿄에 도착했다. 도중에 여행비를 다 써버려 김구에게 도움을 요청했다. 김구는 아무것도 묻지 않고 거금 100원을 다시 보냈다. 초조하게 기다리던 김구에게 드디어 연락이 왔다. '상품은 1월 8일에 꼭 팔릴 터이니 안심하라'는 전보였다.

그날 일본 천황이 육군 관병식을 한다는 기사가 보도됐다. 이봉창은 거사 하루 전 현장을 답사했는데 뜻밖에 승합차 운전사로부터 헌병 명함 한 장을 얻었다. 1932년 1월 8일, 이봉창은 아침부터 거사를 시도했다. 어떤 지점은 경비가 너무 심하고 어떤 지점에서는 천황 행렬이 이미 지나가 버렸다. 이봉창은 궁성 앞까지 쫓아갔다. 가는 길에 경찰이 제지했지만 전날 얻은 헌병 명함을 보여주고 통과했다.

이봉창은 사람들을 비집고 행렬 앞으로 나아갔다. 천황 행렬이 막 궁성 남문 쪽으로 가고 있었다. 이봉창은 수류탄을 꺼내 두 번째 마차를 향해 던졌다. 요란한 폭음과 함께 수류탄이 터졌다. 그러나 마차의 방탄에 비해 폭발력이 너무 약했다. 마차 밑바닥과 바퀴가 부서졌을 뿐이었다. 그리고 두 번째 마차에는 천황이 아닌 궁내부 대신이 타고 있었다.

비록 천황을 죽이는 데는 실패했지만 천황을 신격화해 온 일본인들은 엄청난 충격을 받았다. 내각은 전원 사직서를 냈다. 반면에 일본의 침략에 무기력하게 당해 오던 중국인들은 거사를 열렬히 환영했다. 1월 9일 새벽부터 중국의 신문과 라디오들이 사건을 대서특필했다. 중국인들은 괜히 거리로 나와 두리번거리다 한인이 보이면 찬사를 늘어놓았다. 만보산사건 이후 악화됐던 두 민족의 반감도 많이 해소되었다. 일본인들은 중국인의 태도에 격분했다. 청도에서는 일본인들이 폭동을 일으켜 중국 국민당 건물에 난입하고 기관지인 민국일보 시설을 부쉈다. 김구는 서둘러 피신했다.

멀리 미국에 있던 이승만도 봉변을 당할 뻔했다. 이봉창의거 다음날 미국 뉴욕의 이승만 숙소 앞에 일본인들이 몰려왔다. 이승만이 한국 독립운동 지도자인 것을 알고 천황 암살 기도에 복수하겠다며 난리를 쳤다. 경찰을 불러 겨우 해산시킬 수 있었다.

현지 라디오 방송사가 관심을 보였다. 이승만에게 출연해 난동 사건을 설명해 달라고 요청했다. 이승만으로서는 감사한 일이었다. 이승만은 라디오에서 만주사변과 한일관계 등에 대해 이야기했다. 방송사까지 가는 동안 미국 경찰관 두 명이 경호를 해주었다. 작은 변화였지만 미국 사회가 점점 일본을 경계하기 시작했음을 느낄 수 있었다.

중국의 백만 대군도 못한 일

이봉창의 의거가 성공하자 많은 젊은이들이 한인애국단에 자원해 왔다. 김구는 그들을 보내 조선 총독과 관동군 사령관 등을 암살하려 시도했다. 재미동포들의 성금이 답지해 자금 여유도 생겼다. 그러나 거사는 좀처럼 성공을 거두지 못했다. 일본군이 쳐들어 와 1차 상해사변이 일어나자 김구는 일본 군함과 무기고를 폭파하려 시도했다. 이것 역시 폭탄 제조가 늦어지고 중국인 잠수부가 실수해 실패했다. 김구는 모처럼 잡은 독립운동 중흥의 기회를 흘려 버리는 것 아닌가 초조해지기 시작했다.

그 무렵 윤봉길이 김구를 찾아왔다.

"큰 뜻을 품고 천신만고 끝에 상해에 왔습니다. 그러나 아무리 생각해 보아도 마땅히 죽을 자리를 구할 수 없습니다. 선생님께서 저를 믿으시고 지도하여 주시면 은혜는 죽어도 잊지 않겠습니다."

일본군 무기고 폭파 공작 때 눈여겨본 청년이었다.

김구가 말했다.

"내가 요사이 연구하는 바가 있으나 마땅한 사람을 구하지 못해 번민하던 참이었소. 왜놈이 싸움에 이긴 위세를 업고 4월 29일 홍구공원에서 소위 천장절 경축식을 성대하게 거행할 모양이오. 그러니 군은 일생의 대목적을 이날에 달성해 봄이 어떠하오?"

일본군 수뇌부가 참석하는 천황 생일 기념식을 공격하자는 말이었다. 윤봉길은 흔쾌히 수락했다.

"이제 가슴에 한 점 번민이 없어지고 편안해집니다. 준비해 주십시오."

윤봉길은 학식이 깊고 진중한 사람이었다. 1908년 충남 예산군에서 태어난 그는 보통학교에 다니다 3.1운동 뒤 자퇴하고 서당으로 옮겼다. 서당에서 스승의 꾸지람에도 불구하고 혼자 일본어를 공부해 익히기도 했다. 서당을 마친 뒤에는 야학과 독서회 등 농촌계몽운동을 벌였다. 그러나 일제의 억압이 계속되자 윤봉길은 더이상 참을 수가 없었다. 23세 때 아내와 두 아들을 두고 망명길에 올랐다. 천신만고 끝에 상해에 도착한 윤봉길은 채소와 밀가루 장사를 하며 때를 기다렸다.

김구는 김홍일을 찾아가 도시락과 물통을 사서 보낼 테니 안에 폭탄을 장치해 달라고 부탁했다. 일본 영사관에서 거류민들에게 천장절 기념식에 올 때 각자 음식과 물을 준비하라고 지시한 데 착안한 것이다.

중국군 상해 병공창에서 다음날 김구를 초청해 폭탄 성능 시험까지 해주었다. 토굴 속 폭파 시험을 스무 번이나 반복해 모두 성공시켰다. 상해 병공창 사람들이 이렇게 성의를 보인 것은 이봉창의거 때 수류탄 성능이 약해 일본 천황을 죽이지 못한 것을 애석해 했기 때문이다. 김구는 만족했다.

김구는 4월 26일 임시정부 국무회의에 홍구공원 계획을 보고하고 만장일치 승인을 받았다. 김구는 피신 비용으로 국무위원들에게 60달러, 비서들에게는 30달러씩 지급했다. 그날 김구는 윤봉길을 만나 한인애국단 가입 선서를 받았다. 사진 촬영은 날씨가 좋지 않아 하루 미뤘다. 4월 27일 윤봉길은 선서문을 목에 걸고 두 손에 권총과 수류탄을 든 채 태극기를 배경으로 사진을 찍었다. 김구 뒤에 윤봉길이 선 사진도 한 장 남겼다.

4월 28일 김구는 윤봉길과 함께 교민 김해산의 집으로 가서 폭탄 작동법을 가르쳤다. 김구는 집주인에게 윤군이 내일 만주로 떠나니 쇠고기를 사다 새벽밥을 지어달라고 부탁했다. 두 사람은 4월 29일 아침 일찍 다시 찾아왔다. 훗날 김구는 농부가 논밭 일을 나가기 위해 든든히

밥을 먹듯이 태연자약했다고 윤봉길의 모습을 기억했다. 이를 본 김해산이 김구에게 불평하듯 말했다.

"선생님, 지금 상해는 우리의 행동이 있어야 민족적 체면을 보전할 수 있는 상황인데, 하필 이런 중요한 때에 윤군을 다른 곳으로 파견하십니까?"

윤봉길은 빙긋이 미소를 지었다.

7시를 알리는 종소리가 울렸다. 윤봉길은 자기 회중시계를 꺼내어 김구에게 바꾸자고 했다.

"제 시계는 6원을 주고 구입한 것인데, 선생님 시계는 2원짜리입니다. 저는 이제 한 시간 뒤에는 시계가 소용없습니다."

김구는 윤봉길의 시계를 받고 자신의 것을 주었다.

윤봉길은 폭탄을 들고 김해산의 집을 나섰다. 김구는 하비로까지 함께 걸으며 배웅했다. 윤봉길은 홍구공원으로 가는 택시를 잡았다. 김구가 목메인 소리로 작별의 말을 건넸다.

"뒷날 지하에서 만납시다."

윤봉길이 창문 너머로 머리 숙여 인사하는데 택시가 움직이기 시작했다.

윤봉길은 오전 7시 50분 홍구공원에 도착했다. 중국인 경비원이 일본인 외에는 입장권이 있어야 한다고 말하자, "나는 일본 사람이다. 입장권 따위는 필요 없다"고 말하고 들어갔다. 윤봉길은 식단 왼쪽 뒤편 일반 관람석에 앉았다. 식단까지는 20미터 거리에 두 겹의 경호대열이 있었다.

관병식이 끝나고 11시 30분부터 일본 교민단이 주최하는 천장절 경축식이 이어졌다. 참석자들이 일본 국가 기미가요를 부르는데 갑자기 비가 쏟아지며 장내가 어수선해졌다. 윤봉길은 좋은 기회라고 생각했다. 그는 어깨에 멨던 물통 폭탄을 풀었다. 천천히 안전핀을 뽑은 뒤 앞으로 뛰어나가 단상의 시라카와 육군 대장을 향해 던졌다. 폭탄은 정확히 목표 지점에 떨어져 폭발했다. 행사장은 순식간에 아수라장이 되었다. 윤봉길이 자폭용 도시락 폭탄을 집어 들려는 순간 주변에 있던 일본 군경이 그를 덮쳤다.

단상에 있던 시라가와는 전신에 24군데 파편을 맞고 병원으로 실려갔다 죽었다. 9사단장 우에다 중장과 3함대 사령관 노무라 중장, 주중 일본공사 시게미쓰도 중상을 입었다. 일본인 거류민 단장 가와바다는 중상을 입고 다음날 사망했다.

윤봉길의거에 대한 중국인들의 반응은 이중적이었다. 일본의 침략을 일단 중단시켜야 했던 중국 정부는 정전협정이 무산될까 걱정했다. 외교부 관리가 일본 총영사관을 방문해 유감을 밝혔고, 중국 신문들도 신중한 양비론을 펼쳤다.

김구와 윤봉길 (독립기념관)

그러나 속마음을 달랐다. 일본군 침략에 속수무책으로 당해오다 그 수뇌부를 폭탄으로 날려버린 쾌거에 중국인들은 눈물 나오게 감사했다. 장개석 총통도 "중국의 백만 대군이 못한 일을 일개 조선 청년이 해냈다"며 기뻐했다. 찬사보다 더 중요한 것은 중국 정부가 대한민국 임시정부의 능력과 가치를 인정하게 된 점이었다. 재정난으로 한때 고사 위기까지 몰렸던 임시정부는 중국의 대규모 지원을 받아 기능을 회복했다. 또한 중국의 지원으로 임시정부는 수년 뒤 자체 무력인 광복군을 창설할 수 있게 되었다.

한편 상해에서는 일본, 프랑스, 중국 경찰의 합동으로 대대적인 검거 선풍이 일었다. 상해 조계지에서 대규모 테러가 발생한 것이니 프랑스 조계 당국도 한국의 독립운동가들을 보호할 수 없었다. 안창호가 김구의 대피 권유를 받고도 소년단 기금을 주기로 한 약속을 지키려다 체포되어 한국으로 압송되었다. 민족주의 독립운동 진영에 큰 손실이었다. 그 외의 독립운동가들은 대부분 피신했고 무고한 동포들만 붙잡혀 갔다.

이승만이 신속하게 움직였다. 그는 구미위원부 이름으로 미국주재 프랑스 대사에게 편지를 보냈다. 프랑스 조계 경찰이 체포해 일본 측에 넘긴 한국인 11명은 상해 폭탄 사건과 무관하다고 지적했다. 편지는 '프랑스 국기 아래에 있는 가련한 한국인들이 또다시 일본의 박해를 받지 않게 되기를 기원합니다. 우리 한국인은 프랑스 공화국이 그들을 보호할 만한 권력을 가졌음을 믿습니다'라고 썼다.

이승만의 항의 편지를 접수한 프랑스 정부는 상해 주재 프랑스 영사에게 자국 조계 안에 있는 한국인들을 보호하도록 훈령했다. 이승만과 구미위원부의 외교 역량이 그 정도까지 성장한 것이다. 프랑스 영사는 일본 총영사에게 앞으로 피의자 검거는 프랑스 경찰이 집행하고 일본 경찰관 1명의 동행만 인정하겠다고 통보했다. 무자비한 검거 선풍에 제동이 걸렸다.

테러에 의한 독립투쟁을 평생 반대해온 이승만이었다. 그러나 이봉창, 윤봉길 의거에 대해서만큼은 높은 평가를 했다. 1946년 발간된 김구의 『도왜실기』 한글 번역본 서문에 이승만이 이렇게 썼다.

'윤 의사가 던진 폭탄 한 개는 단순히 테러 사건이라고 하기에는 너무나 그 의의와 영향이 중대하니, 김구 선생이 말씀하신 바 소위 '최소의 희생으로써 최대의 효과'를 얻고도 오히려 남음이 있다고 할 것이다.'

2. 제네바 국제연맹 총회의 승리

워싱턴에는 이승만이 해야 할 일이 산더미처럼 쌓여 있었다. 그는 먼저 동지식산회사 채무를 처리해야 했다. 미 해군에 목재 납품 계약을 지키지 못해 발생한 과태료 6,000달러가 남아 있었다. 하와이 한인사회가 감당할 수 있는 액수가 아니었다. 이승만은 하와이 출신 하원의원인 휴스턴에게 부탁해 동지식산회사 구제 청원안을 내도록 했다. 그리고 의회와 군 관계자들을 열심히 찾아다니며 설득했다. 덕분에 해군참모총장이 상하원에 낸 보고서에서 이 회사가 파산하면 한인들의 인도주의 사업이 어려워진다며 우호적인 입장을 밝혔다. 1933년 2월 하원과 상원이 차례로 청원안을 통과시켰고, 후버 대통령이 서명해 과태료를 전액 면제해 주었다.

구미위원부 사정도 말이 아니었다. 김현구가 워싱턴에 있을 때 자신 있다며 할부로 2층 건물을 구입했는데, 할부금을 내지 못해 은행에 소유권이 넘어가고 쫓겨났다. 이승만은 뉴욕으로 가 남궁염 등 지지자들과 이 문제를 심각하게 논의했다. 그리고 1932년 3월 겨우 사무실을 구해 구미위원부 활동을 재개할 수 있었다.

외교활동도 게을리하지 않았다. 이승만은 스팀슨 미 국무장관에게 장문의 편지를 보냈다. 여기서 그는 만주를 점령해 더욱 강대해진 일본이 침략의 길로 나가게 될 것이라고 예견했다. 그러한 일본은 장차 미국의 안보를 위협할 것이며, 미국이 강경한 태도를 취할 단계에 이르렀다고 주장했다. 이승만의 논리와 식견을 높이 평가한 스팀슨 장관은 국무부 관계자들에게 편지를 회람시켰다. 이 편지는 조만간 이승만의 외교활동에 기대하지도 않았던 큰 도움을 주었다.

허약한 국제연맹이었지만 일본의 중국 침략을 묵과할 수는 없었다. 만주사변 직후 영국의 리튼을 단장으로 하는 조사단을 중국으로 보냈다. 조사단의 보고 내용을 논의하기 위해 1933년 2월 제네바에서 국제연맹 총회가 열렸다. 한국의 독립을 국제사회에 호소할 좋은 기회였다.

하와이 동지회 회원들이 이승만에게 제네바로 갈 것을 권했다. 안현경, 이원순이 나서 필요한 비용도 모금했다. 동지회 회원들은 임시정부에 보내는 인구세와 구미위원부를 위한 의연금을 내고 있었는데 여기에 별도의 여행 경비까지 기꺼이 부담했다.

이승만 반대 단체들은 그의 제네바 행에 냉소적이었다. 기관지를 통해 이승만을 비꼬기도 했다. 물론 그들도 뭔가를 하려고는 했다. 하와이 교민단은 국제연맹 사무총장에게 편지를 보내 일본의 침략행위를 저지해 달라고 요청했다. 그러나 한국인이 할 수 있는 일은 그게 전부라고 생각했다. 제네바에 직접 간다고 그이상 무엇을 할 수 있겠느냐는 것이다. 그 점에서 이승만은 달랐다.

이승만은 중국 항주로 피신해 있던 임시정부에 특사 위임장을 만들어 달라고 요청했다. 당시 임시정부 국무원들은 이봉창·윤봉길 의거 이후 뿔뿔이 흩어져 피신해 있었다. 몰려드는 자금 사용처 때문에 내부 반목까지 생겼다. 국무원 다섯 명이 한자리에 모여 위임장에 서명할 수 없는 상황이었다. 조소앙이 나서 주었다. 조소앙은 위임장을 만들어 우편으로 한 사람 한 사람 서명 날인을 받았다. 그러다 보니 시일이 소요되어 위임장을 워싱턴이 아닌 프랑스로 보내 받도록 했다.

이승만은 여권이 걱정됐다. 그는 지독한 고집으로 끝까지 미국 국적을 취득하지 않았다. 그래서 외국 여행을 할 때마다 항상 문제가 됐으며, 1919년 파리강화회의 때는 끝내 출국을 하지 못했다. 그는 혼백 국무부 극동국장을 찾아가 협조를 요청했다. 걱정을 많이 했는데 의외로 국무부 반응이 호의적이었다.

국무부에서 이승만에게 여권 발급에 관한 의견서를 쓰라고 했다. 써 내고 돌아왔더니 며칠 뒤 문서가 다시 우송되었다. 거기에는 이승만의 여권 발급에 동의하는 법무장관 글과 스팀슨 국무장관 서명이 첨부되어 있었다. 그것이 이승만의 여권이었다. 이런 특이한 여권은 전례가 없었다. 국무부 관계자들의 협의를 거쳤다는데 이승만이 전에 스팀슨 장관에게 보냈던 편지가 영향을 미쳤음이 분명하다. 이승만이 받은 문서는 외교관 여권의 효력이 있었다. 이승만은 여행 내내 신흥 강대국의 외교관 여권이 얼마나 위력이 있는지 기쁘게 경험했다.

이승만은 1932년 12월 23일 뉴욕 항을 떠났다. 도중에 폭풍으로 고생하며 영국에 도착했고, 다음해 1월 4일 난생처음 비행기를 타고 제네바로 갔다. 제네바에는 파리에서 서영해가 와 기다리고 있었다. 서영해는 임시정부 후원으로 프랑스 유학을 가서 12년 교육 과정을 6년 만에 마친 뒤 현지 신문 기자가 되고, 한국인에 대한 소설을 써서 베스트셀러 작가가 되고, 임시정부의 주프랑스 외교관으로 활동하는 등 다방면의 재능을 발휘한 천재였다. 서영해는 제네바 호숫가 오텔드뤼시(Hotel de Russie)의 스위트룸을 예약해 놓았다. 이승만은 감사히 하룻밤을 자고, 다음날 작은 방으로 옮겼다. 체류 경비를 서영해가 부담해 주었지만, 이승만은 남의 돈이라고 허투루 쓰지 않았다.

이승만은 먼저 중국 대표단을 만났다. 안혜경 중국 대표단장과 고유균 대표 모두 이승만을 따뜻하게 맞아주었다. 일본의 침략에 맞선 우군으로 대우한 것이다. 이승만은 한국의 독립과 국제연맹 가입 문제를 제기하는 것은 일본을 여러 각도에서 공격하는 전략이라고 설득했다. 중국 대표단은 동의했다. 그들은 이승만이 어떤 문서를 가져오든 국제연맹에 제출해 주겠다고 약속했다.

이승만은 큰 기대를 하면서도 외교관의 약속만 믿고 기다리지는 않았다. 그는 국제연맹 관계자와 각국 대표들을 연쇄 접촉했다. 언론을 통한 홍보 활동도 전개했다. 여기에는 그동안 구축해 놓은 미국 내 인맥이 큰 도움이 되었다.

AP통신 특파원 립시가 찾아왔다. 립시는 미국의 사회운동가인 친구 러셀의 편지를 받았다면서 도울 게 없느냐고 물었다. 언론 홍보 전문가가 필요하다고 말하자 블랑코를 소개해 주었다. 블랑코는 가난한 한국 독립운동가를 위해 무료로 일해 주었다. 미국의 저명한 칼럼니스트 피어슨도 편지를 보내왔다. 편지에는 미국 총영사 길버트와 뉴욕타임스 특파원 스트라이트 등에게 보내는 소개장이 들어 있었다. 이승만은 그날로 스트라이트를 만났고, 길버트 총영사는 먼저 연락을 해왔다.

이승만은 국제연맹에 대한민국 임시정부를 승인해 달라고 요청하는 문서를 작성해 중국 대표단에 전달했다. 그런데 중국 대표단의 말이 달라졌다. 회원국이 아닌 한국의 문제를 국제연맹에 제출할 근거가 없다며 거절했다. 사실 국제연맹 규약으로는 중국의 말이 맞았다.

이승만은 전략을 바꿨다. 임시정부 승인 대신 만주에 사는 한국인 문제를 제기하는 것이었다. 그런데 이마저도 중국 대표단이 받아들이지 않았다. 이유가 있었다. 만주에서 일본군이 또다시 공격을 개시해 산해관을 점령한 것이다. 이제 막 군벌들과의 내전을 수습 중이던 중국은 시간이 필요했다. 그래서 일본을 자극하는 일은 어떻게든 피하려 한 것이다.

이승만이 벽에 부딪힌 순간 일본이 좋은 기회를 만들어 주었다. 일본은 리튼 보고서 내용이 거짓이고 만주 주민들이 만주국을 지지한다며 대표자 586명의 성명서를 배포했다. 그런데 그 안에 한국인의 이름이 있었다.

이승만은 하와이 동지회에 연락해 반박하는 전보를 중국 대표단에 보내도록 했다. 일본과 한국인 간의 문제이니 중국이 부담을 느끼지 않으리라 생각한 것이다. 예상이 적중했다. 중국 대표단은 이를 국제연맹 사무총장을 통해 회원국들에게 배포했다. 처음으로 국제연맹에 한국인의 목소리가 전달된 것이다. 하와이 동지회 회원들도 신이 났다. 이승만에게 500달러를 추가로 보내고, 더 진전이 있는지 전보로 묻기도 했다.

이승만은 중국 대표단을 거치지 않고 2월 8일 직접 국제연맹 사무국에 호소문을 제출했다. 리튼 보고서를 부인하는 일본의 주장이 거짓이라는 내용이었다. 그는 일본이 세운 만주국은 전적으로 괴뢰정권이며, 만주에 사는 100만 한국인은 침략의 피해자로서 일본이 물러가기를 바란다고 조목조목 설명했다. 이승만은 호소문을 각국 대표단과 언론사에도 배포했다.

반응은 기대 이상이었다. 누구도 이 품격 있는 문서를 함부로 대하지 않았다. 아일랜드 대표는 이승만에게 "당신의 편지는 매우 조리 있을 뿐 아니라 문장의 격조가 높습니다"라고 평가하기도 했다. 신문 방송들도 앞다투어 보도했다.

이승만이 호소문을 리튼 보고서 채택 여부를 결정하는 마지막 단계에 제출했던 것도 주효했다. 국제연맹은 일본의 만주 침략을 제재해야 할지, 탈퇴하겠다는 일본을 붙잡아야 할지 고민하고 있었다. 그때 이승만의 호소문이 한쪽으로 힘을 실었던 것이다.

리튼 보고서를 심의한 19인위원회가 2월 14일 만주국을 승인하지 않기로 만장일치로 의결했다. 그날 중국 대표가 이승만에게 경의를 표하는 성명서를 배포했다. 중국은 일본을 자극하지 않으면서 만주 침탈의 불법성을 주장해야 하는 딜레마에 빠져 있었는데, 이승만이 이를 해결해준 것이었다. 이승만은 중국 대표단이 약속을 어겨 놓고 이제 와 선심을 쓴다며 시큰둥했다.

2월 16일 이승만은 국제연맹 방송에서 연설했다. 제목은 '극동의 분쟁과 한국'이었다. 일본 경찰은 연설 원고를 본국에 보고하면서 '일중분쟁을 기회로 제네바 국제연맹 회의에서 중대한 역할을 하고 있다'고 적었다.

드디어 2월 24일 국제연맹 총회는 만주국을 부인하는 19인위원회 보고서를 41대 1로 채택했다. 반대 1표는 물론 일본이었다. 이승만의 눈부신 승리였다. 그는 여느 독립국가 대표 못지않은 외교 역량을 발휘하며 워싱턴 회의에서의 실패를 깨끗이 만회했다.

1933년 1월 제네바 국제연맹 본부 앞 이승만
(이승만기념관.com)

한편 일본은 3월 27일 국제연맹에 탈퇴를 통고했다. 일본 여론은 이를 열렬히 지지했다. 자국의 이익을 위해 외국 간섭을 무시하는 모습이 일단 통쾌해 보였을 것이다. 그러나 고립은 경제적 고통으로 이어지고 단절은 외교 대신 전쟁으로 치닫게 해 결국 패망을 부른다는 사실을 일본 국민은 오래지 않아 뼈저리게 경험하게 된다.

3. 나의 사랑 프란체스카

동양에서 오신 귀하신 분

국제연맹 회의가 절정으로 치닫던 1933년 2월 21일이었다. 총회를 며칠 앞두고 각국 대표단이 대거 모이면서 제네바는 가는 곳마다 사람들로 북적였다. 이승만이 저녁 식사를 하러 호텔 식당으로 내려갔는데 자리가 없었다. 매니저가 잠깐 기다리라고 하더니 두 여성이 앉아 있는 식탁으로 갔다. 오스트리아 인 프란체스카 도너와 어머니였다. 매니저는 "동양에서 오신 귀하신 분이 자리가 없는데 합석하셔도 되겠습니까" 라고 물었다. 여성들에게 어려운 부탁을 하려니 의례적인 표현을 한 것이다. 모녀가 승낙하자 이승만은 프랑스 어로 고맙다는 인사를 하고 함께 앉았다.

프란체스카는 속으로 동양의 귀빈이라면 중국이나 일본의 황족쯤 되나보다 생각했다. 그런데 이승만이 식사 주문을 하는데 식초에 절인 양배추와 소시지 하나, 감자 두 개를 시키는 게 아닌가. 프란체스카는 웃음을 겨우 참았다.

이승만은 국제회의에 참석할 때면 대외 연락을 위해 좋은 호텔에 묵고, 멋진 정장을 하고, 고급 식당에서 접대를 했다. 그러면서도 세탁비 한 푼을 아끼기 위해 밤에 잘 때 바지를 요 아래 깔아 빳빳하게 주름을 세웠다. 혼자 식사를 할 때는 가장 싼 음식을 시켰다.

감자를 먹는 귀빈이 어떤 사람인지 궁금하기도 하고 식사를 기다리며 조용히 앉아 있기도 어색해 프란체스카가 먼저 말을 걸었다.

"어느 나라에서 오셨어요?"

"아시아의 코리아에서 왔습니다."

"아, 코리아 알아요. 책에서 읽었어요. 양반 그리고 금강산이 있지요?"

둘 다 이승만이 강연에서 즐겨 쓰던 소재였다. 그는 조선의 신분제도 변화와 수려한 자연환경에 대해 자세히 설명했다. 이승만의 영어는 매우 품격 있었고 이야기에 유머가 넘쳤다. 프란체스카는 눈을 반짝거리며 들었다. 어머니는 낯선 남자와 대화에 빠져드는 프란체스카가 걱정스러웠지만 동양의 중늙은이인데 무슨 일이 있겠느냐고 생각해 그냥 지켜보았다. 오히려 오랜만에 딸이 즐거워하는 모습이 기쁘고 안쓰러웠다.

프란체스카는 1900년 6월 오스트리아 비엔나 인근 인저스도르프에서 소다수 회사를 경영하는 가정의 세 딸 중 막내로 태어났다. 아들이 없던 아버지는 그녀에게 사업을 물려줄 생각으로 상업학교에 진학시켰고 스코틀랜드로 유학을 보냈다. 프란체스카는 스무 살 되던 해에 부모의 권유로 자동차 경주 선수와 결혼했다. 당시 자동차 경주 선수는 부와 명성을 함께 누리는 인기 직업이었다. 그런데 남자에게 숨겨둔 동거녀가 있었고 마음이 바뀌었는지 결혼식 직후 떠나가 버렸다. 프란체스카는 엄청난 마음의 상처를 입은 것은 물론 아버지가 충격으로 사망하기까지 했다. 프란체스카는 그 뒤 결혼하지 않고 혼자 살았다. 서른세 살이 되던 1933년 그녀는 어머니와 함께 유럽의 여러 나라를 여행하고 집으로 돌아가던 중 제네바에 들렀던 것이다.

이승만과 만난 다음날 아침, 프란체스카는 '라 트리뷴 도리앙' 잡지의 1면에 커다랗게 전날 만난 남자의 사진과 기사가 실려 있는 것을 발견했다. 프란체스카는 기사를 오려서 봉투에 넣고는 이승만에게 전해 달라고 호텔 프런트에 부탁했다. 이승만도 감사의 메모를 보내왔다. 그 다음날 또 다른 신문에 한국독립에 관한 기사가 실렸고 이 역시 오려 이승만에게 보냈다. 이승만은 답례로 차 대접을 하겠다고 제안했다. 프란체스카는 조금 사양하다가 함께 제네바 호숫가를 걸으며 담소했다. 두 사람은 이내 가까워졌다. 그러나 그 사실을 안 어머니가 길길이 뛰면서 일정을 앞당겨 딸을 데리고 귀국해 버렸다. 이승만과 작별할 시간마저 주지 않았다.

그렇게 첫 만남은 끝났고 국제연맹 총회가 종료되어 이승만도 돌아가야 했다. 두 사람은 영영 다시 못 보는 줄 알았다. 그런데 이승만의 유럽 체류가 갑자기 연장되었다. 이승만이 모스크바 방문을 추진한 것이다.

짧았던 모스크바 방문

국제연맹 총회가 끝나고 이승만은 잠시 여유를 즐겼다. 이때 스위스 하키 선수였던 이한호가 얼마 전 소련에 다녀왔다면서 시베리아 동포들을 만나 보는 게 어떠냐고 제안했다. 이승만은 시베리아 한인들이 일본과 싸우려 군사훈련을 받고 있다는 소문을 확인하고 유대를 맺고 싶었다. 나아가 소련 관리들과 한·미·중·소의 대일본 공동전선도 논의하려 계획했다.

장막에 가려진 소련은 쉽게 갈 수 있는 나라가 아니었다. 국제연맹에서 이승만에게 신세를 진 중국 대표단이 적극 협조했다. 제네바 주재 소련 대표를 통해 비자 발급 약속을 받아 주었다. 본국의 지침을 받는 오랜 과정을 거쳐 이승만은 거의 두 달 만에 파리 주재 소련대사관에서 입국 비자를 받았다. 하와이 동지회도 미국으로 돌아오기 전에 계획된 여행을 하라며 500달러를 보내주었다.

이승만은 모스크바로 가는 길에 비엔나를 들렸다. 거기서 프란체스카와 재회했다. 먼저 소련 대사와 인도 국민회의 의장을 만난 뒤 사흘째 되던 날이었다. 두 사람은 함께 오스트리아 황실 별궁이었던 헤르메스 빌라를 구경했다. 이때 이승만이 프란체스카에게 청혼을 했다. 훗날 프란체스카는 이렇게 회상했다.

> 그분은 한국의 독립 문제로 만날 사람이 많아 늘 바빴고 나도 어머니의 감시 때문에 서로 만나기는 쉽지 않았다. 그렇지만 우리는 비엔나의 명소와 아름다운 숲속을 거닐기도 했다. 어린 소녀처럼 순수하고 거짓 없는 그분의 인품은 나에게 힘든 선택을 하도록 용기를 돋우어 주었다.

이승만이 비엔나를 출발할 때 다시 프란체스카를 만났다. 프란체스카는 이승만의 짐까지 들고 배웅을 했다. 그가 탄 3등 열차가 역을 떠나 보이지 않을 때까지 프란체스카는 함께 배웅 나온 비엔나 주재 중국공사 뒤에 서서 손을 흔들었다.

이승만은 바르샤바를 거쳐 1933년 7월 19일 아침 모스크바에 도착했다. 외국인 여행자 사무소 직원이 이승만과 두 명의 미국인을 안내했다. 이승만은 크레믈린 궁전 건너편의 뉴모스크바호텔에 짐을 풀었다. 우선 다른 관광객들과 함께 자동차로 시내를 구경하고 오후 2시에 돌아왔다. 그런데 호텔에 소련 외무위원회에서 나온 젊은 직원이 기다리고 있었다.

외무위원회 직원은 이승만에게 정중하게 말했다.

"선생의 입국 비자를 발부한 것은 착오에 의한 것이었고 따라서 선생께서 이 나라를 떠나시도록 말씀드리는 것을 대단히 송구스럽게 생각합니다."

이승만은 기가 막혔다. 얼마나 어렵게 이곳에 왔는데 오자마자 나가라는 것인가. 이승만의 항의에도 직원은 요지부동이었다. 이유라도 밝혀 달라는 이승만에게 직원은 거듭 사과만 했다. 이승만은 알겠다며 대신 외무위원회 앞으로 쓴 편지를 전달해 달라고 부탁했다. 그 안에는 대일본 공동 투쟁을 논의할 비밀회합을 요청하는 내용이 들어 있었다. 직원은 편지를 받아들고 공손히 인사하고 나갔다.

이승만은 그날 저녁 모스크바주재 중국 공사를 만나 자신이 추방되는 이유를 들었다. 소련으로부터 만주 동지나 철도를 매입하려는 일본 대표단이 모스크바에 와 있었던 것이다. 중국은 소련에게 철도를 매각할 권리가 없다고 격렬히 항의하고 있어 소련 당국자들의 신경이 곤두서 있었다. 그런 상황에서 이승만이 모스크바에서 활동하면 일본과의 마찰로 협상에 문제가 생길 수 있다고 우려한 것이다.

생각지도 못한 일들이 계속 발생했다. 그날 밤늦게 한 호텔 직원이 이승만의 방으로 찾아왔다. 여기서는 굶주려 살 수가 없다면서 미국으로 데려가 달라고 부탁했다. 안타까웠지만 이승만도 쫓겨나는 마당에 누구를 망명시킬 힘이 없었다.

다음날 이승만이 기차표를 끊고 돌아오니 외무위원회 직원이 또 기다리고 있었다. 직원은 외무위원회가 이승만의 편지 접수를 거부했다면서 돌려주었다. 이승만은 곤혹스러워하는 직원을 달랬다.

"나는 조금도 불쾌하지 않소. 오히려 외무위원회가 나에게 보여준 매너에 감사하며 이 나라를 떠난다는 것을 그들에게 전해 주시오."

말은 그렇게 했지만 이승만은 야심차게 추진하려던 독립운동 계획이 무산된 게 몹시도 아쉬웠다. 또한 한껏 기대에 부풀었을 하와이 동지회 회원들을 볼 면목도 없었다.

모스크바에서 돌아오는 열차 안에는 긴 침묵이 흘렀다. 그러다 소련 국경선을 넘자 여기저기서 안도의 한숨과 대화가 시작되었다. 이승만과 동행한 미국인들은 소련의 지방에서 많은 사람들이 굶어 죽어 길거리에 시체가 즐비하다고 전했다. 우크라이나 대기근을 말하는 것이었다.

소련 정부는 곡창지대인 우크라이나에 집단농장제를 강요했는데 농부들이 저항하면서 곡물 생산이 급감했다. 그런데 농민들이 먹을 식량도 남겨두지 않고 모두 세금으로 걷어가 대기근이 발생했다. 우크라이나 전역에서 수백만 명이 굶어 죽은 것으로 추정된다.

이승만의 짧지만 강렬했던 소련 방문은 그가 공산주의의 실체를 인식하는 데 큰 영향을 미쳤다. 유럽의 많은 지식인들이 소련을 다녀오고도 야만적 통치와 대량 학살에 눈을 감았던 것과 대비된다.

이 박사 혼자만 오십시오

이승만은 재미동포들의 뜨거운 환영을 받았다. 이승만이 뉴욕에 도착하자 모든 한인단체들이 연합해 환영회를 열었다. 장덕수가 환영사를 했다. 다음날 저녁에는 뉴욕 화교들이 만찬회에 초대했다. 국제연맹에서 만주국 승인을 막은 혁혁한 공로에 사례하려는 것이었다. 이승만이 또 일을 크게 벌였다. 극동문제를 다룰 영문 잡지를 만들자며 재정지원을 요청해 중국인들의 동의를 받았다.

이승만은 장기영과 함께 미국 순회에 나섰다. 가는 곳마다 동포들을 만나 격려하고 제네바 활동에 대해 설명했다. 중국인들의 환영회도 곳곳에서 열렸다. 미국 언론인과 교수, 성직자 등 지인들을 찾아보는 일에도 많은 신경을 썼다. 기회가 있을 때마다 친교를 다져두는 것이 독립운동의 큰 자산이 되었다.

이승만은 로스앤젤레스까지 갔다 워싱턴으로 돌아왔다. 이승만이 한 달 반 동안 1만 4,000킬로미터가 넘는 여행을 한 것은 중국인들의 협조 의사가 있을 때 영문 잡지를 만들려는 목적이 강했다. 화교 지도자들은 위원회까지 조직하며 적극적인 입장을 보였다.

그런데 불운이 연속 찾아왔다. 이승만을 돕던 중국계 자선단체 '중화공소中華公所' 회장이 바뀌었다. 파격적인 조건으로 인쇄해 주겠다던 출판사 사장은 병으로 쓰러졌다. 이승만의 뚝심으로 잡지는 'The Orient Magazine(원동잡지遠東雜誌)'이라는 이름으로 발행됐다. 그러나 재정난을 안고 시작한 사업을 오래 지속할 수는 없었다.

이승만은 바빴다. 자신이 워싱턴만 떠나면 마비되는 구미위원부 활동을 재개했다. 별세한 돌프 법률고문 자리에 스태거스 변호사를 임명했다. 스태거스는 빌딩을 소유하고 있었는데 싼값에 사무실을 빌려주었다. 과거에 큰 힘이 되었던 한국친우회도 재건하려고 노력했다.

아무리 바빠도 가장 중요한 일은 약혼녀 프란체스카의 미국 초청이었다. 백방으로 노력했지만 쉽지 않았다. 이승만이 미국 국적자가 아니라는 게 큰 걸림돌이었다. 그래도 어렵게 국무부 관계자들을 설득해 입국 허가를 받았다. 그런데 이번에는 비엔나 주재 미국영사관에서 입국 비자를 내주지 않았다. 당시 오스트리아가 미국의 가상적국인 나치 독일과 가까워지자 비자 발급을 엄격하게 제한한 것이다. 이승만은 쑥스러움을 무릅쓰고 지인들에게 도움을 청해 겨우 비자 문제를 해결했다.

프란체스카는 1934년 10월 4일 꿈에도 그리던 뉴욕에 도착해 이승만과 감격의 재회를 했다. 두 사람은 곧바로 결혼 준비에 들어갔다. 이승만은 프란체스카가 한복을 입기 원했다. 그래서 집에서 가져온 하얀 천으로 남궁염의 부인과 함께 한복을 지었다. 그러나 남궁염의 부인도 재봉에 서툴러 천만 뭉개고 말았다. 프란체스카는 밤새 울었다고 한다.

결혼식은 10월 8일 뉴욕 몽클레어 호텔에서 열렸다. 주례는 그 옛날 대한제국 밀서 사건 때 동행했던 윤병구 목사가 맡았다. 신랑 이승만은 59세, 신부 프란체스카는 34세였다. 두 사람의 결혼 소식은 국민보에 보도되어 하와이까지 전달됐다.

그리고 결혼 며칠 뒤 하와이 동지회에서 무시무시한 전보가 왔다. 하와이에 올 때 프란체스카를 남겨 두고 혼자만 오라는 것이었다. 이틀 뒤에 똑같은 내용의 전보가 다시 왔다. 하와이 동포들은 독립운동 지도자인 이승만이 외국인과 결혼한 데 크게 실망했다. 더구나 이승만은 한국인의 정체성이 세대가 거듭되며 소멸되는 것을 막기 위해 청소년들에게 한국인끼리 결혼해야 한다고 가르쳐 왔다. 그런 이승만의 국제결혼은 일종의 배신으로 느껴졌다. 일부 교민들은 이승만이 와도 절대 받아들이지 않겠다며 흥분했다.

이승만은 하와이에 가야 했다. 자신의 정치적 기반이 그곳이었다. 그렇다고 신부를 버릴 수도 없었다. 정면으로 부딪혀 동포들의 양해를 구할 수밖에 없었다.

이승만은 프란체스카와 함께 긴 여행길에 올랐다. 자동차를 몰고 미국 남부를 가로질러 샌프란시스코까지 갔다. 이번에도 이승만은 가는 곳마다 동포들을 격려하고, 미국 저명인사들을 만나고, 각 지역 화교 지도자들에게 'The Orient Magazine' 발행에 대한 협조를 구했다. 프란체스카는 신선한 충격을 받았다. 가난한 형편에도 기꺼이 독립운동 자금을 보태는 한국인들의 애국심에 감동했고, 남편이 왜 3등 열차 3등 선실만 타고 다니는지도 이해하게 되었다.

이승만 부부는 샌프란시스코에서 하와이행 배를 탔다. 하와이에 가까워질수록 프란체스카는 점점 불안해했다. 남몰래 눈물도 흘렸다. 이승만 역시 교민들을 어떻게 설득해야 할지 도무지 자신이 없었다. 눈을 감으면 남자들은 자기에게 달려들어 삿대질을 하고, 여자들은 프란체스카를 둘러싸고 돌아가라며 악을 쓰는 모습이 선히 보이는 듯했다.

1935년 1월 25일, 드디어 수평선 위로 하와이 오하우 섬이 보이기 시작했다. 프란체스카의 얼굴은 더욱 창백해졌다. 이승만은 '죽으면 죽으리라'는 성경 말씀까지 되새겼다. 그런데 항구에 가까워지자 부두 위에 수많은 한인들이 환한 미소를 지으며 손을 흔들고 있는 게 아닌가. 남자들은 양복 정장을, 여자들은 고운 한복을 입고 서툴게 쓴 환영 문구도 들고 있었다. 순간 이승만은 눈물이 핑 돌았다. 이렇게 선한 민족을 위해 자신의 모든 것을 바쳐야겠다고 다짐했다.

이승만 부부가 배에서 내리자 교민들은 목에 화환을 걸어주며 반가워했다. 이어 한인기독교회에서 열린 환영식에는 무려 900여 명이 참석했다. 역대 한인 행사 중 최대 인원이었다.

사실 이원순 등 동지회 간부들은 이승만 부부를 받아들이자고 회원들을 열심히 설득했다. 회원들 중에는 절대로 환영행사에 나가지 않겠다고 공언하는 사람들이 많았다. 그러나 노착 날짜가 되자 '이 박사께서 가슴 아프실 게 걱정'되어 한 명 두 명씩 결국은 모두 부두에 모였던 것이다. 그만큼 수십 년간 이승만과 쌓아 온 애정과 신뢰가 깊었다.

프란체스카의 하와이 정착기

이승만은 한인기독학원 교장을 맡았다. 따로 숙소를 마련할 형편이 안 되어 학교 기숙사에서 부부가 함께 기거했다. 프란체스카는 기숙사 사감으로 일했다. 프란체스카는 어린 학생들을 어머니처럼 돌봤고 피아노도 가르쳤다.

학교 재정은 참 어려웠다. 한인기독학원은 학비를 일절 받지 않고 기숙사비만 받았다. 그나마 가난한 학생들에게는 기숙사비도 면제해 주었다. 한인 동포들과 미국인 친지들의 후원으로 학교를 운영했지만, 이승만 부부가 제대로 생활비를 받을 수는 없었다.

처음으로 겪는 가난이었다. 프란체스카는 회고록에 이렇게 썼다.

> 신혼 시절 내 꿈은 하루속히 한국이 독립되어 독립운동가의 떠돌이 생활을 청산하고 아담한 내 집을 갖는 것이었다.

일도 힘들었다. 학생 수가 적다고 필요한 인력이 같이 줄어드는 건 아니었다.

그래도 프란체스카는 남편에 대한 사랑과 존경으로 어려움을 이겨냈다.

> 단 둘이 식사를 할 때 남편은 늘 이렇게 기도했다. '우리가 먹는 이 음식을 우리 동포 모두에게 골고루 허락해 주시옵소서.'

그런 이승만의 뜨거운 애국심에 프란체스카도 마음을 다잡았다.

프란체스카는 한복이 자기에게 잘 어울린다고 생각하고 좋아했다. 김치와 고추장을 담그는 법을 배워 생일날 이승만을 감동시켰다. 한국말도 열심히 배웠지만 주변에 영어 쓰는 사람이 많은 탓에 큰 진전은 없었다. 프란체스카가 하와이에 왔을 때 거리를 두던 교민들도 많았지만 학생에게 헌신하는 모습에 점차 마음을 열어 갔다. 그녀는 점점 한국인이 되어 갔다.

이승만 부부가 오랫동안 봉사했던 한인기독학원은 그들이 워싱턴으로 떠난 뒤 기숙사로만 운영되다 1947년 폐교됐다. 하와이 교민들은 학교 부지를 판 돈을 나라를 위해 써달라며 대한민국 정부에 보냈다. 그 돈으로 세운 학교가 인하대학교이다.

4. 하와이에 다시 세운 성전

하와이로 돌아온 이승만은 한인기독교회를 새로 짓는 데 가장 열정을 기울였다. 그가 수년 전 워싱턴으로 떠나기 전에 예배당건축위원회를 만들어 놓았지만 일이 잘 진척되지 않았다. 그래서 건축기금위원회를 다시 조직했다. 이승만은 여기에 미국인 유지들을 이사로 영입했다. 그의 특기였다. 불과 몇 달 만에 무려 5,000달러와 1,500달러 1,000달

호놀룰루 한인기독교회 (이승만기념관.com)

러씩 미국인들의 거액 기부금이 답지했다. 교인들도 분발해 1936년 2월 릴리하 스트리트의 1.5에이커 땅을 1만 2,750달러를 주고 구입했다.

그해 6월 한국에서 김혁식 목사가 부임해 왔다. 교민 분쟁에서 자유로운 김혁식이 교회 재산을 놓고 수년째 계속되어 온 재판을 해결했다. 교회는 단합하고 부흥했다.

대지는 마련했지만 교회 건물을 지으려면 돈이 더 필요했다. 교인들이 모두 팔을 걷고 나섰다. 할머니들은 떡장사를 해서 기금을 모았고, 청년들은 음악회를 열었다. 심지어 어린이들까지 아이스크림을 판 돈을 교회 건축에 보탰다.

1937년 10월 새 예배당 건축이 시작됐다. 한인중앙학원 첫 졸업생인 김찬재가 서울의 광화문과 똑같은 모습으로 설계했다. 광화문은 언젠가는 되찾아야 할 조국의 자부심을 상징했다. 일곱 살 때 한국을 떠난 김찬재에게 광화문에 대한 기억이 있을 수 없다는 점에서 이승만의 의견이 반영됐을 가능성이 크다.

예상보다 공사비가 늘어나자 이미 5,000달러를 냈던 저술가 웨스터벨트가 1,000달러를 또 보내왔다. 교인들은 감동해 더욱 모금운동에 매진했다. 드디어 공사가 끝나고 1938년 4월 24일 헌당식을 거행했다.

이승만은 한인기독교회 선교부장에 불과했지만, 교회 신축의 최고 공헌자임을 모두가 인정했다. 당시 교회에서 펴낸 기념 책자에는 다음과 같은 헌정사가 들어 있었다.

> 우리의 경애하는 리승만 박사께 이 작은 책을 드린다. 선생의 개척정신은 우리들로 하여금 아름답고 고귀한 사업을 할 수 있게 하며, 그의 지도적 감화는 하와이 남녀 청년들의 앞길에 광명을 비춰준다.

5. 요동치는 세계 정세

이승만은 학교 운영과 교회 신축에 몰두하면서 교민사회 정치에는 일절 개입하지 않았다. 그래도 그의 경쟁자들은 이승만이 주도권을 탈환하러 나설까 항상 의심하며 견제했다. 상해임시정부와의 관계도 한동안 단절됐다. 임시정부 국무회의는 1936년 7월 이승만을 외무위원 직에서 해임했다. 그리고 하와이의 재무행서 재무위원도 동지회 간부 이원순에서 다른 사람으로 바꾸었다.

당시 중국의 독립운동가들은 이합집산을 계속하고 있었다. 한때 김원봉이 여러 독립운동 단체들을 통합해 임시정부를 폐지하려 했으나 그의 독주에 대한 반발로 와해됐다. 그사이 거의 유명무실해졌던 임시

1935년 김구 등 임시정부 요인들 (전쟁기념관)

정부는 1935년 11월 이동녕을 주석으로 다시 내각을 구성했다. 여기에 김구도 외무장으로 참여했다. 내분으로 인해 국무위원직을 박탈당한 지 3년 만에 임시정부로 돌아온 것이었다. 그 뒤로도 김구는 남경에 머물며 일본을 향한 테러 공격에 여념이 없었고, 임시정부 판공처는 진강에 있었다. 이승만을 배척한 것은 그 시기의 일로 김구의 뜻이 아니었다.

1937년 김구는 김원봉과 결별한 우파 민족주의 정당들을 하나로 통합하려 했다. 이때 이승만에게 합동선언문 초안을 보내며 협조를 요청했다. 이승만이 답장하지 않았다. 바쁘기도 했겠지만 중국 내 독립운동가들에 대한 서운한 마음도 있었던 것 같다.

김구는 또 편지를 보냈다. 이번에는 통합의 범위를 각종 단체까지 확대해 '한국광복운동단체연합회'를 만드니 미주단체들의 통합에 나서 달라는 내용이었다. 편지의 문체가 아주 깍듯했다.

'회답을 보아 (통합을) 발포코저 기대하던 중 화북전쟁이 폭발되어…

1937년 일본군의 폭격을 받는 중국 남경 (독립기념관)

더 기다리지 못하고 반포하오니, 당돌을 용서하시고 중앙부에 명령하시와 인준의 회신을 보내실 뿐 아니라, 원동 각 단체와 정부사업에 대하와 항상 훈교를 주시오며…'

김구는 이승만을 한결같이 신뢰했다. 그는 임시정부에 남아 있는 이승만의 가장 강력한 지지자였다.

김구가 편지에서 언급했던 화북전쟁은 1937년 7월에 시작된 중일전쟁이었다. 극동에서 일본의 침략전쟁이 확대되고 유럽에서는 독일 재무장으로 전쟁의 공포가 확산되고 있었다. 세계 정세가 요동치고 있었다. 한국의 독립운동가들은 결정적인 시기가 다가오고 있다고 느꼈다. 하와이 동지회 회원들은 이럴 때 독립운동의 최고 자산인 이승만을 수수방관하도록 만들어서는 안 된다고 생각했다.

하와이 동지회에서 워싱턴 구미위원부 운영 재개 문제를 본격적으로 논의했다. 동지회 간부들은 이승만을 워싱턴으로 보내 외교활동을 펴고 아울러 독립운동 역사를 정리하는 책을 집필하도록 하자고 합의했다. 이원순이 대표로 이승만을 찾아가 동지회 의견을 전달했다. 이승만은 크게 기뻐했다.

"글쎄 말이야. 그건 나도 바라는 바였어."

이승만 부부는 1939년 3월 30일 워싱턴으로 떠났다. 하와이에 온 지 4년여 만이었다.

6. 예언서가 된 『일본내막기』

워싱턴에 도착한 이승만은 구미위원부 사무실과 주거를 겸해 쓸 집을 찾았다. 외교 블록에서 조금 떨어진 호버트 스트리트 주택가의 아담한 2층 건물을 할부로 매입했다. 우선 몇 백 달러 만 내고 매월 칠팔십 달러씩 장기 할부금을 물면 되었다.

잠깐 동안이지만 이승만은 여유를 누릴 수 있었다. 한성감옥에서 받은 고문 때문에 오랫동안 붓글씨를 쓸 수 없었는데, 이때쯤 손가락 감각이 돌아와 서예를 즐기게 되었다. 창문을 열고 새들에게 모이를 주는 취미도 생겼다.

자동차를 직접 운전했는데 급한 성격만큼이나 과속을 자주해 프란체스카를 걱정하게 만들었다. 유명한 일화도 있다. 신혼 초의 일이었다. 뉴욕에서 일을 마친 이승만이 워싱턴 강연 시간에 맞추려 고속도로를 질주했다. 뒤에서 경찰차가 쫓아오는데도 멈출 생각을 하지 않았다. 이승만에게 강연은 결코 포기할 수 없는 독립운동의 기회였다.

행사장에 도착한 이승만은 차를 버려두고 뛰어 들어갔다. 이승만은 곧바로 강연에 빠져들었지만, 앞줄 구석에 앉은 프란체스카는 자꾸 뒤를 돌아보았다. 쫓아온 경찰관 두 명이 화난 표정으로 입구에 기대어 서 있는 것이었다. 그런데 얼마쯤 시간이 흐르자 그 경찰관들도 허리를 굽히며 웃고 박수를 쳤다. 프란체스카는 그제야 조금 안심이 되었다. 강연이 끝나고 이승만이 청중들에 둘러싸여 악수 공세를 받는데, 경찰관들이 프란체스카에게 다가와 조용히 말했다.

"경찰 20년 만에 우리가 따라잡지 못한 사람은 당신 남편뿐입니다. 오늘은 그냥 돌아가는데, 과부가 안 되려면 마담이 단속하세요."

결국 프란체스카가 운전면허를 따서 핸들을 넘겨받았다. 주부, 비서, 타자수에 운전기사 역할까지 더하게 된 것이다.

이승만은 당초 한국 독립운동사를 쓸 예정이었지만, 국제정세가 날로 악화되어 계획을 바꾸지 않을 수 없었다. 중국을 침략한 일본이 상해 남경으로 점령지를 확대하고 있었다. 유럽에서는 1939년 9월 독일이

폴란드를 침공하면서 두 번째 세계대전이 시작되었다.

미소 뒤에 침략 음모를 숨긴 일본의 정체를 누군가는 폭로하고 다가오는 전쟁에 대비하도록 미국인들에게 설파해야 했다. 1939년 겨울부터 이승만은 자신의 모든 지식과 경험을 쏟아부으며 저술 작업에 몰입했다.

자료수집은 임병직이 도와주었고, 원고는 이승만이 불러주면 프란체스카가 타이프로 받아 적었다. 탈고할 때까지 책 전체를 세 번이나 타이핑하면서 손가락이 짓무르기까지 했다. 이승만은 가끔 집 근처의 숲이 우거진 강가를 함께 산책하며 프란체스카를 위로했다. 그때마다 이승만이 한국의 아리랑을 불러주었다고 프란체스카는 애틋하게 회상했다. 그렇게 1년 반을 노력해 『일본내막기(Japan Inside Out)』를 완성했다. 1941년 7월 뉴욕에서 출판했다.

이승만은 이 책에서 '연기하는 것은 해결이 아니다. 산불은 저절로 꺼지지 않는다'고 경고했다. 그는 일본인들의 극단적인 국수주의를 일본 천지창조 신화까지 거슬러 올라가 설명했다. 일본 천왕이 모든 황제들 위에 있으며, 일본은 신의 국토이고, 일본 민족은 태양의 자손인 야마토(大和)라는 것이다. 개항 이후 서구에서 쇼비니즘이 도입되어 천황 숭배 사상과 결합했다. 종교화된 군국주의에 세뇌된 일본인들은 천황과 일본제국을 위해 목숨을 바치는 것을 가장 큰 영광으로 믿게 되었다.

일본은 1921년 체결된 군축조약을 몰래 어기며 군함들을 건조해 왔다. 군사적 준비가 완료되자 일본은 그동안 쓰고 있던 가면을 벗어 버리려 한다. 일본이 가면을 벗고 실체를 드러내는 것은 말이 아니라 행동을 통해서일 것이다. 그런데도 미국에서는 일본을 우호국가로 간주하는 게 일종의 사회적 풍조가 되어 있다. 지난 35년간 일본 정부가 매년 1백만 달러 이상을 쏟아부은 선전운동의 결과이다. 이승만은 결론에서 미국이 일본과의 전쟁을 회피하거나 오래 연기할 수 있을 것 같지 않다며 지금이라도 대비하라고 호소했다.

『대지』의 작가 펄 벅은 『일본내막기』 서평에 이렇게 썼다.

'무서운 책이다. 나는 이것이 진실이 아니라고 말할 수 있으면 좋겠으나, 너무도 진실인 것이 두렵다.'

이승만은 루스벨트 대통령 부부와 육군장관, 국무장관 등에게 책을 증정했다. 혼벡 미 국무부 극동국장은 책을 꼼꼼히 읽고 교정해야 할 부분까지 적어 보내왔다.

그러나 『일본내막기』에 대한 미국 내의 평가는 대체로 비판적이었다. 이승만이 한국의 독립을 위해 전쟁을 선동하고 있다고 본 것이다. 책 판매도 더뎌서 5개월이 되도록 재판을 찍지 못했다.

그때 일본의 진주만 공격이 발발했다. 이승만의 『일본내막기』는 갑자기 '예언서'가 됐다. 미국 전역의 서점에서 날개 돋친 듯 팔려나가 하

1941년 일본의 진주만 기습 (독립기념관)

루 만에 매진되었다. 그 뒤, 태평양 전선으로 향하는 모든 미군 장교들이 이 책을 구해 읽었다. 미소의 나라 사람들이 왜 적이 되어 나타났는지 알고 싶었던 것이다. 책을 읽은 군인들은 패배한 일본군이 옥쇄하고, 하늘에서 가미카제들이 떨어져 내릴 때 덜 당황했을 것이다.

또한 이승만은 책 구석구석에 미국이 일본의 한국 병탄을 묵인한 게 오늘날의 동아시아 위기를 불렀다고 써놓았다. 역사적으로 한국이 일본과 중국 사이에서 평화의 방패 역할을 해왔다는 것이다. 위로 대통령부터 일선의 장교들까지 이승만 책을 읽은 사람들의 잠재의식에 일본 군국주의 부활을 막으려면 한국을 독립시켜야 한다는 생각을 갖지 않을 수 없었다. 그것이 외교였다.

『일본내막기』가 베스트셀러가 되면서 이승만은 인세로 많은 돈을 벌었다. 그 중 1만 달러로 워싱턴 16번가 플레이슨트 언덕의 넓은 주택을 샀다. 종래 살던 집보다 대지가 거의 5배나 되었다. 물론 이번에도 1층은 구미위원부가 2층은 이승만 부부가 살림집으로 사용했다. 이 집은 워싱턴 교민들의 회합과 외교 행사에 요긴하게 쓰였다. 또한 1948년 건국 후에는 주미 한국대사관으로 잠시 사용되기도 했다.

프란체스카에게도 약간의 수고비를 주었다. 프란체스카는 그 돈으로 검은색 정장을 한 벌 샀는데, 평생 아껴 입다가 40년 뒤 며느리에게 물려주었다.

제6장 한국을 독립시킨다

1. 임시정부 승인 요구

미일전쟁이 발발하자 이승만은 신속하게 움직였다. 그는 김구에게 임시정부가 미국에 모든 협조를 하겠다는 성명서를 만들어 자기에게 보내고, 대일선전포고를 하라고 전보했다. 임시정부는 1941년 12월 10일 '대일선전성명서'를 발표했다.

이승만은 진주만 기습 다음날인 12월 8일 미 하원 군사위원회 소속 패디스 의원을 만났다. 이승만의 협조 요청을 받은 패디스는 헐 국무장관에게 편지를 썼다. 그는 편지에서 3만 5,000 명의 한국인이 중국군 안에 있고 한국 안에도 잘 조직된 혁명 세력이 있다니 한국의 독립과 임시정부를 승인하는 게 일본과의 전쟁에 도움이 될 것 같다고 적었다.

중국군에 한국인 3만 5,000명이 있다는 주장은 당시 재미동포들의 일반적인 믿음이었다. 김구가 임시정부 후원금을 요청하면서 광복군 설립의 장밋빛 전망을 전해왔고, 이를 그대로 믿었던 것이다. 예를 들어 국민회 기관지인 신한민보는 1942년 3월 임시정부 산하에 3만 5,000명의 군대가 있다고 보도하기도 했다. 그러나 이런 과장된 주장은 미 국무부가 이승만을 불신하는 부작용을 가져왔다.

이승만은 12월 9일 국무부 외국자금통제국 호스킨스를 만나 미국 주정부들이 한국인을 일본인 취급해 은행 계좌를 동결하고 사업중단

명령을 내린 데 항의하고 시정 약속을 받았다. 이승만은 면담에서 중경에 있는 임시정부가 드골의 자유프랑스운동과 같은 성격이라면서 지원을 해줄 수 있는지 물었다. 호스킨스는 관련 부서와 상의해 보겠다고 말했다.

이승만은 그날 국무부 정치고문 혼백을 만나 임시정부가 보내온 자신의 신임장과 루스벨트에게 쓴 김구의 편지를 전달했다. 혼백은 문서들을 국무부 극동국에 넘겨 임시정부 승인 여부를 검토하도록 했다.

이때부터 이승만의 독립운동은 임시정부 승인과 한국인의 전쟁 참여 두 가지에 집중되었다. 사실 이승만은 임시정부에서 장관급도 아닌 주미대사에 불과했다. 임시정부가 연합국 승인을 받는다면 김구 등이 독립된 한국에서 기득권을 갖게 될 것이었다. 이승만은 그런 결과에 개의치 않았다. 이승만과 김구는 서로를 깊이 신뢰했다.

이승만이 임시정부 주미대사 즉 주미외교위원장이 된 데는 김구의 역할이 컸다. 미일 간 전운이 짙어지던 1941년 4월 하와이에서 북미 국민회와 하와이 국민회, 동지회, 대조선독립단 등 9개 한인단체 대표들이 모였다. 조국 독립의 결정적 기회가 다가오는데 더이상 분열되어 있을 수 없다는 공감대가 이루어졌기 때문이다. 그리고 미국 본토에서 북미 국민회가 조선의용대 후원회의 세력 확장에 위협을 느낀 점도 작용했다.

조선의용대 후원회는 미리 임시정부에 편지를 보내 자기들 지도자인 한길수를 외교대표로 임명하라고 요구했다. 이것이 역효과를 불렀다. 김구는 개인 명의로 답장을 보내왔다. 한길수를 '한국의 독립운동은 무력을 쓰지 않고 정신으로 한다는 등 광패한 언동을 한 자'라고 비난하는 내용이었다. 김구가 직설적으로 반감을 드러낸 것은 그들이 지지하는 김원봉에 대한 적개심 때문이기도 했다. 당시 김원봉은 중국 정부 내 인맥을 이용해 광복군 출범을 가로막고 있었다. 김구는 편지 내용을 북미

국민회에 알리고 이승만을 외교 선전 대표로 선정해 달라고 요청했다.

4월 19일에 시작된 회의에서 예상대로 외교대표 문제로 격론이 벌어졌다. 북미 국민회가 나서 조선의용대 후원회를 제압했다. 임시정부의 뜻이라니 하와이 국민회도 승복했다. 한인단체들은 '재미한족연합위원회'를 발족하고 위원장에 임병직, 외교위원장에는 이승만을 선출했다. 그리고 임시정부를 전적으로 신뢰하며, 워싱턴에 외교위원부를 설치하고, 독립금을 거두어 3분의 2는 임정에 나머지는 외교위원부에 송금할 것 등을 결의했다.

이승만의 주미외교위원장으로서 첫 번째 성과는 재미동포들의 처우 개선이었다. 진주만 공격 직후 미국 정부는 일본인과 한인들의 부동산 매매 및 증권 거래를 금지하고 은행 예금도 일주일에 50달러씩만 찾을 수 있도록 제한했다. 쌍안경, 단파 라디오, 카메라도 소지할 수 없었다. 평생 나라 잃은 설움을 겪어왔는데 일본인과 똑같은 적국 국민 취급을

1942년 2월 주미외교위원부 주최 한인자유대회 (이승만기념관.com)

받자 한인들은 펄펄 뛰었다.

이승만이 나섰다. 그는 국무부에 항의하고 비들 법무장관에게 '한국인은 일본인이 아니다'라는 편지를 보냈다. 미 정부가 항의를 받아들였다. 비들은 1942년 2월 9일 '충성스러운 한국인들을 규제에서 제외한다'는 성명을 발표했다. 이승만의 업적임을 누구도 부인할 수 없었다.

그러나 보다 중요한 임시정부 승인 노력은 별 성과를 거두지 못하고 있었다. 미 국무부 입장은 '결정 유보'였다. 중국, 영국, 소련 등과 협의해 결정해야지 섣불리 혼자 개입했다가 그 책임을 떠맡게 될 수도 있다는 것이었다. 그래도 이승만이 임시정부 승인을 요구하며 전방위로 압박해 오자 국무부는 몇 가지 방법으로 상황을 알아보았다.

헐 국무장관은 1941년 12월 중국주재 미국대사에게 비밀 전문을 보냈다.

'중경에 있다고 주장하는 이른바 대한민국 임시정부에 관하여 귀하가 국민정부에 매우 조심스럽게 알아보기 바람.'

미국대사의 답전 내용은 부정적이었다. 중국 정부는 한국 임시정부에 대해 별 관심이 없는 것 같고, 한국 임시정부 조직과 추종자들에 대한 정보는 입수되지 않았다고 했다. 그리고 중경에 한국인은 200명 이상 없는 것으로 보이며, 중국군 안에 있는 한국인 무장 의용군은 소규모라고 보고했다. 그 직전인 1941년 11월 중국 정부가 광복군을 중국군에 편입시켜 대대적으로 증강하기로 한 사실에 대해서는 전혀 언급하지 않았다. 이는 아마도 미국대사가 중국 외교부 관리를 만나 물어보았는데, 그가 무슨 이유에서인지 임시정부에 부정적으로 답변했기 때문으로 보인다.

또 해밀턴 국무부 극동국장은 랭던 전 서울주재 미국영사에게 전후 한국의 장래에 대한 보고서를 작성하라고 지시했다. 1942년 2월 랭던

이 제출한 보고서 역시 한국을 부정적으로 묘사했다.

> 한국인들의 정치적 경험 부족과 자위력 결여로 인해 한국은 근대 국가의 지위를 확립하기까지 적어도 한 세대 동안 강대국들의 보호와 지도를 받아야 하는 것이 명백하다.

이 문장으로 인해 랭던은 '신탁통치의 창안자'라는 비난을 받았다. 랭던은 "적어도 중국, 영국과 합의하기 전에는 결코 서둘러 한국의 독립을 선포하거나 한국의 어떤 '명목만의 조직'을 임시정부로 승인하는 일에 말려들어서는 안 된다"고 제안했다. 미 국무부의 입장은 확고해졌다. 이승만이 아무리 노력해도 임시정부를 승인할 가능성은 희박했다.

이승만을 힘들게 한 요인들은 또 있었다. 먼저 미 국무부 내의 친소파들은 반공주의자인 이승만과 임시정부에 반감을 품고 있었다. 당시 소련 공산당의 한국 정세 보고서는 이승만을 '반소련 성향으로 유명한 인물'로, 김구에 대해서는 '중국 국민당의 반동분자들로부터 영향을 받고 있는 반동적인 인물'로 평가했다. 소련 추종 세력들의 시각도 다르지 않았다.

극동 정책에 큰 영향을 미쳤던 히스 국무장관 특별보좌관은 훗날 소련 스파이 활동 혐의로 고발돼 유죄 판결을 받은 사람이었다. 이승만은 히스를 만나 임시정부 승인을 요청했지만 요지부동이었다. 이승만은 미국이 미리 한국의 독립을 승인해 놓지 않으면 일본이 패망한 뒤 틀림없이 소련이 한국을 점령할 것이라고 설명했다. 그러자 히스가 벌컥 화를 냈다. 그는 미국의 중요한 전시 동맹국을 공격하는 것을 묵과할 수 없다고 쏘아붙였다. 이승만은 영문도 모른 채 쫓겨나듯 국무부를 나와야 했다.

한길수도 이승만의 활동에 큰 걸림돌이었다. 한길수는 어릴 적 이승만이 세운 한인중앙학원에서 공부했던 학생이었다. 성인이 되어 여러 직업을 전전하다 이승만 반대파가 하와이 교민단을 장악한 뒤 그곳에서 일자리를 얻었다. 그는 영어, 한국어, 일본어, 중국어에 능통했으며 언변이 매우 좋았다. 한길수는 1936년 하와이주재 일본총영사관에 정보원으로 고용됐다. 대일 첩보활동을 위한 이중간첩이었다고 주장했지만, 그의 비판자들은 믿지 않았다. 그는 1940년 미 하원 이민위원회에서 하와이에 사는 일본인들의 반미활동을 생생하게 증언해 의원들의 호감을 샀다. 그 무렵부터 한길수는 미국 본토로 활동무대를 옮겼다. 중국의 김원봉과 연결돼 조선의용대 후원회를 만들었는데, 이 때문에 반공주의 성향이 강한 국민회와 거리가 멀어졌다.

한길수는 일종의 생계형 독립운동가였던 것으로 보인다. 돈이 나올 데를 기가 막히게 알아 먼저 후원금을 받아가 이승만을 재정 부족에 시달리게 했다. 그는 상대가 원하는 바에 맞추어 자신의 주장을 정했다. 일본에 한국인 정보원들이 많은데 그들의 안전 때문에 한국 임시정부를 승인하면 안 된다고 주장했다. 소련과의 협조가 중요하다는 국무부 입장에도 동조했다.

이승만에게 시달려온 미 국무부 관리들에게는 한길수의 등장이 고마웠다. 편지로 청원하는 정도인 다른 한인단체들과 달리 이승만은 국회의원 등 유력자들을 동원해 지긋지긋하게 압박을 가해 왔다. 그런데 한국인들이 분열되어 있어서 지원을 못 한다는 핑계가 생긴 것이다.

그래도 이승만은 위축되지 않았다. 이승만은 1942년 1월 '한미협회(The Korean American Council)'를 결성했다. 회장은 전 주캐나다 대사 크롬웰, 이사장은 연방상원의 원목인 해리스 목사였다. 한미협회 간부들은 주지사, 국회의원, 외교관, 대학 총장, 목사, 출판사 사장, 잡지 편집인, 군인 등 다양했다. 중국인 작가인 임어당도 포함되어 있었다. 이승만이 미국 사회에 얼마나 강력한 인맥을 확보하고 있었는지를 알 수 있다. 이승만과 대립하는 미 국무부가 고달팠을 만하다.

2. 나는 이승만입니다

미국 국무부와 힘겹게 투쟁하던 이승만은 국방부와는 순조롭게 협조가 이루어졌다. 미국 정부는 진주만 공격 이전인 1941년 7월 안보 관련 정보를 수집하기 위해 COI(Cordinator of Information, 정보조정국)를 만들었다. 설립자는 변호사 출신인 도노반 소장이었고 게일과 굿펠로우 등이 실무를 맡았다. 게일은 구한말에 한국에 파송되어 이승만과 가깝게 지냈던 선교사의 조카여서 친분이 있었다. 그리고 게일의 소개로 알게 된 굿펠로우도 이승만의 강력한 지지자가 되었다. 중국 상해에 첩보

대한민국 임시정부 승인을 후원한 한미협회 (이승만기념관.com)

기관을 설치하기 위한 COI 회의에 이승만이 참석할 정도였다.

일본과 전쟁이 발발하자 COI는 한국인들이 참여하는 대일 특수작전을 시도했다. 먼저 1942년 3월 게일을 중국 중경으로 보내 한국인들을 첩보요원으로 활용할 방법을 찾았다. 그러나 이 계획은 중국 정보기관과 중국주재 미국대사의 반대로 성과를 거두지 못했다.

COI는 또 한반도와 중국 동남아시아에서 게릴라전을 벌일 특수부대를 만들었다. 전쟁 말기에는 일본으로 침투한다는 계획이었다. 1942년 3월 1기 대원 21명을 뽑았는데, 이승만의 추천으로 장석윤이 포함됐다. 훈련생 가운데 유일한 외국인이었다. 당시 37세 중년이었던 그는 33세로 나이를 속이고 입대했다. 고된 훈련이 끝난 뒤 대원들에게 101지대라는 부대 명칭이 부여됐다. 101지대는 중국 중경으로 가서 한국인 청년들을 모아 훈련시킬 예정이었다. 그런데 이 역시 차질이 빚어졌다. 중국 정보기관뿐 아니라 이번에는 미 해군 중국 파견단이 반대했기 때문이다. 하는 수 없이 101지대는 버마 전선에 투입되어 스틸웰 중장의 지휘 아래 게릴라 및 첩보활동에 참여했다. 장석윤은 여기서 이승만과 김구의 비밀 연락책 역할도 수행했다.

이승만은 1942년 6월 13일 미국의 소리(Voice of America) 한국어 단파방송을 통해 국내외 동포들에게 연설했다. COI의 요청에 따른 것이었다. 그는 특유의 떨리는 목소리로 한민족의 단결과 저항을 촉구했다. 일본의 거짓 승전보들로 영원히 식민지에서 벗어날 수 없으리라 좌절하던 한국인들에게 그의 연설은 구원의 약속과도 같았다. 미국의 소리는 이승만의 연설을 몇 주일 동안 매일 반복해서 방송했다.

> 나는 이승만입니다. 미국 워싱턴에서 해내 해외에 산재한 우리 2,300만 동포에게 말합니다. 어디서든지 내 말을 듣는 이는 자세히

들으시오. 들으면 아시려니와 내가 말을 하려는 것은 제일 긴요하고 제일 기쁜 소식입니다.

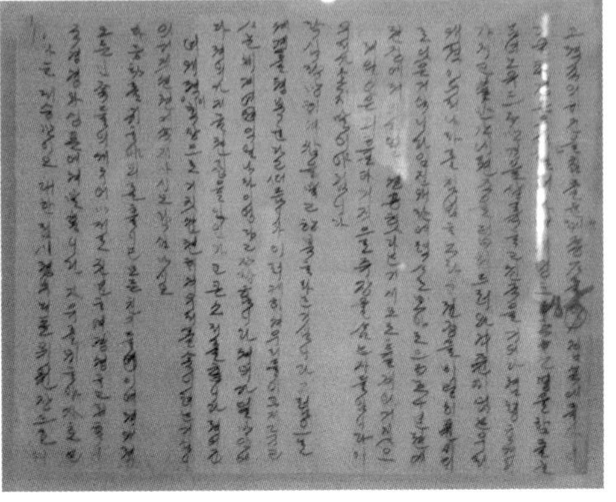

1942년 7월 28일 이승만의 방송 연설문

아직은 미국이 몇 가지 관계로 하여 대병을 동하지 아니하였으매 왜적이 양양자득하여 온 세상이 다 저의 것으로 알지만은, 얼마 아니해서 벼락불이 쏟아질 것이니 일황 히로히토의 멸망이 멀지 아니한 것은 세상이 다 아는 것입니다.

우리 임시정부는 중국 중경에 있어 애국열사 김구 이시영 조완구 조소앙 제씨가 합심 행정하여 가는 중이며, 우리 광복군은 이청천 김약산 유동열 여러 장군의 지휘 하에서 총사령부를 세우고 각방으로 왜적과 항거하는 중이니,

우리의 자유를 회복하는 것이 이때 우리 손에 달렸으니 분투하라! 싸워라! 우리가 피를 흘려야 자손만대의 자유 기초를 회복할 것이다. 싸워라. 나의 사랑하는 2,300만 동포들이여!

당시 일제는 조선일보, 동아일보를 폐간시키고 외국 방송을 못 듣도록 단파수신기 보유를 엄격히 금하고 있었다. 눈과 귀가 가려진 한국인들은 전황 정보에 목말라 했다. 미국 유학을 다녀와 동아일보 기자로 일했던 홍익범은 경성방송국 직원에게 부탁해 미국 방송을 듣고 그 내용을 송진우, 윤보선에게 전달해 왔다. 그가 이승만의 연설을 민족 진영 인사들에게 전파했다. 1942년 말 경성과 개성 방송국 직원들이 단파방송

을 듣다가 발각되어 250명 이상 체포됐다. 홍익범도 징역 2년 형을 선고받고, 다음해 고문 후유증으로 옥사했다.

일제가 아무리 단속하려 해도 사람들의 정보 욕구를 막을 수는 없었다. 이승만의 연설은 쉬쉬하며 퍼져나갔다. 그리고 정확한 내용을 모르니 조금씩 희망을 덧붙여 위안으로 삼았다. 의도한 바는 아니었으나 단파방송 연설로 이승만은 언젠가 민족을 구원하러 올 신비한 지도자의 이미지를 얻게 되었다.

COI는 1942년 6월 OSS(Office of Strategic Service, 전략첩보국)로 재편되었다. 임무도 첩보 수집 및 특수작전으로 구체화됐다. 오늘날 CIA의 모습에 조금 더 가까워진 것이다. 이승만의 지지자인 굿펠로우는 OSS 부국장으로 승진했다. 더 적극적인 협조를 얻을 수 있게 되었다.

OSS는 6월 말 이승만에게 한국인 청년 50명을 추천해 달라고 요청했다. 전선에서 포로 심문과 정보 수집, 게릴라 활동을 벌일 요원들이었다. 이승만과 구미위원부 한족연합위원회가 모두 나서 적임자를 찾아다녔다. 동포 청년들의 적극적인 호응으로 지원자 50명의 명단을 제출할 수 있었다. OSS는 이 가운데 11명을 선발해 훈련에 들어갔고, 이승만의 비서였던 장기영 등 9명이 과정을 이수했다.

한국인 청년들의 OSS 입대는 한미 간 군사협력의 효시였다는 점에서 큰 의미가 있다. 그러나 이승만의 궁극적인 목적은 광복군의 연합군 합류였다. 이승만은 굿펠로우에게 극동에서 게릴라전에 숙달된 대규모 한국군을 동원할 수 있다고 이야기했다. 구체적인 계획서도 제출했다. OSS는 그 중 일부를 받아들여 'FE6 프로젝트'라는 이름으로 추진했다. 현재 선발된 한국인들을 훈련시켜 장차 한반도로 투입할 요원들의 교관 겸 핵심 역할을 맡긴다는 것이었다.

장기영 등 9명은 1943년 2월 훈련을 마쳤다. 그리고 중경으로 파견되기만 기다렸다. 그러나 이 프로젝트 또한 실행되지 못했다. 중경의 미 해군 중국 파견단의 반대가 여전했다. 그리고 태평양 전황이 유리해져 미국이 중국이나 한반도에 상륙할 필요 없이 일본을 직접 공격할 수 있게 되었기 때문이다. OSS는 9명에게 집으로 돌아갈 수도 미군에 입대할 수도 있다고 설명했다. 일본과 싸우고 싶었던 청년들은 한 사람도 빠짐없이 입대를 희망했다. 그리고 워싱턴 부근 캠프에서 대기하며 다음 조치를 기다렸다.

한국인이 대일전 참전이 번번이 마지막 고비에서 좌절되자 이승만은 낙담했다. 그러던 6월 초 미네소타 주 군사정보언어학교에서 이승만에게 요원 추천을 요청하는 편지가 왔다. 이승만이 추천한 청년들 가운데 장기영이 선발됐다. 장기영은 훈련을 다시 받고 전선에 배치되어 전쟁이 끝날 때까지 괌, 사이판 등 격전지에서 정보요원으로 활동했다.

3. 광복군의 험난한 길

중국의 독립운동 단체들도 조금씩 통합되어 갔다. 임시정부는 1939년 임시의정원 보궐선거를 실시했다. 새로 당선된 의원들은 대부분 조선혁명당과 한국독립당 핵심 간부들로 기존의 한국국민당과 함께 연립내각을 구성했다. 주석은 이동녕 그대로였고 내무장에 홍진, 군무장에 이청천, 재무장에 김구 등이 선출됐다. 일단 우파 정당들의 연합은 이룬 것이다.

임시정부 국무회의는 11월에 '독립운동 방략'을 결의해 임시의정원에 제출했다. 이론가 조소앙이 작성한 이 방략은 3년 뒤 장교 1,200명과 무장군 10만 명, 유격대원 35만 명을 육성하겠다는 내용이었다. 거기에 드는 비용이 7천만 원이었다. 그러나 그해 임시정부 전체 수입이 3만 원이 채 안 됐다. 계획은 웅대하나 이를 집행할 무거운 책임은 임시정부 실권자인 김구에게 주어졌다.

임시정부의 군대를 만드는 유일한 방법은 중국 정부의 재정 지원을 받는 것이었다. 그런데 중국 정부는 이미 김원봉의 조선의용대를 중국군에 편입해 지원하고 있었으며, 별도의 한인 부대를 만들 생각이 없었다.

1940년 3월 13일 임시정부 주석 이동녕이 사망했다. 오랫동안 천식으로 고생하다 중국 기강의 임시정부 청사 2층 방에서 외롭게 숨을 거두었다. 이동녕은 마지막 순간까지 자신이 평생 아꼈던 김구를 찾았다고 한다. 원로 애국지사의 죽음은 지지부진하던 우파 3당 통합에 자극이 되었다. 세 정당은 해체해 한국독립당을 만들었다. 그리고 중앙집행위원회 회의에서 김구를 위원장으로 선출했다. 김구는 임시정부 주석직도 맡았다.

정당 통합이 마무리되자 김구는 광복군을 만드는 데 매진했다. 서안에 파견한 임시정부 군사특파단이 중일전쟁 이후 한인들 20만 명이 화북지역으로 이주해 왔다고 보고했다. 김구는 이를 중국 정부에 알리며 화북에 광복군 정보망을 설치하자고 제안했다. 중국 정부도 솔깃했다. 중국 정부 관계자들은 양자강 이북은 임시정부가 맡고 양자강 이남은 김원봉의 조선민족혁명당이 맡아 공작 성과에 따라 보조한다는 광복군 결성 계획안을 만들어 장개석 총통의 승인을 받았다.

순탄하게 진행되어 가던 광복군 창설 작업은 얼마 뒤 다시 제동이 걸렸다. 임시정부가 광복군 창설 계획서를 제출했는데 중국 정부가 거부한 것이다. 광복군 지휘권을 임시정부가 갖는다는 내용이 문제가 됐다. 중국 측은 조선의용대처럼 광복군도 중국 군사위원회에 예속되어야 한다고 주장했다.

중국 정부의 지원이 늦어지자 김구는 독자적으로 일을 밀어붙였다. 1940년 8월 4일 광복군 총사령부를 창설했다. 총사령 이청천과 참모장 이범석 외에 7개 부서 책임자들을 임명했다. 그리고 광복군 규모가 5개 부대 총 5,040명이라고 발표했다. 물론 이것은 계획상의 병력이었다. 이범석은 훗날 이렇게 회고했다.

"한 달을 두고 고심참담했지만 없는 사람을 구해 올 재주는 없었다."

이범석은 20세 때 김좌진과 함께 청산리대첩을 이끌었고 이후 중국군 장교로 복무하다 김구의 권유로 광복군에 합류했다.

임시정부는 광복군 총사령부를 전선과 가까운 서안으로 옮겼다. 그곳에서 일본군 점령지에 공작원들을 보내 선전과 청년 요원 확보 활동을 벌였다. 광복군 총사령부는 1941년 1월 나월환이 이끄는 청년전지공작대를 흡수했다. 무정부주의 무장단체로 대원 수가 100여 명이나

광복군 총사령부 성립 전례식 (전쟁기념관)

되었다. 의미 있는 성과였다.

중국 정부는 광복군 승인을 계속 미루고 있었다. 승인을 받아야 지원이 나오고 그래야 뭐라도 할 수 있었다. 예를 들어 대원 수가 200명도 안 되는 김원봉의 조선의용대는 1년에 19만 원의 활동비를 지급받고 있었는데, 임시정부는 1940년 한 해 세입이 8,900원에 불과했다. 그 돈으로는 아무것도 할 수 없었다.

중국 국민당 조직부장 주가화가 임시정부를 위해 나서주었다. 주가화의 노력으로 1941년 5월 장개석 총통이 광복군 총사령부의 정식 편제를 실시하라고 지시했다. 그런데 이번에는 김원봉이 방해했다. 김원봉은 중국 군사위원회에 '광복군은 일병일졸도 없이 노회하고 무례한 늙은이들이 먹고 살기 위해 만든 조직'이라고 음해했다. 중국 정부가 광복군을 승인하면 조선의용대는 소멸될 것이라는 우려 때문이었다.

김원봉은 중국 군부 안에 강력한 인맥이 있었다. 그의 황포군관학교 동문들이 각지에 포진해 있었던 것이다. 김원봉이 황포군관학교 4기로 입학할 때 교장이 장개석이었다. 장개석과 일면식도 없었던 김구보다 훨씬 유리한 입장이었다. 이 때문에 광복군 승인은 계속 지연되었다.

그러다 상황을 뒤바꾼 대사건이 발생했다. 조선의용대 대원들이 몰래 북상해 중국공산당 지역으로 넘어간 것이다. 장개석은 노발대발하며 전원 체포하라고 명령했지만 뒤늦은 조치였다. 공산당에 합류하기를 거부한 일부 의용대원들은 필사적으로 탈출해 서안의 광복군에 합류했다. 중경에는 김원봉과 본부대원 일부 및 그 가족 등 20여 명만 남는 처지가 됐다.

그런데도 김원봉의 입지는 무너지지 않았다. 중국 정부는 임시정부가 민족적인 통합정부가 아니라는 김원봉의 주장을 받아들여 한국독립당과 조선민족혁명당의 단결을 종용했다. 김구는 초조했다. 서안에 광복군이 있다는 소문이 퍼지자 일본 점령지와 일본군 내 한인 청년들이 계속 탈출해 왔다. 그들을 먹이고 재우는 게 버거울 만큼 임시정부 재정이 어려웠다. 그 와중에 김원봉은 넉넉한 자금을 바탕으로 일부 임시정부 인사들을 포섭했다. 그리고 임시의정원을 장악하려고 마음대로 보궐선거를 실시했다. 김구는 부랴부랴 보궐선거를 무효화하고 김원봉에 포섭된 인사들을 축출했다. 김구가 볼 때 김원봉은 정말 미운 짓만 골라 했다.

조선의용대의 도주에 충격을 받은 중국 정부는 광복군도 강하게 통제할 필요를 느꼈다. 중국 군사위원회는 '한국광복군 행동준승'을 만들어 광복군 총사령 이청천에게 보냈다. 광복군을 중국 군사위원회에 직속시킨다는 내용이었다. 행동준승을 받아들일지를 놓고 임시정부 안에서 격론이 벌어졌다. 그러나 광복군 장병들을 굶길 수는 없었다.

임시정부는 '행동준승'을 수용하기로 결정했다. 일단 광복군의 군사력이 어느 정도 갖추어지면 그때 시정을 요구하겠다는 생각이었다. 임시정부의 통보에 따라 중국 정부는 1941년 12월부터 매달 광복군에 2만 원, 임시정부에 6만 원씩 운영비를 지급했다.

재정 지원과 동시에 간섭도 시작되었다. 중국 정부는 광복군과 조선의용대를 통합하라고 요구했다. 당시 조선의용대 병력은 10명 정도 남아 있었다. 김원봉은 자신을 광복군 부사령에 임명하는 조건을 걸었다. 중국 정부는 이를 받아들여 김원봉을 광복군 부사령으로 파견하며 조선의용대를 광복군 1지대로 개편한다고 통보했다. 광복군 인사와 직제를 직접 관할하겠다는 뜻이었다. 김구는 분노했지만 참을 수밖에 없었다.

이뿐만이 아니었다. 중국 정부는 광복군 참모장 이범석 등을 해임하고 중국군 장교들로 대거 교체했다. 1942년 말이 되자 광복군 간부 45

명 가운데 33명이 중국인이었다. 대한민국 광복군인지 중국군인지 모를 지경이었다. 이래서는 어떻게 조국의 광복을 군사적으로 준비할 수 있을지 암담했다.

태평양전쟁이 발발하고 조국의 광복이 눈앞에 보이기 시작하자 독립운동가들의 결속 움직임도 빨라졌다. 중경의 모든 독립운동 단체들이 1942년 10월 임시의정원 선거에 참여했다. 오랜 분열을 극복한 역사적 사건이었지만, 한국독립당 원로들은 조선민족혁명당이 들어오는 것에 큰 걱정을 했다. 아니나 다를까 김원봉은 의정원 의원이 되자마자 한국독립당이 선거 부정을 저질렀다고 주장했다. 조선민족혁명당 의원들은 미국의 한길수가 보내온 보고에 근거해 외교 성과를 공격했다. 심지어 행동준승을 수용해 광복군 지휘권을 넘겼다고 내각을 몰아붙였다. 조선의용대는 아예 중국군의 일부였다는 점에서 억울하기는 했지만, 김구는 비판을 겸허히 받아들였다. 임시의정원은 행동준승을 시급히 폐기할 것을 의결했다.

임시정부 내 파벌 싸움은 점점 더 심해져 갔다. 김원봉 측의 은밀한 작업으로 한국독립당은 탈당이 속출해 과반수 의석을 잃고 말았다. 대일투쟁은 몰라도 정치공작에서는 김구가 밀렸다.

중국 정부가 중재한다며 김구에게 합작 정부를 만들지 않으면 원조를 중단하겠다고 압박했다. 한국독립당은 타협할 수밖에 없었다. 그 결과 1944년 4월 개헌을 통해 주석의 권한을 약화시켰다. 그리고 임시의정원 표결로 김구를 주석, 김규식을 부주석으로 선출했다. 이어 국무위원회에서 외무부장 조소앙, 군무부장 김원봉, 재무부장 조완구, 내무부장 신익희를 선임했다. 당초 김원봉 측은 군무부장과 재무부장을 다 갖겠다고 욕심 부렸지만, 김구는 군무부장만 양보했다. 이로써 임시정부는 오랜 분쟁을 종결짓고 좌우 합작의 연립내각을 출범했다.

이제 광복군 행동준승 폐지에 집중할 수 있게 되었다. 임시정부의 강력한 요구에 중국 정부는 하응흠 참모총장이 장개석 총통에게 건의하는 형식으로 1944년 8월 행동준승을 폐지했다. 중국 정부는 동시에 광복군에 대한 재정지원도 중단했다. 한 달 뒤 광복군 총사령부 장교 18명 가운데 10명이 사임했는데 생활고 때문이었다. 광복군 재정 문제는 임시정부가 천신만고 끝에 1945년 4월 중국과 새로운 군사협정을 체결하면서 해결되었다. 종전 넉 달 전이었다.

4. 독립에 미친 늙은이

미국 국무부의 임시정부 불승인 방침에도 불구하고 이승만은 포기하지 않았다. 그는 미국 여론 지도층 내의 막강한 인맥을 이용해 줄기차게

광복군 훈련 (전쟁기념관)

국무부를 압박했다. 이승만에게 시달린 국무부 관리들이 그를 '독립에 미친 늙은이'라고 부를 정도였다.

이승만은 1942년 9월 애비슨 목사를 워싱턴으로 초청했다. 그 옛날 이승만의 상투를 잘라 주었던 사람이다. 애비슨은 세브란스의전과 연희전문학교 교장을 마지막으로 43년간의 한국 선교를 마치고 미국에 돌아와 있었다. 이승만은 이 원로목사를 앞세워 '기독교인 친한회'를 조직했다. 애비슨은 82세 고령임에도 불구하고 선교사 등 한국 주재 경험이 있는 미국인 600명에게 일일이 장문의 편지를 보내 가입을 요청했다. 기독교인 친한회는 더글러스 아메리칸대 총장이 회장을 애비슨이 서기 겸 재무를 맡았고, 머피 연방대법원 판사 등 저명인사들이 이사진에 대거 포함되었다.

이승만은 1942년 12월 헐 국무장관에게 편지를 보내 2,300만 한국인들의 전쟁 잠재력에 대해 설명하겠다면서 면담을 요청했다. 국무부 극동국은 한인사회가 분열되어 있으니 면담을 보류하라는 의견을 냈다. 이승만은 다시 헐에게 편지를 보내 '대한민국 임시정부를 경멸하는 미국 정부의 행동 결과는 필연적으로 공산주의 국가 수립으로 귀결될 것'이라고 경고했다.

이승만은 미국 의회를 통해 국무부에 압력을 넣어야겠다고 생각했다. 기독교인 친한회가 나섰다. 더글러스 총장과 에비슨 목사는 회원들에게 편지를 보내 '동양의 기독교는 자유한국이 필요하다'고 역설했다. 이를 위해 자기 지역 의원들에게 편지나 전보를 보내 한국 임시정부의 승인을 요청하라고 독려했다.

유권자의 요구에 민감한 의원들이 움직이기 시작했다. 하원과 상원에 차례로 대한민국 임시정부 승인 결의안이 제출됐다. 상하 양원은 결의안 심의에 앞서 국무부 의견을 조회했다. 헐 국무장관은 미국의 대외

정책에 혼란만 초래할 뿐이라며 강력히 반대했다. 국무부의 단호한 태도 때문에 결의안은 본회의에 상정되지 못했다.

이승만은 한미 군사협력을 집요하게 추진했다. 그는 1943년 2월 스팀슨 육군부 장관에게 편지로 한국인 게릴라부대 창설을 제안했다. 스팀슨은 신중히 검토하겠다고 회신했다. 이승만은 다시 매클로이 육군부 차관보에게 전보를 쳐 미국에서 성장한 한국인들로 구성되는 1개 대대는 미군에 헤아릴 수 없는 도움을 줄 것이라고 주장했다. 미 육군부는 관심을 보였지만 미국 내 한국인 수를 조사한 뒤 1개 대대를 유지할 수 없는 규모라고 결론 내렸다. 그들은 4,50대 중년들까지 게릴라 부대에 자원하는 한국인의 독립 열망을 이해하지 못했다.

이승만은 1943년 9월 무기대여법 원조 관리처에 차관 50만 달러를 요청했다. 그 돈으로 임시정부 휘하에 한국인 부대를 조직하고 미국에서도 요원들을 양성해 한반도와 일본에서 첩보 및 파괴 활동을 벌이겠다는 것이었다. 1년 뒤 OSS가 추진한 '독수리작전'과 '냅코작전' 그대로였다. 이승만의 제안에 미국 정부는 부서들이 빙빙 책임을 돌렸다. 마지막으로 검토하겠다는 답변을 보내고 소식을 끊은 곳이 중국주재 미국대사관이었다.

1944년 7월에는 미 합동참모본부에 편지를 보내 일본에 징용됐다 포로가 된 한국인 청년들을 활용하자며 구체적인 방안을 제시했다. 합동참모본부는 이승만에게 정중한 거절 답장을 보내왔다. OSS가 직접 중국에서 한국인들을 훈련시킬 계획이라면서 반대 의견을 밝혔기 때문이다. 그러나 OSS는 이승만의 제안을 거절한 몇 달 뒤 그의 주장대로 한국인 포로들 가운데 게릴라 요원을 선발했다.

국제회의를 통한 한국 독립 호소도 계속했다. 1944년 8월 워싱턴 근교의 덤바튼 오크스에서 미국, 영국, 중국, 소련 대표들이 모여 전후 설립할 국제평화기구에 대해 논의했다. 여기서 '국제연합(The United Nations)'이라는 이름이 결정됐다. 이승만은 한국의 완전한 독립을 요구하는 임시정부의 메시지를 제출했다. 그리고 루스벨트 대통령에게 편지를 보내 연합국 대열에 한국도 포함시켜 달라고 요청했다.

1944년 9월 캐나다 몬트리올에서 '연합국 구제부흥기구' 제1차 회의가 열렸다. 추축국의 피해를 입은 나라들에 대한 구제와 전후 부흥을 논의하는 회의였다. 이승만은 주미외교위원부 대표로 임병직을 파견했다. 옵서버 자격이었다. 임병직은 중국 각지에서 고통받는 한국인들의 구제를 위해 각국 대표들과 활발히 교섭했다. 그런데 이 회의에 한족연합위원회도 옵서버를 파견할 수 있었다. 미 국무부가 이승만의 배타적 대표성을 인정하지 않겠다는 방침을 드러낸 것이다. 또한 이승만과 한족연합위원회의 분열이 대외적으로 공식화된 것이기도 했다.

한족연합위원회 내 주류인 국민회와 이승만의 갈등은 오래 봉합되기 어려웠다. 국민회 측은 미국인들을 동원해 미국 정부를 움직인다는 이승만의 독립운동 방식을 도저히 이해할 수 없었다. 국민회가 볼 때 이승만은 독단적으로 조직을 이끌며 자기들에게는 재정 지원만을 요구하고 있었다.

또한 깐깐한 이승만은 한족연합위원회 간부들의 입지를 전혀 배려해주지 않았다. 예를 들어 한족연합위원회가 중국 중경에 특파원을 두겠다면서 마뜩지 않아 하던 임시정부의 동의까지 얻었을 때도 이승만은 예산 낭비라며 끝까지 반대했다.

한족연합위원회는 벌써 1943년 1월에 이승만에 대한 재정지원을 중단했다. 또 주미 외교위원부를 무시하고 워싱턴사무소를 만들어 김원용을 위원장으로 발령했다. 이에 따라 워싱턴에는 한길수의 중한민중동맹단까지 3개의 한인단체들이 경쟁하는 양상이 되었다.

이승만의 경쟁자들은 그와 김구의 관계를 이간질하려 시도했다. 그러나 김구에게는 그게 잘 통하지 않았다. 1944년 7월 한족연합위원회 소속 10개 단체는 김구에게 다음과 같이 타전했다.

'임시정부는 한족연합위원회를 택하시든지 이승만을 택하시든지 빨리 결정하시어 바로 회답하시기 바랍니다.'

그리고 11월에 아예 주미 외교위원부를 접수하려고 이승만과 동지회를 배제한 새 위원 명단을 의결해 임시정부에 인준을 요청했다. 김구는 이를 거부하고 각 계파를 안배하되 이승만 위원장을 유임시키는 위원 명단을 작성해 통보했다. 이승만 축출 시도가 실패한 것이다. 한족연합위원회는 임시정부와도 관계를 끊어 버렸다.

이승만의 미국 내 독립운동은 악전고투의 연속이었다. 그런 와중에 1944년 1월 오하이오 주의 작은 도시 애슐랜드에서 열린 '한국승인대

미주 대한민국 임시정부 승인 후원회 (이승만기념관.com)

회'는 이승만에게 큰 용기를 주었다. 애슐랜드의 여러 사회단체들이 한미협회를 초청해 연방정부에 한국 임시정부의 승인을 촉구한 행사였다.

오하이오 재향군인회의 노력으로 1월 22일 열린 연설회를 전국 114개 라디오 채널들이 중계해 주었다. 여기서 이승만은 우리는 독립을 위해 싸워야 하고 또 싸울 준비가 되어 있다면서 미국의 도움을 호소했다. 연설회가 끝나고 시가행진이 있었다. 많은 참가자들이 재향군인회 군악대의 선도로 태극기와 성조기를 흔들며 행진했다. 이승만은 가슴이 먹먹해질 정도로 고마웠다.

5. 냅코 작전, 독수리 작전

한반도 침투 게릴라 훈련

연합군이 1944년 6월 6일 프랑스 노르망디에 상륙하면서 유럽의 전황은 급속히 기울었다. 미국 OSS는 이때부터 한반도 침투 계획을 적극적으로 추진했다. 유럽 전선에서 기여한 게 별로 없어 조직의 존재 가치가 위협받았기 때문이다. OSS는 한국인 게릴라 육성에 대한 국무부 의견을 조회했다. 국무부는 대찬성이라면서도, 다만 한국인 그룹을 지원하면 그들이 배타적인 정치권력과 한국 대표권을 부여받은 것으로 간주할 수 있다며 경계했다. OSS는 이를 받아들여 이승만이 애타게 주장해온 작전을 수행하면서도 본인은 배제했다.

한국인 청년들을 훈련시켜 한반도로 침투시킨다는 '냅코 작전(Napko Project)'이 시작됐다. OSS는 먼저 장석윤을 워싱턴으로 불렀다. 장석윤은 2년 넘게 버마 북부에서 게릴라 활동을 하다가 중국 운남성 곤

명에 있는 미군 14항공대에 가 있었다.

부대 조직 임무를 맡은 장석윤은 고민 끝에 위스콘신 주의 매코이 수용소에 포로로 위장해 침투했다. 그곳에는 태평양에서 붙잡혀 온 한국인 노무자 100여 명이 수용되어 있었다. 당시 장석윤의 워싱턴 주소가 이승만의 집이었고 한국인 포로 훈련은 이승만의 주장이었다는 점에서 그의 조언에 따랐을 가능성이 크다. 정석윤은 통역 역할을 하며 40일간 포로들을 접촉한 뒤 3명을 적격자로 선정했다.

그 3명과 버마에서 보내온 일본군 학병 탈출자 3명 그리고 미군에 복무 중이던 재미동포 5명, 유일한 등 민간인 8명 등 총 19명이 선발됐다. 이들 중 40대 이상이 8명이나 됐지만 모두 조국을 해방시키겠다는 애국심에 불탔다. 작전에 투입되면 살아 돌아오기 힘들다는 것은 잘 알고 있었다.

선발된 요원들은 LA 앞에 있는 산타 카탈리나 섬에서 수개월 간 특수전 훈련을 받았다. 훈련은 무전과 첩보 수집, 전투법, 독도법, 촬영, 폭파, 선전, 낙하산 투하 등을 망라했다. 이들은 실제로 잠수정을 타고 미국 해안에 여러 차례 침투했는데 한 번도 적발되지 않았다.

냅코 작전은 1945년 6월 19일 합동참모본부의 승인을 받았다. 훈련을 마친 요원들은 비장한 마음으로 대기했다. 이들은 4개 조로 나뉘어 침투 지역 정찰, 공작원 모집, 활주로 확보 등 구체적인 임무들을 부여받았다. 그러나 미국의 원자폭탄 투하로 전쟁이 예상보다 일찍 끝나면서 애써 준비해온 작전은 취소되고 말았다.

광복군의 국내 진공 훈련

'광복군 행동준승'을 폐지한 임시정부는 중국 이외의 연합국과 합동

작전을 모색했다. 이즈음 중국 내 작전 기반을 마련하려던 OSS와 이해 관계가 맞았다. 1944년 9월 김구와 조소앙은 중경으로 찾아온 OSS 관계자를 만나 군사 협조 가능성을 타진했다. OSS 관계자는 본부에 보낸 보고서에서 두 독립운동 지도자를 극찬했다. 그는 아마도 장윤석이었던 것으로 추정된다.

1945년 1월 일본군에 학병으로 끌려갔다 탈출한 장준하, 김준엽 등 50여 명이 애국가를 부르며 임시정부 청사로 찾아왔다. 이들은 광복군 3지대의 간부훈련반을 졸업한 뒤 임천에서 중경까지 71일을 걸어온 것이다. OSS는 이들을 빼내 요원으로 활용하려다 김구 주석의 승인 전에는 면담조차 하지 않겠다고 거절당했다. 이는 OSS가 광복군과 합동군사작전에 나서는 결정적인 계기가 되었다. 임시정부의 협조 없이는 중국에서 한인부대 조직이 불가능하다는 사실을 깨달았던 것이다.

이범석은 OSS 중국 본부의 사전트 대위를 서안의 광복군 2지대로 초청했다. 사전트는 이범석에 대해 유능한 군사 지휘관의 인상을 받았다고 기록했다. 그는 2지대의 훈련 상황을 점검한 뒤 OSS 국장 도노반에

OSS와 광복군의 합동 군사훈련 (독립기념관)

게 광복군 대원들이 특수전 수행에 적합하다고 보고했다.

사전트는 1945년 2월 '독수리작전 계획서'를 작성했다. 광복군 45명을 선발해 1945년 초여름 한국의 5개 전략 지점에 침투시킨다는 내용이었다. 침투한 요원들은 연합군 상륙에 필요한 군사정보를 탐지하고 대중봉기를 지원할 예정이었다. 독수리작전 계획은 OSS 본부와 중국 전구 미군총사령부의 승인을 거쳐 확정되었다.

두곡(두취)에 작전본부를 설치했다. 사전트가 독수리작전 야전사령관에 취임했다. OSS 대원 40여 명이 교관으로 투입됐는데, 주미외교위원부에서 일하다 이승만의 권고로 미군에 입대한 정은수 소위도 통역으로 참가했다.

작전은 4월 말부터 본격적으로 진행됐다. 트럭 두 대 분의 군수품이 서안으로 향했다. 그리고 장준하 등 탈출 학병 25명이 중경에서 비행기를 타고 서안에 도착했다. 예비훈련을 거쳐 제1기 훈련생 50명을 선발했다. 5월 21일 시작된 훈련은 8월 4일 끝났는데, 38명이 수료했다. 훈련을 마친 대원들은 8개 조로 나뉘어 8월 20일까지 국내에 침투할 예정이었다.

임시정부는 드디어 연합군 합류를 눈앞에 두게 되었다. 더구나 계획대로라면 임시정부 무장병력을 한반도에 둔 채 해방을 맞을 것이었다. 광복군 장교들이 한국 주둔 일본군의 무장을 해제하고 통치권을 인수하는 모습이 이제는 꿈이 아니었다. 임시정부 요인들과 이승만은 가슴을 두근거리며 그날을 기다렸다.

6. 분노한 이승만의 반격

이승만은 힘겨워했다. 국무부에서 시작된 이승만 고립 방침은 점점 미국 정부 전체로 퍼져 나갔다. 평범한 사람 같았으면 벌써 활동을 중단했을 것이다. 그러나 그는 포기하지 않았다.

1945년 1월 미국 버지니아 주 핫스프링스에서 태평양문제연구회 회의가 열렸다. 20년 전 하와이에서 발족할 때 이승만도 참여했던 기구였다. 민간기구였지만 그해 회의에는 각국 정부 관계자들이 많이 참석했다. 종전이 가까워지자 전후 질서에 대한 의견을 교환하기 위해서였다. 중국은 장몽린 적십자사 총회장과 호적 등 저명인사 9명을 파견했다.

이승만이 중국 대표단을 집으로 초청해 티파티를 열었다. 중국대사와 미국 국회의원 등 수백 명이 모여 성황을 이루었다. 이때 중국 대표들이 이승만에게 임시정부에 대한 중국 정부의 입장이 바뀌었다고 알려줬다. 미국이 뒤따라 준다면 임시정부 승인을 주도하겠다는 것이었다. 이승만은 기뻐하며 그루 미 국무장관 대리에게 편지를 썼다.

'국무부가 중국에 협조하겠다는 암묵적인 양해를 해준다면, 중국은 대한민국의 법적 지위를 공식으로 승인할 것입니다.'

그리고 시베리아에 있는 공산군이 한국으로 밀고 들어와 민족주의자들이 귀국할 겨를도 없이 한반도를 석권할지도 모르니 서둘러야 한다고 덧붙였다.

그러나 결과는 이승만의 기대와는 정반대였다. 미 국무부는 중국 외교부에 한국 임시정부 승인을 보류하는 것이 미국의 견해라고 통보했다. 이 훈령을 주영 미국대사와 주소련 미국대사에게까지 송부해 참고하도록 했다. 그리고 이승만에게는 아무런 회신도 보내지 않았다.

1945년 4월 미국 샌프란시스코에서 연합국 회의가 열렸다. 국제연합

헌장을 제정하기 위해서였다. 상해 임시정부는 이승만에게 회의 참석을 준비하라고 훈령했다. 이승만은 각 한인단체 인사들을 망라한 대표단 명단을 만들어 보고했다. 이승만 나름대로 반대파를 포용한 것이다.

임시정부에서도 조소앙, 김규식을 직접 파견하기로 했다. 중국 정부는 미국 방문 비용까지 지원하는 등 적극 협조했다. 그러나 미국이 반대했다. 중국주재 미국대사관은 두 사람의 비자를 내주지 않았다.

이승만의 회의 참석 노력도 마찬가지였다. 이승만은 한국의 연합국 회원 자격 문제를 총회에 직접 제기하려고 했다. 그런데 하필이면 샌프란시스코회의의 사무국장이 훗날 소련 간첩 혐의로 처벌됐던 국무부 히스였다. 그가 이승만을 곱게 봤을 리 없다.

이승만은 화가 났다. 그는 측근인 올리버 교수에게 이렇게 하소연했다.

"불의와 모욕을 생각하면 나는 자제력을 잃게 됩니다. 정말로 나는 화가 나서 어떻게 해야 할지 모르겠습니다."

24년 전 워싱턴 군축회의 때의 참담한 실패를 떠올리지 않을 수 없었다. 그렇다고 나 몰라라 물러설 수도 없었다.

이승만은 일단 선전자료부터 만들었다. 올리버에게 각국 대표와 언론사에 배포할 팸플릿 원고를 써달라고 부탁했다. 올리버는 '한국을 위한 변명: 미국 외교의 한 역설'이라는 긴 글을 보내왔다. 이승만은 원고료로 200달러를 송금했다. 지난 수년간 올리버가 한국을 위해 일하고 처음으로 받는 수고비였다. 이승만은 팸플릿 4,000부를 인쇄해 미국 정치인과 관료, 언론사에 3,000부를 배포하고 나머지를 가지고 샌프란시스코로 갔다.

한편 한족연합위원회와 조선민족혁명당 미주총지부는 이승만의 제안을 거부하고 별도의 대표단을 만들었다. 그들도 한국 대표단이 회의에 참가할 수 없음을 알고 있었다. 다만 이 기회에 자체 선전활동을 펴 보려는 것이었다. 그들은 임시정부 지시를 무시한 것은 물론 이승만의 필사적인 노력을 뒤에서 '이불 속 활개짓'이라고 부르며 조롱했다.

이승만은 한국 대표단이 주목을 끌 방법을 고심했다. 워싱턴 군축회의 때처럼 처량한 표정으로 문 앞에 서서 유인물을 나눠 줄 수는 없었다. 그때 귀가 번쩍 뜨일 정보가 들어왔다. 이승만 캠프에 합류한 러시아 망명객 구베로가 제보했다. 석 달 전에 있었던 얄타회담에서 루스벨트, 처칠, 스탈린이 한국을 대일전 종료 때까지 소련의 영향력 아래 둔다는 비밀협정을 맺었다는 것이었다. 태평양에서 피를 흘린 미국 정부가 아직도 뒷짐을 지고 있던 소련에게 한반도를 넘겨줬다는 것은 미국인들을 자극할 내용이었다.

이승만은 즉시 신문 기자들과 회동을 준비하고 뉴욕타임스 등에 거액을 들여 광고를 내기로 했다. 이승만의 저돌적인 모습에 오히려 구베로가 겁을 먹고 말렸을 정도였다. 이승만은 신문재벌 허스트에게 제보 내용을 알리고, 미국 대통령직을 승계한 트루먼에게도 편지로 항의했다.

이승만의 주장은 미국 사회를 발칵 뒤집어 놓았다. 주요 신문들이 이를 크게 보도했다. 기독교인 친한회 등 여러 단체들이 트루먼 대통령에게 얄타밀약설이 사실인지 물었다. 미국 상원 지도자인 조지 의원은 트루먼에게 편지로 '각하께서 주의를 기울여야 할 문제라고 믿습니다'라고 의견을 밝혔다. 섀퍼 하원 의원은 의회에서 국무장관의 해명을 요구했다.

미 국무부는 거의 돌아버릴 지경이었다. 그때까지 무시해 오던 이승만에게 그루 국무장관 대리 명의로 답장을 보내 해명했다. 그루는 또 성명을 발표해 얄타밀약설을 부인하고 한국의 임시정부를 샌프란시스코

회의에 초청하지 않은 이유를 구구절절 설명했다.

얄타밀약설은 사실이 아니었다. 이로 인해 이승만은 허위사실을 퍼뜨렸다는 거센 비난을 받았다. 그러나 한국인들은 이 소동으로 매우 중요한 소득을 얻었다. 처음으로 한국의 전후 지위에 대해 미국, 소련 등 강대국들의 확답을 받은 것이다.

이승만 캠프에 있던 정한경이 한창 파문이 커져 갈 때 물었다.

"박사님은 그러한 고발에 대해 아무런 증거도 가지고 있지 않으십니다. 그것이 근거 없는 것으로 밝혀진다면 결과가 두렵지 않으십니까?"

이승만은 대답했다.

"사실이든 거짓이든, 우리나라가 어떤 위치에 있는가를 밝히기 위해 지금 그것을 터뜨릴 필요가 있소. 내가 바라는 것은 얄타협정에 서명한 국가 수뇌들이 그것을 공식으로 부인하는 것이오. 그보다 더 나를 기쁘게 할 것이 없소."

7. In Due Course

소련 쿠르스크에서 독일군의 마지막 공세가 실패하고 남쪽에서는 이탈리아가 항복하면서 2차대전의 승패가 서서히 윤곽을 드러냈다. 연합국 지도자들은 전쟁의 다음 단계와 전후 처리 등을 의논하기 위해 연쇄 회담을 가졌다.

먼저 루스벨트 대통령과 처칠 수상, 장개석 총통이 1943년 11월 22일부터 이집트 카이로에서 만났다. 소련의 스탈린은 일본이 불가침조약을 깰까 걱정되어 일본과 전쟁 중인 중국 지도자와의 회담을 피했다. 미·영·중 정상들은 대일전 협력과 전후 일본 점령지 처리에 관한 카이로선언을 발표했다. 이 카이로선언은 특별조항에 '적절한 과정을 거쳐 한국을 해방 독립시킨다(in due course Korea shall become free and independent)'라고 명기했다. 강대국들이 처음으로 한국의 독립을 보장한 것이다. 루스벨트와 처칠은 곧바로 이란의 테헤란으로 이동해 스탈린을 만났고, 스탈린도 카이로선언에 동의했다.

카이로선언에 한국의 독립 보장이 들어간 이유에 대해 여러 주장들이 있다. 김구와 조소앙이 1943년 7월 26일 장개석을 만나 카이로 회담에서 한국의 독립을 설득해 달라고 부탁했다는 주장은, 처칠이 미·영·중 3자회담을 제의한 게 10월 26일이라는 점에서 날짜가 맞지 않다. 다만 임시정부의 끊임없는 한국 독립 주장이 어느 수준에서든 중국 정부에 영향을 미쳤을 것이다.

카이로선언의 작성 과정은 다음과 같았다. 1943년 11월 23일 루스벨트가 장개석 부부를 만찬에 초대했다. 미국 측은 자유로운 식사 자리라고 생각했는데, 중국 대표단이 주요 안건들을 장개석에게 주지시켜 정상회담으로 준비했다. 장개석 부인 송미령의 통역으로 화기애애한 분위기 속에 만찬이 오후 8시부터 11시까지 이어졌다. 장개석은 준비한 10개 안건 가운데 7번째 '한국, 인도차이나, 태국에 관한 문제'에서 "한국에 독립을 부여할 필요가 있다"고 말했다. 루스벨트는 동의하면서도 의아하게 생각했다. 이미 그해 3월 워싱턴 회담에서 한국의 신탁통치에 합의했기 때문이었다.

루스벨트는 중국이 한국을 재점령하려는 의도가 있다고 의심했다. 그는 다음날 영국과의 협상 자리에서 "중국이 만주와 한국의 재점령을 포함하는 광범위한 열망을 가지고 있다는 것은 의문의 여지가 없다"고 말했다. 일리가 있었다. 그해 연말 장개석은 한 해 성과를 정리하면서 "카이로선언에 의한 만주와 대만의 반환, 전후 한국의 독립 회복에 따라 우리의 반식민적 지위와 지난 100년간 우리에게 쌓여 있던 국가적 불명예가 완전히 제거되었다"고 자평했다.

장개석 부부와 만찬을 마친 뒤 루스벨트는 배석했던 홉킨스 특별보좌관에게 협의 결과를 선언문으로 만들라고 지시했다. 홉킨스가 다음날 작성한 선언문 초안에는 '가능한 가장 빠른 시기에' 한국을 독립시킨다고 되어 있었는데, 루스벨트가 '적당한 시기에'로 바꿨다. 그는 한국을 중국이나 소련이 점령하는 것을 막으려면 강대국들의 신탁통치가 필요하다고 생각했다. 중국은 미국의 선언문 초안에 동의했다.

문제는 영국이었다. 2차대전이 끝난 뒤에도 전세계 식민지를 유지하고 싶어 했던 영국은 선언문에 한국이 거론되는 것 자체를 반대했다. 미국과 영국 대표단이 팽팽히 맞서면서 회담이 결렬 위기에 몰렸다. 처칠이 양보했다. 가해자가 식민 종주국 일본이라는 문구를 빼고, '적절한 과정을 거쳐(in due course)' 한국을 독립시키는 데 동의했다.

각국의 계산과 방식은 달랐지만, 미국과 중국이 한국의 독립을 지지함으로써 한민족은 식민지배에서 해방될 수 있었다. 이는 독립운동가들의 수십 년 피땀 어린 노력의 산물이었다. 특히 오랜 논쟁의 대상이었던 독립운동 방법론으로 외교와 무장투쟁, 실력양성 중 결국 무엇이 독립을 이루어냈는지 카이로회담을 보면 알 수 있다.

카이로선언을 환영하던 독립운동가들은 한국의 독립에 '적절한 과정'이라는 단서가 붙었다는 사실이 알려지자 즉각 반발했다. 김구는 언론 인터뷰에서 "우리는 반드시 일본이 붕괴되는 그때에 독립되어야 할 것이다. 그렇지 않으면 우리의 싸움은 계속될 것이다"라고 경고했다. 이에 비해 이승만은 조금 더 유연했다. 그는 주미외교위원부통신에 기고한 글에서 '우리의 닫힌 길을 열어 주는 것만(해도) 다행이라 할지니, 열린 길로 나아가 싸워서 찾고 못 찾는 것은 우리의 손에 달린 것이라'며

민족의 분발을 촉구했다. 실제로 몇 년 뒤 강대국들이 구상했던 신탁통치는 한국인들의 불같은 투쟁으로 무산되었다.

미국, 영국, 소련의 정상들은 1945년 2월 4일 얄타에서 다시 만났다. 당시 심장병으로 고통받던 루스벨트는 장거리 여행이 불가능한 상태였지만, 스탈린이 회담 장소로 소련의 크림반도를 고집했다. 루스벨트는 심신이 매우 미약한 상태에서 회담에 임했고, 결국 두 달 뒤 뇌출혈로 숨졌다.

루스벨트는 전후 세계평화를 위해 소련과의 협조가 필수적이라고 생각해 스탈린의 요구를 거의 다 들어주었다. 처칠의 반대에도 불구하고 소련은 동유럽 전체를 위성국가로 만들 수 있었다. 루스벨트는 또 미군이 일본 본토를 공격하면 감당할 수 없는 희생이 따를 것으로 보고 소련의 참전을 애타게 요청했다. 스탈린은 극동의 영토와 이권을 약속받은 뒤 선심을 쓰듯 독일 항복 후 3개월 이내에 일본을 공격하겠다고 약속했다. 한반도 분단의 출발점이었다.

루스벨트와 스탈린은 한반도에서 20~30년 동안 신탁통치를 실시하자는 데도 합의했다. 사실 한국의 신탁통치는 이전 테헤란 회담 때도 미소 간에 합의가 이루어진 사안이었다.

1945년 7월 17일 독일 포츠담에 열린 3개국 정상회담에서는 분위기가 달라졌다. 이때는 트루먼이 미국 대통령으로 애틀리가 영국 수상으로 참석했다. 회담 하루 전 미국 뉴멕시코 주에서 역사상 최초의 원자폭탄 실험이 성공했다. 미국은 소련의 참전 없이도 일본을 항복시킬 수단이 생긴 것이다. 트루먼은 은근히 소련이 대일전에 참가하지 않기를 바랐다. 한국 신탁통치 문제를 논의하자는 소련의 제안도 무시했다.

당시 미 국무부는 정책 문서에서 '소련은 한국의 일부에 군사정부를 수립하고 이어 소련에서 훈련된 한국인들로 친소정부를 수립하려 할지 모른다'고 예측했다. 그리고 '미국은 군사정부와 과도행정에 모두 참가해야 한다. 그리고 한국인들로 하여금 강력하고 민주적인 독립국가를 조속히 건설하도록 지원하는 것이 미국의 의도이다'라고 설명했다. 이승만이 줄곧 외쳐온 소련의 야욕 경계 및 한반도에 자유민주국가 건설 주장과 일치했다. 이승만과 계속 갈등했지만 미 국무부도 결국 소련의 한반도 공산화 가능성을 우려하게 되었다.

미·영·소 3국은 7월 26일 포츠담선언을 발표하고 일본의 무조건 항복을 요구했다. 13개 항으로 이루어진 포츠담선언은 그 밖에 일본 점령지의 반환, 일본군의 무장해제, 군수산업 금지, 전쟁범죄자 처벌 등을 규정했다.

8. 아! 왜적이 항복을

천황의 항복 방송

일본도 패전을 피할 수 없음을 알고 있었다. 그러나 협상으로 유리한 종전 조건을 얻겠다는 미련을 버리지 못했다. 포츠담선언은 결코 일본에 가혹한 내용이 아니었다. 무조건 항복을 요구했지만 일본을 존속시키고, 일본인의 자유의사로 정부를 수립하고, 국민의 기본권을 회복시키며, 경제 재건을 허용한다고 밝혔다. 일본 천황에 대해서도 아무런 언급이 없었다. 일본 외무성은 받아들일 수 있는 조건이라고 판단했고 스즈키 총리도 동의했다. 다만 소련과의 협상 여지가 남아 있으니 교섭해 천황 문제 등에 좀 더 유리한 조건을 얻자고 결정했다. 일본 육군은 소련군이 참전할 예정이라는 정보를 여러 차례 입수하고도 내각에 보고하지 않았다. 일본 육군의 이 어리석은 행동 때문에 수많은 일본 국민이 목숨을 잃고 한반도가 분단되었다.

일본이 포츠담선언을 거부하자 미국은 원자폭탄 투하를 결정했다. 1945년 8월 6일 아침 미군 B29 폭격기 3대가 히로시마 상공에 나타났다. 폭격기 수가 적어 정찰 비행으로 판단한 일본군은 공습경보마저 해제했다. 8시 15분, 9킬로미터 상공에서 투하된 원자폭탄은 지상 600미터를 남겨놓고 폭발했다. 그 순간 7만 명이 목숨을 잃었다.

일본 지도부는 망연자실했다. 그렇지만 관료주의에 찌든 이들은 아무런 행동도 하지 못했다. 미국의 트루먼 대통령이 원자폭탄을 또 투하하겠다고 경고하자 그제야 반응이 나왔다. 8월 8일 도고 외무장관이 히로히토 천황에게 포츠담선언을 수용해야 한다고 진언했다. 히로히토는 이를 받아들여 "가능한 한 조속히 전쟁을 끝내기 위한 조치를 취하라"고 지시했다. 히로히토의 명령이 내려졌지만 일본 내각은 종전 조건을 놓고 논쟁하느라 또 시간을 흘려보냈다. 그 사이 악재들이 줄을 이었다.

독일이 항복한 뒤 소련은 시베리아 철도를 통해 병력과 무기를 극동으로 계속 수송했다. 8월 초가 되자 만주를 에워싼 소련군 수가 150만 명에 달했다. 당시 일본 관동군은 70만 명이었다. 관동군은 수년 동안 정예 사단들을 남방으로 보내 전력이 말이 아니었다. 수십만 명의 민병대가 있었지만 무기가 부족해 일부 부대는 창과 낫으로 무장했다. 스탈린은 얄타회담에서 약속한 개전 시한 3개월을 꽉 채운 8월 9일 새벽에 공격을 개시했다. 장맛비가 쏟아지고 있어 군사작전에 최악의 조건이었는데 덕분에 일본군은 완벽하게 기습을 당했다. 소련은 탱크와 자주포 5,500대를 투입했다. 일본군의 유일한 대전차 무기는 폭탄을 가슴에 안은 병사들이었다. 그들은 칼을 휘두르는 장교들과 함께 탱크를 향해 돌격하다 산화해 갔다.

8월 9일 오전 10시 30분 일본 도쿄에서 스즈키 총리 주재로 최고전쟁지도회의가 열렸다. 소련의 참전을 보고받고도 아나미 육군장관은 결사항전을 주장했다.

"승산은 희박하다. 그러나 일본 민족의 명예를 위하여 계속 싸우다 보면 어떻게든 기회가 올 것이다."

그가 열변을 토하고 있는 사이 이번에는 나가사키에 두 번째 원자폭탄이 떨어졌다. 회의는 휴정됐다가 오후에 속개되었다. 아나미 등 항전파들은 여전히 주장을 굽히지 않았다. 최후 방어계획인 결행작전을 내세웠다. 본토 235만 병력에 400만 명을 추가 소집하고 성인 남녀 2,800만 명을 동원해 죽창과 몽둥이로 최후 저항을 한다는 계획이었다.

최고전쟁지도회의는 결론 없이 끝났고, 그날 밤 11시 40분 어전회의가 열렸다. 종전파와 항전파가 또다시 맞서자 스즈키 총리는 히로히토의 결단을 요청했다. 히로히토는 이렇게 말했다.

"이제는 한 명이라도 더 살아남게 하여, 그들이 장래에 다시 일어서서 일본을 자손에게 물려주도록 하는 수밖에 없다. 나는 전쟁을 중단하기로 결심했다."

8월 10일 아침이 밝자 일본 외무성은 천황의 통치 대권만 보존해 주면 포츠담선언을 수락하겠다는 각서를 연합국 측에 보냈다. 8월 12일 미국 등 연합국은 일본의 조건부 수용을 거부했다. 이제 방법이 없었다. 일본은 8월 14일 오전 마지막 어전회의를 열고 무조건 항복을 결정했다. 총리 등 각료 전원이 서명한 항복 선언문을 히로히토가 검토한 뒤 녹음했다. 항복 의사를 연합국 측에 통보했고, 다음날 히로히토의 녹음을 방송하면 모든 절차가 끝나는 것이었다.

그런데 항복에 반대하는 소수 영관급 장교들이 쿠데타를 일으켰다. 이들은 8월 15일 새벽 근위 1사단장을 살해하고 명령서를 위조해 병력을 동원했다. 그리고 대궐을 포위한 뒤 종전파 대신들을 잡으러 다녔다. 그러나 히로히토의 녹음 레코드를 입수하는 데 실패했고, 동부군관구가 상황을 파악해 1사단 병력의 복귀를 명령하자 쿠데타 장교들만 남게 되었다. 이들은 전단을 만들어 뿌렸지만 시민들의 외면을 받았다. 결국 쿠데타 주모자들은 오전 11시 대궐 앞에서 자결했다. 그리고 한 시간 뒤 히로히토의 항복 방송이 울려 퍼졌다.

무산된 광복군 국내 진공

광복군의 OSS 1기 훈련이 끝나자 김구가 직접 부대를 시찰했다. 1945년 8월 5일 김구는 이청천, 이범석과 함께 미군기를 타고 서안에 도착했다. 광복군 2지대가 있는 두곡에는 앞으로 수천 명의 병력을 수용할 건물들을 짓느라 미군 트럭들이 부지런히 오가고 있었다. 그날 밤 김구 일행을 위한 환영회가 열렸다. 김구와 훈련생들은 조국 해방을 위해 전선으로 떠난다는 흥분과 희열에 들떠 있었다. 이청천과 이범석까지 무대에 불려 올라가 함께 노래를 부르고 춤을 추었다.

김구는 사전트 대위를 통해 중국을 방문 중인 도노반 OSS 국장에게 만나고 싶다는 뜻을 전했다. 면담이 성사돼 도노반이 서안으로 왔다. 8월 7일 광복군과 OSS의 합동작전회의가 열렸다. 행사장에 태극기와 성조기가 걸렸고, 국가 간의 회담 같은 분위기였다. 도노반과 김구는 대일전 협력을 확대하기로 합의했다. 그러나 이 행사 뒤 도노반은 '미국 정부가 승인하지 않은 자칭 정부와 접촉해 부적절한 행동을 했다'는 이유로 트루먼 대통령의 격노를 샀다.

OSS 훈련생 시찰을 마친 김구는 서안에 있는 중국 주요 인사들을 만나보기로 했다. 8월 9일 섬서성 정부를 방문하자 축소주 주석이 반가워하며 다음날 저녁식사에 초대했다. 8월 10일 김구는 광복군 간부들과 함께 축소주의 집을 방문했다. 식사를 마치고 담소하는데 전화가 걸려왔다. 통화를 마친 축소주는 좋아서 어쩔 줄 몰라 하며 말했다.

"왜적이 항복한답니다."

그 순간 김구는 하늘이 아득해졌다. 하필 이때, 며칠 있으면 광복군이 조국으로 들어가는 이때 전쟁이 끝난단 말인가. 김구는 백범일지에 이렇게 썼다.

> 하늘이 무너지고 땅이 꺼지는 일이었다. 수년 동안 애를 써서 참전을 준비한 것도 모두 허사로 돌아가고 말았다.

9. 조국으로 돌아가자

전쟁이 끝을 향해 가면서 이승만은 해방 뒤 세울 새로운 나라를 준비했다. 그는 1945년 5월 동지회를 정당으로 개편했다. 정당 이름은 대한민주당이었다. 이승만이 왜 이때 창당을 했는지 학자들도 의아해한다. 이승만은 여전히 김구의 한국독립당 당원이었다.

아마도 이것은 건국 이념을 선포하기 위한 것이 아니었나 추정된다. 대한민주당은 3개 항의 정강과 9개 항의 정책을 채택했다. 그 중 정강 제3항은 '대한인민의 자유와 생명 재산을 보장한다'고 규정했다. 정책 제4항은 '왜적의 불법 소유는 국유로 몰수하고 사유재산은 종법 처결한다'고 규정해 한국 내 일본인의 재산도 합법적일 경우 법으로 보호했다.

이 같은 사유재산보호는 중국 내 독립운동가들과 극명하게 달랐다. 김구가 우파 정당들을 모아 결성한 한국독립당조차 정강에 '토지 및 대생산기관의 국유화'를 천명했다. 김구는 "삼한반도가 장차 붉은색으로 물드는 것을 어떻게 참을 수 있을지, 생각하면 전율을 감당할 수 없다"고 말할 정도로 공산주의에 반대했지만, 중국 내의 이념적 혼란에 휩쓸리지 않을 수 없었다.

이승만은 평생을 관통해 하나의 신념을 지키며 살아왔다. 한국을 기독교 정신에 기반한 자유민주주의 시장경제 국가로 만들겠다는 의지였다. 그래서 미국처럼 부강한 국가로 만들겠다는 목표였다. 이를 위해서는 일본에 이어 소련을 등에 업은 공산주의자들과의 사투를 이겨내야 했다.

이승만은 7월 21일 독일 포츠담에서 회담 중이던 트루먼에게 전보를 쳤다. 이승만은 종전 뒤 한국에서 공산주의자와 민족주의자들 사이의 내전이 벌어질 가능성이 있다면서 지금이라도 대한민국 임시정부를 승인해 달라고 요청했다. 7월 25일에는 국무부에 다시 편지를 보내 동유럽 국가들의 공산화 사태가 한국에서 재발되지 않도록 해달라고 부탁했다.

이승만은 7월 27일 니미츠 태평양함대 사령관에게 편지를 보냈다. 그는 마닐라로 가서 단파방송으로 국내 동포들의 봉기를 선동하겠다고 제안했다. 니미츠는 관할 업무가 아니라는 이유로 거절했다. 이승만은 8월 3일 마셜 육군참모총장에게 같은 내용의 편지를 보냈다. 이승만은 포기하지도 지치지도 않았다. 그러나 전쟁은 이미 마무리 단계였고 그의 독립운동가로서의 사명도 이제 끝나가고 있었다.

1945년 8월 15일 정오 일본 도쿄에서 히로히토 천황이 항복 방송을 했다. 미국 시간으로는 8월 14일 밤 11시였다. 늦게까지 깨어 집에서 라디오 임시 뉴스를 듣고 있던 이승만이 벌떡 일어났다. 그리고 곁에 있던 프란체스카에게 소리를 질렀다.

"이봐, 일본이 항복했어. 우린 귀국하는 거야."

이승만은 프란체스카의 손목을 꽉 붙잡고 눈물을 글썽거리며 말을 잇지 못했다. 이상했다. 평생을 기다려온 일인데 막상 현실이 되니 어떻게 기뻐해야 하는지, 펑펑 울어야 하는지 알 수가 없었다.

잠시 후 워싱턴에 사는 동포들이 이승만의 집으로 달려왔다. 임병직도 그 중 한 명이었다.

"문을 박차고 들어가니 이 박사 내외분이 멍한 표정으로 소파에 앉아 계셨다. 큰 충격에서 깨어난 모습이었다. 한참 계시더니 '병직이 이젠 돌아가자, 돌아가자'라고 몇 번이나 말씀하셨다."

그날 밤 이승만은 찾아온 동포들과 함께 아주 오랫동안 이제는 돌아갈 조국의 미래에 대해 이야기했다.

제 3 편

공산주의에 맞선 자유주의자

제1장 조국으로 돌아오다

1. 급하게 그은 38선

소련군은 일본에 선전포고한 뒤 파죽지세로 남하했다. 전투 첫 날인 1945년 8월 9일 함경북도에 진입했고 12일에는 청진, 나진, 웅기, 경흥을 점령했다. 그 속도라면 2, 3주 안에 소련군이 한반도 전체를 장악할 것으로 보였다.

반면에 미국 정부 안에서는 한반도 진주 여부를 놓고 논란이 일었다. 국무부는 소련의 동북아시아 제패를 막기 위해 미군이 만주까지 올라가 일본군의 항복을 받아야 한다고 주장해 왔다. 그러나 전쟁에 지친 육군은 아예 아시아 대륙에 들어가지 않거나 상징적으로 한반도에 교두보 정도나 만들어두고 싶어 했다.

상황이 급박해진 8월 11일 국무부의 던 차관보가 육군부 작전국에 소련과의 군사분계선을 강구하라고 요청했다. 서울과 인천이 미군 관할에 있어야 한다는 조건을 붙였다. 던 차관보는 국무부, 육군부, 해군부의 '3부 조정위원회' 위원장이었다.

지시를 받은 육군부 작전국의 본스틸 대령과 러스크 대령은 벽에 걸린 지도를 보며 고심했다. 서울 위에 큰 강 같은 자연적인 경계선을 찾을 수 없었다. 그래서 두 사람은 북위 38도선을 건의하기로 결정했다.

미 정부 관계자들은 소련이 이 제안을 거부할 것으로 예상했다. 아마

38선 (대한민국역사박물관)

도 한반도 훨씬 남쪽 어딘가를 선심 쓰듯 넘겨줄 것으로 보았다. 그래도 어쩔 수 없었다. 미군은 한반도에서 가장 가까운 병력이 1,000킬로미터 떨어진 오키나와에 있었다.

그런데 미국의 북위 38도 군사분계선 제안에 소련이 순순히 동의했다. 미국은 깜짝 놀랐다. 사실 스탈린이 우호적이어서 그랬던 것은 아니다. 그의 욕심은 다른 데 있었다. 스탈린은 일본 홋카이도 북부와 리비아 트리폴리 항구를 넘겨받기 원했다. 그 두 곳을 차지하면 소련 해군이 태평양으로 진출하고 지중해도 소련의 바다가 될 것이었다. 이러한 스탈린의 과도한 욕심 때문에 한반도 전체가 공산화되는 위험을 가까스로 피했다.

개성까지 남하했던 소련군은 38선 이북으로 철수했다. 그때 개성은행의 조선은행권 지폐를 약탈했고 나중에 이를 남한에 대량 살포해 경제 혼란을 야기했다. 그리고 38선 이남에서는 9월 8일 미군이 인천에 상륙할 때까지 거의 한 달간 권력의 공백 상태가 이어졌다.

2. 건국준비위원회와 인민공화국

조선총독부는 일본 정부가 연합국에 항복 의사를 통보한 사실을 알았다. 한국에는 77만 명의 일본인이 살고 있었다. 총독부로서는 종전 후 그들의 안전이 가장 큰 문제였다. 이를 위해 한국인에게 치안 유지를 요청하는 게 좋겠다고 판단했다.

먼저 접촉한 사람은 우파 민족주의자인 송진우였다. 1945년 8월 10일 총독부 관리들이 송진우를 만나 행정위원회를 조직해 독립을 준비하라고 제안했다. 그런데 국제정세에 어두운 송진우가 거절했다. 그는 일본이 항복하면 중경의 임시정부가 곧바로 입국할 것으로 생각했다. 송진우는 두 차례나 권력 접수를 거절하면서 주변과 상의 한 번 하지 않았다. 이 때문에 다른 우파 인사들로부터 큰 비난을 받았고, 우리나라는 그 뒤 좌우 이념대결로 수많은 피를 흘려야 했다.

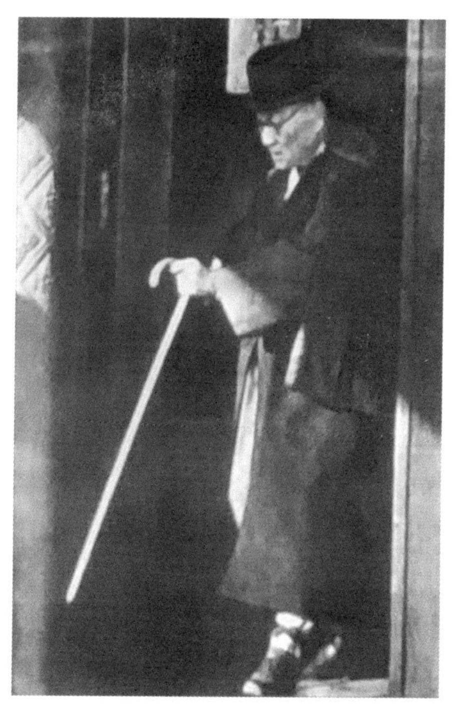

송진우 (대한민국역사박물관)

다급해진 총독부는 8월 15일 아침 엔도 정무총감이 나서 여운형을 만났다. 엔도가 "치안 유지에 협력해 달라"고 부탁하자, 여운형은 즉시 "기대에 부응하도록 노력하겠다"고 대답했다. 양측은 구속된 정치범의 석방, 3개월분 식량 인도, 치안 유지와 건설사업 권한 부여 등에 합의했다. 여운형으로서는 권력 장악을 위한 인적·물적·제도적 기반을 한꺼번에 얻은 것이다.

여운형은 그날 저녁 자신의 비밀 조직인 건국동맹 인사들과 안재홍 등 중도우파 인사들의 연합으로 건국준비위원회(건준)를 발족시켰다. 위원장은 여운형이 맡고, 부위원장에 안재홍을 추대했다.

여운형은 중도좌파로 분류되기는 했으나 이념적 정체성이 모호했다. 우유부단해서 모질게 권력투쟁을 할 성격도 아니었다. 그는 스스로 공산주의자가 아니라고 말하면서도 공산주의자들에게 한없이 끌려다녔다.

8월 16일 오후 3시에 건준 부위원장 안재홍이 라디오 연설을 했다. 일본인들의 생명과 재산을 보장할 것이라고 말하고 건준 경위대의 신설, 물자배급 유지, 대일협력자 대책 등을 설명했다. 국민들은 그제야 해방을 체감하며 열광했다. 건준은 급속히 지방으로 확산되어 8월 말까지 전국에 145개 지부가 만들어졌다.

가장 시급한 과제는 총독부 경찰이 손을 놓은 치안 문제였다. 건준은 8월 16일 서둘러 건국청년치안대를 조직했다. 그리고 대학생들을 각지에 파견해 지방 치안대를 조직했다. 건준 치안대 외에도 치안대나 보안대를 자처하는 단체들이 우후죽순처럼 생겨났다.

전국 형무소에서 정치범들이 일제히 풀려났다. 일제 말기 정치범들은 대부분 공산주의자들이었다. 이들이 즉시 전국의 건준 조직에 합류하면서 건준의 성격이 급격히 한쪽으로 기울었다. 8월 17일 건준 간부진을 발표했는데, 주요 직책을 공산주의자들이 차지해 안재홍 등 우파가 크게 반발했다.

공산주의자들 가운데 해방 후 먼저 움직인 것은 서울의 장안파였다. 그런데 수년간 전남 광주의 벽돌공장에 숨어있던 박헌영이 8월 18일 서울로 올라왔다. 박헌영은 그동안 전향하지 않았던 경성콤그룹 조직원들을 모은 뒤 장안파 공산주의자들을 '변절자'로 몰아붙여 도태시켰다.

건준은 8월 22일 기구를 12부 1국으로 확대했는데, 간부진에 공산주의자들이 더 많아졌다. 새로 선임된 우파 인사들은 아예 부임하지도 않았다. 8월 28일 건준은 "본 준비위원회는 새 국가건설의 준비기관"이라고 선언했다. 중경 임시정부를 무시하고 사회주의 국가를 세우겠다는 의도를 분명히 한 것이다. 박헌영 등 공산주의자들은 전국 조직을 갖춘 건준을 접수해 인민공화국으로 개편하는 작업을 진행했다.

그런데 8월 24일 미군과 소련군이 한반도를 분할 점령한다는 소식이 뒤늦게 전해지면서 정국이 급변했다. 건준에 눌려 있던 우익 민족주의자들이 크게 고무되었다. 먼저 김병로, 원세훈, 조병옥 등이 조선민족당을 만들었고 허정, 장덕수 등 미국 유학파들이 주도해 한국국민당을 창당하기로 했다. 안재홍은 조선국민당 당수로 취임했다. 그러나 송진우는 여전히 임시정부 귀국을 기다리자는 입장이었고, 김성수는 동아일보 복간 준비에 여념이 없어 우파는 아직 명확한 구심점이 없었다.

9월 1일 미군 폭격기 한 대가 날아와 서울 인천 부산에 미군 하지 중장의 포고문을 뿌리고 갔다. '근일 중에 한국에 상륙한다'는 내용이었다. 그리고 9월 5일에 다시 뿌린 포고문은 더욱 실망스러웠다.

> 민중에 대한 포고 및 제 명령은 현존하는 여러 관청을 통해 공포된다. 불행하게도 위반하는 일이 있으면 처벌된다.

한국인들에 대한 경고였다. 이는 한국이 혼란스럽고 폭동이 예상된다는 조선 주둔 일본군 사령관의 정보 보고 때문이었다.

당시 오키나와에 있던 미군 24군단장 하지는 '태평양의 패튼'이라 불릴 정도로 유능한 야전 군인이었다. 그러나 정치에 대해서는 아무것도 몰랐다. 그의 부대가 가장 가깝다는 이유로 한국 점령군으로 선정된 뒤 그가 받은 자료는 'JANIS (제니스) 75'가 전부였다. 한반도에서 상륙전이 벌어지면 참고하라는 자료였다. 하지는 한국어 통역관조차 없이 부하들을 데리고 인천으로 향해야 했다.

반면에 북한 주둔 소련군 사령관 치스차코프 대장의 첫 포고문은 다음과 같았다.

> 조선인들이여! 기억하라! 행복은 당신들의 수중에 있다. 당신들은 자유와 독립을 찾았다. 이제는 모든 것이 죄다 당신들에게 달렸다.

얼마나 멋진 말인가. 소련군에는 말단 부대까지 군사위원이라 불리는 정치장교들이 있었다. 이들이 야전장교를 감시하고, 병사들을 교육하고, 점령지의 공산화 정책을 추진했다. 소련군은 그 매뉴얼대로 행동한 것이다.

실제 소련군의 행동은 말과는 전혀 달랐다. 그들은 전쟁 배상금이라며 압록강 수풍발전소의 발전기 5대, 흥남비료공장 기계, 대유동광산 금광석, 철산광산 모나즈 광석 등을 빼앗아 갔다. 군량이 부족해 농민들이 추수한 곡식을 징발했다. 그리고 소련 병사들은 닥치는 대로 약탈하고 수많은 일본인과 한국인 여성들을 강간했다. 9월 6일 소련 주둔군 사령부가 포고령을 내리고 일부 병사들을 공개 총살한 뒤에야 범행이 수그러들었다.

반면에 미군은 남한의 부족한 식량과 석탄을 미국, 일본에서 실어 오고 북한이 전력을 끊은 뒤에는 발전선까지 동원해 전기를 공급했다. 군정 기간은 물론 건국 이후에도 대한민국 예산의 대부분을 미국에 의존

했다. 그런데 뭐 하나 빼앗아 간 게 없는 미군은 점령군이고 약탈자인 소련군은 해방군이라고 주장할 때, 두 군대의 포고문은 좋은 선전자료가 된다.

미군의 진주가 임박하자 좌우 정치 세력들의 움직임도 빨라졌다. 여러 갈래로 나뉘어 창당 준비를 해오던 우파 인사 700여 명이 9월 6일 통합발기총회를 열고 '한국민주당(한민당)'을 만들기로 결의했다. 한민당은 이후 해방정국의 중요한 한 축을 이루었다.

그 몇 시간 뒤인 9월 6일 밤에 좌파 인사들은 조선인민공화국 선포를 위한 인민대표대회를 열었다. 건준을 완전히 장악한 박헌영이 여운형을 압박해 부랴부랴 소집한 대회였다. 공산당이 인원 동원을 맡았는데, 경인지역 공장에서 동원한 노동자들로 자리를 채웠다. 대회에서 여운형 등 5명의 전형위원을 지명하고, 그들이 중앙인민위원 55명과 후보위원 20명을 선정했다.

박헌영의 인민공화국은 좌파 안에서도 인정받지 못했다. 특히 박헌영이 마음대로 발표한 조각 명단이 비판을 받았다. 박헌영은 인민공화국 주석에 이승만, 부주석에 여운형을 지명했다. 김구는 허헌 국무총리 다음으로 서열 4위 내무부장이었다. 그 밖에도 조만식, 신익희, 김병로, 김성수 등 다수의 우파 인사들을 부장으로 올려놓았다.

박헌영 (대한민국역사박물관)

비록 당사자 동의도 없는 허구의 명단이었지만 소련은 불쾌해 했다. 소련군 연해주군관구 정치부 메클레르 중령은 공산당이 4개 부장직을 차지하는 데 그친 우익적이고 친미적인 조각이라고 비판했다. 사실은 조각 명단이 중요한 게 아니었다. 소련은 한반도 공산화의 기지로 북한을 상정하고 있는데, 박헌영의 남한 공산당이 주도권을 잡으려 노력하는 게 거슬렸던 것이다.

박헌영이 김구는 꺼려하면서도 이승만은 공부를 많이 했으니 나약한 학자일 거라 생각한 것도 실수였다. 공산주의자들의 선동과 폭력에 맞설 수 있는 가장 강력한 상대가 이승만이라는 사실을 박헌영은 너무 늦게 깨달았다.

3. 우리 대통령은 왜 안 오십니까

하지 중장과 미군 24군단 병사들은 스물한 척의 군함에 나누어 타고 9월 8일 새벽 인천항에 도착했다. 다음날 서울로 이동한 미군은 서울역에서 총독부까지 열을 지어 행진했다. 그런데 기대했던 환영 인파는 없고 시내가 조용했다. 혼란을 막는다며 일본 경찰이 길에 늘어서 겁을 주고 있었기 때문이다.

미군은 일본군 항복문서 조인식을 거행한 뒤 총독부 정문 앞에 걸린 일장기를 내리고 성조기를 게양했다. 이로써 35년의 일제 식민지 시대는 끝나고 한국의 독립을 준비하기 위한 미군정이 시작되었다.

미군정의 시작은 어설펐다. '미국 태평양육군총사령관 포고 제1호'를 발표했는데, 군정 기간 중 영어를 공용어로 한다고 씌어 있었다. 그리고 하지는 첫 기자회견에서 총독부의 일본인 관리들을 당분간 유임시키겠다고 말해 난리가 났다. 전국에서 항의시위가 잇따르자 미국 정부가 얼른 하지 중장의 명령을 취소시켰다. 대신 미군 7사단장 아널드 소장이 군정장관, 헌병대장 쉭 준장이 경무국장을 맡았다. 총독 관리들이 해임되자 한국인들의 미군정에 대한 비판도 누그러졌다.

하지는 정당 및 문화단체 대표 두 사람씩을 초청한다고 발표했다. 그랬더니 1,200여 명이 몰려왔다. 바야흐로 참여 폭발의 시대였다. 그러나 이들 가운데 영어에 능통한 사람들이 미군에 접근할 수 있었다. 대부분 미국에 유학했던 한민당 사람들이었다. 전 연희전문 교수이자 한민당 창당 멤버였던 이묘묵 보스턴대 철학박사가 하지의 통역 겸 고문관으로 임명됐다. 그는 미군정과 한민당의 중요한 연결 통로가 되었다.

좌파도 지켜보고만 있지는 않았다. 9월 11일 박헌영은 조선공산당의 재건을 발표했다. 그리고 다음날 경성운동장에서 대중집회와 가두시위를 벌였다. 해방 이후 최대 규모였다. 조선공산당은 10월 5일 미군정이 인민공화국에 모든 행정기관을 넘기지 않으면 세기의 비극을 초래할 것이라고 협박하는 영문 팸플릿을 배포했다. 이에 아널드 군정장관은 '인민공화국은 흥행성도 없는 괴뢰극'이라고 신랄하게 비난하는 성명을 발표했다. 박헌영은 움찔했다. 그는 처음으로 기자회견을 열고 '연합군의 귀중한 희생과 영웅적 행동에 경의를 표한다'며 미군정과 충돌할 생각이 없음을 밝혔다. 그러나 조선공산당은 언론계, 문화계, 노동계, 각급 학교로 세력을 넓히며 무력으로 권력을 장악할 때를 노렸다.

미군정청은 총독부 직원들을 해고한 자리에 한국인들을 빠르게 충원해 나갔다. 이 작업은 한국어를 할 줄 아는 장교들이 담당했다. 주로 선교사 아들들이었다. 특히 하지의 특별보좌관인 윌리엄스 중령의 역할이 컸다. 윌리엄스 역시 선교사의 아들로 인천에서 태어나 공주에서 성장했다. 그는 해군 수송함대 사령관 킹 제독의 군의관이었는데, 인천에 상륙하던 날 부두에서 한국말을 하는 모습을 하지가 우연히 보고 자기의 특별보좌관으로 임명했다. 윌리엄스는 기독교 신자가 많은 한민당 인사들 가운데서 주로 협력자를 찾았다.

윌리엄스는 한국인들의 의견을 직접 청취하는 업무도 맡았다. 윌리엄스가 비행기를 타고 대전 광주 대구 부산 등을 돌아다녔는데, 그가 만난 한국인들은 한결같이 이렇게 말했다.

"왜 우리 대통령 이승만 박사를 빨리 데려오지 않습니까?"

일제와 좌파가 뭐라고 악선전을 해왔어도 지난 수십 년간 한국인의 마음속에 이승만은 '우리 대통령'이었다.

당시 미 국무부는 이승만이 한반도 정책에 걸림돌이 될 것으로 보고 집요하게 귀국을 막고 있었다. 그러나 하지는 한국인의 열망과 정국 안정에 필요하다는 판단에 따라 육군부에 그의 귀국을 강력히 건의했다.

4. 고국으로 가는 험난한 길

조국이 해방되자 이승만은 귀국을 서둘렀다. 내가 내 나라에 돌아가는 데 문제 될 것은 없을 것으로 보였다. 그런데 생각보다 일이 쉽지 않았다.

처음에는 중경으로 가 임시정부 동지들을 먼저 만나려 했다. 그러나 중국 정부가 입국 신청에 가타부타 회답을 안 했다. 중국 국민당 인사들도 장차 한반도에 대한 영향력 회복을 고려해 이승만을 부담스러워했던 것 같다.

이승만은 마닐라를 거쳐 서울로 가기로 일정을 바꿨다. 육군부가 태평양 지역 사령관 맥아더에게 허용 여부를 물었더니 흔쾌히 허락했다.

이승만은 맥아더와 오랜 친분이 있었다. 육군부가 허가했다니 국무부도 여권을 내주었다. 이제 교통편만 마련하면 되었다.

그런데 국무부에서 갑자기 연락이 왔다. 육군부 허가서에 이승만을 고등판무관으로 쓴 것을 문제 삼았다. 사실은 핑계였다. 육군부 OSS의 굿펠로 대령이 직접 새 허가서를 가지고 갔더니 국무부 관리들은 이승만의 귀국을 지원할 수 없다고 노골적으로 말했다.

국무부 관리들은 소련과 협조해 한반도에 좌우연합정부를 세우려 했는데 이승만이 귀국하면 이를 훼방할 가능성이 크다고 우려했다. 종전 직전까지도 이승만은 소련이 한국을 위성국가로 만들려 하니 임시정부를 승인해 이를 막아야 한다고 국무부를 들들 볶았다. 지난 20여 년간 이승만에게 그렇게 시달렸는데 또다시 이승만이 서울에서 날뛸 생각을 하니 암담했다.

이때 뜻밖의 도움이 있었다. 미 합동참모본부가 이승만의 귀국 허가를 대신 받아 주었다. 합동참모본부는 또 육군부 군사정보국 워싱턴지부에 이승만이라는 사람을 찾아서 서울로 보내라고 명령했다. 워싱턴지부 직원들은 이승만이 누구인지도 모르면서 연락해 귀국편을 주선했다. 이는 서울에서 하지 중장이 이승만을 시급히 귀국시켜 달라고 요청했기 때문이다.

이승만은 워싱턴을 떠나 샌프란시스코 하와이 콰절린 괌을 거쳐 닷새 만에 도쿄에 도착했다. 그곳에서 이승만은 오랜 친구인 맥아더와 해후하고 도쿄로 날아온 하지와도 처음 만났다.

이승만은 맥아더의 전용기를 타고 1945년 10월 16일 김포비행장에 도착했다. 일제의 탄압을 피해 도망치듯 고국을 떠난 지 33년 만에 일흔 노인이 되어 돌아온 것이다. 비밀 귀국이어서 환영객은 아무도 없었지만 눈 앞에 펼쳐진 산하만으로도 노정객은 가슴이 터질 듯 감격스러웠다. 그러나 돌아온 고국에는 그와 우리 민족에게 크나큰 도전과 시련이 기다리고 있었다.

이승만의 갑작스러운 귀국은 엄청난 열풍을 일으켰다. 돌아온 전설의 인물을 온 국민이 기쁨으로 맞이했다. 정치사회단체마다 환영 성명을 내놓았다. 인민공화국 중앙인민위원회조차 다음과 같은 담화를 발표했다.

> 조선인민공화국 주석 이승만 박사는 드디어 귀국하였다. 전국은 환호로 넘치고 있다. 우리 해방운동에 있어 이 박사의 위공偉功은 다시 말할 필요조차 없는 것이다.

신문들은 '우리의 최고지도자', '독립운동의 선구자', '건국의 아버지'라는 호칭으로 이승만의 도착을 알렸다. 좌익 신문들조차 '하시다'라는 존댓말로 기사를 쓰며 이승만에게 최대한의 경의를 표했다.

이승만의 임시 숙소인 조선호텔로 물밀듯이 방문객이 몰려왔다. 이승만은 그들 모두를 따뜻하게 맞이했다. 다만 여운형의 인민공화국 참여 요청과 한민당의 영수 추대를 모두 거절했다. 그는 좌우를 아우르는 '민족통일의 결집체'를 만들고자 했다.

이승만은 정당 통합 제안에 호응해 10월 23일 50여 개 정당 및 사회단체 대표 200여 명이 조선호텔에 모였다. 격론이 벌어졌다. 좌파 단체는 '먼저 매국노와 민족반역자를 처단하자'고 주장했다. 한민당은 '임시정부를 국가 최고기관으로 하자'고 주장했다. 결국 정당의 통합이 우선이라는 절충론이 우세해졌다. 안재홍이 나서 각 정당 대표 한 사람씩으로 '독립촉성중앙협의회(독촉)'를 만들고 회장에 이승만을 추대하자고 제안했다. 참석자들은 박수로 가결했다.

귀국 직후 돈암장에서 경호원들과 기념 촬영 (이승만기념관.com)

통합 단체는 만들었는데 여기에 좌파, 특히 공산당을 포함시키는 게 관건이었다. 이승만은 새 숙소인 성북구 돈암장으로 박헌영을 초대했다. 두 사람은 배석자 없이 세 시간이나 의견을 나누었다. 박헌영의 기록에 따르면 이승만이 독촉 참가를 요청하자 그는 친일파 배제를 전제 조건으로 내세웠다. 즉 한민당을 배제하자는 주장이었다. 이승만은 독립을 달성한 뒤에 우리 힘으로 그 문제를 해결해야 한다고 말했다. 다만 장차 수립될 정부에 친일파가 들어와서는 안 된다는 점에 동의한다고 하자, 박헌영이 그렇다면 아직 문제될 게 없다고 양해했다. 박헌영은 독촉에 참가하겠다고 약속했다.

독촉의 두 번째 회의는 11월 2일 열렸다. 사실상 창립대회였다. 참석자들은 이승만이 준비해온 결의문을 채택했다. '임시정부가 연합국의 승인하에 환도하면 1년 이내에 국민선거를 단행할 것'을 요구하는 내용이었다. 그리고 박헌영 등 참석자 일동의 동의로 독촉 중앙집행위원 선출을 위한 전형위원 선정을 이승만에게 위임하기로 했다.

대성공이었다. 하지 중장은 좌우 정파들이 연합해 대다수 한국인들이 만족할 수 있는 과도행정부를 구성할 수 있을 것이라며 만족해했다. 그러나 해방정국은 그렇게 순탄하게 흘러가지 않았다.

5. 북한에 정부를 수립하라

미국, 영국, 소련의 외무장관들이 1945년 9월 12일 런던에서 만났다. 2차대전 패전국들의 영토 처리를 위해서였다. 소련의 몰로토프는 일본 통치에 참여하길 원했지만 미국이 거절했다. 소련으로서도 일본과의 전쟁에 막판에 끼어들었으니 더 우길 명분이 없었다.

소련은 그 대신 리비아 트리폴리 할양을 집요하게 요구했다. 소련은 자신들이 유럽의 해방자라고 생각했다. 이탈리아 식민지였던 항구 하나 정도는 얻을 권리가 있다고 믿었다. 그러나 지중해를 지배해온 영국이 반대했다. 몰로토프는 절박했다. 그는 이미 스탈린의 눈 밖에 나 있었기 때문에 어떻게든 성과를 얻어가야 했다. 몰로토프는 이틀 동안이나 같은 말을 반복하며 몸부림쳤다. 그러나 영국은 단호했다.

스탈린은 분노했다. 미국과의 전후 협력을 위해 나름대로 양보했는데 뒤통수를 맞았다고 생각했다. 이제 세계는 미소 냉전의 시대로 들어갔다.

스탈린의 첫 보복은 런던 외무장관 회담이 끝나기도 전인 9월 20일에 내려졌다. 그는 극동전선 총사령관 바실레프스키와 연해주 군관구 군사회의에 암호 지령을 보냈다.

'북한에 반일적인 민주주의 정당 및 조직의 광범한 블록을 기초로 한

부르주아 민주주의 정권을 확립하라.'

스탈린이 말하는 '민주주의'를 '민주주의'라고 해석할 사람은 없을 것이다. 우파 민족주의자들과 통일전선을 형성했다 제거해 공산주의 정권을 수립하라는 지시였다. 이날로 한반도는 사실상 분단되었다. 그 뒤 이어진 신탁통치 결정과 미소공동위원회, 좌우합작, 남북협상 모두 소련의 위장 선전에 넘어간 공연한 노력에 불과했다.

김일성은 그 하루 전인 9월 19일 원산항을 통해 들어왔다. 김일성은 중국공산당의 동북항일연군이었다가 연해주로 피신해 소련군 대위가 되었고 88독립보병여단에 소속되어 있었다. 당시 소련군 간부의 증언에 따르면 김일성은 9월 초에 스탈린의 면접을 받았다고 한다. 스탈린은 별장에서 4시간 동안 김일성을 만난 뒤 "주목할 필요가 있는 사람이다. 소련군은 이 사람에게 적극 협력하라"고 지시했다.

소련은 북한 단독정부 수립 작업을 신속하게 진행했다. 소련군 군사위원 로마넨코 소장이 이를 위해 평양으로 왔다. 그는 각 지방 인민위원회를 공산화의 토대로 만들었다. 10월 8일에는 5도 인민위원회 연합회

김일성과 소련군 (대한민국역사박물관)

의를 개최해 중앙연합체를 결성했다. 그리고 10월 28일 중앙행정기관인 북조선 5도 행정국을 만들었다.

북한에 독자적인 공산당도 조직했다. '일국 일당'을 주장하는 박헌영의 국내파가 강력히 반발했다. 그래서 로마넨코 주선으로 김일성이 박헌영과 만나 조선공산당 북부조선분국 설치에 합의했다.

김일성은 10월 14일 대중 앞에 처음 모습을 드러냈다. 그날 평양 공설운동장에서 '김일성 장군 환영대회'가 열렸다. 백발의 독립투사를 기대했던 군중은 30대 청년이 단상에 오르자 분노해 고함을 질렀다. 소련군 병사들이 공포탄을 쏴 소란을 가라앉혀야 했다.

"민주주의 자주독립 국가를 건설하자! 조선 독립 만세! 소련 군대와 스탈린 대원수 만세!"

김일성의 이 연설은 소련군 장교가 써 주었다고 한다.

1946년 2월 8일, 드디어 북조선 임시인민위원회가 창설됐다. 김일성이 위원장, 김두봉이 부위원장이었다. 이들은 '임시인민위원회는 우리의 정부'라고 선언했다. 다만 분단에 대한 책임을 가리기 위해 인민위원회 앞에 '임시'라는 수식어를 붙였다.

임시인민위원회는 즉시 10개 부처와 공안기관들을 설치했다. 3월 5일 무상몰수 무상분배 방식의 토지개혁을 실시했다. 농민들에게 경작권만 주고 사고팔 수는 없게 했으니 엄밀히 말하면 지주가 공산당으로 바뀐 것이다. 임시인민위원회는 이어 중앙은행을 설립하고 주요 산업을 국유화했다.

북한 정권에 토지와 기업을 빼앗긴 지주, 자본가와 혹독하게 탄압받은 기독교인, 공산화에 협조하지 않아 친일파로 낙인찍힌 각계 지도자들이 대거 남한으로 탈출했다. 그 수가 1948년까지 약 100만 명, 북한 인구의 10퍼센트에 해당했다.

6. 돌아온 임시정부

김구는 중국에서 힘든 시기를 보내고 있었다. 해방이 되자 임시정부 내의 일부 좌파 인사들이 정부 자격으로 귀국하는 데 반대하며 소동을 일으켰다. 결국 이들은 임시정부를 떠났다. 중국 각지에서 한국인들에 대한 공격이 벌어졌다. 일제 부역자 취급을 한 것이다. 김구는 중국 정부에 보호 조치를 강력히 요청했다.

그런데 임시정부의 거듭된 귀국 허가 요청에도 불구하고 미국 정부는 답이 없었다. 한국에서 온갖 정파들이 권력투쟁을 벌이고 있는데, 임시정부는 3개월 넘게 중국에서 발을 동동 굴러야 했다. 미국은 임시정부의 귀국이 좌우연합정부 수립이라는 목표에 도움이 될지 자신이 없었다. 국무부와 군부가 서로 책임을 미루다 결국 하지 사령관 소관으로 결정됐다. 하지는 찬성했다.

장개석 중국 총통은 귀국하는 김구에게 중국 돈 1억 원과 미화 20만 달러를 지원했다. 지금 가치로 약 800만 달러였고 당시 경제 규모로는 그를 훨씬 상회하는 거액이었다. 한반도에서 영향력을 회복하고 싶어 하는 중국 정부의 의지를 보여주는 것이었다.

임시정부 요인들은 상해로 이동해 개인 자격임을 확인하는 서약서에 서명하고 귀국길에 올랐다. 미군 수송기 좌석 때문에 1, 2진으로 나누어 출발했다. 1945년 11월 23일 오후 드디어 비행기 창문 너머로 고국의 산들이 보였다. 탑승자들은 일제히 애국가를 부르며 눈물을 흘렸다. 그런데 김포비행장에 내려 보니 환영객이 아무도 없었다. 이승만 귀국 때와 마찬가지로 미군정이 비밀에 부친 것이다. 사전에 몰랐던 임시정부 요인들은 크게 실망했다. 김구는 숙소로 정한 마포 경교장으로 향했다. 이 집은 광산왕 최창학이 제공한 것인데 1,500평 대지에 대리석으로 지은 2층 건물로 당시 서울의 최고 주택 중 하나였다.

이승만이 가장 먼저 연락을 받고 달려왔다. 두 사람은 25년 만에 감격적인 해후를 했다. 다른 손님들이 몰려와 그날 만남은 짧게 끝났다. 12월 1일 함박눈이 내리는 가운데 서울운동장에 3만 명이 모여 임시정부 환국 봉영회를 열었다. 행사 후 가두행진을 벌였는데 태극기를 든 시민들이 건물 2층에 나란히 앉은 김구와 이승만 앞을 지나며 "김구 주석 만세" "이승만 박사 만세"를 외쳤다.

다음날 경교장에서 귀국 후 첫 임시정부 국무회의가 열렸다. 이승만도 기꺼이 참석했다. 이승만은 장관급도 아닌 주미외교위원장이었다. 만약 그대로 임시정부가 집권해 김구에게 대권이 돌아가도 수용하겠다는 의사 표시였다. 진심이었을 것이다.

그때까지만 해도 이승만과 김구는 누구보다도 가까운 동지였다. 서로를 위해 무엇이라도 양보할 수 있었다. 김구는 중국에 있을 때 임시정부 판공처장 민필호를 시켜 미국에 전보를 쳤다.

'임시정부 영수 자격으로 미군을 따라 먼저 입국하면 나는 이곳에서 임시의정원을 소집하여 주석위를 사직하는 한편 당신을 임시 대통령으로 추선하여 본국으로 통보하겠소이다.'

그 직후 이승만은 한민당 사람들을 만나 이렇게 말했다.

"김구 씨를 절대로 지지한다. 우리는 김구 씨를 중심으로 정부를 조직하지 않으면 안 되겠다."

이랬던 두 사람이었다. 서로를 형님 아우님으로 불렀다. 그러나 권력은 형제의 우애마저 그대로 남겨두지 않았다.

이승만은 김구의 귀국을 기다리며 독립촉성중앙협의회(독촉) 중앙집행위원 선임을 미루고 있었다. 그리고 김구가 돌아오자 매일 그를 만나 국내 상황을 설명하며 독촉 참여를 설득했다. 그러나 김구와 임시정부 요인들은 이승만이 주도하는 단체에 들어갈 경우 임시정부가 정치단체 중 하나로 격하될 것을 우려해 거절했다. 그리고 독자적인 집권 계획을 추진했다.

기다리다 지친 이승만은 임시정부 인사들을 빼고 독촉 중앙집행위원 39명을 선정했다. 당연히 우파 인사들이 더 많았다. 박헌영은 5대 5가 되어야 한다고 화를 버럭 냈지만 아무 소용 없었다. 박헌영은 공산주의자들이 건국준비위원회에 들어가 조직을 장악했듯이 독촉도 그럴 수 있을 것으로 생각했다. 그러나 이미 우파가 단단히 포진해 있는 데다가 이승만은 우유부단한 여운형과 달랐다. 박헌영에게 좋은 시절이 끝나가고 있었다.

공산당과 좌파 단체들은 독촉 중앙집행위 참여를 거부했다. 그러면서도 독촉 자체는 탈퇴하지 못했다. 이승만의 인기가 너무 높아 그와 정면 대립하기가 부담스러웠던 것이다. 예를 들어 1945년 10월, 정치 언론 문화단체 종사자들을 상대로 실시한 여론조사에서 대통령으로 응답자 978명 중 431명이 이승만을, 293명이 김구를 꼽았다. 일반 국민들의 지지율은 훨씬 더 높았을 것이다.

박헌영이 머뭇거리는 사이 이승만이 선제공격을 가했다. 이승만은 독촉 중앙집행위 첫 회의 때 "대공 협동은 심히 어렵다고 본다"고 말했다. 그리고 12월 19일 서울중앙방송국 연설을 통해 폭탄발언을 했다.

"저희들이 공산주의자가 아니요 민주주의자라 하야 민심을 현혹시키나니, 이 극렬분자들의 목적은 우리 독립국을 없이 해서 남의 노예를 만들고 저희 사욕을 채우려는 것을 누구나 볼 수 있을 것이다."

공산당과의 합작을 포기한다는 뜻이었다. 박헌영은 분노에 떨며 닷새 뒤 성명을 발표했다. 제목은 '파시스트 이승만 박사의 성명을 반박함'이었다.

박헌영은 김구로부터도 외면당했다. 김구가 귀국한 직후 허헌이 경교장을 방문해 인민공화국에 대해 설명하고 합류를 요청했다. 김구는 "앞으로 잘 생각해 보자"고만 대답했다. 허헌이 나가서 기자들에게 김구가 인민공화국 성과를 칭찬하며 전폭적인 협력을 부탁했다고 말하자 김구는 격분했다. 임시정부 선전부장 엄항섭이 다음날 허헌을 불러 강력히 항의했다. 망신만 당한 것이다. 박헌영은 성명을 통해 임시정부를 맹렬히 비난했다.

"망명정부가 일종의 임시정부인 것처럼 선전하는 것은 분열을 조장하는 행동이 아닐 수 없다."

공산당의 공식 입장이었다.

박헌영이 만만하게 보았던 미군정도 점점 위협적이 되어갔다. 미군정은 일단 일제시대 경찰관들을 계속 근무시킨 뒤 10월 21일 경무국을 창설했다. 11월 13일에는 군정청에 국방사령부를 설치해 군대 창설에 들어갔다. 미군정은 또 종업원자치위원회가 장악해 좌파 매체가 되었던 매일신보를 정간시켰다. 매일신보 한국인 주주들은 3.1운동 민족대표였던 오세창을 사장으로 추대하고 제호를 서울신문으로 바꾸었다. 그 시설을 이용해 조선일보도 복간했다. 동아일보는 조선총독부의 일본어 기관지 인쇄 시설을 이용해 복간했다. 드디어 우파도 신문을 갖게 된 것이다.

박헌영 등 공산주의자들은 해방 직후 권력 공백기를 장악한 여세를 몰아 미군정에 통치권을 내놓으라고 요구했지만, 미군정은 일본군에 총 한 발 쏴 본 적 없는 집단에게 기득권을 인정할 생각이 전혀 없었다. 미군정은 인민공화국國을 인민공화당黨으로 만들라고 요구했다. 요구를 듣지 않자 미군 방첩대가 인민공화국 중앙인민위원회의 간판을 강제로 떼냈다.

공산주의자들은 폭력혁명으로 집권 전략을 바꾸었다. 이를 위해 조직 강화에 공을 들였는데, 특히 노동단체들을 전위로 삼았다. 해방과 더불어 전국 기업마다 노동조합이 만들어졌다. 공산주의자들은 그것을 전국 규모로 통합했다. 11월 5일 서울 중앙극장에서 조선노동조합전국평의회 (전평) 결성대회를 개최했다. 대회에서 '조선 무산계급의 수령이요, 애국자'인 박헌영과 김일성, 모택동 등을 명예의장으로 추대했다. 전평은 공산당의 강력한 외곽 단체였다. 우리 민족끼리 피를 흘리는 비극이 준비되고 있었다.

제2장 공산주의냐 민주주의냐

1. 신탁통치가 뒤흔든 정국

해방의 흥분이 채 가라앉지 않은 1945년 세밑에 불길한 소식이 들려왔다. 미국, 영국, 소련 외무장관들이 모스크바에 모여 세계 각 지역 문제를 논의했는데, 한반도에 신탁통치를 하기로 결정했다는 보도가 잇달았다. 한국 시간으로 12월 28일 낮 12시에 발표된 공동성명은 한국에 임시정부를 수립하며, 이를 지원할 방안을 미소공동위원회가 작성하고, 5년 이내를 기한으로 4대 강국이 신탁통치를 실시한다는 내용이었다.

전국이 발칵 뒤집혔다. 그날 저녁부터 시민들의 항의시위가 시작됐다. 곳곳에 혈서와 전단이 나붙고, 상가는 철시했다. 다음날 미군정청의 한국인 직원들이 총사직을 결의하고 시내를 행진했고, 전국 검찰과 법원 재야 법조인들이 파업에 들어갔으며, 서울 시내 경찰서장들도 모여 신탁통치 배격을 결의했다.

좌익들도 처음에는 신탁통치에 반대했다. 조선공산당 대변인은 "5년은커녕 5개월간의 신탁통치라도 우리는 절대로 반대한다"고 말했다. 인민공화국은 신탁통치반대투쟁위원회를 구성했다. 그런데 박헌영 계열은 조심스러운 태도를 보였다. 아직 소련의 지령이 없었던 것이다. 박헌영은 소련의 뜻을 확인하기 위해 평양으로 향했다.

신탁통치반대운동은 임시정부가 중심이 되어 이끌었다. 임시정부는 각 정당 및 종교단체 대표들을 모아 신탁통치반대 국민총동원위원회를 결성했다. 총동원위원회는 지방의 군·면 단위까지 조직을 만들기로 했다.

깜짝 놀란 하지 사령관은 주요 정당 영수들을 초청해 공동성명 내용을 설명하고 '결코 조선에 해로운 제도가 아니다'라고 역설했다. 특히 한민당 수석총무 송진우를 따로 만나 임시정부를 설득해 달라고 요청했다. 이것이 비극을 불렀다.

송진우는 12월 29일 임시정부 국민총동원위원회에 참석했다. 그는 미군정과의 충돌에 반대하며, 국민운동으로 단합된 의사를 표시하면 신탁통치를 막을 수 있다고 주장했다. 신탁통치에 찬성하는 것이냐는 비난에 "찬탁이 아니라 방법을 신중히 하자는 것"이라고 해명했다. 그러나 격앙된 분위기는 누그러지지 않았다.

반탁시위 (서울역사박물관)

송진우는 다음날 새벽 자택에 침입한 한현우 등의 권총 실탄 6발을 맞고 사망했다. 일제에 맞서 수차례 옥고까지 치렀던 독립운동가가 해방된 조국의 첫 정치 테러 희생자가 된 것이다. 한현우는 단독 범행임을 주장했지만 한민당은 임시정부 측의 소행으로 의심했다.

이승만은 송진우의 암살에 큰 충격을 받았다. 감기로 누워 있던 그는 방바닥을 치면서 이성을 잃은 사람처럼 울었다. 송진우의 올곧은 성품에 대한 애석함뿐 아니라 우파의 큰 날개가 꺾였다는 좌절감 때문이었다. 이승만은 병세가 더욱 심해져 다음해 1월 중순까지 거동을 하지 못했다.

12월 31일 국민총동원위원회 주최로 대대적인 반탁시위가 벌어졌다. 그날 임시정부는 내무부장 신익희 명의로 국자國字 1호 및 2호를 선포했다.

'전국 행정청 소속의 경찰기구 및 한인 직원은 전부 본 임시정부 지휘하에 예속케 함.'

사실상 쿠데타였다.

이에 호응해 서울시내 경찰서장 8명이 사표를 냈다. 그들은 김구를 방문해 앞으로 임시정부의 지시를 받아 치안 유지에 나서겠다고 결의했다. 곳곳에 포고문이 나붙었고, 이를 보고 감격해 만세를 부르는 사람들도 있었다.

그러나 임시정부의 조치는 정세를 오판한 무리수였다. 하지는 분노해 펄펄 뛰었다. 그는 임시정부 요인들을 체포해 일본군 포로수용소에 가뒀다가 중국으로 추방하겠다고 소리를 질렀다. 그날 저녁 라디오 방송으로 이를 공표하겠다는 것을 경무부장 조병옥이 가까스로 말렸다. 사표를 낸 경찰서장들은 즉시 파면되었다.

다음날인 1946년 1월 1일 하지는 김구를 자기 집무실로 불렀다. 그리고 과격행동을 중단하라고 강력히 경고했다. 상대는 4만 병력을 지휘하는 주둔군 사령관이었다. 김구가 물러서지 않을 수 없었다. 그날 밤 임시정부 선전부장 엄항섭이 라디오 방송 연설을 대독했다.

"군정청에 근무하는 직원들은 일제히 복업하고, 또 지방에서도 파업을 중지하고 복업하기를 바란다."

이로 인해 김구는 지도력에 큰 상처를 입었다. 정국을 주도하기 위해서는 이제 이승만과 협력하지 않을 수 없었다.

평양을 방문 중인 박헌영은 모스크바에서 돌아온 로마넨코 소장으로부터 신탁통치에 찬성하라는 지시를 받았다. 박헌영은 1월 1일 서울로 돌아왔다. 이틀 뒤 서울운동장에서 서울시인민위원회가 주최하는 신탁통치반대대회가 예정되어 있었다. 그런데 시민들이 참석해 보니 찬탁 대회로 변해 있는 게 아닌가. 공산당 간부들이 잇달아 등단해 열변을 토했지만 도무지 설득이 되지 않았다. 많은 시민들이 욕설을 퍼부으

이승만 김구 하지 (대한민국역사박물관)

며 흩어졌다.

그동안 우파 지도자들을 친일파로 매도해온 공산주의자들이 하루아침에 매국노로 몰렸다. 공산주의자들은 '신탁통치 찬성'을 '3상회의 결정 지지'라는 용어로 바꾸는 등 기교를 부렸지만 국민적 분노를 가라앉힐 수 없었다. 공산당 내부에서도 '무책임한 표변적 배신'에 대한 비판이 나왔다. 그러나 조선공산당이 소련의 수족인 상황에서 어쩔 도리가 없었다.

하지 사령관은 좌우익이 모두 참여하는 자치조직을 만들려고 했다. 모스크바 3상회의에서 결정한 임시정부를 세울 중간단계였다. 소련이 만든 북한 정부에 대응책이기도 했다. 훗날 학자들이 모른 척해서 그렇지, 당시에는 북한에 정부가 들어섰다는 사실을 모두 알고 있었다. 예를 들어 1946년 2월 22일자 조선일보를 보면 임시정부 외무부장 조소앙이 기자회견에서 이렇게 말했다.

"김일성 장군이 소련 점령지역 내의 정권을 수립한 것도 그 군정과의 합작임을 알아야 한다."

하지의 자치조직 결성 요청을 받은 한민당 인사들이 부지런히 움직였다. 이승만은 흔쾌히 찬성했다. 김구도 찬성하며 김성수에게 이렇게 말했다.

"이 박사를 영수로 추대하고 나는 둘째 셋째 아무렇게 해도 좋다."

이 무렵 이승만도 임시정부가 국민총동원위원회를 조직했으니 독촉중협을 해체하자고 말해 주변을 당황하게 만든 적이 있었다. 두 사람 사이에 여전히 깊은 애정이 남아 있던 시기였다.

독촉중협과 임시정부는 2월 1일 우파 및 중도파 인사들을 총망라해 비상국민회의를 결성했다. 주요 결정권이 있는 최고정무위원 선정은 이승만과 김구에게 일임했다. 비상국민회의는 다음날부터 하지 사령관의 자문기관인 '남조선 대한국민 대표 민주의원民主議院'이 되었다.

민주의원은 의장에 이승만, 부의장에 김규식, 총리에 김구를 선출했다. 산하에 내무부 외무부 국방부 등 15개 부서가 있는 사실상의 자치정부였다. 하지는 김구에게 5만 명의 경비군 조직을 맡길 것을 약속했다. 드디어 임시정부가 꿈꾸어 온 광복이 눈앞에 와있는 듯했다.

그런데 미 국무부가 또 방해하고 나섰다. 앞으로 미소공동위원회가 수립할 임시정부에 대한 미국 정부의 기본방침을 1월 말 맥아더사령부에 하달했다.

"좌우익의 극단주의자가 아닌 강력하고 유능한 지도자들이 확실한 다수가 되도록 각별한 노력을 경주하라."

국무부는 군인들이 못 알아들은 것 같자 2월 말 다시 맥아더에게 훈령을 보냈다.

"중국 국민당으로부터 분명한 지지를 받고 있는 사실 때문에, 그리고 이승만과의 여러 해에 걸친 교섭에 따른 국무부의 만족스럽지 못한 경험 때문에, 우리는 김구와 이승만 그룹에 대하여 어떠한 호의도 보여서는 안 된다."

미 국무부는 소련과의 협조에 집착해 이승만과 김구를 미국 정책에 방해되는 세력으로 인식하고 있었던 것이다.

드디어 제1차 미소공동위원회가 1946년 3월 20일 서울에서 개막되었다. 미소공위는 임시정부 수립을 위한 협의 대상을 놓고 초반부터 진통을 겪었다. 소련은 모스크바 협정에 찬성한 정당들만 협의 대상이라고 주장하다가 지금부터라도 지지하면 협의 대상이 될 수 있다고 한 발 물러섰다.

당시 이승만은 지방 순회 강연을 하고 있었다. 영호남 어디를 가든 거리는 환영 인파로 메워지고 조그만 학교 운동장에 수만 명이 몰려들었다. 강연 장소 인근 주민들은 멀리서 찾아온 친척들을 재워 주느라 힘든 날을 보냈다. 공산주의자들이 여러 차례 암살을 시도했지만 다행히 각 지역 경찰들이 잘 막아 주었다.

이승만이 대구에 있을 때 서울 민주의원 인사들의 급한 연락을 받았다. 모스크바 협정을 지지하는 선서문에 서명하라는 데 어떻게 해야 하느냐는 질문이었다. 이승만은 명쾌하게 지침을 주었다.

'어쨌든 우리가 회의에 참가해야 의견을 진언할 것 아닌가.'

이승만은 명분에 얽매어 실리를 그르치지 않았다.

2. 정읍발언과 미군정의 좌우합작

미소공동위원회는 파행을 빚었다. 소련 대표들은 모스크바 협정을 지지한다는 서명을 신탁통치 수용 의사로 받아들일 수 없다는 이상한 소리를 했다. 그러면 처음부터 신탁통치에 찬성했던 공산주의자들로만 임시정부를 만들어야 했다. 협상을 하지 말자는 것과 다름없었다. 미소공동위원회는 1946년 5월 8일부터 무기한 휴회에 들어갔다. 사실상 이때 한반도 분단이 고착되었다.

이승만은 지방 순회를 재개했다. 첫 행선지가 전북 정읍이었다. 여기서 그 유명한 '정읍발언'이 나왔다. 이승만은 6월 3일 연설회에서 이렇게 말했다.

"통일정부를 고대하나 여의케 되지 않으니, 우리는 남방만이라도 임시정부 혹은 위원회 같은 것을 조직하야 38 이북에서 소련이 철퇴하도록 세계 공론에 호소하여야 될 것이다."

좌파 정당과 단체들은 일제히 이승만을 공격했다. 우파에서도 김구의 한독당이 단독정부 수립에 반대한다고 밝혔다. 한민당만 이승만을 옹호했다.

북한에 이미 정부가 들어섰으니 통일이 불가능하면 남한에도 정부를 세워야 한다는 생각은 이미 많은 사람들이 마음에 품고 있었다. 다만 감히 입 밖으로 꺼내지 못할 뿐이었다. 5월 12일 개최된 우파 연합 집회에서 김규식도 "38선을 그대로 두고 38 이남에서 한인만으로서 정부를 만들면 그 정부는 대구에 있든지 제주도에 있든지 통일정부다"라고 말했다고 신문들이 보도했다. 김규식은 부인했지만 무려 10만 명이 그 말을 들었다.

정읍 발언에 대한 국민들의 반응은 호의적이었다. 며칠 뒤 미군정 공보부가 실시한 여론조사에 따르면 '이승만의 단독정부 수립 발언이 통일에 미치는 영향이 긍정적이겠느냐'라는 질문에 '그렇다'는 답변이 58퍼센트, '아니다'가 28퍼센트였다. '이승만이 최고의 정치 지도자인가'라는 질문에는 무려 69퍼센트가 '그렇다'고 대답했다. 이승만은 점차 여론전에서 다른 경쟁자들을 압도하고 있었다.

이승만의 정치적 능력을 보여주는 좋은 예가 있다. 이승만과 김구는 독촉중협과 탁치반대 국민총동원위원회를 통합해 독립촉성국민회를 만들었다. 6월 10일 독립촉성국민회 대표대회에 전국에서 1,163명이 참석했다.

이승만이 먼저 연설했다. 그는 자신이 총재가 되기를 원하면 손을 들라고 말했다. 참석자들은 일제히 손을 들어 찬성했다. 이승만이 다시 물었다.

"여러분이 내 지휘를 받아서 '죽자!' 하면 다 같이 죽을 각오가 있소?"

"예"하는 대답과 함께 박수를 쳤다.

"그런 사람은 어디 손을 들어보시오."

일제히 손을 들었다. 이승만은 장내를 둘러보더니 말했다.

"한 손을 드는 걸 보니 한 절반쯤 각오가 드는 모양이야."

참석자들은 "와~"하고 웃으며 두 손을 들었다.

"옳지. 옳지. 전심전력으로 독립운동에 나서겠단 말이지."

다시 환호와 박수가 터져 나왔다. 난생처음 정치집회에 참석한 대표들 가운데에는 열광적인 분위기에 감동해 우는 사람들까지 있었다. 김구가 이어 단상에 올랐다. 그는 "이 박사를 중심으로 뭉치자. 그래서 뭉치면 이 박사 하나요, 나누어 놓으면 삼천만이 되도록 하자"고 말했다. 이승만은 총재, 김구는 부총재로 추대되었다.

한국민의 압도적인 지지를 알고 있었지만 하지는 이승만을 버릴 수밖에 없었다. 주둔군 사령관이 본국의 지시를 거부할 수는 없었다. 하지는 서울을 방문한 이승만의 측근 올리버 박사에게 이렇게 말했다.

"이 박사의 군정부에 대한 유용한 역할이 거의 끝나지 않았는가 생각한다. 나는 이 박사를 공개적으로 비난해 몰락시켜야 할지도 모른다."

미군정은 1946년 6월부터 본격적으로 좌우합작을 추진했다. 중도우파인 김규식과 중도좌파 여운형의 연합으로 미군정 입법기관을 만드는 작업이었다. 이승만은 김규식을 북돋우며 좌우합작을 응원했지만 이내 미군정의 의도를 파악했다. 하지와의 관계가 급격히 악화됐다.

이승만, 김구, 박헌영이 모두 사시 눈을 뜨고 지켜보는 가운데 좌우합작은 힘겹고 더디게 진행됐다. 그런데 박헌영에게 무시당하며 좌파 내 입지가 흔들리던 여운형이 거의 홧김에 김규식과 '합작 7원칙'에 전격 합의했다.

미군정은 그때를 놓치지 않고 '조선과도입법의원창설법안'을 공포했다. 의원 45명을 선거로 뽑고 45명을 군정장관이 임명하기로 했다. 직접선거는 아니었다. 먼저 리里와 동洞에서 대표 2명씩을 뽑고 읍면구, 시군, 도까지 4단계를 거치는 간접선거였다. 그래도 북한의 인민위원회 선거가 공산당이 지정한 후보자에 대해 흑백함을 놓고 찬반 투표를 하는 것과 비교하면 훨씬 민주적이었다.

좌우합작 과정에서 배제된 이승만은 선거에도 큰 열의가 없었다. 그는 자신의 지지 조직인 독촉국민회에 단체로서는 선거에 참여하지 않을 테니 원하면 개인적으로 출마하라고 지시했다. 그런데 막상 선거 결과는 보니 이승만의 압승으로 나타났다. 당선자 45명 가운데 이승만의 독촉국민회 소속이 17명, 한민당 14명, 한국독립당 3명, 무소속이 9명, 좌파인 인민위원회가 2명이었다. 김규식의 민중동맹은 단 한 명도 당선되지 못했다.

김규식은 거의 정신을 잃을 것처럼 화를 냈다. 그는 선거를 다시 하든지 의원 90명 전원을 좌우합작위원회에서 추천해야 한다고 주장했다.

김규식 (대한민국역사박물관)

김규식이 하도 난리를 치니까 하지 사령관은 서울과 강원도 선거를 무효화하고 재선거를 실시했다. 재선거 결과도 별 차이가 없었다. 하지는 대신 관선의원 45명 속에 김규식의 민중동맹과 여운형의 사회노동당 인사들을 대거 포함시켰다.

김규식은 좌절했고 여운형은 이제 와서 입법의원 참여를 거부했다. 그러나 두 사람이 민심을 제대로 읽었다면 선거에서 이승만을 이기기를 기대하는 게 잘못임을 알았을 것이다. 그리고 해방 직후 좌익이 득세했지만 국민 여론은 그것과 거리가 있었다. 일반 국민들은 사회주의가 무엇인지도 몰랐던 것이다. 입법의원 설립을 앞두고 미군정이 실시한 여론조사를 보면 '어느 이념을 선호하느냐'는 질문에 71퍼센트가 사회주의, 14퍼센트가 자본주의, 7퍼센트가 공산주의를 선택했다. 그러나 '당신은 어느 쪽이라고 생각하느냐'라는 질문에는 54퍼센트가 중립, 30퍼센트가 우익이었고, 좌익이라는 답은 16퍼센트에 불과했다. '사회주의를 선호한다'면서 '나는 우익'이라고 답한 것이다.

3. 피를 부른 박헌영의 신전술

조선공산당은 해방 직후 서울 소공동 근택빌딩에 입주했다. 일제 강점기 조선은행권을 찍던 인쇄소가 있는 건물이었다. 박헌영의 비서였던 박갑동은 활동비에 허덕이던 조선공산당이 그 사실을 알고 들어갔다고 말했다. 박헌영은 인쇄소를 접수해 조선정판사로 이름을 바꿨다.

공산당원인 인쇄소 직원이 일제가 철수할 때 훔쳐 보관해온 지폐 원판을 제출했다. 박헌영은 기뻐하며 정판사 사장 박낙종에게 위조지폐를 만들도록 지시했다. 드디어 돈이 찍혀 나오던 날 박헌영은 고급 술집에서 축하연을 열었다. 그는 돈다발을 흔들면서 "권력은 총구가 아닌 돈에서 나온다"고 호기를 부렸다고 한다.

그런데 술은 고위 간부들만 마시는 게 아니었다. 인쇄소 직원들도 손에 기름때가 묻은 채 요정을 드나들며 빳빳한 신권으로 술값을 냈다. 이상히 여긴 마담이 정보과 형사에게 제보하면서 수사가 시작됐다. 1946

년 5월 8일 미군과 경찰이 정판사를 압수수색해 사건의 전모를 밝혀냈다. 이를 계기로 미군정은 조선공산당을 불법화했다.

박헌영은 6월 말 비밀리에 평양으로 갔다. 위조지폐 사건 대책을 논의하기 위해서였다. 박헌영은 억울하다고 하소연했지만, 북한 공산주의자들은 겉으로는 동조하는 척하며 그를 의심했다고 한다.

박헌영은 애가 타들어 갔다. 자신의 권력 기반은 미군정과 경쟁자들에 의해 허물어져 가는데, 북한에서 김일성의 권력은 갈수록 공고해졌다. 박헌영은 소련 KGB 극동지부로 편지를 보내 김일성이 독단적이며 무능하다고 고발했다. 참견하기 좋아하는 스탈린이 두 사람을 모두 불렀다. 모스크바로 떠나기 전 소련군 장교들은 김일성을 철저히 교육시켰다. 스탈린이 무엇을 물어볼지 어떻게 대답해야 하는지 꼼꼼하게 가르쳤다.

1947년 7월, 김일성과 박헌영을 만난 스탈린은 주로 한반도 정세에 대해 질문했다. 스탈린의 통역관에 따르면 김일성은 아첨하는 어조로 대답했으며 스탈린의 말에 모두 동의했다. 스탈린은 기분 좋은 표정이었다.

스탈린은 박헌영에게 남한의 좌익 정당들이 통합할 필요가 있다고 말했다. 박헌영이 "가능하기는 하지만 인민들과 상의해 보아야 한다"고 대답했다. 그러자 스탈린은 무심결에 "인민이라니? 인민이야 땅을 가는 사람들 아니오. 결정은 우리가 해야지"라고 말했다. 대숙청을 경험했던 소련의 고위 관료들은 이를 보고 박헌영이 당장 시베리아 수용소로 끌려가지는 않더라도 어떤 최후를 맞을지 예상했을 것이다. 이날 면접으로 한국 공산당의 지배자가 결정되었다.

박헌영은 서울로 돌아갔다가 며칠 뒤 평양을 다시 방문했다. 그는 '신전술'을 들고 가 북한 공산주의자들에게 설명했다. 군중의 힘으로 미군정을 제압하겠다는 주장이었다. 김일성은 미군정의 탄압을 부를 것이라며 마뜩지 않다는 반응을 보였다.

신전술에 따라 조선공산당은 남한 내 파괴 활동을 강화했다. 이것은 다시 미군정의 강경 조치를 불렀다. 좌파 신문들이 줄줄이 폐간되고, 박헌영 등 공산당 간부들에 대한 체포령이 내려졌다.

전국노동조합평의회(전평)가 1946년 9월 23일 총파업에 들어갔다. 부산을 시작으로 전국의 철도가 마비되었다. 출판노조가 파업해 며칠 동안 신문 발행이 중단됐고 우편국, 전화국, 전력회사 등도 파업을 했다. 북한 주둔 소련군 슈티코프 중장은 세세한 파업 지침과 함께 투쟁자금 500만 엔을 내려보냈다. 소련 붕괴 후 밝혀진 사실이다.

전평과 대립하던 대한독립노동총연맹(대한노총)은 갑작스러운 사태에 당황했다. 대한노총은 이승만을 위원장으로 추대해 대책 마련에 나섰다. 경찰력만으로 파업사태 수습이 안 되자 우파 청년단체들이 나섰다. 대한민주청년동맹 김두한이 선두에 섰다.

종로패 두목이던 김두한은 해방 직후 여운형의 건준 감찰대에 들어갔다 박헌영의 영입으로 조선청년전위대 총대장이 되었다. 공산당의 붉은 주먹 역할을 하던 김두한은 자신의 아버지 김좌진이 공산주의자들에게 암살당했다는 사실을 알고 우파로 전향했다.

전평은 철도경찰청 무기고를 점령해 기관총 등 수백 정의 총기로 무장했다. 김두한과 부하들이 농성장인 서울 용산역에 접근하자 총알이 날아왔다. 김두한은 용산역 주변에 휘발유 통을 둘러놓고 불을 붙이겠다고 위협했다. 그리고 결사대를 이끌고 건물 안으로 뛰어 들어갔다. 공포에 질린 파업 가담자들은 더이상 저항하지 못했다. 전평 지도부가 체포되자 근로자들이 다음날 업무에 복귀했다. 사태가 마무리된 뒤 이승만은 대한노총 위원장직을 사임했다.

서울에서 파업이 끝나갈 무렵 대구에서는 대규모 폭동이 일어났다. 영세 공장들이 밀집해 있던 대구는 좌익 세력이 강해 '동방의 모스크바'로 불렸다. 조선공산당은 이곳을 폭력혁명의 진원지로 선택했다.

여기에는 또 다른 이유도 있었다. 1945년 9월부터 남한에 콜레라가 번졌다. 특히 대구 지역이 심해 미군정이 차량 진입을 제한했고 이것이 식량 부족을 야기했다. 더구나 총파업으로 열차 운행이 중단되면서 식량난이 가중돼 민심이 흉흉해졌다. 조선공산당은 그 틈을 노려 서울에서 훈련시킨 선동대원들을 대구로 침투시켰다.

10월 1일 아침에 누군가 대구시청에서 쌀을 배급한다는 소문을 퍼뜨렸다. 가정주부들이 자루를 들고 몰려들었는데 시 공무원이 헛소문이라고 해명하자 시위가 벌어졌다. 오후 들어 파업 노동자와 학생들이 가세하면서 시위가 시내 전역으로 확산됐다. 저녁 7시 대구역 전평 사

대구폭동 (대한민국역사박물관)

무실 앞에서 시위대가 경찰에게 돌을 던지자 경찰이 발포했고 시위대는 흩어졌다.

다음날 시위가 다시 시작됐는데, 흰 가운을 입은 대구의대 학생들이 전날 경찰 총에 죽은 사람이라며 들것에 싣고 나와 시위대를 선동했다. 사실은 콜레라로 죽은 행려병자 시체로 시민들을 속인 것이다. 시위는 폭동으로 변했다.

시위대는 경찰서를 점령해 무장하고 경찰관들을 죽인 뒤 집으로 몰려가 가족들까지 공격했다. 미군정이 대구 일원에 계엄령을 선포했지만 폭동은 인근 시군과 경남을 넘어 전남으로까지 번져나갔다. 미군과 국방경비대, 경찰, 우익 청년단체 등을 총동원한 끝에 40여일 만에 겨우 폭동을 진압할 수 있었다.

대구폭동으로 경찰관 38명과 공무원 163명, 민간인 73명이 목숨을 잃었다. 인명피해도 많았지만 살해 수법이 상상을 초월할 정도로 잔인했다. 미군은 이를 한국인의 야만성 때문이라고 기록했다. 그러나 한국인의 문제가 아니었다. 공산주의자들에게 우파 인사는 사람이 아니라 역사의 진보를 막는 장애물일 뿐이었다. 해체해 제거하는 게 옳았다. 그리고 공산당에 반대하면 어떻게 되는지 끔찍한 모습을 보여주어 대중에게 저항할 용기를 빼앗으려 했다. 이런 테러 수법은 그 후 여러 공산봉기에서 반복되었다.

대구폭동이 실패한 뒤 대대적인 검거 선풍이 일었다. 공산주의자들은 월북하거나 태백산과 오대산에 들어가 빨치산이 되었다. 그리고 적지 않은 수가 국군에 침투했다. 당시 미군정이 국방경비대 신병을 모집할 때 신상조사와 사상검증을 하지 않았기 때문이다. 이것이 나중에 더 큰 참극의 원인이 되었다.

4. 가능한 지역에서 선거를 실시한다

하지 중장은 어떤 명령이라도 그대로 수행하는 고지식한 군인이었다. 미국 정부가 이승만, 김구를 배제하고 좌우합작을 추진하라고 지시하자, 하지는 이승만 고립 작전에 들어갔다. 우편물을 검열하고, 정치자금을 봉쇄하고, 사람들이 이승만 집에 출입하는 것까지 통제했다. 하지에게 아무리 항의해 봐야 소용없었다. 이승만에게 돌파구가 필요했다.

이승만은 1946년 11월 유엔 총회에 참석하기 위해 미국을 방문하겠다고 발표했다. 조소앙, 신익희 등 70여개 정당 사회단체 대표들이 그를 한민족 대표로 인준해 줬다. 그리고 이승만의 방미 비용을 마련하기 위해 거국적인 모금 운동을 벌였다.

이승만은 이전부터 유엔을 중요시해 한국의 독립을 위한 외교활동을 지속해 왔다. 1946년 10월 뉴욕에서 유엔 총회가 개막되자 임영신을 파견했다. 임영신은 미국에서 사업으로 성공한 오빠 임일의 재정 지원을 받았다. 이때부터 1948년 건국 때까지 임영신이 사용한 비용이 무려 38만 달러였다. 훗날 그 사실을 보고받은 이승만은 “나라 위해 쓴 돈을 나더러 갚으란 말인가? 허허~” 하고는 모른 척 넘어갔다. 임영신의 적극적인 노력으로 필리핀 등 여러 신생국들이 아직 태어나지도 않은 나라 한국의 목소리에 귀를 기울여 주었다. 유엔을 통한 한국의 독립이 아무 준비 없이 이루어진 게 아니었다.

이승만은 12월 4일 비바람이 몰아치는 김포비행장을 출발했다. 미국에서의 활동도 녹록치 않았다. 미 국무부는 기다렸다는 듯 이승만이 유엔 총회에 참석할 자격이 없다고 발표했다. 트루먼 대통령에게 회견을 요청했지만 이루어지지 않았다. 마셜 신임 국무장관과의 만남도 거절당했다.

그래도 이승만은 굴하지 않았다. 현지 언론을 통해 미국인들에게 한국의 실상을 알렸다. 이승만이 가장 잘하는 방식이었다. 이는 뜻밖의 소득도 있었다. 외신을 통해 전해지는 이승만의 방미 활동에 한국인들은 경외심을 보이며 환호했다.

하지는 이마저도 방해하려 했다. 이승만의 1947년 신년사를 신문에 게재하지 못하게 했다. 특히 신년사 내용 중 '트루먼 대통령도 한국 문제를 심각하게 고려해 어떤 조치가 취해져야 한다고 생각하고 있다'는 부분을 국민 기만이라고 매도했다. 그러나 하지가 틀렸고 이승만이 옳았다. 이승만은 미국 총선에서 공화당이 다수당이 되었기 때문에 대소 정책 나아가 대한 정책도 달라질 것으로 예상했다.

트루먼 대통령은 1947년 3월 12일 의회 교서에서 공산주의의 위협에 놓인 그리스와 터키에 원조를 제공하겠다고 밝혔다. 그리고 전체주의를 거부하는 나라들을 미국이 군사적 경제적으로 돕겠다고 선언했다. 이것이 트루먼 독트린이다. 한국도 당연히 지원 대상이었다. 국제 정보에 어두운 많은 한국인들은 이승만이 트루먼 독트린에 기여한 것으로 믿었다. 전국은 또다시 이승만 열풍으로 일렁였다.

당황한 하지는 이승만의 귀국을 막으려 했다. 미 국무부도 합세했다. 그러나 이번에도 맥아더가 이승만을 도왔다. 이승만은 도쿄에서 맥아더를 만나고, 중국으로 가 장개석과 회담한 뒤, 이청천 광복군 총사령과 함께 중국군 군용기를 타고 개선장군처럼 4월 21일 귀국했다.

이제 한시름 덜었나 생각했는데 그게 아니었다. 하지 사령관과 마셜 국무장관의 노력으로 미소공동위원회가 재개되었던 것이다.

미국이 미소공동위원회에 목을 맨 이유가 있었다. 한반도가 미국에 그리 큰 가치가 없었기 때문이다. 그즈음 미 국무부와 육군부의 '한국 문제합동위원회'가 보고서를 작성했다. 이 보고서는 한국이 미국에 경제적인 중요성이 없다고 밝혔다. 전략적으로도 미국이 한국에 군대를 주둔시킬 이익이 거의 없으며, 다만 적대국이 한반도에 공군기지를 설치할 경우 미국의 수송로를 위협할 수 있다고 지적했다. 따라서 한반도를 중립지대로 만드는 것이 미국의 이익에 가장 부합한다고 결론지었다. 미국은 한국을 소련에 넘길 생각이 없었지만, 한국을 지키기 위해 미국민의 피를 흘릴 생각은 더더욱 없었던 것이다.

1947년 5월 21일에 재개된 미소공동위원회는 세 개의 분과위원회를 구성하는 등 예상외로 순항했다. 정치권은 동요하기 시작했다. 미소공동위원회에 참가하지 않았다가 향후 권력 배분에서 제외될 것이 두려웠기 때문이었다.

반탁운동을 주도해온 이승만과 김구는 점점 고립되었다. 김구의 한독당은 셋으로 쪼개졌다. 한민당과 연합해온 이승만도 타격을 피할 수 없었다. 전국학생총연맹 의장인 서울대생 박용만은 6월 어느 날 이승만 집에 들렀다 놀라운 장면을 목격했다. 이승만이 김성수, 장덕수 등 한민당 지도부에게 고래고래 소리를 지르고 있었다. 박용만을 본 이승만은 방으로 데리고 들어가 두 손을 잡은 채 벌벌 떨며 눈물을 쏟았다. 이승만이 생각할 때 이제 한국은 소련의 술책에 넘어가 공산화될 수밖에 없었다.

이승만과 김구의 반대에도 불구하고 남한에서 425개, 북한에서 38개 단체가 미소공동위원회 협의 대상이 되기를 신청했다. 국민들은 이제 곧 모스크바협정에 따른 임시정부가 세워질 것으로 생각했다.

그러나 달라진 것은 아무것도 없었다. 7월 2일 평양회의 때부터 문제가 발생했다. 소련 측이 또 반탁투쟁독립위원회 소속 단체들은 협의 대상에서 제외하자고 주장했다. 한민당 등 우파 주요 정당들을 빼겠다는 소리였다. 그때부터 미소공동위원회는 아무 희망 없는 입씨름장으로 바뀌었다. 그래도 10월 말까지 회의가 계속된 것은 남한 좌익에 대한 미군정의 단속을 약화시키려는 소련군 스티코프의 계산 때문이었다.

미소공동위원회의 타결 가능성이 사라지자 미국 정부는 한국에 임시정부를 세울 마지막 방법은 유엔 상정뿐이라고 결론 내렸다. 소련이 모스크바협정 위반이라며 강력히 반발했지만, 1947년 11월 14일 유엔총회는 '한반도에서 총선거를 실시해 정부를 수립하며 이를 감시할 유엔한국임시위원단을 파견한다'는 결의안을 의결했다. 위원단은 중국, 인도, 프랑스, 호주, 필리핀, 시리아 등 10개 국 대표들로 구성됐다.

유엔의 총선거 실시 결의로 국내 좌우합작 세력이 난처해졌다. 한민당은 다시 이승만 쪽으로 재빨리 움직였다. 한민당은 이승만의 독촉국민회와 함께 서울운동장에서 '유엔 결정 감사 및 총선거 촉진 국민대회'를 열었다.

당시 국민들도 소련이 유엔 감시 총선거를 거부할 가능성이 높다는 걸 알았다. 그러면 어떻게 해야 하는지를 놓고 진영별로 의견이 갈렸다. 김구는 11월 30일 "그것은 남한의 단독정부와 같이 보일 것이나, 좀 더 명백히 규정하자면 그것도 법리상으로나 국제관계상으로 보아 통일정부일 것이요 단독정부는 아닐 것이다"라고 말했다. 12월 1일에는 자신의 조직인 국민의회 임시대회에 참석해 조속히 남한에서 총선거를 실시하자는 이승만의 주장과 자신의 주장이 조금도 다르지 않다고 연설했다. 그랬던 김구의 정치적 노선이 흔들리면서 본인과 민족의 비극을 불렀다.

유엔한국임시위원단은 1948년 1월 8일 서울에 도착했다. 이들의 마음을 얻기 위해 우파 정당들은 눈물겨운 노력을 기울였다. 김포비행장에서 숙소까지 25만 명의 환영 인파가 나와 매서운 추위 속에 태극기를 흔들었다. 위원단은 북한 주둔 소련군 사령관에게 입북 허가를 요청했지만 아무 반응이 없었다. 대신 유엔주재 소련 대표가 유엔 사무총장에게 편지를 보내 이를 거부했다.

유엔한국임시위원단 안에서 격렬한 논쟁이 벌어졌다. 한반도 전체가 불가능하면 남한에서라도 총선거를 실시하는 게 유엔 결의안의 취지에 맞는지를 놓고 각국 대표들은 자국의 입장을 대변해 싸웠다. 결국 메논 의장이 뉴욕에 돌아가 유엔 총회의 의견을 구하기로 했다.

메논은 인도 외교관으로 옥스퍼드에서 공부한 사회주의자였다. 인도의 집권 국민회의도 비동맹 외교를 지향해 미국과 거리를 두었다. 누가 봐도 미국이나 이승만의 편을 들 사람이 아니었다. 그런데 메논이 한국에서 만난 시인 모윤숙을 연모하게 되었다. 이승만의 강력한 지지자였던 모윤숙은 메논의 판단에 많은 영향을 미쳤다.

메논은 유엔 소총회에 출석해 이렇게 보고했다.

"유엔은 빈손으로 한국을 떠날 수 없다. 남한에 수립될 수 있는 별개 정부가 총회 결의에 규정된 바와 같은 중앙정부일 수 있다고 생각하는 데 보다 의견이 일치한다."

그리고 이렇게 덧붙였다.

"이승만 박사의 이름은 남한에서 마술적 위력을 갖는다. 네루가 인도의 국민적 지도자인 것과 같은 의미에서 그는 한국의 국민적 지도자가 될 수 있을 것이다."

공산 진영이 들으면 기가 막힐 내용이었다.

메논의 설득 결과 1948년 2월 26일 유엔 소총회는 '한국임시위원단이 접근할 수 있는 지역에서 한국의 중앙정부를 수립하는 선거를 실시한다'는 결의안을 찬성 31, 반대 2, 기권 11로 의결했다. 이로써 대한민국이 건국으로 가는 큰 고비를 넘겼다.

그런데 한국에서는 우파 지도자인 김구와 김규식이 남한 단독정부에 반대하며 남북한 지도자회담을 제의해 파란이 일었다.

5. 김구는 왜 평양으로 갔는가

한민당 정치부장 장덕수가 암살됐다. 1947년 12월 2일이었다. 경찰관이 집으로 찾아와 문을 열어 주었더니 M1 소총을 쏘고 달아났다. 미군정과 경찰은 사흘 만에 범인들을 붙잡았다. 모두 김구 지지자들이었다. 한독당 중앙위원인 김석황도 공범으로 체포됐다.

경찰은 김구를 배후인물로 의심했다. 김석황이 재판에서 "김구의 지시로 살해했다"고 증언하기도 했다. 결국 김구는 법정에 증인으로 출석해 검사의 혹독한 신문을 받아야 했다. 다급해진 김구는 이승만에게 도움을 청했다. 그러나 이미 하지 사령관과 원수가 된 이승만이 무슨 힘이 있겠는가. 이승만은 '김 주석이 고의로 이런 일에 관련되었으리라고는 믿을 수 없다'는 담화문을 발표했지만, 김구의 섭섭함을 달래지는 못했다. 이 사건이 김구가 남한 단독정부 반대로 돌아선 결정적 계기였다는 주장이 있다.

또 다른 주장도 있다. 임시정부 주프랑스 외교위원이던 서영해와 남파 간첩 성시백의 설득 때문이었다는 것이다. 서영해는 김구에게 이렇게 말했다.

"남북한을 통틀어 총선거를 하면 선생님이 대통령이 되실 텐데 무엇 하러 이 박사가 주도하는 남한만의 선거에 참가하려 하십니까? 김일성도 선생님을 대통령으로 모시려고 만반의 준비를 갖추고 있습니다."

그리고 성시백이 김구를 회유한 사실은 1997년 5월 26일자 북한 노동신문이 특집기사로 보도했다. '민족의 령수를 받들어 용감하게 싸운 통일혁명렬사'라는 제목의 기사는 성시백이 김일성의 지시로 김구의 북한행을 성사시켰다고 썼다.

김구는 먼 옛날 안창호에게 임시정부 경비원을 시켜 달라고 했던 사람이다. 해방 전후에 우리 민족 초대 대통령은 이승만이 되어야 한다고 누누이 말해온 사람이다. 그가 대통령이 될 욕심 때문에 단독선거를 반대한 것은 아닐 것이다. 다만 김일성도 김구 자신이 나서면 양보하겠다는데 통일의 길을 외면해서는 안 될 것이라 생각했을 가능성이 크다.

김구도 김일성의 의도를 전부 믿은 것은 아니었다. 김구와 김규식은 1948년 2월 16일 김일성과 김두봉에게 남북지도자회담을 제의하는 편지를 보냈다. 그리고 사흘 뒤 하지를 만난 자리에서 남북회담에 실패하면 자기들도 공개적으로 남한의 선거를 지지하겠다고 약속했다. 그 약속은 지켜지지 않았다.

김일성은 편지를 받고 한 달 넘게 시간을 끌다 3월 25일 라디오 뉴스를 통해 남북 제정당 사회단체 대표자 연석회의를 개최한다고 발표했다. 김구와 김규식에게는 이틀 뒤 답장이 전해졌다. 편지에서 김일성은 해방 이후 두 사람의 행적에 대해 꾸짖었다. 김구는 기가 막혔을 것이다. 독립운동의 업적이나 경륜으로 보아도 있을 수 없는 결례였다.

이 모든 과정은 김구의 기를 죽이려는 소련군 슈티코프의 지시에 의한 것이었다. 남북연석회의 내내 연설 한 마디 결의문 한 줄도 그의 승인 없이는 나가지 못했다고 한다. 우리 민족의 손으로 민족의 운명을 개척한다는 의도는 소련군 정치장교들에 의해 우롱당하고 있었다.

남북연석회의는 4월 19일 평양에서 개최됐다. 김구는 경교장으로 몰려온 수많은 방북 반대 시위대를 피해 뒷담을 넘어 출발해야 했다. 행사는 나흘 일정으로 진행됐다. 가장 중요한 둘째 날 회의에서 남북한의 정치정세에 대한 토론이 진행됐다. 북한의 토론이라는 것은 미리 정해진 토론자들이 나와 10분씩 원고를 낭독하는 것이었다. 남한 측 대표들은 고개를 갸우뚱했지만 이의를 제기할 수 있는 상황이 아니었다.

김규식은 아예 회의에 참석하지 않았고, 김구는 인사말은 해야 하지 않겠느냐는 제의를 받고 회의장에 들러 짧은 축사를 했다.

"현하에 있어서만 단선 단정을 반대할 뿐만 아니라 어느 시기 어느 지역에 있어서도 우리는 이것을 철저히 방지하지 않으면 아니 될 것입니다."

북한의 단독정부에도 반대한다는 뜻이었다. 김구의 연설에 박수를 치는 사람이 거의 없었다. 김구는 축사를 마치자 곧바로 퇴장했다.

넷째 날 회의에서 「전조선 정치정세에 관한 결정서」를 만장일치로 채택했다. '소련군이 북조선 인민들에게 광범한 창발적 자유를 준 결과 우리 조국이 민주주의적 자주독립국가로 발전될 모든 토대를 공고히 함에 거대한 성과를 거두고 있음을 인정한다'는 내용이었다. 우려했던 대로 김구와 김규식이 북한 공산주의 선전에 이용당한 것이다.

슈티코프는 회의 결과에 만족했다. 그래서 처음에는 반대했던 4김 회담을 허락했다. 김구가 유일하게 기대를 걸었던 회담이었다. 그러나 4월 30일 김구, 김규식, 김일성, 김두봉 네 사람이 만났지만 아무것도 얻지 못했다.

김구와 김규식은 서울로 돌아와 공동성명을 발표했다. 두 사람은 남북연석회의가 성공적이었다고 주장했다.

"우리는 앞으로 여하한 험악한 정세에 빠지더라도 동족상잔에 빠지지 아니할 것을 확언한다."

"북조선 당국자는 단전도 하지 아니하며 저수지도 원활히 개방할 것을 쾌락하였다."

물론 그 중 단 하나도 지켜지지 않았다.

김구는 이후로도 남한 단독정부 반대 운동을 계속했다. 엇나간 정치 노선을 되돌리지 못하고 거의 자포자기했다는 게 더 정확한 표현일 것이다. 이는 1948년 7월 유어만 주한 중국 총영사와 나눈 대화록에도 잘 나타나 있다. 이승만과 협력해 달라는 장개석 총통의 부탁을 전달받고 김구는 이렇게 말했다.

"공산주의자들이 앞으로 북한군의 확장을 3년간 중단한다고 하더라도, 그 사이 남한에서 무슨 노력을 하더라도 공산군의 현재 수준에 맞서는 군대를 건설하기란 불가능합니다. 러시아 사람들은 비난을 받지 않고 아주 손쉽게 그것을 남진하는 데 써먹을 것이고, 단시간에 여기서 정부가 수립될 것이며, 인민공화국이 선포될 것입니다."

유어만 총영사는 그동안 후원했던 김구의 변한 모습에 화가 났던지 대화록을 이승만에게 전달했다. 이 문서는 훗날 이화장의 유품을 정리하면서 발견되었다. 대화록을 공개해 김구에게 정치적 타격을 입힐 수도 있었지만, 이승만은 그렇게 하지 않았다. 그가 형제처럼 여겼던 박용만에 이어 김구마저 잃고 싶지 않았으리라. 그리고 김구의 반대에도 불구하고 한민족 최초의 자유선거 준비는 꿋꿋하게 진행되었다.

6. 목숨을 걸고 투표하다

하지 사령관은 1948년 5월 10일 총선거를 실시하겠다고 발표했다. 이 소식이 전해지자 38선을 넘어오는 북한 주민들의 수가 하루 1천 명 수준으로 급증했다. 이제 남한이 안전한 땅이 될 것으로 확신했던 것이다.

2년 전, 입법의원 선거 때와 달리 북한 주민들을 위한 특별선거구가 없어졌다. 수만 명의 월남인사들이 모여 이에 항의하는 재남한 이북인 대회를 열었다. 여기서 김구가 야유를 받아 연설을 중단하는 일이 벌어졌다. 김구의 무너진 정치적 입지를 상징적으로 보여주는 사건이었다.

남로당은 총선거를 저지하려 폭력투쟁을 벌였다. 이른바 '2.7 구국투쟁'이었다. 공장 기계를 세우고, 교통을 막고, 곳곳에서 경찰서를 공격했다. 남로당은 투쟁 사흘 만에 57명이 죽고 146명이 중경상을 입었다고 밝혔다.

그래도 선거 절차는 차근차근 진행됐다. 유권자의 96퍼센트인 784만 명이 선거인 등록을 했다. 미군정과 경찰·우익단체의 권유 활동이 있었지만, 무섭기는 남로당 테러가 더 무서웠다. 투표 참가에 자신의 안전을 걸어야 할 상황이었다. 국민의 건국 열망이 공포보다 강했던 것이다.

정당 공천제는 없었고, 200명 이상의 유권자가 추천하면 입후보할 수 있었다. 그 결과 우파 후보들이 난립했다. 단독 선거에 반대하던 인사들도 막상 선거가 실시되자 대거 출마했다. 김규식은 지지자들에게 선거 출마를 권유했고, 김구의 한독당 인사들도 상당수 당의 방침을 어기고 선거에 나왔다. 전국 평균 경쟁률이 4.7대 1이었다.

선거 결과 이승만의 대한독립촉성국민회가 55명, 한민당이 29명, 이청천의 대동청년단이 12명, 이범석의 조선민족청년단이 6명, 대한독립촉성농민총연맹이 2명의 당선자를 냈다. 나머지 85명은 무소속이었다. 한민당의 참패로 받아들여졌다. 윤보선 등 주요 간부들도 낙선했다.

그러나 한민당의 주류 위치가 흔들린 것은 아니었다. 한민당 공천에서 떨어지거나 당의 낮은 인기 때문에 무소속으로 출마해 당선된 사람들도 있었다. 미군정 정보보고서는 한민당이 76석을 얻어 제1당이 된 것으로 추산했다.

이제 이 국회의원들이 헌법을 만들고 나라를 세울 차례였다. 이승만은 정당사회단체 대표자 회의를 열어 중앙정부 수립 추진위원회를 결성했다.

공산주의자들도 가만히 있지 않았다. 총선에 대한 보복으로 북한이 5월 14일 갑자기 대남 송전을 중단했다. 남한은 암흑천지가 되었다.

남로당은 선거 기간 내내 테러를 자행했다. 전국에서 후보자를 살해하고, 경찰서와 선거등록사무소를 습격하고, 전신주를 뽑고, 불을 질렀다. 선거를 막는 데는 실패했지만, 제주도에서 대규모 유혈사태가 일어났다.

해방 전 제주도에는 일본군 7만 명이 주둔하고 있었다. 그때는 좌파나 우파 모두 저항은커녕 고개도 제대로 들지 못했다. 일본군이 철수하고 미군 진주가 늦어지자 좌파가 권력의 공백을 차지했다. 그들은 인민위원회를 구성해 자치정부 역할을 했다. 그러나 미군정은 이를 인정하지 않고 행정기구를 복원했다. 손에 쥐었던 권력을 빼앗긴 좌파는 절치부심했다.

1947년 3.1절 기념행사 때 우발적인 사건으로 경찰과 시위대가 충돌했다. 이를 계기로 좌파가 주도하는 파업이 확산됐는데, 조병옥 미군정 경무부장이 제주로 와 강력히 진압했다. 제주에는 폭풍 전야 같은 긴장감이 돌았다.

1948년 4월 3일 새벽, 남로당 제주도위원회가 한라산에 봉화를 올렸다. 무장 반란의 신호였다. 빨치산들은 온갖 무기를 들고 파출소를 공격해 경찰관들을 잔인하게 살해했다. 그리고 경찰과 우익단체 간부들의 집을 습격했다. 남자들이 도망가면 그 아내와 딸에게 만행을 저지르거나 끔찍한 수법으로 죽였다.

제주 4.3을 '통일 조국과 친일 청산을 위한 항쟁'이었다고 주장하는 사람들도 있다. 그러나 남로당 제주총책 김달삼은 일본 육군 예비사관학교에 지원해 소위로 복무하다 해방 후 귀환한 사람이었다. 반면에 빨치산이 공격한 우익단체 가운데 대동청년단은 이청천 광복군 총사령이, 조선민족청년단은 이범석 광복군 2지대장이 만들었다. 누가 누구보고 친일파라고 하는지 혼란스러울 수밖에 없다.

미군정은 경찰과 국방경비대를 급파했다. 그것으로 부족하자 서북청년단원들도 투입했다. 토벌 과정에서 끔찍한 보복행위들이 벌어졌다. 그리고 빨치산의 활동 토대를 없애기 위해 중산간 마을들을 불태우고 주민들을 해안으로 소개시켰다. 제주도민들이 큰 희생을 치렀다. 당시 인구의 10퍼센트인 3만 명이 목숨을 잃었다. 이 사건은 오래도록 큰 상처와 후유증을 남겼다.

7. 자유의 나라

1948년 5월 31일, 제1대 국회가 개원했다. 아직 헌법도 정부도 나라의 이름조차 없었다. 이제부터 하나씩 만들어가야 했다. 국회는 이승만 의장과 신익희, 김동원 부의장을 선출한 뒤 곧바로 헌법기초위원회를 구성했다.

이승만 국회의장은 헌법 제정을 서두르라고 채근했다. 9월에 열리는 유엔 총회에서 정부 승인을 받으려면 8월까지는 건국을 마쳐야 했기 때문이다. 국내 유일의 헌법학자인 유진오 교수를 중심으로 밤을 새워 가며 단 3주 만에 헌법안을 완성했다. 이것은 신익희의 행정연구회가 미리 초안을 만들어 놓았기 때문에 가능했다.

신익희는 1945년 임시정부 2진으로 귀국한 직후 총독부의 조선인 관리들을 모았다. 그리고 앞으로 독립운동가들이 나라를 이끌 수 있도록 입법·사법·행정 각 분야의 시책을 만들어 달라고 요청했다. 신익희는 그들에게 "해방된 조국에 헌신 노력하여 건국의 기초와 공로를 세움으로써 지난날의 약간의 과오는 속죄되는 것"이라고 말했다.

헌법안 심의 과정에서 먼저 국호를 놓고 격론이 붙었다. 이청천 의원 등은 임시정부를 계승한 대한민국을, 한민당은 고려공화국을 고집했다. 기명투표 끝에 새 나라는 대한민국이 되었다.

한민당은 내각책임제를 원했다. 비록 이승만 같은 대중 스타는 없지만 지역 유지들의 결사체인 만큼 국회는 얼마든지 장악할 수 있을 것으로 계산했다. 그러나 이승만은 한민당에게 권력을 넘기고 허수아비가 될 생각이 전혀 없었다. 그리고 그가 꿈꾸는 새로운 나라의 모델은 자유와 번영을 구가하는 미국이었다.

이승만이 대통령제로 바꾸라고 몇 번이나 압박했지만 한민당은 요지부동이었다. 이승만은 승부를 걸었다. 그는 신익희 부의장을 대동하고 헌법기초위원회 회의장에 나타났다. 그리고 "만일 이 초안이 헌법으로 채택된다면 나는 어떠한 지위에도 취임하지 않고 민간으로 남아서 국민운동이나 하겠소"라고 선언하고 나가 버렸다.

신익희 (대한민국역사박물관)

놀란 한민당은 긴급회의를 열

었다. 이승만을 비난했지만 그를 빼고 한민당만으로 정부를 세울 자신이 없었다. 결국 타협해야 했다. 내각책임제와 대통령제를 어정쩡하게 절충했다.

헌법안이 국회로 넘겨진 뒤 본회의에서 끝없는 논쟁이 계속되었다. 이래서 언제 정부가 수립될지 모를 상황이었다. 이승만은 7월 5일부터 직접 의사봉을 잡았다. 그리고 모진 소리까지 해가며 일사천리로 회의를 강행했다. 7월 12일 '국방군'을 '국군'으로 고치는 것을 끝으로 심의를 모두 마쳤다. 그리하여 7월 17일 중앙청 국회의사당에서 헌법 공포식을 열었다.

"제1조 대한민국은 민주공화국이다."

"제2조 대한민국의 주권은 국민에게 있고 모든 권력은 국민으로부터 나온다."

그 이후 변치 않는 대한민국의 근본 이념이었다.

이제 정부를 구성할 차례였다. 7월 20일 국회에서 대통령 선거가 실시됐다. 이승만이 196명 투표에 180표를 얻어 당선됐다. 부통령 선거는 치열했다. 재투표까지 가는 접전 끝에 원로 독립운동가 이시영이 133표로 당선되었다. 차점인 김구가 62표였다. 만일 김구가 대한민국 건국에 참여했다면 만만치 않은 세력이 되었을 것이다.

이승만 대통령은 이화장에 조각본부를 설치하고 각료 인선에 들어갔다. 국무총리 임명은 국회의 승인을 받아야 했다. 7월 27일 국회에 출석한 이승만은 이윤영 의원을 국무총리로 지명했다. 조선민주당 부위원장으로 활동하다 월남한 목사였다. 모두 깜짝 놀랐다. 특히 김성수가 총리가 될 것으로 믿었던 한민당 의원들은 실망했다. 그 결과 이윤영 총리 임명 승인안은 찬성 59대 반대 132의 큰 표 차이로 부결됐다. 이승만은 안타까웠다. 대한민국 정부가 북한 주민들까지 대표한다는 상징적인 인선이라고 믿었다. 그러나 어쩔 도리가 없었다. 이승만은 광복군 출신 이범석을 총리로 새로 지명했다. 이번에는 무난히 국회 승인을 얻었다. 청산리대첩의 영웅이 이제 새 나라 총리가 된 것이다.

다음은 각부 장관들 차례였다. 이승만은 이범석 총리와 조목조목 상의하며 후보들을 골랐다. 당시 헌법에는 총리의 각료 제청권이 없었지만, 헌법의 내각책임제 요소를 존중한 것이다. 그들이 고른 장관들은 거의 다 국내외에서 독립운동을 했던 사람들이었다.

장택상 외무장관은 청구구락부사건으로 투옥, 윤치영 내무장관은 흥업구락부사건으로 투옥, 김도연 재무장관은 도쿄 2.8독립선언으로 투옥, 이인 법무장관은 조선어학회사건으로 투옥, 조봉암 농림장관은 3.1운동 및 공산주의 활동으로 투옥됐었다. 광복군 2지대장 이범석이 총리와 국방장관을 겸했고, 광복군 총사령 이청천은 무임소 장관으로 임명됐다. 그밖에 안호상 문교장관, 임영신 상공장관, 전진한 사회장관, 윤석구 체신장관 역시 독립운동가였다. 예외가 있다면 민희식 교통장관이었다. 그는 조선총독부 관료였고 미군정 때 교통부장으로 일했는데, 미군정에 대한 배려 차원에서 임명했다.

이승만 정권의 초대 내각은 김일성 정권 내각과 크게 비교된다. 김일성 정권의 주요 인사들 중에는 일제 헌병보조원, 중추원 참의, 도의원, 군수 등이 난무했다. 물론 북한은 이들이 친일파가 아니라고 주장한다. 북한은 1946년 3월 '친일파 민족반역자에 대한 규정'을 만들었다. 여기에 '현재 나쁜 행동을 하지 않는 자와 건국사업을 적극 협력하는 자에 한해서는 그 죄상을 감면할 수도 있다'는 면책 조항을 두었다. 공산주의에 협력하면 친일파가 아니라는 뜻이다. 그게 남북한 친일파를 규정하는 고무줄 잣대의 시발이었다.

이승만의 조각 내용에 한민당이 폭발했다. 그들은 국무총리는 포기하더라도 내각 중 적어도 7석은 할애받아야 한다고 요구해 왔다. 대한민국 수립 과정의 공로나 국회 내 비중으로 볼 때 최소한의 요구라고 주장했다. 그러나 이승만은 구애받지 않았다. 한민당에 재무장관 1석만을 배정한 것이다. 이승만을 간판으로 내세우고 실질적인 권력을 차지하려던 한민당의 꿈은 물거품이 되었다. 한민당은 8월 6일 담화를 발표했다.

"본당은 신정부에 대하여 시시비비주의로 임할 것이다."

야당이 되어 이승만과 싸우겠다는 선언이었다.

초대 내각은 각 정파가 참여하는 거국내각이었다. 그러나 수십 년 독립운동 진영을 괴롭혔던 분열이 쉽게 사라지지 않았다. 이시영 부통령은 조각 과정에 소외된 데 분개해 한동안 국무회의에 참석하지 않았다. 이승만이 아꼈던 허정은 총무처장을 맡으라고 하자 국무회의 표결권도 없는 자리는 싫다며 벌떡 일어나 나가 버렸다. 이승만은 큰 상처를 받았다. 기획처장 이교선도 하루 만에 사퇴했다. 다 나중에 장관으로 중용한 사람들이었다. 이승만은 이 부서진 조각 같은 정부를 틀어쥐고 험난한 국가적 도전들을 극복해야 했다.

1948년 8월 15일 드디어 대한민국 정부 수립 선포식이 열렸다. 수십만 명의 시민들이 모여 독립의 기쁨을 함께 나누었다. 맥아더 사령관도 이날 처음으로 한국을 방문했다. 이승만은 건국 기념사에서 이렇게 말했다.

"민권과 개인 자유를 보호할 것입니다. 민주정체의 요소는 개인의 근본적 자유를 보호하는 것입니다."

오랜 투쟁의 세월을 거쳐, 드디어 개인을 지배나 교화의 대상이 아닌 사적 자치의 주체로 인정하는 체제가 이 땅에 세워진 것이다.

이승만은 신생 대한민국에 대한 유엔의 승인을 매우 중요하게 생각했다. 상황은 녹록치 않았다. 당시 정부는 공산국가들은 물론 호주, 캐나다, 인도, 시리아 등도 한국의 승인을 반대하고 있다고 분석했다.

이승만은 장면, 장기영, 김활란을 유엔총회 한국대표단으로 조병옥, 정일형을 대통령특사단으로 동시에 파견했다. 특사단은 미국을 방문해 트루먼 대통령과 만나고, 캐나다로 가 살로 총리로부터 지지 의사를 받아냈다. 대표단과 특사단은 파리에서 합류해 몸이 부서져라 외교전을 벌였다. 장면과 조병옥이 네루 인도 수상을 만나 논쟁 끝에 동정 투표를 하겠다는 약속을 받기도 했다.

한편 김구와 김규식은 공동 명의로 유엔 사무총장에게 편지를 보냈다. 편지에서 5.10 총선으로 유엔의 기대는 전혀 성취되지 못했고 국토분열만 심화됐다고 비난했다. 그리고 자신들을 유엔 총회에 참석시켜 달라고 요구했다. 또 한독당은 유엔 총회에 새로운 남북한 총선거를 실

1948년 8월 15일 대한민국 건국 (이승만기념관.com)

시하라고 요구했다. 요구들은 모두 묵살됐다. 북한도 유엔 총회에 참석하기 위해 박헌영을 비롯한 대표단을 보냈다. 유엔의 거부로 이들은 체코 프라하에서 3개월 간 기다리다 돌아갔다.

유일하게 대한민국 대표단만 9월 23일 열린 총회 운영위원회에 참석을 허용받았다. 첫 번째 관문은 무사히 통과했다. 다음은 한국 문제를 총회 안건으로 올려야 하는데 자꾸 지체됐다. 그러다 회기 만료 엿새 전인 12월 6일 정치위원회 회의에 가까스로 상정되었다. 정치위원회는 유엔 회원국 전체로 구성되었다.

미국과 중국, 호주가 서둘러 다음과 같은 결의안을 공동 발의했다.

> 임시위원단의 감시와 협의가 가능했고 전 한국인의 대다수가 거주하는 한국의 부분에 효과적인 지배권과 통할권을 가진 합법적인 정부가 수립되었다는 것과 이 정부는 이 지역 유권자 대부분의 자유의사가 정당하게 표현된 동시에 위원단에 의하여 감시된 선거에 기초를 두었다는 것과 그리고 이 정부만이 한국에서 그러한 유일한 정부라는 것을 선포한다.

공산국가들은 집요하게 반대했다. 표결을 막기 위해 돌아가며 필리버스터를 벌였다. 이때 하늘이 대한민국을 도왔다. 소련 대표 비신스키가 감기와 치통으로 자리를 비우면서 12월 8일 야간회의 때 한국 결의안을 표결에 부칠 수 있었다. 그 결과 찬성 41표, 기권 6표로 가결되었다.

이제 마지막 관문이 남았다. 총회 의결이었다. 한국 문제 결의안은 회기 마지막 날인 12월 12일 안건으로 잡혔다. 그날은 일요일인데다가 비가 억수같이 쏟아졌다. 한국 대표들은 아침부터 욕먹을 각오로 각국 대표단의 숙소를 돌아다니며 문을 두드렸다. 표결 결과 찬성 48표, 반대

6표, 기권 1표로 가결이었다.

이로써 대한민국은 유엔에 의해 합법적인 국가로 인정받았다. 이는 단지 외교적인 의미에 그치지 않았다. 18개월 뒤 북한의 침략으로 대한민국이 존망의 위기에 놓였을 때 유엔이 군대를 편성해 참전하는 근거가 되었다.

제3장 희망과 혼돈의 시대

1. 잔혹했던 여순반란사건

대한민국 정부가 수립되자 제주도의 빨치산 활동이 더욱 거세졌다. 육군 총사령부는 병력을 증파하기로 했다. 여수에 주둔 중인 14연대에도 1개 대대를 선발해 제주도로 보내라고 지시했다. 이 정보를 입수한 남로당 빨치산 군사총책 이중업은 14연대 내 조직책 지창수 상사에게 반란을 지령했다. 14연대가 거사하면 각 부대에서 일제히 호응해 이제 두 달밖에 안 된 정부를 쉽게 무너뜨릴 것으로 예상했다.

남로당은 미군정의 국방경비대 창설 이후 꾸준히 군에 당원들을 침투시켰다. 특히 여수 14연대는 '붉은 연대'라 불릴 정도로 남로당원들이 많았다. 그런데 지창수 상사가 이끄는 '병사 소비에트'와 남파 공작원 김지회 중위 등 장교들의 '콤 서클'은 서로 존재조차 몰라 혼선이 빚어졌다.

1대대가 출발하는 1948년 10월 19일 밤 연대 장교들이 모두 모여 환송 회식을 하고 있었다. 그때 갑자기 식당 안으로 수백 발의 총알이 날아들었다. 지창수 등 병사 50여 명이 반란을 일으킨 것이다. 이들은 장교 20여 명을 막사까지 쫓아가 살해했다.

그리고 비상 나팔을 불어 1대대 장병들을 연병장에 모았다. 지창수는 단상에 올라가 이렇게 말했다.

"북조선 인민군이 38선을 넘어 남진하고 있다. 이승만은 인민을 버리고 일본으로 도망갔다. 우리는 이제 인민해방군으로서 북상한다."

황당한 소리였다. 하사관 두 명과 병사 한 명이 고함을 치며 반대했다. 지창수는 그 자리에서 이들을 사살했다. 공포에 질린 병사들은 더 저항하지 못했다.

여수 인민위원회 소속 남로당원 23명이 부대 앞 식품점에서 몇 시간째 기다리고 있었다. 이들은 거사에 성공했다는 전갈을 받고 부대 안으로 뛰어 들어가 반란군에 합류했다.

반란군은 여수 시내로 몰려갔다. 경찰관 200명이 지키고 있던 여수경찰서는 한 시간 동안 총격전을 벌이다 항복했다. 10월 20일 새벽 5시, 여수 전체가 반란군 수중에 떨어졌다. 그리고 경찰과 공무원, 우익인사들에 대한 학살이 시작됐다.

대구폭동 때와 마찬가지로 공산주의자들의 야만성이 폭발했다. 여수경찰서 경찰관 9명을 벽에 세워 놓고 차로 들이받아 죽였다. 여경인 국말래와 정헌자를 집에서 끌고와 끔찍한 성적 학대를 가하다 처형했다. 이들은 칼로 난자당하며 제발 빨리 죽여달라고 절규하다 숨졌다고 한다. 여수에서 1,000여 명이 학살당했다.

반란군은 기차를 타고 순천으로 향했다. 경찰은 동천강을 사이에 두고 저항했다. 그러나 광주에서 지원 나온 4연대의 1개 중대 병력이 우파 장교와 사병 30명을 죽이고 경찰을 뒤에서 공격했다.

순천에서도 학살극이 벌어졌다. 순천경찰서장의 눈을 뽑고 청년단장과 함께 차에 매달아 끌고 다니며 죽였다. 순천에서도 900여 명을 학살했다.

국군이 반격에 나섰다. 반군 토벌 전투사령부를 구성하고 38선 경비 병력을 제외한 12개 대대를 투입했다. 내부 반란을 수습한 광주 4연대가 21일 새벽 순천에서 구례 쪽으로 북상하던 14연대 반란군을 공격해 첫 승리를 거두었다. 그리고 오후부터 순천 진입을 시도해 다음날 오전 모두 탈환했다.

열세에 놓인 반란군은 지리산으로 도주했다. 그리고 여수의 방어를 좌익 청년과 학생들에게 맡겼다. 인민군이 38선을 넘었다는 말에 속아 멋모르고 나섰다가 옥쇄를 강요당한 것이다. 이들이 무려 나흘 동안 저항한 뒤 10월 27일 새벽 여수가 점령되면서 여순반란은 종결됐다. 군대를 뒤따라온 경찰은 동료와 가족들의 처참한 시신을 보고 격분해 무자비한 보복을 벌였다.

14연대 반란을 계기로 남로당원들을 색출하기 위한 대대적인 숙군 작업이 이루어졌다. 1949년 7월까지 4,749명이 형사처벌 또는 불명예 제대로 군을 떠났다. 그리고 수사에 겁을 먹고 5,568명이 탈영했다. 두 숫자를 합하면 당시 육군 병력의 무려 10퍼센트였다. 만약 이 인원이 그

여순 반란 (대한민국역사박물관)

대로 국군에 남아 있었더라면 대한민국은 존립하기 힘들었을 것이다. 6.25 때 가장 절망적인 상황에서도 국군 안에서 부대 단위로 배신하는 일은 없었다.

2. 반민특위 활동과 논란

신생 대한민국을 뒤흔든 또 다른 시련은 반민특위를 둘러싼 분열과 혼란이었다. 친일 부역자 청산은 새로운 민족국가를 출범하기 위해 필요한 일이었다. 그래서 제헌헌법도 '악질적인 반민족행위를 처벌하는 특별법을 제정할 수 있다'고 규정했다.

그러나 외세의 지배 아래 형성됐다는 이유로 근대화의 인적 자산을 모두 버리고 국가를 세울 수는 없었다. 그래서 이승만뿐 아니라 김구와 김일성까지도 집권하거나 집권에 가까웠을 때에는 모두 친일파의 실용적 포용을 주장했다.

김구는 해방 직후 "일본이 바로 이웃에 사는데 친일파는 많을수록 좋다. 없다면 만들어야지"라고 말했다. 김일성도 일제 부역자들이 새로운 사회 건설에 참여한다면 과거 행적을 묻지 않겠다고 약속했다. 그렇다고 김구나 김일성을 친일파라고 비난하는 사람은 없었다. 오히려 북한의 『조선전사』는 '인텔리들을 의심하거나 멀리하는 그릇된 경향을 비판 폭로하시면서 그들을 새 조국 건설의 보람찬 길에 세워 주시었다'고 김일성을 찬양했다.

이승만의 상황은 달랐다. 야당의 존재를 인정하는 자유민주주의 체제의 일면이기도 했다. 그의 경쟁자들은 손쉽게 당위를 내세워 현실을 공격했다.

1948년 8월 5일 무소속 김웅진 의원이 국회 본회의에서 반민족행위처벌법 기초위원회 설치를 제안했다. 무소속 이문원 의원은 이에 찬성하며 "우리는 입법에만 그칠 게 아니라 그 실행에 있어서도 우리 손이 미쳐야 할 것"이라고 주장했다. 국회가 행정과 사법 기능까지 갖겠다는 뜻이었다. 이승만은 특별법원을 만들어야 한다고 주장했지만 소용없었다. 국회는 9월 7일 반민족행위처벌법을 가결했다.

이때부터 해방 이후 독립운동을 시작한 사람들이 이승만 등 진짜 독립운동가들을 친일파 문제로 공격하는 이상한 상황이 벌어졌다. 예를 들어 김웅진 의원은 수리조합 기사, 이문원 의원은 교사였는데 일제에 저항했다는 기록이 없다.

국회에서 반민족행위처벌법을 보내오자 이인 법무부장관이 거부할 것을 강력히 주장하면서 밤을 새워 의견서를 써왔다. 이인은 독립운동가들을 도맡아 무료 변론했으며 조선어학회 사건으로 4년간 옥고까지 치렀고 창씨개명을 거부한 강골 애국자였다. 대다수 국무위원들도 거부 의견이었다. 그러나 이승만은 양곡관리법 등의 시급한 제정을 위해 국회와 대립할 수 없었다.

반민특위는 조사위원회와 특별검찰부 특별재판부로 구성되어 1949년 1월 5일 업무를 개시했다. 화신백화점 박흥식을 시작으로 최남선, 이광수 등이 줄줄이 검거되었다. 건국에 헌신한 사람들의 공훈을 참작해 달라는 이승만의 호소는 거부됐다.

이승만은 3권분립을 계속 요구했지만, 사실 갈등의 핵심은 친일 경찰의 처벌 문제였다. 당시 경찰의 80퍼센트가 일제 강점기 경찰 출신이었다. 이들은 본인이 살기 위해서라도 남로당과 격렬히 싸워 왔다. 그들이 신생 대한민국의 가장 믿을 수 있는 방어력이었다. 그런데 반민특위가 세워지자 경찰이 급격히 동요했다. 남로당은 그 틈을 노려 퇴직 경찰들을 포섭해 군에 입대시키는 경우가 빈발했다. 이승만과 정부 요인들이 체제 위기를 느낀 것도 무리는 아니었다.

반민특위는 1월 25일 노덕술 전 총경 등 경찰 고위직들을 체포했다. 노덕술은 악질 친일파였고 무능하기까지 했다. 그러나 경찰은 전체 조직에 대한 공격으로 인식해 이승만에게 그의 석방을 강력히 탄원했다. 이승만은 노덕술에 대한 설명을 믿어 버렸다. 그리고 국무회의에서 그를 정부가 보증해 보석하고 유죄 시 처벌하는 게 옳다고 발언했다. 반민특위는 거절했다.

반민특위도 고민이 있었다. 반민법 제5조는 일본 치하에서 고위 공직에 있던 자는 공무원에 임명될 수 없다고 규정했다. 그런데 국회 안에도 해당자들이 많았다. 당장 김상돈 반민특위 부위원장이 10년 동안 조선총독부 산하의 총대總代, 즉 동장으로 일했던 사람이었다.

반민특위는 정부와 타협에 나섰다. 이범석 국무총리와 좌담회를 갖고 국회와 정부가 각각 자가 숙청하기로 합의했다. 물론 양측은 내부 조사에 큰 열의가 없었고 처벌받은 사람도 극히 적었다.

그런데 반민특위의 결정적인 위기는 전혀 예상치 못한 일에서 비롯됐다. 1949년 5월 18일 경찰이 반민법 공동 발의자인 이문원 등 의원 3명을 국가보안법 위반 혐의로 검거했다. 국회프락치 사건의 시작이었다.

북한에 있던 박헌영은 반민특위 활동이 본격화되자 국회를 통한 공작도 쓸모가 있겠다고 생각했다. 그래서 남로당 조직에 국회의원 포섭을 지시했다. 언론인과 변호사 신분으로 접근한 공작원들에게 노일환, 이문원 의원이 포섭되어 남로당에 비밀 입당했다. 이어 김약수 국회 부의장 등 10명의 국회의원들이 이들에게 넘어갔다. 남로당의 이상 동향을 파악한 경찰과 검찰은 은밀히 내사에 착수했다. 자수한 남로당원의 진술과 박헌영에게 보내는 국회공작 보고서를 압수한 게 결정적이었다.

검거된 의원들은 재판에서 모두 유죄 판결을 받고 복역하다 6.25 때 한 명을 제외하고 모두 월북하거나 납북되었다.

지금도 많은 사람들이 국회 프락치 사건을 이승만 정부의 조작이라고 믿고 있다. 그러나 소련이 무너진 뒤 러시아 정부가 제공한 극비문서들 가운데 슈티코프 북한주재 대사가 스탈린에게 보낸 비밀보고서가 있었다. 그 내용은 다음과 같았다.

> 노동당은 남조선의 국회의원들 중 일부를 자신들의 편으로 끌어들이는 사업을 조직했습니다. 노동당의 지령에 따라 이들 국회의원들은 국회 안에서 남조선에서 시행되는 미국 정책 및 남조선 정부 당국의 권위를 무너뜨리기 위해 여러 요구 사항을 제기하고 있습니다.

당시에도 당연히 사건이 조작됐다는 주장이 있었다. 1949년 5월 22일 국회에서 구속 의원 석방 요구 결의안이 상정되어 찬성 88표, 반대 95표로 부결되었다. 부결은 됐지만 의원 88명이 결의안에 찬성했다는 이유로 국민계몽회라는 단체가 며칠 뒤 서울 파고다공원에서 규탄대회를 열었다. 여기에 국회의원 몇 명이 시찰을 갔다가 몸싸움이 벌어져 의원 한 명이 전치 3주의 부상을 당했다.

국회의원들은 분노했다. 법적 효력은 없었지만 내각 총사퇴 결의안을 의결했다. 그리고 반민특위가 서울시 경찰국 사찰과장 최운하와 종로경찰서 사찰주임 조응선을 검거했다. 시위 군중 동원과 배후조종 혐의였다.

이번에는 경찰이 들고일어났다. 서울시 경찰국 경찰관 440명이 사표를 제출했다. 그리고 6월 6일 서울 중부경찰서 서장의 지휘 아래 경찰관 40명이 반민특위 사무실을 습격해 특경대원 20명을 무장해제시켰다.

국회는 이승만에게 출석해 사태를 보고하라고 요구했지만 이승만은 거부했다. 국회는 보복으로 법안과 예산안 심의를 거부하겠다고 결의했다. 반면에 경찰관 9천 명은 반민특경대를 해산하고 경찰에 대한 신분 보장을 하지 않으면 사퇴하겠다고 결의했다.

이승만은 일단 경찰들 손을 들어주었다. 이기붕 서울시장을 통해 '곧 선처하겠다. 안심하고 조금도 동요 말고 치안 확보에 일심전력하여 주기 바란다'는 메시지를 전달했다. 그리고 신익희 국회의장에게도 편지를 보내 경찰이 특경대를 해산하는 과정에서 과오를 범한 자가 있다면 조사해 처벌하겠다며 진정시켰다.

경찰의 집단반발로 기세가 꺾인 국회는 이승만의 요구대로 공소시효, 즉 반민특위의 실질적인 활동기한을 1949년 8월 31일까지로 단축하는 반민법 개정안을 의결했다. 이에 반발해 김상덕 위원장 등 반민특위 위원들이 일제히 사표를 제출했다. 반민특위는 우여곡절 끝에 전 법무부 장관인 이인 의원을 새 위원장으로 선출해 활동을 재개했다.

이인 위원장은 노덕술을 석방하라는 이승만의 요구를 거절하는 등 강직한 면모를 잃지 않았다. 그러나 친일파 청산은 건국에 저해되지 않는 범위에서 이루어져야 한다는 소신은 이승만과 같았다. 반민법 공소시효가 종료된 뒤 이인은 다음과 같은 담화를 발표했다.

이인 초대 법무장관 (대한민국역사박물관)

> 사람을 벌하려는 것이 아니요 반민족 정신인 죄를 징계하는 것이 목적이니, 이 정도의 처

단으로 족히 이일징백以一懲百의 효과를 거두어서 민족정기를 바로 잡을 수 있으리라고 생각한다.

이후 친일파에 대한 수사와 기소는 검찰이, 재판은 법원에서 하게 되었다.

3. 내 땅에 누우니 왜 이리 좋으냐

이승만은 초대 내각의 농림부 장관으로 조봉암을 임명했다. 모두 깜짝 놀랐다. 조봉암은 해방 직후까지도 공산주의 활동을 하다가 박헌영과 관계가 틀어져 우익으로 전향한 사람이었다. 아직까지 그의 사상을 의심하는 사람들이 많았다. 특히 당시 주류세력이었던 한민당의 반대가 거셌다. 이승만은 물러서지 않았다. 조봉암에게 꼭 시킬 일이 있었기 때문이었다.

대한민국 건국이 가시화되던 1948년 3월 이승만은 측근인 올리버 박사에게 이렇게 말했다.

"우리 정부가 수립되면 토지개혁법이 제일 먼저 제정될 것이오."

그의 오랜 꿈이었다. 이승만은 소작제 철폐 없이는 신분 해방도 민주주의도 불가능하다고 믿었다.

해방 무렵 우리나라 전체 농가의 75퍼센트가 소작농이었다. 일 년 내내 고되게 일해 거둔 수확의 절반을 지주에게 바쳤다. 사람은 많고 땅은 적었다. 언제라도 지주의 마음이 틀어지면 땅을 빼앗기고 가족들이 굶어 죽는다는 공포를 안고 살았다. 법률상의 신분제도는 없어졌어도 소작농의 지위는 농노와 다름없었다.

토지개혁은 쉬운 일이 아니었다. 2차대전 후 대부분의 신생 독립국들이 토지개혁에 실패했다. 독립 이후 권력을 쥔 계층은 그동안 교육의 기회를 독점해온 지주들이었다. 그들이 집안의 물적 토대인 토지를 순순히 내놓을 리 없었다. 대한민국 역시 제헌의회 의원 대부분이 지주들이었다.

이승만은 조봉암에게 그 철벽 같은 저항을 부수기를 기대했다. 실무책임자인 농지국장에 조봉암이 천거한 강진국을 임명했다. 이들은 1948년 9월 농지개혁법 기초위원회를 만들어 작업에 착수했다.

법을 만들기 위해서는 먼저 정확한 자료가 있어야 한다. 그런데 당시 농촌에는 남로당 세력이 도사리고 있었다. 토지개혁 조사를 하러 왔다면 지주들이 가만히 있을지도 의심스러웠다. 그래서 농림부 공무원들은 신문기자를 사칭하며 돌아다녔다. 농촌 구석구석에 들어가 머슴들을 만났다. 그리고 누가 얼마나 땅을 가지고 있고 누가 소작을 하는지 자료들을 모았다.

농림부도 최선을 다했지만 이승만의 성에는 차지 않았다. 이승만은 이듬해 봄 논갈이를 하기 전에 토지를 분배하고 싶어했다. 그렇지 않으면 토지개혁이 일 년 더 늦어지고 지주들의 반격은 거세질 것이었다. 이승만은 1948년 11월 중순 조봉암을 불러 호통을 쳤다. 농림부 공무원들은 밤잠 못 자고 일을 서둘러 11월 20일 드디어 법률안 초안을 만들었다.

이제 국회 통과 절차가 남았다. 이승만은 1948년 12월 라디오 연설을 통해 토지개혁의 중요성을 역설했다.

"부자는 대대로 부자요 양반은 대대로 양반으로 지냈으니, 이와 같이 불공평하고 부조리한 일은 다시 없을 것입니다. 그 근본적 병통을 먼저 교정하여야만 모든 폐단이 차서로 바로잡힐 것이므로 토지개혁법이 유일한 근본적 해결책이라는 것입니다."

그런데 대형 악재가 터졌다. 조봉암이 감찰위원회 고발로 장관직을 사임한 것이다. 감찰위원회는 조봉암이 양곡매입촉진위원회 예산을 유용해 장관 관사를 수리하고 식비와 출장비 등으로 쓴 사실을 적발했다. 조봉암은 억울하다고 주장했지만, 당시 감찰위원장이 저명한 한글학자 정인보였다. 정인보가 정치적 음해를 했다기보다 조봉암이 돈 관리에 소홀했을 가능성이 더 크다.

조봉암이 낙마하자 이제 토지개혁의 거센 저항을 이승만 혼자 돌파해야 했다. 농지개혁법안이 1949년 2월 국회에 제출됐는데 의원들은 법안 처리를 미적거렸다. 그리고 토지의 보상지가를 놓고 첨예한 대립이 벌어졌다.

가난한 정부는 지주들에게 보상해줄 돈이 없었다. 오로지 소작농에

김성수 (대한민국역사박물관)

게서 돈을 받아 지주에게 넘겨줄 수밖에 없었다. 당초 농림부안은 연 수확량의 150퍼센트, 즉 소작료를 3년간 더 받는 수준이었다. 이것이 기획처를 거쳐 국회에 가서는 300퍼센트 보상으로 올라갔다. 이승만은 소작농의 부담을 줄이기 위해 국회를 계속 압박했다.

한민당 김성수가 법안 통과를 위해 나서 주었다. 김성수는 전국 최고의 지주였다. 김성수의 땅은 2,996정보 즉 9천만 평이나 되었다. 여의도 면적의 10배가 넘고, 서울 은평구 면적과 비슷할 정도였다. 농지개혁법이 통과되면 그 가운데 3정보만 남기고 나머지는 모두 수용될 것이었다. 이런 김성수가 법을 통과시키자는데 다른 지주들이 할 말이 없었다.

1949년 4월 25일 국회 본회의는 150퍼센트 보상의 농림부 안을 압도적인 표결로 통과시켰다. 의사당 안에서 자기들도 모르게 박수가 터져 나왔다. 그동안 빨갱이라는 욕설까지 들었던 강진국 농지국장은 사무실로 돌아가 감격해 울었다고 한다.

그런데 다 끝난 게 아니었다. 국회에서 회기 말에 벼락치기로 통과시킨 농지개혁법에 모순되고 위헌적인 요소들이 있었다. 이승만이 개정을 요구했지만 국회는 다시 차일피일 미루었다. 그러니 정부가 시행령을 만들 수 없었다. 자칫하면 1950년도 그냥 넘어갈 판이었다.

여기서 이승만의 무서운 돌파력이 다시 한번 발휘되었다. 이승만은 1950년 1월 11일 농림부에 "만난을 배제하고 단행하라"고 지시했다. 농림부는 시행령도 없이 농민들에게 '농지분배 예정 통지서'를 배포했다. 불법이었다. 그러나 땅을 받고 기뻐하는 1,400만 농민들에게 불법이니 다시 내놓으라고 했다가는 무슨 난리가 벌어질지 몰랐다. 국회는 두 손을 들었다.

1950년 4월 15일 드디어 토지개혁의 모든 절차가 완료됐다. 반만년을 이어온 소작제도가 마침내 사라졌다. 우리나라 전 경작지의 95.7퍼센트

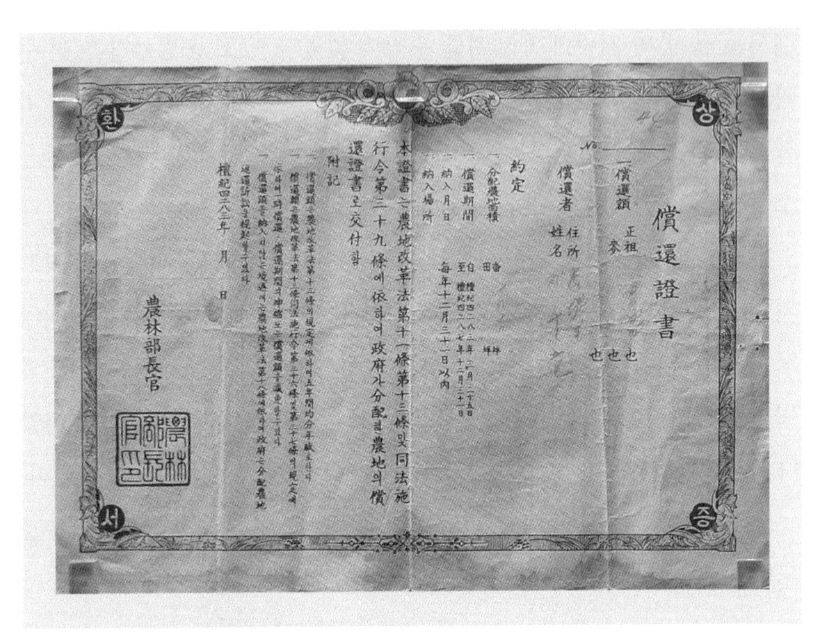

償還證書

No.

一 償還額 正租 參

償還者 住所
姓名

約定

一 分配農地面積 田畓 坪坪

一 償還期間 自 檀紀四二八三年三月二十五日 至 檀紀四二八七年十二月三十一日

一 納入月日 每年十二月三十一日以內

一 納入場所

一 本證書는 農地改革法第十一條第十三條및同法施行令第三十九條에依하여政府가分配한農地의償還證書로交付함

附記

檀紀四二八三年 月 日

農林部長官

토지를 분배받은 농민들에게 발행한 상환증서 (대한민국역사박물관)

가 자작지가 되었다. 모든 농민이 자기 땅을 갖게 된 것이다. 이제 농민들은 수확량의 절반씩 3년 만 정부에 내면 콩을 심든 팥을 심든 팔아서 내 새끼 학자금을 대든 내 마음대로 할 수 있었다.

토지개혁이 농민에게 어떤 의미가 있었는지는 이호 목사가 소개하는 사례들을 보면 잘 이해할 수 있다. 어느 비 오는 날 저녁 아버지가 돌아오지 않았다. 아들이 아버지를 찾아 나섰는데 밭 위에 대자로 누워 비를 맞고 있는 게 아닌가. 아들이 어찌된 일인지 물었다. 아버지가 말했다.

“얘야. 내 땅 위에서 비를 맞으니 차갑지도 않구나!”

그리고 어느 노인이 떠나갈 때가 가까워졌음을 느꼈다. 노인은 가족들에게 불편한 몸을 일으켜 달라고 부탁했다. 그리고 힘겨운 걸음으로 자기 논을 한 바퀴 돌며 뜨거운 눈물을 흘렸다. 그 긴 세월 지주집 갓난아이에게까지 굽신거리며 천대를 받고 살았다. 이제 천형 같던 운명에서 벗어나 내 땅을 밟아 보고 떠날 수 있게 된 것이다. 그렇듯 농민들에게 땅은 곧 목숨이었다.

대한민국의 토지개혁은 뜻밖의 결과를 가져왔다. 6.25 때 남침한 인민군이 농민들을 모아놓고 토지 분배를 약속했다. 총이 무서워 대놓고 말은 못했지만, 누구 땅을 누구에게 준다는 것인지 미친 소리로 여겼다. 박헌영이 김일성에게 약속했던 농민 반란은 아무리 기다려도 일어나지 않았다. 자기 땅을 가진 농민들이 대한민국에 충성을 바친 것이다.

더욱 중요한 것은 토지개혁으로 이 땅의 농민들이 더이상 양반과 상놈의 굴레에 얽매이지 않는 실질적인 자유인이 되었다는 점이다. 그 뒤 대한민국은 전 국민이 신분 상승을 위해 줄달음치는 역동적인 사회가 되었다. 1960년대부터 두 세대에 걸친 고도성장의 출발점은 이승만의 토지개혁이었다.

4. 석탄을 캐자 중석을 캐자

해방이 되자 수많은 사람들이 부푼 희망을 안고 고국으로 돌아왔다. 그 수가 최대 250만 명이었는데 대부분 남한으로 왔다. 북한 공산정권에서 벗어나려는 피난민들도 끝없이 남하했다. 1945년 말 1,689만 명이었던 남한의 인구는 3년 만에 2,002만 명으로 늘어났다. 이들에 대한 동정심과는 별개로, 해방 직후 피폐한 경제 상황에서 도저히 감당하기 힘든 숫자였다. 서울에서만 2만 명이 노숙을 해야 하는 처지였다.

당장 겨울을 날 연료가 문제였다. 북한에서 열차로 매일 13화차씩 내려오던 석탄이 뚝 끊겼다. 사람들은 도시 근처 산에서 나무를 마구 베어 장작으로 썼다. 그게 오래 갈 수는 없었다. 남한에 있는 탄광들은 제대로 생산을 못 했다. 일본인 기술자들이 떠나면서 배수용 펌프 등 장비들을 파괴하는 심술을 부렸던 것이다.

거의 모든 기관차들이 운행을 멈췄다. 긴급히 일본에서 석탄을 수입했는데 턱없이 부족했다. 연료만 문제가 아니었다. 2차대전 말기에 기관차 관리를 하지 않아 가까스로 움직이는 게 절반이 안 되었다. 미군정은 유럽에서 전쟁 때 쓰던 기관차 107량과 석유 450만 갤런을 들여와 최소한의 수송망을 가동시켰다.

해방 전 한반도의 중공업 시설 80퍼센트가 북한에 몰려 있었다. 그나마 남한에 있는 약간의 경공업 시설들도 관리 주체가 사라지면서 생산을 멈추었다. 조선총독부는 종전 후 한 달 동안 화폐유통액을 26억 원에서 87억 원으로 늘려놓고 돌아갔다. 물가는 천정부지로 뛰었고 시장에 살 물건도 없어졌다.

5.10 총선이 실시되고 나흘 뒤인 1948년 5월 14일 정오 북한이 갑자기 송전을 중단했다. 남한은 하루 전력 수요 10만 킬로와트 가운데 7만 킬로와트를 북한에서 구입하고 있었다. 그날 남한의 모든 공장들은 가동을 멈추었고 직장인들은 걸어서 퇴근했다. 미군정은 부랴부랴 부산과 인천으로 발전선을 가지고 왔다. 녹슨 발전기를 수리하는 한편 필사적으로 석탄 증산에 나서 남한 내 발전량을 7만 5,000킬로와트까지 높였다. 그러나 공장들은 여전히 순번제 가동을 해야 했다. 누가 대한민국 지도자가 되든 겹겹이 싸인 난국을 어떻게 풀어갈 수 있을지 암담한 상황이었다.

이승만은 귀국 직후부터 산업 경제 전문가들을 적극적으로 만났다. 사람이 나이가 들고 식견이 늘면 다른 이를 가르치려 하는 게 보통인데, 이승만은 남의 말을 경청하는 큰 장점이 있었다. 또한 하와이 동지식산회사 경영에 실패했던 뼈아픈 경험이 전문가들을 존중하도록 만들었다. 이승만이 신뢰했던 사람들 가운데 정인욱 미군정 민정청 석탄과장이 있었다. 그는 와세다대학 채광야금과를 졸업한 광산 전문가였다.

태백은 우리나라 최대 탄전지대이다. 일제는 1930년대부터 본격적인 석탄 채굴을 시작했다. 수송이 문제였는데, 태백산맥을 넘어갈 엄두를 내지 못하고 동해 쪽으로 철도를 놓았다. 철암에서 묵호항을 잇는 철암선과 북평에서 삼척항을 잇는 삼척선이다. 묵호와 삼척 두 항구에서 석탄을 배에 싣고 일본으로 수송했다. 그런데 해방 후 이 석탄을 서울로 나르려면 열차에서 배, 다시 자동차로 옮겨 실어야 했다. 너무 더디고 비용이 들었다. 그래서 정인욱은 태백산맥을 관통하는 철도를 만들자고 주장했다.

태백 탄전지대에서 중앙선까지 철도를 연결하면 열차가 서울로 올 수 있다. 그러나 태백산맥의 험준한 산을 넘고 계곡을 건너야 했다. 일본도 어려워 포기했던 공사였다. 그것을 우리가 하자는 주장에 사람들은 미친 소리 취급을 했다. 이승만은 그 미친 소리에 힘을 실었다.

철도를 놓아야 한다. 그래야 연료도 전기도 산업도 구할 수 있다. 이승만이 집권하고 반 년 뒤인 1949년 4월 중앙선 영주역에서 철암을 잇는 철도 공사를 시작했다. 돈이 없으니 미국에서 원조로 받은 식량을 임금으로 지급했다. 그래도 인부 모집 공고를 붙이자 전국에서 실업자들이 구름처럼 몰려왔다. 일본의 맥아더 사령부조차 '철도 건설 경험이 없는 한국이 무모한 일을 벌이고 있다'며 못마땅해 했다. 그러나 열 달 만에 영주역에서 내성까지 14킬로미터를 완성해냈다. 6.25 전쟁으로 중단됐던 나머지 구간은 1955년 완공됐다.

이승만은 중앙선 제천역에서 함백까지 가는 철도 건설도 1949년 5월 착공했다. 이 함백선은 1957년 완공되었다. 열차들이 산더미처럼 석탄을 싣고 도시로 향했다. 이제 국민들은 장작 대신 값싸고 편리한 연탄을 연료로 사용했다. 그리고 전국의 민둥산들이 한 세대가 지나자 푸른 숲으로 우거지게 되었다.

이승만은 정인욱을 만났을 때 지하자원 전문가팀을 만들어 달라고 부탁했다. 정인욱은 금광왕 최창학 등 여러 광업 관계자들을 모았다. 그들은 이제 곧 독립할 조국의 미래를 위해 열정적으로 일했다.

전문가팀은 특히 중석(텅스텐)에 주목했다. 중석은 우리가 가진 거의 유일한 수출 자원이었다. 강원도 상동광산은 세계 최대의 중석 매장지이다. 그런데 여기서 나오는 중석은 선광 작업이 필요했다. 개발팀은 철수하는 일본인 기술자들에게 크게 사례할 테니 기술을 알려 달라고 간곡히 부탁했다. 일본인들은 차갑게 거절하고 돌아갔다. 낙심하고 있는데 누군가 안봉익을 추천했다. 일본 중석 회사에서 오래 근무한 기술자였다.

안봉익은 할 수 있다고 자신만만해했다. 건국 후 이승만은 안봉익을 대한중석 사장에 임명하면서 "이 회사가 대한민국의 존립을 가름할 것"이라고 독려했다. 안봉익은 약속대로 우리 기술로 선광과 수출을 해냈다. 어느 해에는 우리나라 수출액의 70퍼센트가 중석을 판 돈이었다. 그 피 같은 달러가 들어오자 이승만은 "오! 내 아들아"라며 안봉익을 끌어안았다고 한다.

미국은 신생 대한민국을 돕기 위해 1948년 12월 한미원조협정을 체결했다. 그리고 식량, 비료, 석유 등 각종 물자와 기술을 제공했다. 미국 원조물자를 판 돈을 한국은행에 예치해 놓고 정부 재정과 경제 부흥에 사용했다. 이 돈에 의지해 각 부처별로 산업부흥 5개년 계획, 농림증산 3개년 계획 등을 수립했다.

가장 시급한 것은 천문학적인 인플레이션 억제였다. 재무부에서 '경제안정 15원칙'을 세웠다. 정부 지출을 줄이고 각종 요금을 인상하고 수입을 억제하는 내용이었다. 어마어마한 저항이 있었지만, 이승만 정부는 강력히 밀고 나갔다. 일본인 귀속재산을 팔아 정부 수입을 늘린다는 내용도 있었다. 당시 부패가 만연해 있었지만 많은 신생 독립국들처럼 공공재산이 증발할 정도는 아니었다. 국채 판매도 재정적자를 더는 데 도움이 되었다. 그 결과 1950년 1월 15퍼센트나 올랐던 소매 물가가 3월에 6퍼센트로 떨어지더니 5월에는 오히려 4.4퍼센트 하락하는 기적 같은 일이 벌어졌다.

여기에 미국 원조자금을 기초로 발전소와 제철, 조선, 시멘트, 비료 공장 등을 세우는 야심 찬 개발계획에 착수했다. 그러나 1950년 6월 25일, 북한의 남침으로 그 모든 노력이 물거품이 되었다.

5. 스탈린의 남침 허가

김일성과 박헌영이 1949년 3월 모스크바를 방문했다. 표면적으로는 경제 문화 교류 협정을 맺기 위해서였다. 그러나 진짜 목적은 남침을 허락받는 것이었다. 스탈린은 아직 미군이 철수하기 전이라 시기상조라며 거절했다. 스탈린은 미국과의 전쟁을 두려워했다. 그는 모스크바 20킬로미터 앞까지 다가온 독일군의 진격을 경험했고, 그 독일을 이긴 미국의 막강한 기술력을 알고 있었다. 스탈린은 그 대신 북한군의 무장 강화를 약속했다. 1950년 봄까지 전투기와 전폭기 226대, T34 탱크 242대와 각종 중화기들이 북한에 도착했다.

김일성은 또 1949년 5월 중국 모택동에게 특사를 보내 중공군 내 한인 부대를 북한에 넘겨달라고 요청했다. 모택동은 흔쾌히 수락했다. 국공내전이 끝나가는데 소수민족 군대의 존재가 찜찜했던 차였다. 7월부터 3개 한인 사단이 북한에 들어와 인민군 사단으로 이름을 바꿨다. 그렇게 총 6만 명이 인민군에 편입됐다. 6.25 때 남침한 북한군의 주력이 이들이었다.

반면에 남한에서는 1949년 5월 무초 주한 미국대사가 이승만 대통령에게 미군 철수를 통보했다. 이승만은 철군 조건으로 전투기 30대, 전폭기 12대, 폭격기 1개 편대, 구축함 2척, 잠수함 2척 그리고 정규군 10만 명과 예비군 5만 명을 무장할 무기를 요구했다. 미국은 단 하나도 안 들어 주었다. 주한미군이 떠나면서 탱크와 대포 등 중화기는 모두 가져가고, 소총 10만 정과 탄약만 남겨놓았다.

이승만은 국방장관에 신성모를 기용했다. 독립운동을 했고, 중국 남경 해군군관학교와 영국 해양대학을 나온 보기 드문 국제통이었다. 그를 앞세워 미국을 설득했지만 요지부동이었다. 탱크를 지원해 달라는 한국 정부의 애절한 부탁에 미 군사고문단은 "한국 지형이 탱크전에 적합하지 않다"고 주장했다. 국민들이 성금을 모아 훈련기를 구입하려 했더니 그것마저 거절해 캐나다에서 사와야 했다. 탄약도 전면전이 벌어지면 이틀간 버틸 양뿐이었다. 한국군 장교들이 북한이 전면전을 벌이면 어떻게 하느냐고 항의하자 미국인들은 그럴 리 없다고 반박했다.

이는 당시 미국의 미래전 구상에 따른 것이기도 했다. 미국은 핵무기와 우월한 공군력만 있으면 더이상 지상전을 벌일 필요가 없다고 믿었다. 그래서 2차대전 말 1,200만 명이었던 병력을 5년 만에 146만 명으로 줄였다. 남아 있는 병사들도 훈련과 규율이 없는 군복 입은 회사원들 같았다.

1949년 10월 중국에서 공산당이 국민당을 몰아내고 최종 승리를 거두었다. 스탈린은 소련의 공산주의 패권에 도전하는 모택동이 영 마음에 들지 않았다. 다만 중공군이 미군과 대신 싸울 수 있게 된 것은 반가웠다. 여기에 스탈린의 야심을 자극하는 예기치 않은 사건까지 발생했다.

애치슨 미국 국무장관이 1950년 1월 12일 이렇게 연설했다.

"대만과 한국은 모두 미국의 방어선 밖에 있다. 방위선 밖의 일에 대해서 미국은 관여하지 않을 것이다."

사실 이 말은 한국을 방치하겠다는 뜻이 아니었다. 미국은 '북한이 남침할 경우 미군과 기타 유엔 가입국 군대로 구성된 특별 기동대의 치안유지적 활동을 시작한다'는 비밀 계획이 있었다. 미국이 한국을 혼자 힘으로 방어하지는 않겠다는 뜻이었다.

그러나 청중들은 그렇게 받아들이지 않았다. 미국 언론은 '트루먼, 공산당의 공격을 초대하다!'라고 제목을 뽑았다. 그러니 스탈린이 한국전쟁에 미국이 개입하지 않을 것으로 오해한 것도 무리는 아니다.

한껏 고무된 김일성은 1950년 1월 슈티코프 평양주재 소련대사를 통해 스탈린 면담을 요청했다. 김일성은 "나에게 스탈린 동지의 명령은 법이기 때문에, 독단적으로 공격을 개시할 순 없다"고 말했다. 스탈린은 "도울 준비가 되어 있다"는 답변을 보내왔다. 그리고 다시 모스크바를 방문한 김일성과 박헌영에게 4월 10일 드디어 남침을 허가했다.

다만 스탈린은 중국 지도자로부터 필요할 때 지원군을 보내겠다는 약속을 받아야 전쟁을 시작할 수 있다고 전제조건을 달았다. 김일성과 박헌영은 5월 13일 중국을 비밀리에 방문해 모택동에게 스탈린의 지시를 전달했다. 모택동은 고개를 갸우뚱하며 스탈린에게 전문을 보내 김일성 말이 진짜인지 확인했다. 모택동도 스탈린의 명령을 거역할 수 없었다. 그는 '미국이 개입하면 북한을 도와주겠다'고 약속했다.

전쟁 준비는 빠른 속도로 진행됐다. 소련이 보낸 각종 군수물자들이 5월 말까지 모두 도착했다. 스탈린은 소련군 최고 전략가인 바실리예프 중장을 평양으로 파견해 북한군의 남침계획을 점검했다.

국군과 미군이 북한의 남침 징후를 모르고 있었던 것은 아니다. 중공군 한인 부대가 북한으로 들어오는 것도, 인민군 병력이 38선에 집결하는 것도 파악하고 있었다. 그러나 미군은 인민군의 전력을 얕잡아보며 느긋했고, 국군 지휘관들만 피가 마르는 상황이었다.

육군본부는 정부에 적의 예상 접근로에 대전차 방벽을 쌓아야 한다고 요청했지만 예산 부족으로 기각됐다. 정일권 참모차장이 미 군사고문단에 대전차 지뢰라도 달라고 간청했지만 이 역시 군사 지원 항목에 없다는 이유로 거절당했다. 그리고 전쟁이 일어났다.

제4장 6.25 전쟁

1. 전쟁의 시작

서울 용산의 육군본부는 토요일 밤의 적막에 덮여 있었다. 창밖에는 비가 세차게 내렸다. 정보국 상황실 당직 장교인 김종필 대위는 어딘지 불안한 표정이었다. 그는 낮에 육군본부 국장들에게 적의 공격 징후가 농후하다고 긴급 보고했었다. 그러나 아무도 귀담아듣지 않고, 바쁘다며 하나둘 자리를 떴다. 그날 저녁 열리는 장교구락부 개관 축하연에 가려는 것이었다. 고위 장성들이 모두 모이니 눈도장을 찍어야 했다. 게다가 육군본부는 오랜 비상경계에 지친 병사들을 위로하기 위해 외출과 외박을 적극 권장했다. 그날 밤 국군 병력의 3분의 1이 부대 밖에 있었다.

김종필은 당직을 자청했다. 그리고 전방 파견대 10곳에 1시간 간격으로 상황을 보고하라고 지시했다. 시계는 자정을 넘어 1950년 6월 25일이 됐다. 그리고 새벽 1시쯤 되었을까, 동두천에서 북한의 탱크부대가 이동한다는 보고가 들어왔다. 이어 개성을 시작으로 모든 파견대로부터 북한군 움직임이 이상하다는 다급한 목소리가 쇄도했다. 그리고 3시 무렵, 전 전선에 맹렬한 포격이 쏟아졌다. 그토록 우려했던 전면 남침이 시작된 것이다.

김종필은 군 지휘관들에게 긴급히 연락했다. 새벽까지 술을 마시고 귀가했던 채병덕 참모총장은 전화를 받고도 상황 파악을 못 해 아침 7시에야 전군에 비상령을 내렸다. 전방부대 사단장들 대부분이 서울에 와 있다 연락을 받고 부랴부랴 소속 부대로 복귀했다.

전방에서는 국군 병사들이 사투를 벌이고 있었다. 북한은 서울로 향하는 의정부 축선에 공격을 집중했다. 포천과 동두천을 지키던 7사단 혼자 북한군 3개 사단과 1개 전차여단을 상대해야 했다. 전선은 곧 무너졌고 7사단은 25일 오후 의정부로 퇴각했다.

북한군 탱크는 공포 그 자체였다. 당시 국군도 일선 부대에 대전차반이 있었다. 미 군사고문단은 2.36인치 바주카포를 주면서 소련제 탱크를 충분히 막을 수 있다고 장담했었다. 그러나 2.36인치 포탄은 T34 탱크 전면에 맞고 튀어나왔다. 탱크 옆면을 노리면 어느 정도 효과가 있었지만 그런 교육은 받은 적이 없었다.

그래도 국군은 열심히 싸웠다. 국군은 서쪽부터 개성에 1사단, 포천

1950년 6월 25일 38선을 넘어오는 북한군 탱크들 (전쟁기념관)

7사단, 춘천 6사단, 강릉 8사단의 순서로 배치돼 있었다. 특히 1사단과 6사단이 선전했다.

백선엽 대령이 이끄는 1사단은 새벽에 개성에서 밀려나고 임진강 다리를 폭파하는 데 실패했지만, 파주의 고랑포와 파평산 등에서 여러 차례 북한군을 막아냈다. 병사들은 북한군 탱크가 공격해 오자 박격포탄을 전선줄로 묶어 품에 안고 무한궤도 아래로 몸을 던졌다. 필사적인 반격으로 26일에는 빼앗겼던 임진강 유역을 탈환하기도 했다. 그러나 동쪽에서 7사단이 후퇴하며 측면이 노출되자 1사단 역시 후퇴하지 않을 수 없었다.

춘천 주둔 6사단의 김종오 대령은 매우 엄격한 지휘관이었다. 그는 육군본부 지시를 어기고 외출을 전면 금지했다. 평소에도 강도 높은 훈련을 시켜온 사단장에게 병사들의 불만이 하늘을 찔렀다. 그 덕분에 북한이 남침하던 날 6사단 참호에는 전투 준비를 마친 병사들이 가득했다. 더구나 춘천으로 내려오던 인민군 2사단은 탱크 대신 자주포를 앞세우고 있었다. 6사단 포병들은 이들을 콕콕 짚듯이 파괴했다. 첫날 전투로 인민군 2사단은 전투력의 40퍼센트를 잃었다.

춘천 동쪽 홍천을 향해 진격하던 북한군 12사단도 말고개에서 국군 6사단 병사들의 육탄공격에 저지됐다. 길옆에 죽은 척 누워 있던 결사대원들이 대전차포 근접사격과 수류탄 투입으로 적 탱크 4대를 파괴하자 흥분한 다른 병사들도 일제히 몰려들어 탱크 위로 뛰어 올라갔다.

채병덕 참모총장은 당황했다. 채병덕은 일본 육사 출신이기는 했지만 실전 경험이 전혀 없었다. 그러면서도 고집은 셌다. 6월 26일 아침 신성모 국방장관이 소집한 군 원로회의에서 이범석, 김홍일, 김석원 등 독립군, 중국군, 일본군 출신 전쟁영웅들이 모두 국군 주력을 한강 이남에 배치해 싸워야 한다고 자문했다. 그러나 채병덕은 의정부에서 반격하겠다고 우겼다.

채병덕은 각지의 병력을 아무 방어 시설이 없는 의정부에 몰아넣으며 북한군을 공격하라고 명령했다. 대전에 주둔하던 2사단도 급히 이동했다. 이제 겨우 2개 대대가 의정부에 도착한 상태에서 채병덕은 2사단에게 7사단의 우측을 맡도록 했다. 얇게 펼쳐진 2사단이 북한군 탱크에 돌파당했다. 그 바람에 7사단도 후퇴해야 했고 북한군은 26일 오후 의정부를 점령했다. 다음은 서울이었다.

의정부 백석천 다리에서 국군 하사관이 쏜 바주카포에 북한군 탱크 무한궤도가 풀렸다. 북한군 진격로가 무려 16시간이나 막혔다. 그동안 국군은 잔존 병력을 후퇴시켜 서울 창동에 방어선을 쳤다. 27일 새벽부터 북한군 공세가 다시 시작됐다. 국군은 한때 이를 격퇴하기도 했지만, 오후 1시경 북한군 탱크들이 2사단 5연대와 16연대 사이를 비집고 들어왔다.

창동에서 시간을 끌어준 덕분에 수도경비사령부가 미아리에 방어선을 구축할 수 있었다. 오후 5시 북한군이 20여 대의 탱크를 앞세우고 공격해 왔다. 국군은 105밀리미터 곡사포 등으로 무사히 방어해 냈다. 그러나 북한군은 재차 어둠과 폭우 속에 공격해 왔고 참혹한 육박전이 벌어졌다. 미아리방어선은 6월 28일 새벽 1시 붕괴되었다.

아직 서울에는 44,000명의 국군과 7,500명의 경찰이 있었다. 이들이 곳곳에서 결사적으로 저항했다. 경찰이 창덕궁에 들어온 북한군 탱크를 파괴하기도 했다. 서울에서 시가전을 벌였다면 며칠 동안 버틸 수도 있었을 것이다. 그런데 비극적인 사건이 일어났다.

장경근 국방차관이 육군본부에 한강 다리들을 폭파하라고 명령했다. 임진강과 미아리에서 연달아 교량 파괴에 실패하자 너무 성급한 결정을 내린 것이다. 이형근 2사단장이 육군본부로 달려가 내 부하들은 어떻게 하느냐고 고함을 질렀다. 채병덕 참모총장은 사라졌고 김백일 준장이 육군본부를 지휘하고 있었다. 김백일은 항의를 받아들였지만 공병대와 연락할 방법이 없었다. 그는 장창국 정보국장을 한강인도교로 보내 폭파를 중단시키려 했다.

그러나 도로는 피난민과 국군 패잔병으로 가득 차 있었다. 장창국이 욕설을 퍼부으며 인파를 헤치고 갔지만, 다리를 100여 미터 앞두고 하늘이 무너질 듯한 폭발음을 들었다. 6월 28일 새벽 2시 30분경이었다. 다리를 건너던 피난민 수백 명이 희생됐고, 목숨을 걸고 싸워 온 5만 명의 국군과 경찰은 서울에 고립됐다. 이들 중 일부만 배를 구하거나 헤엄쳐 한강을 건널 수 있었다. 개전 당일 98,000명이던 국군은 사흘 뒤 22,000명만 전선에 남아 있었다.

비록 사흘 만에 서울을 잃었지만 국군은 무기력하지도 비겁하지도 않았다. 병력 2대 1, 탱크 242대 0, 전투기 226대 0의 비교하기조차 힘든 열세 속에서 만 사흘을 버틴 것은 기적에 가까운 일이었다. 북한은 남침 다음날 서울을 점령하기로 계획하고 있었다. 국군이 이렇게 결사항전할 줄 몰랐던 것이다. 여기에는 국군 하사관들의 공헌이 컸다고 외국 군사 전문가들은 말한다.

바다에서도 국군이 선전했다. 한국 해군에는 전투함이 딱 한 척 있었다. 해군 장교와 사병들이 월급에서 성금을 떼고 부인들이 삯바느질해 모은 돈으로 산 소형 구잠함 백두산함이었다. 2차대전 후 퇴역한 미군 배를 사서 대포를 달았다. 녹을 벗기고 새로 칠한 뒤 전국 항구들을 돌며 전시 행사를 하고 6월 24일 자정에 진해로 돌아왔다. 그리고 몇 시간 뒤 전쟁이 터지자 출동 명령이 떨어졌다.

6월 25일 오후 8시 백두산함은 울산 앞바다에서 북한의 대형 수송선을 발견했다. 특수부대원 600여 명을 싣고 부산으로 향하던 중이었다. 격렬한 전투 끝에 26일 새벽 1시 대한해협에서 격침하는 데 성공했다. 만약 백두산함이 없었거나 격침에 실패했다면 대한민국의 마지막 생명줄이었던 부산항은 마비됐을 것이다. 아직 하늘이 대한민국을 버리지 않았다.

2. 어서 한국을 구하시오

이승만 대통령은 6월 25일 아침 8시 무렵에야 경무대 경찰서장을 통해 북한의 남침 사실을 알았다. 이어 군과 경찰, 미 대사관 등의 상황 보고가 올라왔지만 내용이 제각각이었다. 오전 11시 30분 급히 국무회의를 소집했다. 이 자리에서 신성모 국방장관과 채병덕 참모총장은 전면 남침은 아닌 것 같다고 설명했다. 아직도 그렇게 믿고 싶었던 것이다. 이승만은 경무대로 찾아온 무초 주한 미국대사에게 미국과 유엔의 지원을 요청했다. 그리고 장면 주미대사에게 전화를 걸어 "우리 국군이 용맹하게 싸우고 있으니, 어떻게든 미국의 원조가 시급히 도착하도록 노력하라"고 지시했다. 전황은 점점 더 악화됐다. 이승만은 앉은 채로 밤을 꼬박 새웠다. 북한군 야크기가 서울 밤하늘을 휘젓고 있었다. 아직 미국을 비롯해 누구 하나 도와준다는 데가 없었다.

6월 26일 새벽 3시, 이승만은 도쿄의 맥아더 사령관에게 전화를 걸었다. 전화를 받은 부관이 취침 중이라 통화할 수 없다고 하자 이승만이 고함을 쳤다.

"맥아더 원수가 깨면 이렇게 전하시오. 당신들이 빨리 우리를 도와주지 않으면 여기 한국에 있는 미국인 2,500명을 우리가 다 죽이겠소."

부관은 깜짝 놀라 맥아더를 깨웠다. 이승만은 맥아더에게 미국이 거듭된 경고를 무시해 북한의 남침을 불렀다고 다그쳤다. 그리고 시급한 지원을 요구했다.

"어서 한국을 구하시오!"

맥아더는 우선 전투기와 곡사포, 바주카포를 보내겠다고 약속했다.

의정부가 점령되자 주한 외국인과 군사고문단이 서둘러 서울을 떠나기 시작했다. 그날 밤 서울시경 국장이 피난을 권했지만 이승만은 단호히 거절했다.

6월 27일 새벽, 이승만은 장면 대사에게 다시 전화를 해 트루먼 대통령을 만나 군사원조의 시급함을 알리라고 지시했다. 장면은 트루먼과 면담하고 지원 약속을 받았다. 정부 각료들은 이승만의 피난 거부에 초조했다. 대통령이 적에게 붙잡히면 전쟁은 끝난 것이나 다름없었다. 북한이 이승만의 음성을 조작해 항복 방송을 하면 국군이 어떻게 버티겠는가. 신성모 국방장관과 조병옥 내무장관이 새벽 2시에 경무대로 찾아와 설득했지만 요지부동이었다. 참모들은 거짓으로 북한군 탱크가 청량리에 들어왔다고 보고했다. 그제서야 이승만이 뜻을 꺾었다. 새벽 3시 30분, 기관차에 3등 객차 2량을 연결한 특별열차가 서울을 떠났다. 이틀을 뜬 눈으로 보냈던 이승만은 수원을 지날 무렵 잠이 들었다.

그 시각 국회는 긴급회의를 소집해 정부가 떠나도 국회는 수도를 사수하겠다고 결의했다. 의원들은 회의가 끝난 뒤 대부분 남쪽으로 피난했고, 고지식한 60여 명 만 결의안을 지키겠다며 서울에 남아 있다 절반이 피살되거나 납북됐다.

트루먼 미국 대통령은 미국 시간으로 6월 24일 밤에 북한의 남침 보고를 받았다. 휴가 중이던 그는 다음날 워싱턴으로 복귀하는 비행기 안에서 참전을 결심했다. 훗날 회고록에서 그는 독일과 일본의 팽창을 방관해 2차대전이 일어났던 잘못을 반복하지 않으려 했다고 밝혔다. 백악관에 모인 애치슨 국무장관, 존슨 국방장관 등 각료들의 의견도 일치했다. 미국 정부는 극동군 사령관 맥아더에게 한국에 무기를 제공하고 7함대를 필리핀에서 대만해협으로 이동시켜 중국을 견제하라고 지시했다. 그리고 전황이 심상치 않자 다음날, 한국 시간으로 27일 새벽, 미 공군의 한국군 지원을 허용했다. 미국이 참전한 것이다.

유엔도 부지런히 움직였다. 노르웨이 출신의 트뤼그베 리 사무총장은 유엔이 만든 한국이 침략당한 데 분노했다. 그는 미국 시간으로 6월 25일 오후 유엔 안보리를 소집했다. 당시 소련은 중국 대표권 문제로 유엔 회의 참석을 거부하고 있었다. 덕분에 안보리는 북한군의 철수를 요구하는 결의안을 채택했다. 안보리는 나아가 27일 '북한의 무력 공격을 격퇴하기 위한 지원을 한국에 제공할 것을 유엔 회원국에게 권고한다'는 두번째 결의를 했다. 이에 따라 16개국이 파병해 최초의 유엔군을 결성했다.

잠에서 깬 이승만은 차창 밖의 농촌 풍경을 회한에 젖어 바라보았다. 그러다 문득 여기가 어디냐고 물었다. 비서가 대구라고 답하니 당장 열차를 돌리라고 호통을 쳤다. 서울로 가자는 것이었다. 방향을 바꾼 열차는 6월 27일 오후 4시 대전역에 도착했다. 이영진 충남지사와 허정, 윤치영 등이 객차로 올라와 더 이상의 북상을 만류했다.

이승만이 또 고집을 피우고 있는데 미 대사관 참사관이 대전역으로 찾아왔다. 그는 유엔이 북한에 대한 군사제재를 결의했고 트루먼 대통령이 무기 긴급원조를 명령했다고 알렸다. 절망에 빠졌던 한국 정부 관계자들 얼굴에 화색이 돌았다.

이승만은 정부를 대전으로 옮기는 데 동의했다. 이승만 일행이 충남지사 관저로 자리를 옮겨 그날 첫 식사를 마치자 무초 미국대사가 찾아왔다. 무초는 유엔과 미국의 지원 결정 과정을 자세히 설명했다. 이승만은 안도했다. 그는 이범석과 윤치영을 불러 부산으로 내려가 미군 상륙에 대비하라고 지시했다. 그리고 방송으로 이 소식을 알려 국민들을 안심시켜야겠다고 생각했다.

서울중앙방송국에 연락해 녹음 준비를 하고 이승만이 전화로 연설문을 읽었다. '유엔과 미국이 우리를 돕기로 했다. 국민들이 굳게 참고 있으면 곧 적을 물리칠 것이니 안심하라'는 내용이었다. 당직 아나운서는 밤 11시에 녹음 테이프를 걸어 놓고 피신했다. 이승만의 대국민 담화는 아무도 없는 스튜디오에서 전파를 타고 퍼져나갔다. 6월 28일 새벽 2시 북한군이 방송국을 점령했다. 그 뒤 오랫동안 북한과 국내 좌파들은 이승만이 국민을 속이는 방송을 하고 도망갔다는 선전을 했고 많은 국민들이 이를 믿었다.

맥아더가 6월 29일 한국의 전선을 시찰했다. 이승만은 대전에서 비행기를 타고 수원비행장으로 마중 나갔다. 두 사람이 만나는 시각 하늘에서 공중전이 벌어졌다. 미군 최초의 제트 전투기인 F80 슈팅스타들이 북한군 야크기들을 속속 격추했다. 그런데 혼전 중에 야크기 2대가 구름 밑으로 빠져나와 폭탄을 투하해 하마터면 큰일 날 뻔했다. 미 공군은 그날 이후 북한 비행장들을 폭격해 쑥대밭으로 만들었다.

이승만과 회담을 마친 맥아더는 한강 방어선으로 이동했다. 가는 길에 수많은 피난민과 넋이 나간 듯한 국군 패잔병들을 보았다. 전쟁의 전망이 암울하게 느껴졌다. 그러나 그게 다는 아니었다. 한강변에 도착한 맥아더는 열심히 참호를 파고 있는 한 국군 병사를 만나 말을 걸었다.

"자네는 언제까지 그 호 안에 있을 것인가?"

"옛! 저의 직속상관으로부터 철수하라는 명령이 있을 때까지 여기 있을 겁니다."

"명령이 없을 때에는 어떻게 할 것인가?"

"옛! 죽는 순간까지 여기를 지킬 것입니다."

이 병사는 전쟁이 터지자 스무 살에 자원입대한 신동수였다. 그는 장교들이 미국 군인과 함께 다가와 누군지도 모르고 경례를 하고 묻는 말에 대답했다고 한다. 맥아더가 이날 대화를 회고록에 쓴 것으로 보아 그도 강한 인상을 받았던 것으로 보인다.

한국 전선에서 돌아온 맥아더는 트루먼에게 해군과 공군만으로는 북한군을 저지할 수 없다고 보고했다. 그리고 일본에 주둔 중인 2개 보병사단의 긴급 출동을 건의했다. 트루먼은 즉시 승인했다. 드디어 미 육군이 한국전에 투입된 것이다. 그러나 그들은 5년 전 독일과 일본을 격파했던 무적의 군대가 아니었다.

3. 피로 물든 낙동강

서울이 함락되자 채병덕 참모총장은 육군참모학교장 김홍일 소장을 시흥지구전투사령관으로 임명하고 한강 방어의 전권을 부여했다. 김홍일은 당시 국군의 최고 전략가였다. 그는 일제의 탄압으로 망명해 중국 육군군관학교를 졸업했고, 시베리아에서 대한의용군을 이끌어 러시아 백군 및 일본군과 싸웠고, 중국 국민당군 대대장으로 장개석의 북벌에 참여해 훈장을 받았고, 중일전쟁 때 중국군 사단장으로 일본군과 싸워 혁혁한 공을 세웠으며, 임시정부 광복군 참모장으로 취임해 국내 진공을 준비했던 명장이었다.

김홍일은 와해된 국군 병력을 신속히 재편했다. 유재흥 준장을 혼성 7사단장, 이종찬 대령을 혼성 수도사단장, 임선하 대령을 혼성 2사단장에 임명하고 각각 방어 구역을 지정했다. 혼성사단은 실제 병력이 1개 연대 규모에 불과했지만, 한강을 넘어오는 국군 병사들을 흡수해 신속히 예하 부대를 구성하도록 했다. 남아 있는 중화기는 박격포 몇 문에 불과했는데, 대신 미 공군의 지원을 받을 수 있도록 통신망을 구축했다.

서울을 점령한 북한군은 도하 장비가 부족했다. 북한군은 춘천을 공격한 부대가 서쪽으로 우회해 한강 방어선을 남쪽에서 포위할 계획이었다. 그런데 그 부대가 국군 6사단에게 막히면서 한강을 직접 건너 공격해야만 했다.

6월 29일 밤부터 시작된 북한군의 한강 도하 시도는 국군의 반격에 번번이 무산됐다. 특히 여의도에서는 7월 3일까지 다섯 차례나 북한군의 공격을 막아냈다. 북한군은 끊어진 다리들 가운데 한강철교를 다시 잇기로 했다. 7월 1일 밤부터 철도청 선로반원과 시민들을 강제동원해 은밀하게 복구작업을 진행했다. 그 결과 7월 3일 새벽에 탱크 4대를 도하시키는 데 성공했다. 노량진과 영등포에서 국군 병사들이 건물들을 이용해 결사 항전했다. 그러나 더이상 한강을 방어하기에는 역부족이었다. 김홍일은 예하 사단들에 병력과 장비를 보호하며 즉시 안양으로 철수하라고 명령했다.

김홍일은 병사들에게 "앞으로 3일 동안 한강을 지키느냐에 따라 나라의 운명이 좌우된다"고 강조했었다. 그리고 6일을 버텼으니 한강 방어전은 성공적인 작전이었다. 그 기간 동안 남쪽에서는 속속 미군이 도착하고 있었다.

맥아더는 주일미군 24사단을 먼저 한국에 보내기로 했다. 사단장인 딘 소장은 21연대 1대대를 선발대로 파견했다. 대대장 이름을 따 스미스 특수임무부대라 불렸지만, 특수훈련은커녕 전쟁에 투입될 거라는 생각조차도 해본 적 없는 병력이었다. 보병 406명과 105밀리미터 곡사포

6문의 1개 포대로 이루어진 스미스 부대는 7월 1일 부산 수영비행장에 도착했다. 그리고 한국인들의 열렬한 환영을 받으며 기차와 트럭을 타고 7월 4일 오산 북쪽 죽미령에 도착했다.

7월 5일 아침 전투가 시작됐다. 북한군 T34 탱크들이 몰려오자 곡사포로 2대를 파괴했다. 그러나 대전차 포탄이 6발밖에 없었다. 인마 살상용 고폭탄은 탱크에 맞춰도 소용이 없었다. 미군 병사들은 75밀리미터 무반동총과 2.36인치 바주카포를 미친 듯이 쏘았지만, 포탄이 탱크에 맞고 튀어나왔다. 미국은 신형 3.5인치 바주카포를 개발하고도 실전 배치하지 않아, 급히 긁어모은 시제품들이 태평양을 건너오는 중이었다. 스미스 부대는 6시간 만에 후퇴했다.

스미스 부대가 예상보다 일찍 무너지면서 평택과 안성에 방어진지를 만들려던 미 24사단 34연대가 천안으로 남하해 집결했다. 7월 7일 저녁 북한군 탱크가 천안 시내로 밀고 들어오는데 이를 막을 무기가 없었다. 34연대는 다음날 새벽 일부만 포위망을 탈출할 수 있었다. 그제서야 미군은 한국군이 무능해서 후퇴하는 게 아님을 깨달았다.

미 24사단 본대는 딘 소장의 지휘하에 대전에 방어선을 구축했다. 7월 14일 북한군 4사단을 시작으로 2개 사단과 2개 전차연대가 금강을 건너는 것을 막지 못했다. 전력의 열세였다. 북한군 총공세가 임박하자 딘은 대전에서 철수하려 했다. 그런데 8군 사령관 워커 중장이 18일 대전을 방문해 후속 사단들의 배치를 위해 20일까지만 버텨 달라고 부탁했다.

딘 소장은 명령을 그대로 수행했다. 19일 새벽부터 시작된 북한군의 공격에 24사단은 필사적으로 저항했다. 그러나 통신이 두절되고 20일에는 대전 시내에 북한군 탱크들이 들어왔다. 딘은 신형 3.5인치 바주카포를 든 병사들을 데리고 다니며 직접 탱크들을 격파했다. 그는 날

이 저물자 철수해야 할 때라고 판단했다. 딘은 포위망을 뚫고 대전을 빠져나왔지만 산 속을 헤매다 붙잡혀 3년간 고초를 겪었다. 대전이 함락되면서 이제 대한민국은 낙동강 방어선에 마지막 운명을 걸게 되었다.

국군과 미군은 지연전을 펼치며 남하해 8월 4일 모두 낙동강을 건넜다. 미8군 사령관 워커 중장이 구축해 놓은 결전장이었다. 동서 80킬로미터, 남북 160킬로미터의 대한민국 마지막 영토였다. 이곳을 지키기 위해 북쪽 산악지대에는 국군이, 서쪽 낙동강에는 미군이 배치됐다.

방어 병력은 국군 5개 사단, 미군 3개 사단뿐이었다. 보통 사단의 방어 전면은 15킬로미터가 한계인데 각각 30킬로미터를 담당해야 했다. 미국에서 도착하는 신규 사단들을 인천상륙작전을 위해 따로 빼놓았기 때문이다. 마치 1942년 스탈린그라드에서 소련군이 독일군 포위를 위해 도시에는 최소 병력만 투입했던 것과 유사했다.

워커 중장은 다부진 체격만큼이나 강인한 사람이었다. 워커는 2차대전 때 패튼 장군 휘하의 전차군단장을 맡아 전격전으로 독일군을 무너뜨린 전공을 세웠다. 한국에 온 그는 부산으로 후퇴를 고려해야 한다는 보고서를 읽다 찢어 버리며 이렇게 말했다.

"후퇴란 있을 수 없다. 내가 여기서 죽더라도 끝까지 한국을 지키겠다. 너희가 파놓은 벙커 속에서 죽을 때까지 싸우라."

그의 "지키느냐 죽느냐(stand or die)"라는 말은 낙동강에서 미군들의 좌우명이 되었다.

워커는 경비행기를 타고 전투지역 상공을 누비며 지휘했다. 통신장비가 열악해 부대 간 연락이 원활치 못했기 때문이다. 그는 소음을 줄이려 엔진을 끄고 활강하면서 확성기로 적의 위치와 공격 방향을 지시했다. 그런 헌신적인 모습에 병사들이 용기를 내지 않을 수 없었다.

낙동강에 도착한 북한군 11개 사단은 병력이 7만 명으로 거의 반이 줄어 있었다. 탱크도 40대밖에 남지 않았다. 장거리 이동 시 열차를 이용해야 한다는 사실을 몰라 고장이 많았기 때문이다. 그러나 낙동강전투는 계곡과 고지에서 벌어졌기 때문에 중화기보다는 병사들의 의지가 승패를 결정했다. 더구나 병력은 남한 청년들을 거의 무제한으로 끌어와 투입했다. 김일성이 남한 의용군으로 40만 명을 징집했다고 말했을 정도이다. 북한군은 기회만 있으면 도망치려는 이들을 총으로 위협해 전선의 총알받이로 내몰았다.

북한군은 8월 4일과 9월 1일 두 번에 걸쳐 총공세를 폈다. 모든 전선에서 전사에 길이 남을 대전투들이 벌어졌다. 특히 대구 북쪽 다부동에서는 55일간 혈전이 계속됐다. 1사단을 중심으로 한 국군과 미군 총 8천 명이 북한군 4개 사단 2만 1,000천 명을 막아냈다.

1사단장 백선엽은 통솔력이 뛰어난 지휘관이었다. 그의 사단은 개전

낙동강 전선으로 행군하는 국군 신병들 (전쟁기념관) (22)

초 북한군을 저지한 뒤 편제를 유지한 채 후퇴에 성공했다. 후퇴 중 미군기의 오인 폭격을 받았는데, 그는 "봐라! 내 말이 맞지 않느냐. 미군이 참전했다"고 외쳐 겁에 질려 있던 병사들의 사기를 드높였다. 다부동전투에서도 8월 14일 북한군이 진목동의 방어선을 뚫자 현장에 나가 후퇴하던 병사들을 되돌려 놓았다. 그리고 북한군 탱크들이 지나간 전선의 구멍을 다시 메웠다.

8월 20일, 그는 미8군 사령부로부터 다급한 전화를 받았다. 의성군 신주막을 탈환하려던 국군이 마음대로 후퇴하고 있다는 것이다.

"우리 미군은 알지도 못하는 한국에 목숨 걸고 싸우러 왔는데, 당신들은 대체 뭐 하는 거냐. 이럴 거면 우리도 전투고 뭐고 철수하겠다"고 악을 썼다. 백선엽은 일단 진정시킨 뒤 병사들에게 달려갔다.

어깨가 축 늘어져 후퇴하던 병사들에게 상황을 물었다. 이틀간 물 한 모금 못 마시고 탄약도 거의 떨어져 할 수 없이 후퇴한다고 대답했다. 백선엽이 설득했다.

"이기면 쉴 수 있다. 그러나 우리가 다부동을 잃으면 대구가 떨어지고 곧 부산을 잃는다. 그러면 우리는 갈 곳이 없다. 내가 앞장설 테니, 내가 후퇴하거든 너희들이 나를 쏴라."

그리고 권총을 빼들고 고지를 향해 뛰어 올라갔다. 북한군도 격전에 지쳐 쓰러져 있다 갑자기 다시 몰려오는 국군을 보고 놀랐다. 북한군은 새로 지원군이 투입된 것으로 오해해 전의를 잃고 달아났다.

다부동전투에서 국군 1만 명과 북한군 2만 4,000명이 죽거나 다쳤다. 말 그대로 전우의 시체를 넘고 넘은 혈전이었다. 그렇게 싸워 기어코 대구를 지켜냈다. 이 승리로 그동안 국군을 낮춰 보며 적에게 빼앗길까 봐 무기 원조마저 꺼렸던 미군이 시각을 바꾸게 되었다.

4. 이승만의 전쟁 지휘

2차대전 때 스탈린이 히틀러를 이긴 주요 이유 중 하나가 전쟁 중반 이후 장군들의 의견을 존중했기 때문이다. 루스벨트, 처칠 등 민주국가 지도자들은 대체로 군사작전에 직접 관여하지 않았다. 이승만도 그러했다.

군 인사도 세세한 부분은 관여하지 않았다. 이승만은 1950년 6월 30일 패전의 책임을 물어 채병덕 참모총장을 해임하고 후임에 정일권을 임명했다. 후속 인사는 신성모 국방장관에게 맡겼다. 신성모는 7월 5일 1군단을 창설하고 군단장에 김홍일, 참모장 유재흥, 1사단장 백선엽, 2사단장 이한림, 수도사단장에 김석원을 임명했다며 사후보고했다.

흥미로운 것은 상해 임시정부 군사위원을 역임한 신성모가 일본 육사 출신 채병덕을 위해 변명해주고, '경남지구 편성군 사령관'이라는 없던 자리까지 만들어 챙겼다. 또한 일본군 전쟁영웅인 김석원을 수도사단장으로 추천한 사람이 광복군 출신 김홍일이었다. 당초 국군에 옛 일본군 장교들을 적극 등용한 사람도 청산리대첩의 주역인 이범석이었다. 진짜 독립운동가들은 일본군 출신 인재 기용에 훨씬 관대했던 것이다.

국가 지도자는 군 작전과 인사에 관여하지 않아도 할 일이 너무 많았다. 먼저 전쟁의 성격과 방향을 결정해야 했다. 이승만은 북한의 남침 당일 무초 미국대사에게 "이 위기를 이용해 한국의 통일 문제를 해결해야 한다"고 말했다. 이는 전쟁 막바지까지 이승만의 정책 기조를 이루었다.

전쟁에 인적·물적 자원을 조달해야 했다. 이승만은 7월 8일 전국에 비상계엄을 선포해 총력지원체제를 갖췄다. 6월 28일 2만 2,000명으로 줄었던 국군 병력은 지연전을 펼치며 계속 후퇴해 8월 초 낙동강 동안에 다다랐을 때 오히려 8만 2,000명으로 늘어 있었다.

이승만과 정일권 (이승만기념관.com)

피난민도 정부가 돌봐야 했다. 각지에 수용소를 세워 임시 거처를 마련했다. 현지 주민들도 먹고 살기 힘든 지방자치단체들의 불만이 컸지만, 피난민이 굶어 죽으면 책임을 묻겠다고 중앙정부가 윽박질렀다. 각국에서 보내주는 음식과 옷가지는 큰 도움이 되었다.

6.25 때 전시외교는 대한민국의 사활이 걸린 문제였다. 소련의 무기와 중국의 병력으로 남침해온 북한을 막으려면 우리도 미국 등 서방 진영에서 같은 전력을 동원해야 했다. 국군의 작전지휘권 이양도 그러한 측면에서 이해할 수 있다.

유엔 안보리는 회원국 군대를 미국의 지휘 아래 둔다고 결의해 맥아더가 유엔군 사령관이 되었다. 이승만은 7월 14일 맥아더에게 "현재와 같은 적대 상태가 지속되는 동안 한국의 육해공군에 대한 지휘권을 당신에게 이양한다"는 편지를 보냈다. 이 편지는 안보리에 제출되어 유엔군 사령관이 국군의 지휘권을 갖게 되었다. 지휘권 이양은 통일된 작전체계에 꼭 필요했다. 그래서 2차대전 때 영국이 그러하였으며, 김일성도 중공군에게 작전 지휘권을 넘겼다. 이는 또 미국에 무한책임을 지우고, 국군이 유엔군의 일부가 되는 효과도 있었다.

대전으로 정부를 이전했던 이승만에게 미 대사관이 다시 피신해야 한다고 조언했다. 미군 선발대가 무너지면서 북한군이 대전 북방을 빠르게 조여 왔던 것이다. 이승만은 대전을 사수하겠다고 고집부리다 프란체스카의 설득으로 겨우 마음을 돌렸다. 우여곡절 끝에 부산을 거쳐 7월 9일 대구로 이동했다. 정부도 이전해 경북도청에 국무회의실을 마련하고 극장에서 국회도 소집했다.

피난살이는 누구에게나 고달팠다. 서울에서 온 각계 인사들은 대구시가 마련해준 숙소에 공동 기거했다. 밤에 늦으면 누울 곳이 없어 쪼그려 앉아 자야 했다. 식사는 경북지사 부인이 매끼 70여 명 분을 지어 공급했다. 옷은 군복을 얻어 입었지만 속옷이 말 못 할 고통이었다. 프란체스카는 침대 시트를 잘라 팬티 수십 장을 만들어 전달했다. 각료들의 속옷을 만든 세계 최초의 영부인이었을 것이다.

북한군 공세가 거세지면서 낙동강 전선마저 안심할 수 없게 되었다. 정부는 8월 18일 또다시 부산으로 이전했다. 그런데 조병옥 내무장관이 경찰은 남겠다고 선언했다. 대한민국 정부가 모두 떠나면 병사들이 목숨 바쳐 대구를 지킬 의지가 생기겠냐는 것이다.

조병옥은 경찰 간부들을 소집했다. 드디어 피난을 간다고 생각해 짐까지 챙겨 모였다. 그런데 조병옥이 대구 사수를 명령하자 모두 경악했다. 미련한 장관 때문에 다 죽게 됐다며 주저앉아 우는 사람도 있었다.

북한군이 대구 북쪽 가산산성에 침투해 시내로 박격포를 쏘았다. 시민들은 공황 상태에 빠져 대구역으로 몰려가고 남쪽 도로를 메웠다. 조병옥이 대구역으로 달려갔다. 그리고 아직 경찰이 남아 있으며 절대로 대구를 적에게 넘기지 않겠다고 목이 터져라 외쳤다. 대구 시내를 돌아다니며 가두방송도 했다. 시민들의 혼란은 겨우 가라앉았다.

한국 경찰이 대구에 남으면서 미8군 사령부도 부산 이전을 취소했다. 대한민국이 대구를 지켜낸 것에 조병옥의 공이 컸다. 이승만도 그 뒤 두고두고 조병옥의 용기를 칭찬했다.

북한군 점령지역 주민들은 길게는 석 달 동안 지옥 같은 생활을 했다. 북한군도 처음에는 병사들에게 민간인에 피해를 끼치지 말라고 명령했다. 그러나 러시아 적군과 중국 공산당을 모방해 식량의 현지조달을 원칙으로 했다. 북한군은 식량을 가져가며 북한 돈으로 지불했는데, 농민들에게는 강도질과 다름없었다. 점령지마다 반동 숙청의 이름으로 우익인사와 군인, 경찰 가족들을 학살했다. 그런 공포 분위기 속에서 의용군 지원을 강요해 수많은 젊은이들을 잡아갔다. 이미 농지 분배를 마친 농민들에게 다시 농지를 분배한다며 대가로 현물세를 부과했다. 그리고 현물세를 잘 익은 벼 이삭 낟알 수에 논 면적을 곱해 계산해 분노를 샀다.

호남의 기독교인들이 특히 많이 희생되었다. 북한군과 공산주의자들은 전남 영광군에서 염산교회 교인 77명을 불에 태우거나 돌을 매달아 바다에 던졌고, 야웰교회 교인 65명을 산 채로 매장했다. 신안군 진리교회 교인 48명을 칼과 창으로 찔러 죽였고, 전북에서도 옥구군 원당교회 교인 76명을 학살했다. 이들을 포함해 전남에서 피살된 사람이 43,511명으로 남한 전체 학살 피해자의 70퍼센트가 넘었으며, 전북에서도 5천 명 이상 희생되었다.

북한 부수상 박헌영은 김일성에게 "전쟁이 터지면 남한에서 광범위한 봉기가 일어날 것"이라고 장담했었다. 그러나 봉기는커녕 공산주의 지배를 직접 경험해 본 남한 주민들은 치를 떨며 국군의 반격을 기다렸다.

5. 국군은 북진하라

미군 2개 사단 병력을 실은 수송선들이 일본 요코하마와 고베 항을 떠났다. 병사들은 질식할 듯한 긴장감 속에 어딘지 모를 상륙지를 향해 가고 있었다. 부산을 출발한 국군과 미군 해병연대들도 제주도 남서쪽 해상에서 합류했다.

그 사이 전북 군산과 강원 삼척, 경북 영덕 해안에 미군기들이 맹렬한 폭격을 퍼붓고 있었다. 군산에서는 미군과 영국군 특수부대가 영덕군 장사리에서는 학도병들이 소규모 상륙을 감행했다. 북한군의 주의를 분산시키려는 기만작전이었다.

김일성도 국군과 미군이 어딘가에 상륙할 것으로 예상하고 있었다. 다만 인천은 조수간만의 차가 너무 크고, 수로가 좁고 길며, 해안에 높은 벽이 있어 상륙에 부적합하다고 생각했다. 같은 이유로 미 국방부는 인천 상륙에 강력히 반대했지만, 맥아더는 적의 허를 찔러야 한다고 주장해 관철시켰다.

유엔군 함대가 1950년 9월 15일 새벽 인천 앞바다에 집결했다. 항공모함, 구축함, 순양함 등 8개국 261척의 군함들로 구성된 대함대였다. 엄호 포격이 실시되는 가운데 미 해병 1사단이 아침 6시 30분 월미도에 상륙했다. 북한군의

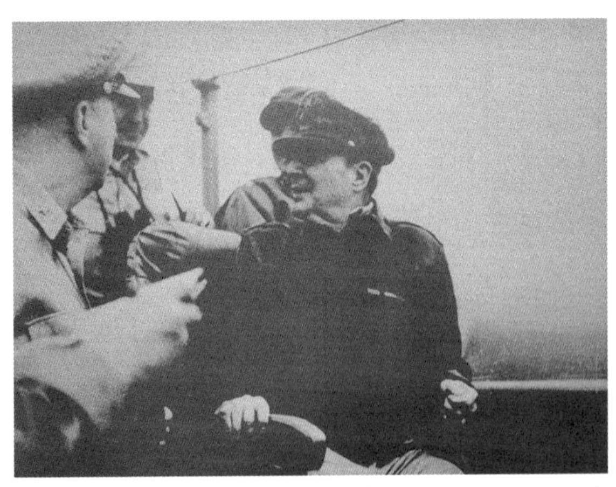

인천상륙작전을 지휘 중인 맥아더 (전쟁기념관)

저항은 미미했다.

이제 썰물이었다. 월미도의 미군은 교두보를 지키며 다음 밀물을 기다렸다. 저녁 5시 반에야 국군과 미군의 상륙이 다시 시작됐다. 반나절이나 시간이 있었지만, 북한군은 인천에 투입할 예비 병력이 없었다.

무기력하게 패퇴한 북한군은 서울에 집결해 저항했다. 한미 해병대가 9월 21일 수색에서 연희동 쪽으로 진격하면서 본격적인 전투가 시작됐다. 치열한 시가전 끝에 27일 아침 국군 해병대가 중앙청에 태극기를 게양했다. 그리고 28일 서울이 완전히 해방되었다.

인천상륙작전이 성공한 뒤에도 낙동강에서는 치열한 전투가 닷새 동안이나 계속됐다. 북한군 지휘부가 유엔군 상륙 사실을 전방부대에 알려주지 않았기 때문이다. 그러나 입에서 입으로 전해지는 소문은 막을 수 없었다. 9월 19일 낙동강의 북한군이 갑자기 무너졌다. 그리고 퇴각하는 북한군과 이를 추격하는 국군 미군이 북쪽을 향해 속도전을 벌였다. 북한군은 중화기를 모두 버린 채 뿔뿔이 흩어져 달아났다. 낙동강에서 후퇴한 7만 명 가운데 38선을 넘은 병력이 3만 명이 채 안 됐다. 나머지는 포로로 잡히거나 산에 들어가 빨치산이 되었다.

서울을 탈환하자 미 국무부는 맥아더에게 긴급 전문을 보냈다. 한국 정부를 서울로 복귀시키는 문제는 자기들이 처리하겠다는 내용이었다. 맥아더는 이를 무시했다. 그는 유엔군 사령관이었다. 맥아더는 서울 수복 다음날 이승만과 함께 서울에 도착했다. 아직 포연이 가시지 않은 중앙청에서 감격적인 수도 반환식을 열었다.

그러나 맥아더의 권한은 거기까지였다. 행사 직후 이승만이 맥아더에게 지체없이 북진하자고 설득했다. 맥아더는 거절했다. 유엔이 부여한 권한이 38선 이남의 실지 회복이었던 것이다. 그 무렵 유엔군 사령부는 국군에게도 38선에서 작전을 중지하라고 명령했다. 이승만의 승부

수가 또 필요한 시점이었다.

이승만은 정일권 참모총장과 육군 수뇌부를 경무대로 불렀다. 이승만은 3사단과 수도사단이 38선에 도착해 멈춘 이유를 물었다. 그리고 점점 언성을 높였다. 그는 장군들 한 사람 한 사람에게 38선을 넘을 수 있느냐고 물었다. 누가 안 된다고 할 수 있겠는가. 마지막으로 정일권이 대답했다.

"저희는 대한민국의 군인입니다. 유엔군과의 지휘권 문제가 있습니다만, 저희는 각하의 명령을 따라야 할 사명과 각오를 지키고 있습니다."

이승만은 흡족해하며 정일권에게 명령서를 열어보라고 말했다. 이렇게 적혀 있었다.

> 대한민국 국군은 38선을 넘어 즉시 북진하라. 1950년 9월 30일
> 대통령 이승만

육군본부로 돌아온 정일권은 막막했다. 성격이 강해 미군과 충돌을 불사하던 김홍일, 김석원과 달리 정일권은 한미 양군의 협력을 중시했다. 그런데 함께 고민하며 대책을 논의하던 참모총장 고문 하우스만이 법령집에서 긴급추적권(hot pursuit)이라는 방법을 찾아냈다. 전쟁 중 긴급한 상황이 발생하면 불가피하게 일정 기간 전투 금지 지역으로 진입하여 적을 공격할 수 있는 권한이었다. 정일권의 명령으로 수도사단 23연대가 10월 1일 오전 11시 25분 38선을 넘어 북진을 개시했다.

미국에게 38선 돌파는 간단한 문제가 아니었다. 그것은 기존의 봉쇄정책을 폐기하고 롤백정책으로 전환하는 것을 의미했다. 논란 끝에 미국도 38선을 넘기로 결정했다. 10월 3일 유엔군 사령부는 38선 이북으로 작전을 연장한다는 일반명령 2호를 발표했다. 유엔 총회도 10월

7일 유엔군의 북진을 허락하는 결의안을 채택했다. '침략군의 무력을 분쇄하여 북한 인민들이 자유롭게 선거에 임할 수 있도록 하기 위함'이 목적이었다.

이제 통일이 눈앞에 보이는 듯했다. 국군과 미군은 북으로 쾌속 질주했다. 동부전선의 국군 1군단은 열흘간 200킬로미터를 북상해 10월 10일 원산을 점령했다. 2군단 1사단은 10월 19일 평양에 입성했다. 김일성은 그 일주일 전에 '최후의 피 한 방울까지 흘리면서 싸우라'는 녹음을 해놓고 달아났다. 이승만은 위험하다는 참모들의 만류를 뿌리치고 수복된 평양을 방문했다. 평양 시민들의 열렬한 환영에 감격한 이승만이 군중 속에 들어가 악수와 포옹을 하면서 경호원들을 기겁하게 만들었다.

10월 26일 드디어 국군이 압록강에 다다랐다. 6사단 병사들이 초산

38선 돌파 後 북진하는 국군 (전쟁기념관)

을 점령하고 수통에 압록강 물을 담는 사진은 이후 통일 염원의 상징이 되었다. 그러나 이미 이때 거대한 세력이 곳곳에 숨어 국군과 미군을 노리고 있었다. 중공군이 한반도에 진입한 것이다. 전쟁의 치명적인 반전이 일어났다. 그 모든 것은 오만에서 비롯되었다.

6. 중공군의 인해전술

국군 1사단이 1950년 10월 25일 평안북도 운산에서 이상한 포로를 잡았다. 이 포로는 중국 북부 방언으로 떠들었다. 그로부터 며칠 동안 중국어를 쓰는 포로들이 여기저기서 붙잡혔다. 이들을 심문했지만 혼란만 가중되었다. 중공군은 병사들에게 의도적으로 잘못된 전투서열을 교육시켰다. 그래서 포로를 심문해 봐야 무슨 부대 어느 정도 병력이 있는지 알 수가 없었다.

이승만 대통령의 평양 방문을 환영하는 시민들 (전쟁기념관)

미군 정보참모부는 일부 중국인들이 북한군을 증원하러 왔다고 생각했다. 미군은 항공정찰을 과신했다. 하늘에서 볼 때 아무것도 없었으니 대병력이 침투했을 가능성은 전혀 없다고 믿었다. 그러나 이때 팽덕회가 지휘하는 중공군 60만 명이 매일 밤 압록강을 건너와 산 속에 숨어들고 있었다.

모택동은 미국의 최종 목표가 중국 대륙 점령이라고 의심했다. 그래서 미군이 38선을 넘으면 참전하겠다고 여러 차례 경고했다. 투입할 병력은 충분했다. 6.25가 발발하고 미국이 7함대를 대만해협으로 이동시키자 중국 공산당이 낭패를 보았다. 대만 침공을 위해 50만 병력과 4천여 척의 배를 준비해 놓았는데, 미국 함대의 출현으로 포기할 수밖에 없었다. 더구나 대륙 통일 과정에서 항복한 국민당군이 너무 많았다. 이 의심스러운 군대가 소모된다고 아쉬울 게 없었다.

스탈린은 중국의 파병을 계속 부추겼다. 모택동이 미적대자 "우리 공군력으로 중국 병력을 지원하겠다"고 약속했다. 그러나 중공군이 참전하고 공군 지원을 요청하자, 스탈린은 "당분간 불가능하다"며 말을 바꿨다. 사실 당시 소련 공군기들이 미군과 공중전을 벌였다가는 대참사가 일어났을 것이다. 스탈린이 못 지킬 약속을 했던 것이다.

중공군은 변변한 중화기나 공군 지원 없이 전투에 뛰어들었다. 그 결과 엄청난 인명피해를 감수해야 했다. 한국에 파견된 중공군 병력은 최대 300만 명으로 추정되는데, 중국 측 자료에 의하더라도 36만 명이 전투 중 죽거나 다쳤고 비전투 손실도 그에 버금갔다.

그러나 중공군에게도 큰 장점이 있었다. 그들은 화력이 강한 상대와 싸우는 법을 알고 있었다. 밤이나 산길을 이용해 은밀히 이동하고 은폐하는 능력이 뛰어났다. 중공군은 배후로 침투해 퇴로를 끊은 뒤 3배에서 6배의 병력으로 일시에 공격함으로써 상대가 공포심에 무너지게 만들었다.

아직 중공군 배치가 끝나지 않았지만, 국군과 미군의 진격이 너무 빠르다고 생각한 팽덕회는 10월 말에 1차 공세를 시작했다. 미군 기병 1사단과 국군 6사단이 기습을 당했다. 동부전선에서도 미군 해병 1사단이 중공군과 교전했다. 중공군은 미군과 국군에 큰 피해를 입히고 홀연히 사라졌다. 유엔군 사령부는 뭔가 큰일이 벌어지고 있다고 느끼면서도 상황을 파악하지 못했다.

워커 미8군 사령관은 전진을 멈추라고 명령하고 압록강에 접근했던 병력도 청천강 이남으로 복귀시켰다. 맥아더는 불만이었다. 맥아더는 11월 24일 한국으로 날아와 최후의 공격을 명령했다. 병사들에게 그해 크리스마스를 집에서 보낼 것이라고 약속했다.

그러나 바로 다음날 평안남도 군우리에서 중공군 대병력이 미 2사단을 기습했다. 험한 산에 둘러싸인 미군 부대들은 중공군에게 잘게 썰리듯 조각나 고립됐다. 겨우 집결해 후퇴하려는데, 미 2사단 우측의 국군 2군단이 패퇴해 중공군의 협공을 받게 됐다.

마침 터키군 1개 여단이 전선에 도착했다. 미 2사단은 이들에게 한국

공격 중인 중공군 (전쟁기념관)

군 대신 우측을 방어해달라고 부탁했다. 터키군 병사들은 중공군이 몰려오자 모자를 땅에 던지며 그 뒤로 물러서지 않겠다 맹세하고 목숨이 다할 때까지 싸웠다. 터키군 5천 명은 거의 전멸했다. 나중에 미국 정부가 이를 사과하자 터키 국민들은 그게 왜 사과받을 일인지 의아해했다.

미 2사단은 10킬로미터가 넘는 계곡을 통해 남쪽으로 퇴각했다. 중공군이 도로 옆 산들에 숨어 있었다. 쏟아지는 박격포탄과 총탄 속에 지옥 같은 행군이 시작됐다. 미군에게는 다행히도 도착지인 순천에 영국군 여단이 도착해 남쪽 출구가 막히지는 않았다. 그리고 미군 전폭기들이 24시간 폭탄을 쏟아부어 미군의 전멸을 막았다. 미 2사단은 병력의 3분의 1이 죽거나 다쳤다. 그래도 중공군의 주력을 군우리에 묶어두어 미8군 전체가 고립되는 상황은 막았다.

미군은 도로를 통해 이동해 전선을 갖추고 싸우는 전쟁에 익숙했다. 중공군처럼 산악으로 침투해 퇴로를 끊고 인해전술로 공격해 오는 적에게 대응할 방법을 찾지 못했다. 전선의 병사들은 공포에 휩싸였다. 미8군 사령관 워커는 축차적인 지연전이 필요하다고 판단했다. 그의 지시로 국군과 미군은 질서정연하게 퇴각했다. 중공군도 청천강과 동부전선 장진호 전투에서 입은 병력 손실이 너무 커 급하게 몰아칠 수 없었다.

국군과 미군은 12월 4일 평양에서 물러났다. 이들을 포위하려던 중공군은 헛물을 켰다. 동해에서는 미 군함들이 국군과 미군 4개 사단을 실은 뒤, 아우성치던 피난만 11만 명까지 태우고 12월 24일 흥남 부두를 떠났다.

임진강, 춘천, 양양을 잇는 방어선이 설정됐다. 전쟁 전 38선과 거의 같은 지점이었다. 팽덕회는 진격을 멈추려 했다. 압록강에서 달구지로 싣고 오는 보급이 너무 부족했고, 병사들은 지치고 병들었다. 그러나 북경 사무실에 앉아 있는 모택동은 군사적 영광에 도취되어 있었다.

12월 23일 미8군 사령관 워커가 교통사고로 사망했다. 후임인 리지웨이 중장도 강력한 리더십의 소유자였다. 그의 도착 일성은 "나는 공격하러 왔다"였다. 리지웨이는 사병부터 장군들까지 패배의식에 찌들어 있는 미군의 사기부터 되살리려 노력했다.

상황이 급박했다. 리지웨이가 한국에 부임한 나흘 뒤인 12월 31일 중공군이 3차 공세를 시작했다. 팽덕회가 모택동의 압력에 굴복한 것이다. 이번에도 중공군은 국군을 집중 공격했다. 3배가 넘는 중공군이 쇄도하자 문산의 국군 1사단과 동두천의 국군 6사단이 무너졌다. 의정부에 주둔한 미 24사단이 3면에서 공격을 받게 되었다. 리지웨이는 후퇴를 명령했다. 1951년 1월 4일 서울이 다시 중공군에 함락됐다.

국군과 미군은 평택, 제천, 삼척 방어선까지 철수했다. 당장이라도 중공군이 부산까지 밀고 내려갈 것 같았다. 그러나 그곳은 리지웨이가 만들어 놓은 함정이었다.

7. 무너지는 중공군

중공군이 남하하자 정부는 또다시 서울을 떠나야 했다. 6개월 전과 달리 이번에는 체계적으로 대응했다. 정부는 1950년 12월 26일 '갈 수 있는 사람들은 피난을 떠나라'고 권고했다. 그리고 구호대책을 세워 공주, 아산, 평택, 천안 등에 피난민 수용소를 마련했다. 이곳에서 140만 명이 유난히 추웠던 그해 겨울 동사를 면할 수 있었다. 수도는 부산으로 이전했다. 공무원들에게 미리 두 달치 월급을 주어 이동에 도움을 주었다.

1951년 1월 3일, 중공군이 미 24사단의 중앙부를 돌파해 서울 북쪽

11킬로미터까지 접근했다. 그때까지 남아 있던 서울 시민 30만 명이 얼어붙은 한강 위를 걸어서 피난했다. 이승만 대통령 내외도 그날 서울을 떠났다.

1월 4일 유엔군의 마지막 후위 부대인 영국군 29여단이 한강을 건넌 뒤 임시 부교를 폭파했다. 오후 4시 중공군이 경무대를 점령했다. 중공군 병사들은 북한군과 어울려 중앙청 앞에서 춤을 추며 즐거워했다. 그러나 주민 80퍼센트가 떠난 서울은 유령도시 같았다.

서울뿐 아니라 수많은 북한 주민들이 공산 학정을 피해 남으로 이동했다. 북한에서 온 피난민만 무려 150만 명이었다. 정부는 이들을 마다않고 받아들였다. 정부가 적극적으로 피난을 돕기까지 했다. 6.25 때 하늘과 바다는 유엔군 독무대였다. 한반도의 모든 섬들은 국군이 점령했다. 그래서 북한 주민들이 약속한 시간에 해안에 모여 있으면 배가 왔다. 그리고 며칠에 한 번씩 군함이 돌며 섬들의 피난민을 싣고 남으로 향했다. 궁핍했던 시대에 이들은 환영받지 못한 존재였다. 아무것도 가진 게 없다 해서 '삼팔따라지'라는 놀림도 받았다. 그래도 생활력과 교육열이 무척이나 강했던 이들은 세대를 이어가며 장차 대한민국의 성장 동력이 되었다.

리지웨이는 평택에 엄청난 화력의 대포들을 준비해 놓았다. 중공군이 오면 불바다를 만들 생각이었다. 평야 지대여서 중공군이 숨을 곳도 없었다. 그러나 팽

1951년 이승만의 군 부대 시찰 (이승만기념관.com)

덕회도 명장이었다. 그는 주력부대를 한강 이북에 놓아둔 채 정찰부대만 내려보냈다. 아니나 다를까 국군과 미군이 탄탄한 방어선을 구축하고 있었다.

리지웨이는 즉시 전략을 바꿨다. 그는 탱크와 보병들을 묶어 여러 개의 기동대를 만들었다. 기동대들이 방어선에서 나와 오산, 수원, 안성, 용인 등을 말 그대로 쑤시고 다녔다. 예상외로 중공군은 소규모 부대들이 산재해 있을 뿐이었다. 기동대의 승리는 대부분 규모가 작았지만 처음으로 중공군을 이긴 유엔군 병사들의 사기가 회복됐다.

중공군이 이제 공세 종말점에 다다른 사실을 간파한 리지웨이는 대반격을 지시했다. 1월 25일 미군 9군단과 1군단이 좌우로 포진해 천천히 북진했다. 여기에 국군은 물론 영국, 프랑스 등 각국에서 온 다양한 규모의 부대들이 합류했다. 터키와 그리스는 사이가 나쁜 나라인데도 한국을 지키기 위해 함께 싸웠다. 터키여단은 용인시 김량장동에서 백병전을 벌여 승리했고, 그리스 대대는 이천시 381고지에서 중공군 연대의 세 차례 공격을 막아냈다.

팽덕회는 어떻게든 이 진격을 저지하려 했다. 그는 강원도 홍천군 쪽에 주력부대를 투입해 전선 돌파를 시도했다. 이번에도 국군을 먼저 노렸다. 삼마치고개에서 국군 8사단이 4시간의 전투 끝에 와해되었고, 이어 미군 1군단 전체가 후퇴했다.

홍천군 서쪽의 경기도 양평군 지평리에는 미군 2사단 23연대가 프랑스 대대와 함께 주둔하고 있었다. 그들은 미군 9군단의 우측 끝에 있어 몰려오는 중공군에 3면이 노출됐다. 당연히 후퇴해야 했는데 리지웨이는 버티라고 명령했다. 리지웨이는 중공군을 모아 섬멸할 기회라고 생각했다. 일종의 미끼였다.

중공군 3개 사단이 지평리를 에워쌌다. 미군 23연대는 지름 1.6킬로미터의 원형 방어진을 구축했다. 그리고 2월 13일부터 이틀 밤에 걸쳐 끝없이 밀려오는 중공군과 맞서 싸웠다. 15일 새벽에는 프랑스 대대가 뚫릴 뻔했는데, 착검 돌격해 백병전으로 중공군을 막아냈다. 중공군 병사들은 갑자기 달라진 유엔군에 당황했다. 더구나 리지웨이가 23연대를 구하기 위해 탱크와 예비부대 보병들을 긁어모아 공격대를 편성했다. 이들이 이틀간의 사투 끝에 중공군의 포위망을 뚫었다. 중공군은 사상자 수가 5천 명에 이르자 더 버티지 못하고 퇴각했다. 한국에 참전해 처음으로 대패한 것이다.

한강 남쪽에 도착한 유엔군은 잠시 숨을 골랐다. 바로 서울로 들어가면 인명피해가 커질 우려가 있었다. 그래서 미군 25사단과 3사단이 서울 동쪽으로 도하해 포천과 의정부로 우회했다. 중공군이 그쪽으로 이동하지 못하도록 국군 1사단이 영등포에서 계속 도하 시도를 하다 멈추며 약을 올렸다. 결국 중공군은 3월 14일 밤에 서울을 포기하고 퇴각했다. 다음날 서울이 두 번째 탈환되었다.

후퇴를 거듭하던 중공군은 신규 병력을 대거 충원한 뒤 1951년 4월 말 반격을 시도했다. 목표는 서울이었지만 이제 평야 지대인 서부전선에서는 유엔군의 화력을 당해낼 수 없었다. 팽덕회는 재빨리 작전 목표를 동부전선, 특히 화력이 약한 국군 쪽으로 돌렸다.

4월 22일 밤 강원도 화천군 사창리에서 국군 6사단이 중공군 2개 사단의 기습공격을 받았다. 중공군이 후방을 포위하려 하자 놀란 국군 병사들이 도주하기 시작했다. 북한 온정리 전투 이후 중공군의 포위에 대한 공포심이 퍼져 있었던 것이다. 장도영 사단장이 예비연대에 반격을 명령했지만 잠시 교전 후 역시 퇴각했다. 후방에 있던 미군과 뉴질랜드군 포병들까지 뒤섞여 남쪽으로 질주하면서 수많은 중화기들을 유기했다.

다음날 아침이 돼서야 화악산 후방에 2,500명 정도의 병사들이 모였다. 미군은 여기서 중공군을 막아달라고 부탁했지만, 그날 밤 중공군이 나타나자 또다시 패주했다. 6사단은 경기도 가평까지 달아났다. 다행히 가평에서 영국군 27여단이 사흘간 중공군의 추격을 막아냈고, 그 사이 유엔군 방어선이 보강되었다.

6사단 병사들은 너무 빨리 도망쳐 병력 손실이 크지 않았다. 잃어버린 중화기만 지급하면 사단을 재편성할 수 있었다. 그러나 개전초 춘천 전투의 승리에 빛났던 6사단이 비겁자로 손가락질받게 되었다. 여기에 워커 전 미8군 사령관이 탑승한 차량이 6사단 정비병이 몰던 트럭과 충돌해 사망한 사건까지 있었다. 일부 미군 병사들을 6사단 병사를 보면 땅에 침을 뱉고 돌을 던지기도 했다. 6사단 병사들은 진심으로 명예회복을 별렀다. 그 기회는 오래지 않아 찾아왔다.

국군 6사단은 경기도 양평군 용문산 일대에 배치됐다. 장도영 사단장은 실패를 반복하지 않으려 고심했다. 그는 전방에 2개 연대, 후방에 1개 예비연대를 놓는 배치법을 뒤집었다. 전방 경계부대는 적이 오면 철수해 후방 예비부대에 합류하는 게 일반적인데, 장도영은 전방에 1개 연대를 배치하고 전면방어를 명령했다.

1951년 5월 동부전선에서 대공세를 펼치던 중공군이 중부전선에도 조공을 가해 왔다. 하필이면 이번에도 국군 6사단 방향이었다. 5월 18일, 중공군 63군 2개 사단이 북한강을 건너 공격해 왔다. 강변에 배치됐던 국군 6사단 2연대 병사들은 미리 참호를 파놓은 고지들로 후퇴해 사주방어에 들어갔다. 2연대의 저항이 너무 완강해 6사단 주 방어선으로 착각한 중공군은 예비사단까지 투입했다. 무려 사흘간 격렬한 전투가 벌어졌다. 병력수로는 비교도 할 수 없었지만 6사단과 좌우 2개 미군 사단들의 포병이 2연대 주변에 탄막을 형성해 주었다. 낮에는 미군 전폭기들도 몰려왔다.

2연대의 사투를 지켜보면서 6사단의 나머지 2개 연대는 발을 굴렀다. 뛰쳐나가 도와주고 싶지만 전체 방어선에 묶여 명령 없이 움직일 수 없었다. 그 무렵 동부전선 현리전투에서 국군 3군단이 붕괴돼 정신이 없었던 신임 미8군 사령관 밴 플리트는 5월 19일 이를 틀어막는 데 성공하자 한숨을 돌렸다. 그리고 다음날부터 전 전선에서 반격할 것을 명령했다.

5월 20일 새벽, 6사단의 2개 연대가 출동해 중공군의 뒤를 타격했다. 중공군 63군에게는 다행히도 유엔군의 반격을 눈치채고 퇴각을 시작한 직후라 전멸은 면할 수 있었다. 그러나 용문산 일대 전투와 추격 과정에서 중공군 63군의 병력 손실은 1만 8,000명이 넘었다.

국군에 투항하는 중공군 (전쟁기념관)

사기가 충천한 6사단 병사들은 이때부터 놀라운 무용을 발휘했다. 6사단은 미 9군단과 함께 춘천시 사북면 지암리에서 중공군 180사단을 포위해 와해시켰다. 여기서 포로만 2,600명을 붙잡았다. 통신선 가설병 3명이 중공군 1개 소대를 무장해제시키기도 했다.

한편 동부전선에서 미 10군단은 강원도 인제군 현리의 돌파구로 들어왔던 중공군 주력을 포위하려 했다. 중공군 6개 군단이 포위에서 벗어나려 화천댐으로 일제히 몰려갔다. 넓은 화천저수지를 건널 방법이 그 길밖에 없었던 것이다.

밴 플리트 사령관은 국군 6사단에게 신속히 이동해 퇴로를 차단하라고 지시했다. 춘천 지암리에서 화천댐까지는 상당히 먼 거리였다. 그리고 그 사이에 퇴각하는 중공군들이 바글거렸다. 이번에도 2연대가 앞장섰다. 적의 눈을 피하기 위해 야간에 산의 8부 능선을 타고 이동했다. 중공군 전술을 그대로 따라 한 것이다. 중공군에게서 노획한 노새들까지 이용했다.

2연대 병사들은 5월 29일 새벽에 화천발전소를 기습해 점령했다. 가뜩이나 보급품이 부족한 중공군은 트럭 수십 대와 막대한 물자를 빼앗겼다. 그리고 욕조의 배수구가 막히듯 중공군 패잔병들은 이제 퇴로를 잃었다. 유엔군의 추격과 폭격 속에 공포에 질린 병사들이 물에 뛰어들어 화천저수지를 가득 메웠다.

중공군은 화천발전소를 탈환하기 위해 3개 사단을 동원했다. 이를 국군 6사단과 미군 17연대가 백병전까지 벌여 막아냈다. 그리고 화천군 수리봉에 포진한 중공군을 치열한 전투 끝에 몰아내 유엔군이 철원으로 진격할 통로를 뚫으며 용문산전투의 대미를 장식했다.

용문산전투는 6.25 때 국군이 거둔 가장 큰 승리였다. 이승만 대통령은 6사단에 부대 표창을 수여하며 장병들을 격려했다. 그리고 화천저수지를 오랑캐를 깨뜨린 곳이라는 뜻의 파로호破虜湖로 개명했다.

용문산전투에서 패배한 중공군은 더이상 공세를 펼 능력을 잃었다. 한국전쟁은 대규모 기동전에서 전선교착전으로 양상이 바뀌었다. 그리고 이 전투를 계기로 휴전회담이 시작됐다. 양측 모두 현재의 전력으로는 결정적 승리가 어렵다고 판단한 것이다. 말리크 유엔주재 소련대사가 1951년 6월 23일 "교전국들이 휴전 논의를 시작해야 한다"고 말했다. 유엔군이 이를 받아들여 7월 10일 양측 대표들이 만났고, 2년 넘게 지난한 회담을 이어갔다.

8. 이승만의 마키아벨리즘

이승만은 미국식 정치제도를 처음으로 이 땅에 이식한 사람이다. 그가 구현한 사적 자치와 시장경제 자유민주주의 이념은 역사상 최초로 한민족이 자유와 번영을 누리는 토대가 되었다.

그러나 모순되게도 이승만의 정치 행태는 민주적 합리성보다 마키아벨리즘에 가까웠다. 그는 정치나 외교 모든 분야에서 목적을 위해 수단을 가리지 않았다. 필생의 적이었던 전제 왕정과 제국주의, 공산주의와 싸우려면 불가피했던 측면도 있었다. 그의 명분은 민족의 이익이었고 실제 결과도 그러했다. 그러나 이승만은 집권 시기가 길어지면서 점점 독재자의 모습이 되어 간 것 또한 사실이다.

대통령 직선제 개헌

이승만의 초대 대통령 임기는 1952년 7월 23일까지였다. 제헌헌법은 국회에서 대통령을 선출하도록 되어 있었는데, 당시 국회 의석 분포상 그의 재선이 힘들었다. 1950년 5월 제2대 총선에서 무소속이 216석 중 126석을 차지했고, 친 이승만 세력은 57석에 그쳤다.

국회와는 달리 일반 국민들의 이승만 지지는 절대적이었다. 대통령 직선제라면 이승만이 당선될 게 너무나 확실했다. 이승만은 직선제 개헌으로 돌파구를 찾으려 했다. 그러려면 원내 정당이 필요했다.

1951년 12월 이범석 전 국무총리를 중심으로 원외 자유당이 창당됐다. 그리고 며칠 뒤 원내에서도 장면과 장택상이 이끄는 원내 자유당이 결성됐다. 이승만은 이들을 믿고 대통령 직선제 개헌안을 국회에 제출했다. 그런데 1952년 1월 8일 표결에서 찬성 19표, 반대 143표라는 압도적 차이로 부결됐다. 국회의 대통령 선출권을 빼앗기게 되자 원내 자유당 의원들까지 반대표를 던진 것이다. 이승만은 장면의 배신에 격노했다. 국회는 여기에 더해 원내 자유당과 민국당 등이 주도해 내각책임제 개헌안을 발의했다. 재적의원 3분의 2 이상이 동의했으니 국회 통과는 시간문제였다.

그런데 새로운 변수가 생겼다. 4월 25일 지방의회 선거에서 친 이승만 세력이 압승을 거둔 것이다. 국민의 지지를 확인한 이승만은 5월 14일 다시 개헌안을 국회로 보냈다. 이승만과 국회는 정면충돌로 치닫고 있었다.

미국은 이승만의 퇴진을 원했다. 어떻게든 한국전쟁에서 빠져나가고 싶은데 발목을 잡는 이승만 때문에 힘겨웠던 것이다. 미국은 1952년 대선에서 이승만을 패배시키고 유화적인 인물을 당선시키면 휴전협정의 걸림돌을 제거할 수 있을 것으로 판단했다. 미 국무부와 주한 미국대사관이 이승만을 대체할 인물을 찾았다. 장면, 조병옥, 김성수, 장택상 등이 후보였다. 여러 미 정부 기관들이 계속 이들과 접촉하며 모종의 암시를 전했다. 이승만은 야당뿐 아니라 미국과도 싸우고 있었던 것이다.

상황이 급박해졌다. 야당 의원들이 5월 29일 국회에서 전격적으로 대통령선거를 실시해 장면을 새 대통령으로 선출하려 했다. 이를 알게 된 이승만은 승부수를 던졌다. 그는 국무총리에 장택상, 내무장관에 이범석을 임명하고 5월 25일 새벽 0시 부산 경남과 전남북에 비상계엄을 선포했다. 군대를 동원해야 했는데 이종찬 참모총장이 UN군 허가 없이 출동할 수 없다며 거절했다. 원용덕 영남지구 계엄사령관은 이승만의 명령에 따랐다.

5월 26일 아침 국회의원 47명을 태운 통근버스를 헌병대가 크레인으로 끌고 갔다. 이들 중 10명을 국제공산당에 연루됐다는 명목으로 구속했는데, 대부분 장면 지지자들이었다. 미국이 계엄령 해제와 국회의원 석방을 요구했지만, 이승만은 들은 척도 안 했다.

백골단, 땃벌떼, 민족자결단 등 각종 어용단체들도 동원했다. 이들은 곳곳에 벽보를 붙이고, 부산 시내를 행진하며 국회 해산 구호를 외쳤다. 이시영, 김창숙, 김성수, 장면, 조병옥 등 야당 인사들의 호헌 구국선언 행사장에 난입해 행사를 무산시키기도 했다.

미국이 개입을 준비했다. 미국 정부는 극동군 사령관 클라크에게 한국 육군 중장을 앞세운 쿠데타 계획을 수립하라는 긴급 전문을 보냈다. 이에 따라 이승만 제거 계획이 수립됐다. 먼저 이승만을 서울로 초대하고, 그 사이 유엔군 산하 국군을 부산으로 보내 정부기관들을 장악한다. 이승만이 계엄령 해제와 국회 존중을 받아들이지 않으면 연금하고 국무총리에게 그런 선언을 하도록 한다는 내용이었다.

그러나 이 유엔군 쿠데타 계획은 곧 취소되었다. 애치슨 미 국무장관이 주한 미국대사관에 전문을 보냈다.

'우리는 대통령 직선제와 대통령에 대한 의회의 통제권을 높이는 방

향으로 개헌을 하는 것이 현재의 위기를 타개하는 가장 바람직한 방안이라고 생각한다.'

한국에서 이승만을 대체할 인물을 찾을 수 없다는 것과 내각제 실시는 시기상조라는 사실을 인정한 것이다.

장택상 국무총리가 나섰다. 정부와 국회의 개헌안을 혼합한 발췌 개헌안을 협상 카드로 제시했다. 대통령 직선제를 채택하는 대신 국회에 국무위원 불신임권을 주겠다는 것이다. 그래도 내각제를 고수하는 의원들이 출석하지 않아 의결 정족수를 채우지 못했다. 이범석이 경찰과 계엄군을 동원해 의원들을 국회로 끌고 왔다.

7월 4일 밤, 경찰과 관제 시위대가 국회 밖을 에워싸고 공포 분위기를 조성하는 가운데 개헌안을 상정했다. 기립투표 결과 찬성 160, 반대 0, 기권 3표로 개헌안은 국회를 통과했다. 이에 따라 8월 5일 실시된 직선제 대통령 선거에서 이승만은 75퍼센트의 지지를 얻어 대통령에 당선됐다.

이 같은 발췌 개헌은 이승만 독재정치의 출발점이었다는 비판을 받고 있다. 맞는 말이다. 그러나 아이러니하게도 발췌 개헌의 내용은 대통령 선출 권한을 소수의 기득권층에게서 빼앗아 모든 국민에게 넘기는 내용이었다. 그래서 이승만의 업적 중 하나로 대통령 직선제를 꼽기도 한다. 그 뒤 오랜 군사독재 기간 우리 국민이 염원했던 민주주의 부활이 대통령 직선제 복원이었다는 사실은 발췌 개헌에 대한 일면의 평가를 어렵게 한다.

평화선으로 지켜낸 독도

일본은 아직 주권국가가 아니었다. 미국을 중심으로 한 연합군 총사령부가 모든 것을 지배했다. 1946년 1월 연합군 총사령부는 각서 677호를 통해 독도를 한반도 부속도서로 명기했다. 한국인들의 의견을 받아들인 것이다.

일본은 독도가 1905년 자기들이 발견한 무주지였다며 맹렬한 외교전을 펼쳤다. 미국의 입장은 오락가락했다. 1949년 한국에서 철군한 뒤에는 독도라도 소련에 넘기지 않으려 일본 편을 들었다. 6.25 전쟁에 참여해 한국이 존속할 수 있다고 확신이 들자 어정쩡한 중립 상태로 돌아갔다. 그 결과 1951년 9월에 조인된 샌프란시스코 강화조약에 일본 영토에 대한 규정이 없었다. 연합군 총사령부 각서 677호의 효력에 대한 한국과 일본의 해석도 달랐다.

한국이 미국만 믿고 있을 수는 없었다. 미 국무부 극동지역 보좌관 러스크는 1905년 이전에 독도가 한국 땅이었다는 근거가 없다는 편지를 보내와 한국 정부를 발칵 뒤집어 놓았다. 몇 달 뒤 덜레스 미 국무장관이 러스크 서한 내용을 부인했지만, 미국이 한국 편을 든다는 보장이 없었다.

샌프란시스코 강화조약은 1952년 4월 28일 발효되었다. 그날부터 일본은 다시 주권국가가 되었다. 국가 역량의 차이로 볼 때 한국이 일본과 정면으로 맞서 승산이 없었다. 이승만의 빠른 판단과 과감한 행동이 필요했다.

1952년 1월 18일, 이승만은 대한민국의 영해를 해안에서 60해리까지로 선포했다. 그러면 울릉도에서 독도까지 거리가 47해리이니 독도는 대한민국 영해 안의 섬이 된다. 이승만은 한일간의 평화를 위해 영해선을 그었다며 '평화선'이라고 이름 붙였다.

그러나 당시 국제사회의 영해 기준은 3해리였다. 그 20배인 60해리까지 자국 바다라고 주장하는 것은 만행에 가까웠다. 미국은 평화선을 인정할 수 없다고 통보했지만 이승만은 들은 척도 안 했다. 아직 독립국가가 아니었던 일본은 발만 동동 굴렀다.

주권이 회복되자 일본이 대응에 나섰다. 어업 지도선을 보내 독도에 일본 주소를 적은 나무 팻말을 꽂았다. 이승만은 해군을 동원했다. 평화선을 넘은 일본 선박 300여 척을 나포했다. 일본 어민 4,000명을 체포해 구금했는데, 그 중 44명이 교도소에서 숨졌다. 일본은 하는 수 없이 협상에 나섰다. 일본 어민들을 석방하는 대신 일본 교도소에 구금돼 있던 한국인 500여 명을 석방해 영주권을 부여하도록 했다.

나포한 일본 선박들은 돌려주지 않고 해양경찰에서 쓰거나 민간에 불하했다. 그동안 한국 어민들은 장비가 우수한 일본 어민들에 밀려 조업에 지장이 많았다. 그런데 이승만이 평화선을 긋고 해군을 동원해 지키자 한국 어민들은 텅 빈 바다에서 마음껏 고기를 잡았다.

이승만은 국제정치학 박사이다. 그는 국제분규 시 당사국들의 행동양식에 해박한 지식을 가지고 있었다. 그는 시기별 일본 정부의 대응 한계 바로 바깥에 서서 나라의 이익을 챙겼다. 미국의 실질적인 개입이 힘들다는 사실도 알고 있었다. 그렇게 독도는 대한민국의 실효 지배에 들어왔다. 이승만이 독도를 지켜냈음은 그를 싫어하는 좌파 학자들도 인정하는 사실이다.

세계가 놀란 반공포로 석방

1951년 7월 10일 개성에서 휴전회담이 시작됐다. 북경에서 파견된 중공군 대표들은 회담이 곧 끝날 줄 알고 여름옷만 가지고 왔는데 해를 넘겼다. 군사분계선 설정과 휴전감시기구 구성까지 합의했지만 포로 교환이 가장 큰 걸림돌이었다. 당시에는 언제 전쟁이 재발할지 모른다고 생각했다. 포로는 귀환하면 즉시 재무장이 가능했고 소중한 노동력이기도 해 포기할 수 없었다. 결국 회담은 1952년 10월 중단되고 말았다.

스탈린이 사망하자 경직된 분위기가 바뀌었다. 소련의 새 권력자들은 스탈린이 저지른 전쟁을 지속할 생각이 없었다. 유엔군과 공산군이 우선 부상한 포로들을 교환했다. 그리고 1953년 6월 8일 나머지 포로들의 송환 문제도 합의했다. 비무장지대 안에 중립국 감시위원단을 설치하고 송환 거부 포로들을 90일간 설득할 수 있도록 했다. 가족의 안전을 위협하는 등 설득 방법에 제한이 없었다.

이승만은 휴전에 반대하며 북진통일을 주장해왔다. 포로 교환 협정에도 국군 대표가 서명을 거부했다. 그러나 우리가 반대한다고 휴전을 막을 수 없음을 이승만이 모를 리 없었다. 그보다는 전쟁 재발을 막기 위한 안전장치를 모색했다. 이승만은 미국에 상호방위조약을 요구했다. 미국은 개별 국가와 그런 조약을 맺은 일이 없다며 난색을 표했다. 속마음은 이런 지긋지긋한 전쟁에 다시 빠져들고 싶지 않다는 것이었다. 미국은 아무 경제적 가치가 없는 한국 땅에서 자국 청년 54,000명의 목숨을 잃었다. 아이젠하워 대통령은 휴전이 성사된 뒤 방위조약을 논의하자고 제의했다. 이를 곧이들을 이승만이 아니었다.

이승만은 1953년 3월 헌병총사령부를 신설했다. 군부는 불필요한 조직이라고 반대했다. 측근인 원용덕에게 사령관 자리를 주려는 것이라는 비난도 나왔다. 이승만은 "내가 한 번 요긴하게 쓸 데가 있어"라며 웃어넘겼다.

이승만은 유엔군과 공산군의 포로 교환 협정이 체결되기 이틀 전 원용덕을 불렀다. 그리고 반공포로들을 석방하라고 지시했다. 원용덕은 막막했다. 각지의 포로수용소 경비 병력은 대부분 국군이었다. 포로를 탈출시키는 건 쉬운 일이었다. 그러나 그 과정에서 절대 미군을 죽거나 다치게 해서는 안 됐다. 원용덕은 헌병총사령부 참모들과 논의를 거듭했다. 대통령의 명령이니 수행하지 않을 수 없었지만 목숨을 걸어야 했다.

거사 시기는 달빛이 없는 6월 18일 새벽 0시로 정했다. 초저녁부터 비가 내리고 있었다. 밤이 깊어지자 국군 경비병들은 야한 이야기를 하며 미군 경비병 주변에 접근했다. 드디어 어둠 저편에서 손전등 신호가 왔고, 누군가 수용소 발전기 스위치를 내려 버렸다. 깜짝 놀란 미군 경비병을 국군 경비병들이 달려들어 묶고 저항이 심한 경우 준비한 고춧가루를 뿌렸다.

포로들에게는 밤 10시 취침 시간이 지난 뒤 조장들을 통해 탈출 소식을 알렸다. 민간인 옷과 약간의 식량이 배급됐다. 그리고 신호가 오면 무조건 뛰어 30리 밖으로 달아나라고 주지시켰다. 드디어 수용소가 암흑천지가 되고 사방에서 도망치라는 고함이 울리자 포로들은 막사 밖

朝鮮日報

反共韓人捕虜釋放을完了

十八日零時收容所接收, 同五時에斷行

내責任下에命令했다

李大統領、重大談話를發表

嚴肅한主權發動

國民은愛護善導하라

不法抑留者엔武力行使

全愛國捕虜釋放無難히完了

緊急閣議를開催

三軍首腦部도會議

五十分間會見

美大統領에書翰

美軍不撤收

美韓國戰의目的은

共産軍攻勢休戰에

敵機七臺를擊破

集團的脫走

반공포로 석방을 보도한 신문 기사 (전쟁기념관)

으로 뛰기 시작했다. 철조망은 미리 끊겨 있었고 어떤 수용소에는 땅굴이 파여 있기도 했다.

작전이 완벽할 수는 없어 일부 수용소에서는 미군이 조명탄을 쏘고 총격을 가했다. 그 바람에 포로 56명이 목숨을 잃었다. 그리고 걸음이 느린 300여 명이 붙잡혀 피눈물을 흘리며 다시 끌려왔다. 그래도 3만 5,000명의 반공포로 가운데 2만 7,000명이 자유를 얻었다.

수용소를 탈출한 반공포로들에게 경찰이 도주로를 안내했다. 많은 주민들이 이들을 환영했다. 포로들을 자기 집에 숨기고 음식을 제공했다. 미군이 수색에 나섰지만 말이 통하지 않는 주민들 사이에서 포로를 찾아내기 힘들었다. 인천 부평에서는 시민들이 휴전 반대 시위를 하면서 행렬에 포로들을 숨겨 미군 검문소를 통과시켰다.

이승만의 반공포로 석방은 옳았다. 탈출하지 못한 반공포로들은 비무장지대에 주둔한 인도군에 인계되어 북한 측의 설득 작업을 받았다. 북한은 온갖 협박을 가했고, 정신적 고통에 못 이겨 탈출하려는 반공포로를 인도군이 총으로 쏘아 죽였다. 본인 의사를 무시하고 강제 북송하는 일까지 있었다. 한국 정부가 강력히 항의했지만, 휴전협정에 따라 비무장지대에서 벌어지는 일에 관여할 방법이 없었다.

반공포로 석방에 미국 등 참전국 정상들이 격분했다. 아이젠하워 미국 대통령은 자다가 벌떡 일어났다. 덜레스 국무장관이 "최악의 경우 전면전이 불가피하고 자칫 핵폭탄을 사용해야 할지도 모른다"고 보고했기 때문이다. 처칠 영국 총리는 면도를 하다 놀라 얼굴을 베었다고 전해진다. 처칠은 이승만을 배반자라고 비난했다. 그리고 미국에 이승만을 즉시 구속하거나 대통령 자리에서 쫓아내라고 요구했다.

미국은 즉시 NSC(국가안전보장회의)를 열었다. 이 자리에서 아이젠하워는 "위험을 종식시킬 유일하고 신속한 방법은 쿠데타"라고 말했다. 이

미 검토한 적이 있던 '에버레디 작전'을 실시하라는 뜻이었다.

덜레스 국무장관이 겨우 분위기를 가라앉혔다. 덜레스는 먼저 "이승만이 미국의 등을 찔렀다"며 함께 화를 냈다. 그러나 한국인의 절대적 지지를 받는 이승만을 쿠데타로 제거할 명분이 없다고 역설했다. 먼저 이승만을 설득해 보자고 제안했다. 아이젠하워 역시 정치공작을 싫어하던 사람이라 이 제안을 받아들였다.

아이젠하워는 이승만에게 미국 방문을 초청했다. 그런데 이승만이 바쁘다며 거절했다. 아이젠하워는 기가 막혔다. 어찌하다 보니 미국이 아쉬운 상황이 되었다. 이승만이 언제든 휴전회담을 깰 힘을 보여주자, 중국의 선전매체들은 이승만을 끌어와 협정에 서명시키라고 악을 썼다. 유엔 참전국들도 이승만을 없애든지 달래서 얼른 휴전을 하자며 미국에게 닦달했다. 아이젠하워는 국무부 차관보인 로버트슨을 대통령 특사로 한국에 보냈다. 휴전에 대한 동의를 받아오라는 임무였다.

로버트슨이 오던 날 서울에는 건물마다 '북진통일' 현수막이 나부끼고 거리에 휴전 반대 시위대가 가득했다. 협상장에서 한국 측에 힘을 신기 위한 이른바 '외교자원의 자가 생산'이었다. 로버트슨을 만난 이승만은 1910년과 1945년 한국을 배신한 미국을 신뢰할 수 없다며 적에게 팔려 넘어가느니 차라리 전쟁을 계속하겠다고 엄포를 놓았다.

협상은 보름 동안이나 계속됐다. 결국 미국 측은 '한국이 아시아 민주주의의 전시장이 되도록 막대한 원조를 하겠다'고 약속했다. ①정전 후 한미 상호방위조약을 체결하고, ②한국에 장기적 경제원조를 하는데 1단계로 2억 달러를 제공하고, ③국군의 20개 사단과 해공군력을 증강시키기로 합의했다. 그 대가로 한국은 휴전에 반대하되 방해하지 않는다는 약속을 했을 뿐이다.

1953년 7월 27일 휴전협정이 조인되고 3년 만에 전선의 포성이 멎었다. 그리고 8월 8일 덜레스 미 국무장관이 방한해 한미상호방위조약을 체결했다. 이승만은 기쁨에 겨워 '우리 후손들이 누대에 걸쳐 이 조약으로 말미암아 갖가지 혜택을 누릴 것'이라는 담화문을 발표했다.

실제로 이후 대한민국의 평화와 번영이 이 조약에 힘입었음은 누구도 부인하지 못한다. 세계의 화약고 중 하나였던 동북아시아에 수십 년째 전쟁이 억제되었다. 한국은 북한의 군사적 위협을 받고 있으면서도 GNP의 4퍼센트만 국방비로 쓰며 경제개발에 매진할 수 있었다. 무엇보다 오랜 폐쇄 국가였던 한국이 팍스 아메리카를 구가하는 미국과 동맹이 됨으로써 개방국가, 해양국가로 변모할 수 있었다.

이승만은 공산주의자뿐 아니라 야당, 일본, 미국과 투쟁할 때 항상 같은 모습을 보여왔다. 자신의 생각에 옳은 목표라면 수단을 가리지 않았다. 그 결과는 민주주의이기도 했고, 독재정치이기도 했으며, 기적적인 국익 구현이기도 했다. 이승만의 공과를 평가하려면 그 모든 결과를 포괄해 이해하여야 한다.

제5장 민족 도약의 발판

1. 우리는 다르니 공장을 세워 달라

전쟁은 폐허와 절망을 남겼다. 전선이 남북으로 오르내리며 가뜩이나 빈약했던 생산시설들을 거의 다 잿더미로 만들었다. 1인당 GNP가 70달러로 세계에서 두 번째로 가난해졌다. 일자리는커녕 먹고살 것도 없었다.

농토가 황폐해지고 농사지을 사람도 부족해 흉년이 거듭됐다. 도시민들은 미군부대 음식물 쓰레기를 드럼통에 넣고 끓인 이른바 꿀꿀이죽으로 연명했다. 굶주림은 농민들도 마찬가지였다. 봄철 보릿고개가 되면 소나무 껍질을 벗겨 먹었다. 그것을 먹은 사람들의 얼굴은 퉁퉁 부어올랐다. 곳곳에서 아사자가 발생했다.

미국이 잉여농산물을 제공하면서 식량 문제에 숨통이 트였다. 1956년부터 1964년까지 417만 톤의 쌀 보리 밀 콩 옥수수 등이 한국의 항구에 하역되었다. 그 곡식을 시장에 풀고, 빵을 구워 학교에서 나누어 주었다. 많은 어린이들이 허기를 달랜 소중한 음식이었다.

미국의 잉여농산물 때문에 한국의 농업 발전이 정체됐다는 주장이 있다. 맞는 말일 수 있다. 그러나 당시 국민들에게 농업 발전을 위해 굶어 죽으라고 했어야 옳았을까. 1958년 국내 곡물 생산량은 약 250만 톤으로 필요량의 4분의 1이나 부족했다. 미국의 잉여농산물로도 그 절반밖에 채우지 못했다. 그리고 국토가 비좁은 한국이 농업에 매진했으면 지금의 경제성장은 어려웠다.

유엔은 한국의 구호와 부흥을 위해 1950년 UNKRA(유엔한국재건단)를 설립했다. UNKRA는 미국의 경제학자 로버트 네이선에게 전후 한국 경제의 재건 방안에 대한 연구를 맡겼다. 그래서 만들어진 네이선 보고서는 '한국을 농업 강국으로 만들어야 한다'는 내용이었다. 이승만 정부는 강력히 반발했다. 한국의 높은 교육열과 풍부한 노동력으로 충분히 공업화가 가능하다고 주장해 결국 보고서를 폐기시켰다.

가진 게 아무것도 없는 한국이 공업화를 하려면 외국 원조에 기댈 수밖에 없었다. 미국의 군사원조는 국방부, 민간원조는 국무부 ICA(국제협조처)를 통해 집행되었다. 이승만은 당당하게 원조를 요구했다. 그는 협상 대표들에게 "미국이 제 나라에서 치러야 할 전쟁을 우리 땅에서 했으니 우리로서는 할 말이 있다. 원조를 더 많이 달라고 해"라고 지시했다.

그렇게 받아온 원조를 치사하다 싶을 정도로 아껴 썼다. 정부에서 10달러 이상을 사용하려면 대통령 결재가 필요했다. 외교관은 단신 부임이 원칙이었고, 생활고에 시달리던 대사들이 큰맘 먹고 예산 증액을 요구했다가 이승만의 불호령을 들었다.

미국의 재정 능력도 한계가 있었다. 미국은 일본에 공장을 지어 생산품을 한국에 보내면 같은 원조로 두 배의 효과가 있을 것으로 생각했다. 이승만은 이런 구상에 히스테리에 가까운 반응을 보였다. '원조자금은 한국 국민의 피의 대가인데 일본산 완제품을 들여와 소비하는 것은 참을 수 없는 일'이라고 주장했다. 자기 손으로 물건을 만들어 쓰지 못하면 경제적 노예가 된다는 게 이승만의 지론이었다.

전쟁이 막바지로 치닫던 1953년 4월, 이승만은 내각에 철강산업 진흥책을 세우라고 지시했다. 전후 재건을 위해 가장 필요하다고 생각한 것이다. 미국에 지원을 요청했다가 국민이 굶주리는데 무슨 철강공장이냐는 면박만 받았다. 이승만은 그러면 우리 돈으로 공장을 세우라고 지시했다. 정부 보유 외화에서 무려 140만 달러를 꺼내 인천에 대한중공업공사를 세웠다. 오늘날의 현대제철이다. 공장 건설은 국제 입찰에서 서독 회사에 낙찰되었고, 1956년 완공되어 1959년 본격 가동에 들어갔다. 이 과정에서 많은 기술자와 관리자들을 서독에 국비로 유학 보냈다. 훗날 포항제철의 신화를 만든 게 이들이었다.

급한 대로 철강은 해결됐지만 더이상 정부에 여력이 없었다. 미국에 원조자금으로 포항 정유공장과 충주 비료공장을 짓겠다고 끈질기게 요청했지만 협상에 진척이 없었다. 미국은 원조 목적이 '구호'라는 원칙에서 물러서지 않았다. 미국의 입장도 일리가 있던 게, 2차대전 이후 많은 저개발국들이 외국 원조로 공장을 세우고도 제대로 가동하지 못했다. 한국은 다르다는 것을 입증할 방법이 아직 없었다.

이승만이 아이디어를 냈다. UNKRA(유엔한국재건단) 원조를 이용하는 것이었다. UNKRA는 미군 퇴역 장성인 콜터가 단장을 맡고 있었지만, 유엔 40개국이 모은 2억 5,000만 달러로 운영되는 만큼 미국 정부로부터 어느 정도 독립성이 있었다. 콜터의 적극적인 협조로 UNKRA는 인

문경 시멘트 공장 시찰 (이승만기념관.com)

천에 판유리공장을 그리고 문경에 시멘트공장을 지었다.

상황이 이렇게 되자 미국 정부도 버틸 수 없었다. 양국 공동투자로 충주에 비료공장을 짓기로 했다. 그런데 미국의 일방적인 시공업체 선정과 공사 추진으로 공사비가 눈덩이처럼 불어났다. 한국 정부로서는 피가 마를 지경이었지만 달리 방법이 없었다.

미국 관계자들은 우마차가 다니는 한국에 로켓 공장을 세우는 격이라고 비웃으며 비료공장을 운영할 기술자들이 있느냐고 물었다. 확인해보니 한 명도 없었다. 한국 정부는 부랴부랴 서울대 공대에서 전공 불문하고 68명을 선발해 미국, 독일, 스위스로 연수를 보냈다. 이들이 여수 제7비까지 이어지는 비료공장 건설에 이어 한국 화학공업의 선도자가 되었다.

이렇게 온갖 어려움을 겪으며 지은 공장들을 가능하면 민영화하려고 노력했다. 인천 판유리공장과 문경 시멘트공장은 준공하자마자 민간에 불하했다. 해방 후 일본인에게서 몰수한 귀속재산들도 마찬가지였다. 인수 능력이 있는 기업인이 제대로 있을 리 없어 정부에서 특혜대출까지 해가며 없는 기업인을 만들어냈다. 미국에서 자유주의 경제의 위대한 힘을 목도한 이승만의 의지 때문에 가능한 일이었다. 정권의 이익만 보자면 국유화가 더 유리했다. 국영기업에 집권당 인물들을 집어넣어 기생충이 피를 빨 듯 자금을 빼내는 일은 지금도 저개발국에서 비일비재하다.

자유당 정권은 부패했다. 박봉의 공무원과 정치인들은 자신의 권력을 돈으로 바꾸었다. 그러나 감히 넘지 못한 금도가 있었다. 어느 날, 송인상 재무장관이 미국 경제조정관과 현지 시찰을 나갔다. 조정관은 농민들을 붙잡고 비료를 얼마에 사 가느냐고 꼬치꼬치 캐물었다. 왜 저러나 싶었는데, 돌아오는 길에 송인상 장관에게 미안하다고 사과했다. 한국 정부가 원조 물자를 비싸게 팔아 정치자금을 만드는지 의심했던 것이다. 송인상은 불쌍한 국민들을 살리려고 들여온 원조 자금에는 감히 손을 댈 수 없는 분위기였다고 회상했다. 그것이 다른 저개발국과 한국의 차이였다.

2. 힘겨웠던 에너지 독립

전쟁으로 철도 건설 공사가 모두 중단됐다. 탄광 시설들도 절반이 파손됐다. 석탄이 모자라 겨울마다 극심한 연료난을 겪어야 했다. 장작을 때려 해도 이미 전국의 산에는 나무가 거의 없었다. 6.25 때 고지전을 치렀던 미군 병사들이 엄폐할 나무가 없어 충격을 받았을 정도였다. 그나마 올라갈 산도 없는 도시민들의 고통은 극심했다.

이승만은 탄광에 군대를 투입했다. 1954년 12월 김일환 중장을 단장으로 하는 육군 파견단이 조직됐다. 파견단은 광부들 사택과 학교를 지어주고, 쌀 소금 담배를 공급했다. 탄광에서 수도권으로 가는 도로를 정비하고 트럭 100대를 동원해 석탄을 실어날랐다.

지지부진하던 영암선 철도 공사에도 파견단이 투입됐다. 공병대와 중장비를 동원해 공사 속도를 높였다. 난공사였다. 터널만 33개를 뚫으며 산과 계곡을 이어나갔다. 이승만은 언제 영암선이 완공되냐고 자꾸 재촉했다. 1955년 말까지는 끝날 거라고 답변한 게 시한이 되고 말았다. 전쟁을 하듯 공사를 서둘러 1955년 12월 31일 마침내 중앙선 영주역에서 철암 탄광까지 가는 철도를 완공했다.

이승만은 임무를 마치고 복귀 신고를 하러 온 김일환 중장에게 "군인들이 일을 아주 잘 해"라며 칭찬했다. 이승만은 얼마 뒤 김일환을 상공

1954년 8월 미국 방문 중 뉴욕 카퍼레이드 (이승만기념관.com)

부 장관으로 임명하고, 장교 13명을 행정부 관료로 이직시켰다.

이제는 석탄 생산을 늘려야 했다. 김일환은 한국 광업의 선각자라 불리는 정인욱을 석탄공사 사장으로 임명하려 했다. 그러나 정인욱은 강원탄광을 만들어 경영에 몰두하고 있었다. 거절하는 정인욱을 이승만이 불러 강제로 임명했다. 정인욱은 유능한 사람이었다. 석탄공사 사장으로 취임하자 납품 비리를 시정하고, 최신 채탄기술을 도입하고, 선탄장을 만들어 탄질을 개선하고, 광업소별 증산 목표를 부여해 만성적인 적자 회사를 1년도 안 되어 흑자로 만들었다.

UNKRA의 지원도 큰 힘이 되었다. UNKRA는 1954년 탄광개발원조협정을 체결하고 시설 현대화에 1,000만 달러를 지원해 주었다. 그런 노력 끝에 남한의 석탄 생산량은 1955년 130만 톤에서 1960년 535만 톤으로 급증했다. 이제는 국내 소비를 충족하고 수출까지 할 수 있었다.

땅에서 캐는 석탄과 달리 전기는 발전량을 늘이기가 매우 어려웠다. 전쟁 전 7만 5,000킬로와트까지 회복됐던 남한 내 발전량이 1만 킬로와트로 떨어졌다. 그나마 다행인 것은 북한 땅에 있던 화천수력발전소를 국군의 분투로 우리가 차지하게 되었다.

이승만 정부는 미국의 지원으로 서울 당인리와 마산 삼척에 화력발전소를 지었다. 화천수력발전소를 개량하고 괴산수력발전소를 건설해 1958년에는 발전량을 37만 킬로와트로 늘렸다. 그러나 그사이 공장들이 증설되면서 전기는 여전히 모자랐다.

시슬러 미국 전력협회 회장이 1956년 7월 한국에 왔다. 화력발전소 건설에 자문하기 위해서였다. 그는 이승만의 초청으로 경무대를 방문하면서 작은 나무상자 하나를 가지고 갔다. 이승만이 뭐냐고 물었더니 우라늄 막대와 석탄 덩어리가 들어 있었다.

시슬러가 말했다.

"대통령 각하, 이게 핵연료봉입니다. 같은 무게 석탄보다 300만 배의 에너지를 생산할 수 있습니다."

"그걸 어떻게 만드는 거요?"

"석탄은 땅에서 캐지만, 원자력은 사람 머리에서 나오는 에너지입니다. 과학기술자를 훈련 시켜야 합니다."

이승만은 눈이 휘둥그레졌다.

"우리가 지금부터 시작해 원자력을 상용화하려면 얼마나 걸리겠소?"

"한 20년 걸릴 겁니다."

이승만은 원자력의 매력에 완전히 빠져들었다. 그러나 끼니도 해결 못 하는 나라가 강대국들이나 겨우 보유한 원자력에 도전한다는 게 과연 가능한 일인지 판단이 서지 않았다. 며칠 뒤 국무회의에서 이승만은 "우리도 원자력을 할 수 있을까"라고 힘없이 물었다. 그랬더니 물리학 박사인 최규남 문교부장관이 "자발적으로 공부하는 젊은이들이 있다"고 보고했다. 전역한 공군 기술장교들이 '원자력 공학 입문'이라는 책을 한 권 얻어 매주 한 차례씩 스터디그룹을 열고 있었던 것이다. 이승만은 그런 청년들이 있다면 한번 해보자고 결심했다. 이승만은 일단 결정하면 무모할 만큼 과감했다.

먼저 문교부에 원자력과를 만들었다. 그리고 1958년 국비로 100여 명을 미국 아르곤연구소에 유학 보냈다. 10개월 연수에 6,000달러나 드는 고가의 과정이었다. 출발하기 전 이승만은 유학생들을 불렀다. 그리고 달러가 든 봉투를 나누어 주었다.

"자네들 이 돈이 어떤 돈인지 알지? 열심히 공부해라."

그 돈을 받고 비행기를 탄 뒤에도 눈물이 흘렀다고 당시 유학생들은 말한다. 이후 4년 동안 240여 명이 미국, 영국, 캐나다에서 원자력 유학을 마치고 돌아왔다.

이승만은 1959년 장관급 행정기구인 원자력원과 우리나라 최초의 과학기술연구기관인 원자력연구소를 만들었다. 여기에는 파격적인 예우와 예산을 배려했다. 연구기관이 생겼으니 실험을 할 원자로가 필요했다. 1959년 연구용 원자로를 들여왔다. 미국이 35만 달러를 원조하고 우리 정부도 35만 달러를 부담했다. 이승만은 7월 14일 기공식에 참석해 직접 삽을 떴다. 그러나 1962년 원자로에 불을 붙일 때는 4.19혁명으로 하야한 뒤였다.

3. 전쟁 중에도 멈추지 않은 교육혁명

해방 당시 우리나라는 문맹률이 80퍼센트나 되었다. 초등학교라도 들어가 본 사람이 14퍼센트에 불과했다. 선거를 할 때 후보자 이름을 못 읽어 막대기 숫자로 표시했다. 신생 독립국들의 공통적인 상황이었다. 다른 점이 있다면 초대 대통령의 교육에 대한 열정이었다.

이승만은 젊은 날 민권운동에 뛰어들 때부터 민족의 살 길을 교육에서 찾았다. 독립운동 기간에는 주로 교육 분야에서 일했다. 그는 자신을 교육자라고 소개할 때 가장 큰 긍지를 느꼈다. 이승만은 그 어려웠던 1950년대 정부 예산에서 교육비로 20퍼센트를 할애했다.

건국헌법은 '적어도 초등교육은 의무적이며 무상으로 한다'고 명시했다. 1950년 6월 갖은 고생 끝에 초등학교 의무교육을 시작했는데, 며칠 만에 전쟁이 터져 허사가 되었다. 전쟁 중에 많은 학교가 부서졌고 교사들도 희생됐다. 그러나 전국 어디를 가나 공터만 있으면 천막을 세우고 학생들을 끌어모아 가르쳤다.

이승만 정부는 전쟁이 끝난 뒤 의무교육 6개년 계획과 문맹 퇴치 5개

전쟁 중 노천 학교 (전쟁기념관)

년 계획을 추진했다. 곳곳에 초등학교를 세웠다. 그리고 농한기마다 문교부에서 수만 명의 강사를 보내 문맹자들에게 초보적인 읽기와 셈하기를 가르쳤다. 그 결과 50년대 후반에는 취학 연령 아동의 86퍼센트가 초등학교에 다니고, 문맹률은 20퍼센트 내외로 떨어졌다. 가히 교육혁명이라고 할 만했다.

이승만이 더욱 소망했던 것은 고등교육을 통한 전문가 집단의 창출이었다. 정부의 각종 특혜와 후원 아래 대학 설립이 붐을 이루었다. 해방 당시 우리나라에 대학과 전문학교가 19곳밖에 없었는데, 1960년에는 68개로 늘어났다. 대학생 비율이 영국보다 높을 정도였다.

대학 교육에 대한 이승만의 관심은 지대했다. 전쟁이 나자 이승만은 부산에 전시연합대학을 만들었다. 비록 폭염과 한파에 시달리는 천막학교였지만, 모든 대학 학생들을 한곳에 모아 전공 교육이 단절되지 않도록 했다.

이승만은 전시연합대학 학생들의 징집을 금지했다. 반대 여론이 들끓었다. 전선의 병사들은 가난하고 못 배운 사람만 싸우다 죽으라는 거냐며 분개했다. 정치적 자살행위에 가까웠지만, 이승만은 요지부동이었다. 자식도 없는 그가 누구를 봐주려던 게 아니었다.

"조금만 더 견디면 전쟁이 끝난다. 전쟁이 끝나면 우리는 나라를 새로 건설해야 한다. 전후 복구와 나라 발전에 고급 교육을 받은 인재가 필요하다."

이승만이 옳았다. 전쟁이 끝난 뒤 정부는 철강공장, 비료공장, 발전소를 세울 때마다 학생들을 선발해 단기 연수를 보냄으로써 기술적 수요를 신속하게 충족시킬 수 있었다. 또한 경제 규모에 비해 지나치게 많아 보였던 전문기술인 집단은 70년대 고도성장의 인적 기반이 되었다.

이승만도 주변의 도움으로 미국 유학을 다녀온 사람이었다. 가난하지만 머리 좋은 학생들에게 유학 기회를 만들어주려 많은 노력을 기울였다. 1960년까지 4,800명이 미국 등으로 유학을 갔고, 해외 기술연수를 받은 사람도 2,300명이나 되었다. 군 장교 9,000명이 미국의 각종 군사학교에 파견되어 교육을 받았다.

어렵게 만든 기회였던 만큼 유학생들은 최선을 다해 공부했다. 우리나라 기술 수준은 놀라운 속도로 발전해 갔다. 예를 들어 그 무렵 미국이 파키스탄에 지어 준 10만 킬로와트 화력발전소 운영에 직원 1,500명이 필요했는데, 우리나라는 같은 규모의 서울 당인리발전소를 180명이 문제없이 가동시켰다.

교육 수요는 팽창하는데, 정부 예산으로는 학교를 짓고 교사를 채용하기에 턱없이 부족했다. 이승만 정부는 지역 재력가들에게 도움을 청했다. 그 결과 중고등학교와 대학교는 사립이 공립보다 훨씬 많아졌다. 그런데 이 과정에서 정부가 학교 설립을 일종의 투자로 용인해 주어, 교육법인에서 일체의 수익을 얻을 수 없는 법제도와 괴리가 생겼다. 이것이 훗날 사학비리의 먼 원인으로 지탄받게 되었다.

이승만 시대의 교육혁명은 정부의 의지와 배우겠다는 신념 그리고 아이를 학교에 보낼 수 있게 해준 토지개혁의 결과였다. 내 땅이 생긴 농민들은 자녀에게 신분 상승의 기회를 주려고 기꺼이 중노동을 감수했다. 과거 양반들은 부와 교육의 독점으로 관리 자리를 세습하며 신분제도를 공고히 유지해 왔다. 그 두 축이 무너진 것이다. 이 땅의 백성들은 신민에서 시민으로 거듭나게 되었다.

교육의 기회 확대는 여성의 지위 향상에도 기여했다. 초등학교는 의무교육이 되었으니 당연히 남녀가 함께 다녔고, 중고등학교는 6배 그리고 대학교는 17배나 여학생 수가 늘었다. 이에 따라 여성의 취업이 확대되고 각계로 활발히 진출했다. 비록 제헌국회에 여성 당선자가 없었지만, 이승만이 앞장서 여성을 장관, 대사 등으로 임명했다. 1954년에는 황윤석이 최초의 여성 판사로 임명되었다.

4. 대처승은 나가라

이승만은 대통령이 된 뒤에도 북한산의 문수사를 자주 찾았다. 어릴 적 어머니와 함께 다녔던 아련한 그리움이 어린 곳이다. 이승만은 이 절을 위해 신작로를 닦고 편액을 직접 써서 걸었다. 이승만은 독실한 기독교 신자였지만 종교적 포용성이 강했다. 서기 대신 단기를 연호로 쓰고, 개천절을 국경일로 정했다. 토지개혁 때 사찰 소유 토지를 돌려주도록 해 불교계가 경제적으로 붕괴되는 위기를 막았다.

그런데 이승만이 도저히 참지 못한 일이 생겼다. 어느 날 서울 정릉의 경국사를 방문했는데, 젊은 여인이 아기 기저귀를 빨고 줄에는 여성 속옷이 걸려 있었다. 법당에 들어갔더니 기둥에 '황군무운장구皇軍武運長久, 천황폐하수만세天皇陛下壽萬歲'라는 글이 걸려 있었다. 주지는 왜정 시대에 저렇게 써 놓았다고 태연스레 대답했다. 이승만은 마침내 폭발했다. 그동안 여러 절을 돌아다니며 대처승들의 행태를 보고 속을 끓여 왔다. 어떤 절에는 주지의 아내가 둘이었다. 절에서 술판이 벌어진 모습도 보았다. 그래도 이승만은 종교계 내부의 일이라며 개입을 자제해 왔는데, 이제 더이상 방치해서는 안 되겠다고 판단했다.

이승만의 측근들은 종교계를 건드리면 정치적 곤경에 빠진다며 강력히 반대했다. 물러설 이승만이 아니었다.

"우리 불교의 전통은 화엄이야."

그의 지론이었다. 이승만은 먼저 비구승 몇 명을 경무대로 초청해 불교계의 현실과 의견을 들었다. 그리고 1954년 5월 21일 대통령 담화를 발표했다.

'대처승은 절 밖으로 물러가서 살게 하고, 절에는 독신승이 살도록 하여야 되겠다.'

이승만의 담화에 용기를 얻어 전국의 심산유곡에 은둔해 있던 비구승들이 궐기해 서울로 모여들었다. 그러나 비구승을 다 합해야 200명 정도로 대처승 7,000여 명에 비해 초라한 세력이었다.

일본의 조선총독부는 조선 불교를 장악하기 위해 1911년 사찰령을 제정했다. 총독부가 주지를 임명하고 사찰 재산 처분 허가권을 갖는다는 내용이었다. 총독부는 또 승려들을 대거 일본으로 유학 보냈다. 일본 불교의 특징인 대처식육帶妻食肉 풍습이 만연해졌다. 그리고 크고작은 사찰 주지를 모두 일제에 순응하는 대처승들이 차지했다. 비구승들은 생존마저 어려워졌다. 해방 직전 비구승 수는 40여 명에 불과했다. 해방 이후 불교계 개혁 논의가 활발하게 이루어졌지만, 좌우 이념대결의 와중에 흐지부지되었다. 비구승들은 아직 작은 말사 하나도 차지하지 못했다.

이승만의 담화 뒤 비구승들의 개혁 논의가 다시 시작되었다. 강경파는 대처승들이 당장 절을 떠나야 한다고 주장했다. 온건파는 대처승이 모두 나가도 절을 지킬 비구승이 모자라기 때문에 해인사, 통도사, 범어사만 우선 넘겨받자고 주장했다. 대처승들은 이마저도 거부했다. 대처승들은 자신이 있었다. 수적 비율로는 가당치도 않은 싸움이었다. 적지 않은 재력이 있고 수십 년간 쌓아 놓은 각계의 인맥도 막강했다. 그러나 그들은 이승만이 얼마나 무서운 사람인 줄 몰랐다.

비구승들의 거듭된 지원 요청에 이승만은 불교개혁 담화를 7번이나 더 발표했다. 그리고 공권력을 동원했다. 한국 불교 총본산인 서울 종로

구 태고사를 놓고 유혈충돌이 발생했다. 비구승들이 들어가 '曹溪寺조계사'로 현판을 바꿔 달면 대처승들이 몰려와 다시 '太古寺태고사' 현판을 달았다. 곳곳에서 난투극이 벌어졌다. 비구승들이 훨씬 적었지만, 경찰의 비호와 '일제 잔재 청산'이라는 여론을 등에 업고 결국 승리했다.

본인과 가족의 생계를 위협받은 대처승들은 결사항전했다. 전국 어느 절 하나 순조롭게 이양되지 않았다. 경남 합천의 해인사에서는 군대까지 동원되어 대처승을 밀어냈다. 비구승들이 해인사를 접수하자 이승만은 현장으로 달려가 치하하고 "수행하면서 대한민국을 호국하라"고 당부했다.

주요 사찰들이 비구승에게 넘어오자 1955년 8월 조계사에서 전국 승려대회를 열었다. 그리고 대한불교조계종을 출범시켜 2,000년 한국 불교의 정통성을 회복했다. 대처승들은 1962년 태고종을 발족해 두 종단으로 갈라서게 되었다.

공권력이 동원된 불교개혁은 많은 부작용을 가져왔다. 전국의 모든 절을 장악하기에는 비구승들이 너무 부족했다. 경찰은 깡패들을 불러 머리를 깎게 한 뒤 사찰 쟁탈전의 일선에 세웠다. 불교계가 그 후유증을 해소하는 데 오랜 시일이 걸렸다. 이 때문에 조계종 안에서도 일부 이승만을 비난하는 목소리가 있다. 그러나 해방 후 10년이 되도록 말사 하나 넘겨받지 못했던 비구승들이 이승만의 결단력 없이도 불교계의 일제 잔재를 청산할 수 있었을지는 누구도 확언할 수 없다.

제6장 비극으로 끝난 대서사

1. 넘지 말았어야 할 3선 개헌

'성공은 나쁜 스승이다'라는 격언이 있다. 자유당 정권이 그러했다. 1954년 5월 20일 제3대 총선에서 자유당이 대승을 거두었다. 총의석 203석 가운데 114석을 차지했다. 자유당은 무소속 의원들을 영입해 개헌선인 의석 3분의 2 즉 136석을 채웠다. 그리고 9월 6일 개헌안을 공고했다. 초대 대통령에 한해 3선 제한을 철폐한다는 내용이었다.

개헌안은 11월 18일 국회에 상정됐다. 김두한을 제외한 자유당 의원 전원과 무소속 의원 등 136명이 서명했으니 국회 통과가 확실해 보였다. 그런데 11월 27일 표결 결과 한 명이 이탈해 찬성이 135표뿐이었다. 국회 부의장은 부결을 선언했다.

다음날 자유당은 국회 재적 203석의 3분의 2가 135.333인데 사람을 소수점 이하로 나눌 수 없으니 사사오입으로 반내림해 135석으로 보아야 한다고 주장했다. 그리고 11월 29일 국회 본회의에서 여야 의원들의 난투극 속에 개헌안을 가결했다.

이 땅에 민주주의를 뿌리내린 혁명가가 영구 집권을 노리는 독재자로 바뀌는 순간이었다. 이승만이 물러나면 정권을 잃을 것이라 우려한 이기붕 등 자유당 인사들이 국민 대다수의 지지를 앞세워 그를 부추긴 결과이기도 했다. 그러나 누구를 탓하기 전에 최고 권력자 이승만의 책임이었다. 그의 업적을 기리는 많은 이들이 3선 개헌까지는 가지 말았어야 한다고 안타까워한다.

이승만과 함께 나라를 세웠던 기라성 같은 독립투사들은 차츰 그의 곁을 떠나거나 내쳐졌다. 같이 헌법을 만든 신익희, 대공 투쟁에 앞장섰던 조병옥이 야당 대선 후보가 되었듯이 그들은 이승만과 대척점에 서게 되었다. 그리고 그 빈 자리를 이승만의 눈을 가리고 국익을 좀 먹는 자들이 차지했다.

지리멸렬해 있던 야당이 자유당 폭거에 반발해 결속하기 시작했다. 자유당에서 탈당한 의원들과 장면의 흥사단 세력, 그리고 한민당의 후신인 민국당 인사들이 모여 1955년 민주당을 창당했다.

민주당은 1956년 대선에서 선전했다. 한강 백사장 유세장에 서울 시민 30만 명이 운집할 정도였다. 10년이 넘는 민주주의 경험으로 국민의 정치의식이 성장해 있었던 것이다. 그러나 가뜩이나 건강이 우려됐던 신익희 대선 후보가 무리하게 유세를 강행하다 선거 열흘 전에 뇌일혈로 숨졌다. 야당 지지자들은 절망했다. 이승만이 504만 표(득표율 55.7%)로 대통령에 당선됐지만, 죽은 신익희 표가 180만 장이나 쏟아졌다. 진보당 조봉암이 210만 표를 얻은 것도 신익희의 사망 영향이 컸다.

1956년 대통령 선거 포스터 (대한민국역사박물관)

그리고 부통령 선거에서는 민주당 장면이 자유당 이기붕

을 꺾고 당선됐다. 이때 처음으로 관권 개입과 선거 부정이 저질러졌는데도 야당이 이긴 것이다. 헌법상 부통령은 대통령 유고 시 그 직을 승계하기 때문에 자유당은 조마조마할 수밖에 없었다.

자유당 정권은 점점 더 폭압적으로 변해 갔다. 1956년 지방선거 때 야당 인사들의 불법 연행과 등록 방해를 자행했다. 미국의 강력한 반대에도 불구하고 조봉암을 처형했고, 야당지인 경향신문을 폐간했다. 자유당 정권 입장에서도 이유는 있었다. 조봉암은 북한의 대선 자금을 받은 혐의로 사형 선고를 받았다. 그런데 1968년 김일성이 소련 내각 부의장에게 '북한이 남한의 진보당 설립을 지원했고, 조봉암 대선 후보 측에 자금을 지원했다'고 말했다는 소련 외교문서가 최근 러시아 연방 국가문서보관소에서 발견됐다.

신문들의 이승만 정권 비난은 강한 정파성을 띠었다. 김성수의 동아일보가 민주당 신파를, 흥사단과 가톨릭 계열의 경향신문이 민주당 구파를 대변했다. 이 신문들은 심지어 건국 전부터 이승만을 독재자라고 비난해 왔다. 물론 이승만의 언론관도 전과 같지 않았다. 집권 초기에는 근거 없는 비난 기사에 프란체스카가 속상해하면, 신문은 원래 그런 것이라며 웃어넘겼다. 그러나 집권 후반에는 비판적인 신문을 아예 보지 않았다. '언론의 자유는 민주국가에서 가장 중요한 요소'라고 했던 (1954년 동아일보) 이승만이 '개인의 자유보다 나라 전체의 자유가 훨씬 더 중요하다'고 (1957년 동아일보) 말하게 된 것이다.

이승만은 이기붕 일파에 둘러싸여 고립되었다. 그의 오랜 비서였던 윤치영과 네 번이나 국무총리로 지명했던 이윤영조차 경무대에 들어가지 못했다. 집권 초 현장의 목소리에 귀를 기울였던 이승만은 이제 듣기 좋은 보고만 받으며 현실과 괴리되어 갔다. 그럴수록 정치 폭력과 부패는 심해졌다. 또한 국민은 그동안 자유당 정권이 이뤄놓은 성과보다 현실의 결핍에 더 큰 비중을 두었다. 민심은 걷잡을 수 없이 이반되었다. 그럴수록 권력 유지에 매달린 자유당은 더욱 노골적인 부정선거를 자행했다.

2. 국민이 물러나라면 물러나야지

제4대 대통령 선거를 앞두고 민주당에서는 부통령 후보 경선이 더 치열했다. 아무리 자유당의 실정이 거듭되어도 국민들 사이에 대통령은 이승만이라는 인식이 확고했다. 그런데 한국인 평균 수명이 53세에 불과했던 당시 이승만의 나이는 벌써 80대 중반이었다. 과연 임기를 마칠 수 있을지 불확실한 상황에서 부통령 자리는 차기 정권과 직결될 수 있었다.

자유당 인사들의 생각도 같았다. 그들은 1956년 부통령 선거에서 민주당에 패배한 뼈아픈 경험이 있었다. 이를 되풀이하지 않기 위해 상상할 수 있는 모든 방법을 동원했다. 선거 일 년 전인 1959년 내무부 장관이 된 최인규가 총대를 멨다. 그는 취임사에서 '차기 정·부통령 선거에 자유당 후보가 당선되도록 해야 한다'고 공개 천명했다. 그리고 전국의 모든 면과 동에 공무원 친목회를 조직해 득표 공작을 준비했다.

1960년 3월 15일 대선 투표가 실시됐다. 대통령 선거 결과는 사실상 결정돼 있었다. 민주당 조병옥 후보가 유세 기간 중 위암이 발생해 미국에서 수술을 받고 후유증으로 숨진 것이다. 문제는 부통령 선거였다.

자유당은 유권자들에게 금품을 뿌리고, 깡패들을 동원해 공포 분위기를 조성했다. 투표를 돕는다며 3~5인씩 조를 짜 누구에게 찍는지 감시했다. 투표소의 야당 참관인을 쫓아내고 투표함을 바꿔치기했다. 개

표소에서도 전기를 끊고 투표함을 바꾸는 올빼미표, 야당 표를 인주 묻은 손으로 만져 무효로 만드는 피아노표, 표 뭉치 위아래 한 장씩만 이기붕표를 얹는 샌드위치표 등이 등장했다.

당시 정부 관계자들의 증언에 따르면 이승만은 이 같은 부정선거가 자행된 줄 몰랐다고 한다. 자유당이 동원한 관제 시위를 보고 국민의 절대적인 지지와 요구로 어쩔 수 없이 4선에 출마한다고 생각한 그였다. 그러나 국정의 모든 책임은 결국 이승만이 져야 했다.

선거 직전인 2월 28일 대구에서 첫 시위가 일어났다. 정부에서 민주당 장면 후보 유세에 가지 못하도록 일요일에 학생들을 등교시킨 게 발단이었다. 경북고 학생들이 가두시위를 벌이자 8개 학교 1,200명이 동참했다. 이어 서울을 비롯한 전국에서 학생들이 시위를 벌이며 부정선거를 규탄했다.

선거 결과가 나왔다. 자유당 정부는 이승만이 89퍼센트, 이기붕이 79퍼센트의 득표율로 당선됐다고 발표했다. 개표 조작이 지나쳐 양 후보의 득표율이 90퍼센트를 넘자 당황해 부랴부랴 숫자를 낮춘 게 그 정도였다. 분노한 국민들의 시위는 더욱 거세졌다.

특히 마산에서는 야당 참관인이 자유당원과 싸우다 홧김에 투표함을 엎었는데 미리 기표해 놓은 용지가 쏟아져 나와 부정선거가 들통났다. 오후에 이에 항의하는 시위가 벌어졌지만 이내 진압됐고, 저녁에 또다시 3천여 명이 시위를 벌여 경찰이 발포했다. 그렇게 사태가 끝나는 줄 알았는데, 4월 11일 몸에 최루탄이 박힌 17살 김주열 군 시신이 바다에 떠올랐다. 그 참혹한 모습에 분노한 마산 시민들이 다시 봉기했다. 그리고 이 소식은 신문 보도를 통해 전국으로 퍼져나갔다.

4월 18일, 고려대 학생 3천여 명이 태평로 국회의사당까지 행진하며 재선거를 요구했다. 행진을 마치고 돌아가던 시위대를 임화수가 이끄는 동대문파 깡패들이 습격했다. 피를 흘리며 쓰러져 있는 학생들 사진이 다음날 아침 조선일보에 실렸다. 이제 국민의 분노는 돌이킬 수 있는 한계를 넘었다.

4월 19일, 서울의 거의 모든 대학과 중고등학교 학생들이 거리로 쏟아져 나왔다. 일반 시민들까지 합류해 시위대 규모가 10만 명에 육박했다. 시위대는 경무대를 향해 이동했다. 경찰은 중앙청 앞에 저지선을 치고 최루탄을 쏘며 시위대를 막았다. 오후 1시 30분, 곽영주 경무대 경찰서장의 지시로 경찰이 발포했다. 이때부터 곳곳에서 경찰이 총을 쏴 104명이 목숨을 잃었다. 시위대도 폭력으로 맞서 파출소들이 불에 타고 일부 시위대는 총을 탈취해 무장하기도 했다. 유혈사태가 벌어지자 자유당 정부는 서울 등 주요 도시에 계엄령을 선포했다.

군대가 시내에 들어오자 시위는 소강 상태에 들어갔다. 이를 다시 되살린 것이 대학교수들이었다. 4월 25일, 전국의 교수 258명이 서울대에 모여 시국선언문을 발표하고 가두시위를 벌였다. 교수들은 그때까지의 재선거 요구에서 더 나아가 이승만의 하야를 요구했다. 교수들의 행렬 뒤로 학생과 시민들이 따라가며 시위 군중은 1만 명으로 늘어났다. 일부 학생과 시민들은 철야농성을 벌였고, 다음날 다시 도심 시위가 불붙었다. 이들을 진압하러 온 군인들은 주저했다. 한 소년이 탱크 위로 뛰어오르자 시위대는 만세를 불렀다.

이승만은 처음부터 대통령직에 연연하지 않겠다고 말했다. 김주열 군 시신이 발견된 다음날인 4월 12일 국무회의 발언이다.

"어린아이들을 죽여서 물에 던져놓고 정당을 말하고 있을 수 없는 것이니만큼 무슨 방법이 있어야 할 것인바, 내가 대통령을 내놓고 다시 자리를 마련하는 이외는 도리가 없다고 보는데, 혹시 선거가 잘못되었다고 들은 일이 없는가?"

대학생들이 경찰의 발포로 죽거나 다쳤다는 보고를 받고 이승만은 4월 23일 부상자들이 입원해 있는 서울대병원을 방문했다. 이승만이 입원실에 들어서자 누워 있던 학생들은 "할아버지, 할아버지"라고 부르며 눈물을 흘렸다. 이승만은 목이 메었다. 학생들의 모습에 60년 전 만민공동회를 이끌던 젊은 자신의 모습이 겹쳐졌다. 이승만은 눈물을 글썽이며 "내가 맞았어야 하는데…"라고 말을 맺지 못했다. 이승만은 이때쯤 하야할 수밖에 없음을 알았을 것이다. 그러나 그 불같던 결단력은 사라지고 이승만은 이제 우유부단한 노인이 되어 있었다.

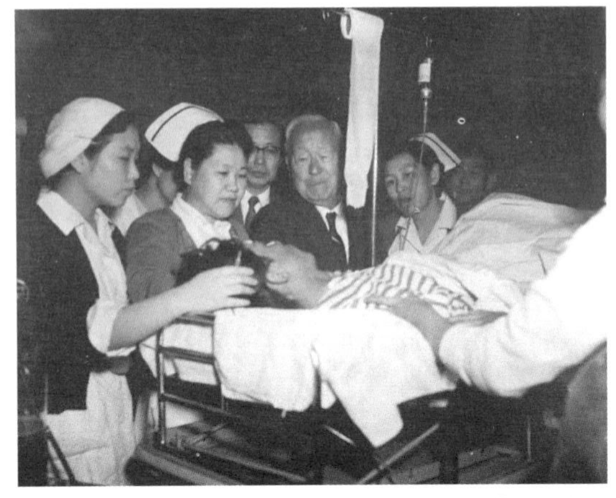

4.19 직후 부상한 학생들을 위문하며 눈물을 흘린 이승만

4월 26일 새벽 허정 신임 외무장관이 이승만에게 하야를 권고하러 경무대로 찾아갔다. 그런데 이승만이 비서에게 대통령직 하야 성명을 구술하고 있는 게 아닌가. 허정은 목이 메어 아무 말도 못 하고 물러났다. 그런데 이승만은 작성한 하야 성명서를 들고 여전히 결정을 내리지 못하고 있었다.

그날 아침, 서울 동대문운동장 앞에 수만 명의 시위대가 다시 모였다. 이들은 대표단을 뽑아 송요찬 계엄사령관에게 이승만 대통령과 만나게 해달라고 요청했다. 송요찬이 요청을 받아들여 이승만과의 면담을 주선했다. 경무대에 들어간 시위대 대표 중에 고려대 휴학생인 유일라가 있었다. 유일라는 다시 없을 기회라 생각하고 용기를 내 "각하께서 하야 하시는 길만이 나라를 구하는 일입니다"라고 말했다. 이승만은 놀라는 표정으로 "날더러 물러나라는 얘기야. 또 날더러 저 하와이나 외국으로 가서 살라고?"라고 되물었다.

"국민이 원합니다."

이승만은 잠시 생각하다 체념한 듯 "국민이 원한다면 물러나야지. 이 나라 국민이 원한다면 물러나야지"라고 말했다. 대표단이 경무대를 막 떠나는데 방송에서 이승만 하야 성명이 발표됐다. 국민이 원하면 대통령직을 사임하겠다는 내용이었다. 이로써 자유당 정권은 무너지고 이승만은 12년 권좌에서 내려왔다.

3. 망명하지 않은 망명객

이승만은 1960년 4월 27일 국회에 대통령직 사임서를 제출해 즉시 수리됐다. 허정 대통령 권한대행이 급하게 이사하지 말라고 만류했는데도 이승만은 다음날 사저인 이화장으로 돌아갔다.

경무대에서 이화장으로 가는 길가에는 이승만의 하야를 지켜보려는 사람들이 인산인해를 이루었다. 시민들의 반응은 대체로 우호적이었다. 눈물을 흘리는 사람도 있었고, "이 박사 만세"를 외치는 사람들도 있었다. 이승만은 계속 손을 흔들어 시민들의 인사에 답례했다.

이화장 부근에도 엄청난 인파가 모여 있었다. 주민들이 박수를 치고 만세를 부르며 환영하자 이승만의 눈시울이 붉어졌다. 그는 차에서 내려 사람들이 잘 보이는 담 옆으로 올라가 "우리 집으로 놀러들 오시오"라고 인사했다. 이승만은 계속 서있으려 했지만, 그의 건강을 염려한 프란체스카가 겨우 말려 집 안으로 들어갔다. 이승만에 대해 오로지 부

1960년 4월 28일, 대통령직 사임 후 경무대를 나오는 이승만과 연도의 시민들

정적인 이미지만 남겨진 지금과는 달리, 그때는 건국 대통령 이승만에 대한 존경이 남아 있었다.

이화장에 머무는 동안 이승만은 일요일에 정동교회에 가는 것 외에는 별다른 활동을 하지 않았다. 가끔 담장 너머로 이화장을 찾은 시민들에게 손을 흔들어주는 것이 유일한 낙이었다. 의사는 정신적으로 큰 충격을 받은 노인의 건강을 위해 기후 좋은 곳으로 가 요양을 하라고 권고했다. 이를 프란체스카가 주변에 이야기하면서 미국대사관과 과도정부가 그의 하와이 여행을 준비했다. 과도정부는 미국 측이 항공편을 제공해 주기를 원했지만 거절당했고, 하와이 교포 사업가인 윌버트 최가 전세기를 마련했다.

5월 29일 이른 아침 이승만 부부는 이화장을 출발했다. 짐은 트렁크 네 개가 전부였다. 이승만은 마당에 모여 있던 사람들에게 늦어도 한 달 뒤에는 돌아올 것이라고 말했다. 그런데 집 밖 골목에 제보를 받은 경향신문 차가 잠복하고 있었다. 경향신문 기자는 김포공항까지 이승만 일행을 따라갔다.

이승만이 트랩에 오르자 기자가 소리쳐 소감을 물었다.

"내가 지금 아주 나가는 것도 아니고 잠시 쉬러 나가는데 내가 이 마당에 무슨 말을 하면 이 영향이 잘못 전해질지 모르니까 이만 해주게. 그런 줄이나 알게."

그러나 그날 경향신문은 '이 박사 부처 돌연 하와이로 망명'이라는 제목 아래 이승만이 망명했다고 대대적으로 보도했다. 이승만의 소감은 '이제 무슨 말을 하겠소. 그대로 떠나게 해주오'로 바뀌어 있었다.

허정 대통령 권한대행이 여행을 간 것이라고 기자회견까지 했지만, 신문들은 이승만이 망명한 것으로 대못질을 했다. 이제 이승만은 돌아올 수 없었다. 여행에서 돌아오는 것과 망명자가 귀국하는 것은 정치적 의미가 달랐다.

5월 29일 경향신문은 1면에 '해외에 재산 막대, 후 여사와 외교관이 마련'이라는 기사를 실었다. 주요 신문들은 '이승만이 2,000만 달러 이상을 홍콩으로 빼돌렸다'고 써댔다. 당시 부패했던 사회상에 비추어 최고 권력자인 이승만이 그 정도는 챙겼으리라 상상한 것이다. 그러나 이승만은 2,000만 달러는커녕 2,000달러도 없었다.

하와이에 도착한 이승만은 바닷가에 있는 윌버트 최의 별장에 묵었다. 그곳에서 옛 독립운동 동지들과 제자들의 방문을 받거나 초대에 나가면서 즐거운 시간을 보냈다. 일요일에는 그가 세운 한인기독교회에 가 예배를 드렸다. 이승만의 건강은 눈에 띄게 좋아졌다.

그런데 예정했던 2, 3주가 지나도 귀국 허가가 나오지 않았다. 이승만은 답답해했다. 건강도 다시 나빠져 이제는 걸을 때 부축을 받아야 했다. 별장에 더 머무를 수도 없었다. 6개월쯤 지나 이승만 부부는 마키키 2033번지 주택으로 옮겼다. 작은 목조건물이었다. 역시 윌버트 최의 집인데 마침 팔려고 내놓아 비어 있었다. 이사 가던 날 교포들이 집에서 쓰던 가구들은 하나둘씩 가져다 주었다. 책상과 식탁 주방도구들까지 그렇게 장만했다.

1961년 12월 양아들 이인수 박사와의 첫 만남

이승만은 윌버트 최에게 너무 고맙고 미안했다. 그래서 본인의 사실상 전 재산인 이화장을 윌버트 최에게 준다는 위임장을 작성했다. 윌버트 최는 그 위임장을 기념으로만 가지고 있었고, 이화장에는 훗날 프란체스카와 양아들 이인수 부부가 계속 거주할 수 있었다.

4. 이제는 사명을 감당할 수 없나이다

이승만은 마키키 주택에서 1년 4개월 동안 살았다. 생활은 몹시 단조로웠다. 이승만은 넓지 않은 마당에서 화초를 가꾸고 신문지에 붓글씨를 쓰며 소일했다. 이승만은 혹시 귀국하지 못할까 항상 근심했다. 그는 여비가 모자랄까 봐 프란체스카가 시장에서 물건을 사오는 것까지 잔소리를 했다.

그 사이 가장 큰 기쁨은 이인수를 양자로 들인 것이다. 명지대 법대 교수였던 이인수는 고사했지만, 종친회가 나서 강권한 끝에 입양을 성사시켰다. 1961년 12월 이인수가 하와이에 오던 날 이승만은 거울까지 보며 설레어했다. 교포들이 모여 환영 잔치를 열어줬다. 이승만은 이인

수가 아침 문안을 드릴 때마다 매우 기뻐했으며, 아침 식사가 끝난 뒤 이인수와 프란체스카가 번갈아 성경과 신문을 읽어 드리는데 아들이 읽으면 더 좋아했다.

이승만의 귀국 열망은 점점 병이 되어 갔다. 그는 이인수에게 "내가 한국 땅을 밟고 죽기가 소원"이라며 자주 하소연했다. 어느 날은 걸어서 한국에 가겠다면서 신발을 찾았다. 노인성 치매 현상이 나타난 것이다.

그의 측근들은 더이상 미루어서는 안 되겠다고 판단해 귀국을 추진했다. 국내에서도 이 박사 환국 운동이 벌어졌다. 귀국 예정일이 1962년 3월 17일로 잡혔다. 그러나 박정희 군사정부도 그의 귀국을 부담스러워했다. 3월 17일 아침, 어린아이처럼 즐거워하며 출발 준비를 하는 이승만에게 김세원 하와이 총영사가 찾아와 입국 금지를 통보했다. 이승만은 눈시울이 붉어진 채 "내가 가는 것이 나라를 위하여 나쁘다면 참아야지"라며 체념했다.

충격을 받은 이승만은 그날 저녁 뇌출혈을 일으켰다. 미 육군병원을

마우나리니 요양병원에서의 투병생활

거쳐 마우나라니 요양원으로 거처를 옮겼다. 비용이 큰 걱정이었는데, 요양원 원장이 치료비를 면제해 주었다. 또한 병간호를 하는 프란체스카를 위해 직원 숙소에 작은 방 하나를 마련해 주었다.

병원 직원들 사이에 프란체스카는 'The Best Wife'로 불렸다. 아침 10시부터 저녁 5시까지 병실을 떠나지 않고 이승만을 보살폈다. 성경을 읽고 그가 좋아하는 찬송가 '삼천리 반도 금수강산 하나님 주신 동산'을 부르고 또 불렀다. 이 무렵 프란체스카는 오스트리아 친정에서 약간의 송금을 받아 생활비로 썼다. 친정 식구들이 옷을 보내온 종이상자 두 개를 옷장처럼 사용했는데 오늘날까지 이화장에 보관되어 있다.

이승만은 여전히 조국을 위해 기도했다.

"이제는 하나님께서 주신 사명을 행하기에 심신이 모두 감당할 수도 어찌할 도리가 없게 됐습니다. 바라옵건대 한국 민족의 앞날에 하나님의 은총과 축복이 함께 하시옵소서."

요양원 생활이 3년째 접어들면서 이승만의 병세는 점점 더 나빠졌다. 의식이 흐려졌고 때때로 영어를 잊어 프란체스카와 말이 통하지 않았다. 1965년 6월 20일 위 출혈 뒤 의식을 잃은 이승만은 7월 19일 양아들 이인수가 지켜보는 가운데 마지막 숨을 거뒀다. 향년 90세였다.

하와이 한인기독교회에서 교인 700명이 모여 영결식을 거행했다. 그 시각 하와이의 모든 방송사들이 애도 방송을 했다. 프란체스카는 두 번이나 졸도해 서울로 함께 갈 수 없었다. 이승만의 유해는 밴 플리트 전 미8군 사령관 등이 수행하는 가운데 미 공군기 편으로 한국으로 돌아왔다. 그가 망명 아닌 망명을 떠난 지 5년 2개월 만이었다.

이승만의 유족은 장례 형식을 놓고 논란이 일자 가족장을 선택했다. 실제 장례식은 국장에 준하는 규모로 거행됐다. 정동제일교회에서 열린 영결예배에서 박정희 대통령은 국무총리가 대독한 추도사를 통해

1967년 7월 가족장으로 치러진 이승만 전 대통령 장례식

'고인은 선구자로 혁명아로 건국인으로 조국의 개화 독립 발전을 위하여 온갖 노역을 즐거움으로 여겼고 헌신의 성과를 스스로 거두었다'고 추앙했다. 이승만의 운구행렬은 동작동 국립묘지로 향했다. 빼앗긴 나라를 되찾고 지키려 산화했던 수많은 애국 영령들이 잠든 그곳에서 이승만도 영원한 안식에 들었다.